# 陈式太极拳全书

陈正雷 著

下卷

人民体育出版社

# 目 录

## ·上 卷·

## ·下 卷·

# 第十章　陈式太极拳新架一路

## 第一节　陈式太极拳新架一路简介

陈式太极拳新架属陈长兴传统老架系列，由 17 世祖陈发科大师所创。

陈发科为近代陈式太极拳的代表人物，在北京授拳 30 年，技艺高超，独步一时，桃李遍于海内。晚年他依据自己体悟并结合教学实践，在家传拳术套路的基础上创编了新架一路、二路，并对所创新架不断修改完善，最后由其子陈照奎老师定型，继而传播于海内外。经过精心编排的新架套路，和老架相比在运动速度和强度、身法劲路诸方面都有所不同。

和陈长兴同代的 14 世祖陈有本所创拳架当时称新架。陈发科所创拳架流传以后，陈家沟遂称陈有本创编的拳架为小架。

本篇介绍的新架一路，是堂叔父照奎老师亲传。其特点是架式宽大，低沉稳重。拳架以“掤攌挤按”四正手的运用为主，以“采挒肘靠”四隅手的运用为辅；以柔化劲为主，发劲为辅，柔中寓刚，力求柔顺。外形以缓柔稳为主，疾刚跳跃为辅。运劲方法要求以身领手，突出螺旋缠丝劲的练习，以腰为轴，旋腕转膀，旋腰转脊，旋踝转膝，胸腰折叠，形成一系列的空间曲线运动。

## 第二节　陈式太极拳新架一路动作名称

第一式　预备势
第二式　金刚捣碓
第三式　懒扎衣
第四式　六封四闭
第五式　单鞭
第六式　第二金刚捣碓
第七式　白鹤亮翅
第八式　斜行拗步
第　九　式　初收
第　十　式　前趟拗步
第十一式　第二斜行拗步
第十二式　再收
第十三式　前趟拗步
第十四式　掩手肱捶
第十五式　第三金刚捣碓
第十六式　撇身捶

第十七式　青龙出水
第十八式　双推手
第十九式　三换掌
第二十式　肘底看捶
第二十一式　倒卷肱
第二十二式　退步压肘
第二十三式　中盘
第二十四式　白鹤亮翅
第二十五式　斜行拗步
第二十六式　闪通背
第二十七式　掩手肱捶
第二十八式　大六封四闭
第二十九式　单鞭
第三十式　云手
第三十一式　高探马
第三十二式　右擦脚
第三十三式　左擦脚
第三十四式　转身左蹬一跟
第三十五式　前趟拗步
第三十六式　击地捶
第三十七式　二起脚（踢二起）
第三十八式　护心拳（兽头势）
第三十九式　旋风脚
第四十式　右蹬一跟
第四十一式　掩手肱捶
第四十二式　小擒打
第四十三式　抱头推山
第四十四式　三换掌
第四十五式　六封四闭
第四十六式　单鞭
第四十七式　前招
第四十八式　后招
第四十九式　野马分鬃
第五十式　大六封四闭
第五十一式　单鞭
第五十二式　双震脚
第五十三式　玉女穿梭
第五十四式　懒扎衣
第五十五式　六封四闭
第五十六式　单鞭
第五十七式　云手
第五十八式　双摆脚
第五十九式　跌叉
第六十式　金鸡独立
第六十一式　倒卷肱
第六十二式　退步压肘
第六十三式　中盘
第六十四式　白鹤亮翅
第六十五式　斜行拗步
第六十六式　闪通背
第六十七式　掩手肱捶
第六十八式　大六封四闭
第六十九式　单鞭
第七十式　云手
第七十一式　高探马
第七十二式　十字单摆脚
第七十三式　指裆捶
第七十四式　白猿探果
第七十五式　小六封四闭
第七十六式　单鞭
第七十七式　铺地锦
第七十八式　上步七星
第七十九式　退步跨虎
第八十式　转身双摆莲
第八十一式　当头炮
第八十二式　金刚捣碓
第八十三式　收势

# 第三节　陈式太极拳新架一路动作图解

## 第一式　预备势

**动作**：两脚成立正姿势，身体中正；两臂下垂于身体两侧，手心向内；头自然正，唇齿微合，舌尖抵住上腭；二目平视。（图 10—1）

**【要点】**预备势是开始练拳之前意识和姿势上的准备。总体要求是心静体松，内固精神，外示安逸。具体要求：身法中正，虚领顶劲，下颏内收，松肩沉肘，含胸塌腰，裆圆而虚，屈膝松胯，十趾抓地，涌泉要虚，呼吸自然，意存丹田。

图 10—1

## 第二式　金刚捣碓

**动作一**：松右胯，重心右移，提左脚向左横开半步，略宽于肩，随着左脚踏实，重心移于两脚之间；目视前方。（图 10—2）

**动作二**：屈膝松胯，身体螺旋下沉；两臂微屈，手心向下，十指自然下垂，手背领劲，双手提至高与肋平（图 10—3）。然后身体略左转下沉，重心偏右；同时，双手左逆右顺缠丝，向左下弧形按出（图 10—4）。身体继续左转下沉；

图 10—2

图 10—3

图 10—4

双手左逆右顺缠，向左上方掤出，略高于肩，右手心向上，手指向前；左手心向前，手指向上；目视左前方。（图 10—5）

**动作三：**屈左膝、松右胯，身体向右转，重心左移，右脚尖外摆；同时，双手先以左顺右逆缠，加掤劲翻转，再随转体向右后方弧形上搌（图 5—6）。重心右移踏实，身体微右转下沉，随即左腿屈膝提起，双手随身体下沉，向外上加掤劲；目视左侧前方。（图 10—7）

图 10—5

图 10—6

图 10—7

**动作四：**左脚向左前方蹬出，脚跟里侧着地，脚尖上翘里合（图 10—8）。然后松左胯，重心左移，身体向左转，随着移重心，左脚以脚跟为轴，脚尖外摆踏实；同时，双手向右后上方搌，然后下沉，双手左逆右顺缠，走下弧向前方，左手以掌外缘领劲向前方掤出；右手合于右膝上；目视前方。（图 10—9）

图 10—8

图 10—9

**动作五：**左掌前撩；右掌向后配合，带动身体重心前移；随即左掌回收于胸前，与右前臂内侧相合，掌心向下；右掌向前上托领，与左掌相合，并带动右脚

上步于左脚右前方，脚尖点地；右掌心向上，指尖向前；目视前方。（图 10—10、图 10—11）

图 10—10

图 10—11

**动作六：**屈膝松胯，身体下沉；右掌顺缠，虚握拳，里合上提，高与肩平；同时，左掌外旋，下沉于腹前，掌心向上；右拳上提并带动右膝上提，右脚悬于裆内，脚尖自然下垂（图 10—12）。右脚震脚落地，两脚相距与肩等宽，重心在左脚；同时，右拳向下落于左掌心内；目视前方，耳听身后。（图 10—13）

图 10—12

图 10—13

**【要点】**1. 此势为整套拳重要动作之一。一举动都要符合太极拳虚实分明、上下相随、立身中正、松肩沉肘、含胸塌腰、心气下降、步法轻灵自然等要求。

2. 动作二中，双手上提时由下向左、再向上走弧形，下按时由上向右、再向下走弧形，一提一按在腹前走一圆圈。

3. 动作三中，提左膝时要以膝领劲，脚尖自然下垂，这样才能轻灵自然，气不上浮，重心稳定，身法中正。

4. 震脚前提右腿时，左腿支撑要自然稳健，五趾抓地，涌泉穴要虚。右腿屈膝松胯上提，身体、肩、肘放松下沉，上下相合，团聚之气蓄于丹田。右拳、右脚下落时，周身气往下沉，两肩、胯松开，顶劲要虚虚领起，眼向前看。

## 第三式 懒扎衣

**动作一：**接上势。松右胯，身体略右转；右拳和左掌合住劲，先双逆缠后双顺缠，向右前方弹抖出去；随即松左胯，重心右移，身体略左转；同时，双手合劲不丢，随转体向左侧弧形下沉；接着，重心左移，身略右转；同时，右拳变掌，双掌小逆缠合住劲，在身体左侧向上加掤劲领起；然后重心右移，身体略左转；同时，右肩放松，用右肘向右前掤出；左掌心向前，指尖向上；右掌心向后，指尖向上，以掌外缘搭于左腕处；目视双手，兼顾前方。（图10—14、图10—15）

图10—14

图10—15

**动作二：**双手逆缠，左掌向左下按；右掌向右上划弧上掤；接着，重心左移，提右腿，向右侧开步，脚跟里侧着地滑出，脚尖上翘；同时，双手变顺缠，左手由下经左向上，右手由上经右向下，双手划圆在胸前交叉相合；右手掌心向左上，指尖向左前；左手掌心向右，指尖向上合于右前臂内；目视右侧（图10—16、图10—17）

**动作三：**松左胯，重心右移，身体微向左转；同时，双手随转体向左侧引劲（图10—18）。接着，松右胯，身体右转；右手逆缠，向上、向右划弧展开，顺缠下沉；左手小顺缠，掌心向上，下沉于左腹前；目视前方，耳听身后。（图10—19）

图 10—16

图 10—17

图 10—18

图 10—19

**【要点】** 1. 动作一中，重心变化三次，即重心由左变右、变左、变右。重心在左，身向右转，重心在右，身向左转。灵活多变的身法带动两手缠丝旋转，体现出一路拳以身领手的运劲方法。

2. 此势为上引下进法，脚开手合，同时到位。然后进胯进身，以腰催肩，以肩领肘，以肘带手，节节贯串。

3. 成势时要调整身法，松肩、沉肘、坐腕，劲贯指肚，含胸、塌腰、松胯、屈膝，身体放松，螺旋下沉，顶劲领起，开裆贵圆。

## 第四式　六封四闭

**动作一：** 接上势。身体先右后左转；两手先逆后顺缠丝，在原地折腕旋转划一小圈（图 10—20）。接着松左胯，重心左移，身体左转；同时左手小逆缠微下沉；右手顺缠，由右上方搬至腹前与左手相合（图 10—21）。身体微右转，重心

右移；左手小顺缠；右手逆缠转臂，两手合住劲随重心右移向右上方挤出，左手心向内，右手心向外；目视右侧。（图 10—22）

图 10—20

图 10—21

图 10—22

**动作二**：身微左转，重心左移；同时，右手下沉，划弧顺缠上托；左手逆缠，虎口掤圆，以腕关节领劲弧形向左上提，五指斜向下垂形成刁手，左手刁右手托，随重心左移向左上搬；目视右侧。（图 10—23）

**动作三**：身体继续左转，重心右移；同时，两手逆缠翻掌，合于两耳下（图 10—24）。双掌合劲向右下方按出；身体随下按之势右转下沉，同时，左脚向右弧形并步，以脚尖点地于右脚内侧；目视右下方。（图 10—25）

图 10—23

图 10—24

图 10—25

**【要点】** 1. 动作一开始，旋臂折腕原地划一圆圈，以引起动作。这种旋臂折腕划圈动作在新架拳套中出现多次。刚开始练习时只能手转，不能和身法协调配合，须抽出单势专门练习体会。其作用在拳套中以引起动作起接劲作用，在技击中可化解擒拿，为反擒拿创造条件。

2. 此式重点是在身法的带动下，重心左右移动，旋腕转膀，胸腰折叠运化，体现上搬下按的动作变化。

## 第五式　单　鞭

**动作一**：接上势。重心在右不变，身体先微右转再微左转，带动左脚以脚尖为轴自然做相应的转动；同时，两手顺缠，左前右后旋转，掌心向上；随即右掌逆缠，五指合拢变勾手，以腕部向右上方掤出，高与肩平；左掌微顺缠，向下松沉至腹前，掌心向上；目视右侧。（图 10—26、图 10—27）

**动作二**：松右胯，身体微右转，重心移至右脚，然后左腿屈膝提起，以脚跟内侧着地向左方滑出，脚尖上翘微合；右手腕领劲；目视左侧。（图 10—28、图 10—29）

图 10—26

图 10—27

图 10—28

图 10—29

**动作三：**松右胯，屈左膝，重心左移；接着，微松左胯，身微右转再左转，重心由左脚稍向右回；同时，左手穿掌上掤，逆缠外翻至右胸前，然后左手逆缠，转臂外开，弧形向左，并带动右脚尖稍内扣；重心随着左手外开而移至左脚；左手开至左侧高与肩平时，双手微顺缠下沉；目光送左手开到位后转视正前方，耳听身后。（图 10—30、图 10—31）

图 10—30

图 10—31

**【要点】**1. 此式为整个拳套重要动作之一。作为动作变化的转换式子共编排了七个，要细心体会不同衔接和不同转换的差异所在。

2. 动作一中，双手左前右后顺缠在身体右侧旋转时，要以腰脊为轴，用身体的转动来带动，圆转轻灵方为合格。

3. 左脚向左开步和左手向左运行与懒扎衣成左右势。在运行过程中上引下进，进胯进肩进肘，以腰为轴，节节贯串。

4. 左手向左开到位后，双手微顺缠下沉，顶劲领起，全身放松，身正裆圆，外开内合。

## 第六式　第二金刚捣碓

**动作一：**接上势。重心先左移，随即右移；身体先左转，随即右转；两手先左逆右顺缠丝下沉，随即变左顺右逆缠丝，转臂弧形向右外上方加掤攦劲；接着，松左胯，身体左转，重心移至左脚；同时，左手下沉小逆缠前掤；右手大顺缠转臂，走下弧向前和左手合住劲；左手掌心向前，指尖向上偏右；右手掌心向上，指尖向前；目视左前方。（图 10—32、图 10—33）

**动作二：**松右胯，重心由左脚向右脚后移，身体右转，螺旋下沉；同时，双

图 10—32

图 10—33

掌略下沉，随即左顺右逆缠丝向右后上捋（图 10—34）。然后松左胯，身体左转，左脚外摆；同时，双手下沉，以左逆右顺缠丝走下弧，左掌外缘领劲向左前方掤出，掌心向下；右掌合于右膝上，掌心向外；目视左前方。（图 10—35、图 10—36）

图 10—34

图 10—35

图 10—36

**动作三：**重心前移；以身催动左手向前撩掌，然后向上划弧收回合于胸前右前臂内侧，掌心向下；右手配合向后抖动后，随即向前上托领与左掌相合，并带动右腿弧形上步到左脚右前方，脚尖点地，右手掌心向上；目视前方。（图 10—37）

**动作四：**松胯屈膝；双手随身体放松下沉，左手顺缠外翻成掌心向上；右手顺缠下沉握拳；然后，右拳略逆缠上提，并带动右膝上提，右脚悬于裆内，脚尖自然下垂；随即右脚落地震脚，两脚相距与肩等宽；右拳同时下落于左掌心内；目视前方，耳听身后。（图 10—38、图 10—39）

图 10—37

图 10—38

图 10—39

**【要点】**动作一中，双手配合先顺时针走一圆圈是为了引起动作，起接劲作用。上式单鞭成势时全身放松，劲往下沉，为了将已断的劲连接起来，要在身体的带动下，双手轻灵自然地走一圆圈，以引起以下的动作。这个圆圈不宜太大，随着功夫的长进应越来越小。

## 第七式　白鹤亮翅

**动作一：**接上势。松右胯，身体略右转；右拳和左掌合住劲，向右前方弹抖出去；随即松左胯，重心右移，身体略左转；同时，双手合劲不丢，随着转体向左侧弧形下沉；接着重心左移，身略右转；右拳变掌，双掌小逆缠合住劲，在胸左侧向上掤出；然后重心右移，身略左转，用右肘向前加掤劲，左掌心向前，右掌心向后，双手指尖都向上，右掌以掌外缘搭于左腕处；目视双手，兼顾前方。(图 10—40、图 10—41)

图 10—40

图 10—41

**动作二：**松左胯，身向左转，左脚尖外摆；同时，双手逆缠分开，左手向左下方按，右手向右上方掤；接着，身体先右再左转，重心移至左脚踏实，提右脚向右前方（约 45°）以脚跟里侧着地滑出，脚微上翘；同时，双手顺缠，在身体左右两侧划弧转圆，交叉相合于胸前；左手搭于右前臂上，左掌心向右，右掌心向左上；目视右前方。（图 10—42、图 10—43）

**动作三：**身体左转，重心右移，右脚踏实；同时，右臂顺缠，向左侧滚动引劲；紧接着，松右胯，身向右转，带动右臂逆缠，向右划弧上掤展开；左手逆缠，向左下按至左胯旁；左脚弧形收至右脚内侧，脚尖点地；目视前方。（图 10—44）

图 10—42

图 10—43

图 10—44

**【要点】**1. 此式为上引下进之法。手合步开，手开步合，合中有开，开中有合，欲开必先合，欲合必先开。要不丢不顶，连绵不断，才不致产生凹凸之病。

2. 定势时两手门户大开，两脚虚实分明，顶劲领起，放松下沉，方能有八面支撑、稳如山岳之气势。

3. 成势时要求：双手微顺缠，放松下沉，虚领顶劲，松肩沉肘，含胸塌腰，屈膝松胯，开裆贵圆，脚趾抓地，全神贯注，气沉丹田。这些要求在以后类似拳势中都应做到，不可顾此失彼。

## 第八式　斜行拗步

**动作一：**接上势。身体略右转，随即向左转；同时，双手略一下沉，随即左逆右顺缠，右掌向上领劲，左掌向下沉按；重心控制在右脚，左脚随身体转动而用前脚掌做原地相应转动；身体随右手螺旋上升领劲；目视前方。（图 10—45）

**动作二**：上动不停。快速松右胯，身体向右转 90°；同时，用左脚前掌调节重心，用以控制身体平衡，使右脚以脚跟为轴，脚尖迅速外摆踏实，屈膝下蹲；左手顺缠，屈臂上升至额前，微下沉成立掌于鼻前中线；右手逆缠，划弧下按至右胯侧。左掌心向右，右掌心向下；目视前方。（图 10—46）

图 10—45

图 10—46

**动作三**：左腿以膝领劲向右上方提起，脚尖微下垂；同时，右手逆缠，弧形向上掤，略高于肩，掌心向右前；左手小顺缠，掌心向右，双手形成向右上的掤劲，双手加强掤劲；同时，左脚以脚跟里侧着地，向左前方铲出，脚尖上翘；目视左侧。（图 10—47、图 10—48）

图 10—47

图 10—48

**动作四**：松右胯，身体右转下沉，重心略向左移；双手随转体在原位做小顺缠（图 10—49）。随即重心再往右移，弓右腿，松左胯，身体左转下沉；同时，左手逆缠转臂，随身体下沉至左腿上方，五指合拢；右手小逆缠，屈臂合于右耳

旁；目视左侧。（图 10—50）

**动作五：**身体微向左转，重心走下弧左移；左腕领劲变勾手上提至肩平；松右胯，身向右转；同时，右手逆缠，先向前加掤劲，然后向右展开；目光随右手到位后转视前方。（图 10—51、图 10—52）

图 10—49

图 10—50

图 10—51

图 10—52

**【要点】**1. 动作一与“六封四闭”的动作一同属引起以后动作的接劲动作，须在身手协调一致的基础上适当加快速度。

2. 动作五由于右手的外展使拳势成为双开劲。定势时双膝里合，松胯塌腰，身体放松，螺旋下沉，松肩、沉肘、坐腕，顶劲领起，心气下降，使双开劲转换成双合劲。

## 第九式　初　收

**动作一：**接上势。右脚微蹬，双膝合劲，身体微左转；同时，左勾手变掌，左右两掌略逆缠，弧形上撩，左手向右上，右手向左上，两掌相合于额前，掌心向前，指尖相对（图 10—53）。然后身体微右转；同时双手顺缠，转臂外开下沉，相合于左膝里上方，掌心向上，手指向前；目视前方略下。（图 10—54）

图 10—53

图 10—54

**动作二：**松右胯，右膝里合，身体略左转，重心由左脚全部移至右脚成右独立步，左腿以膝领劲上提；同时，肩、肘放松下沉，双手小逆缠，随身体屈臂收回至胸、腹前。调整身法重心稳定后，左膝上提和胸相合；同时双手以指端向前下弹抖发力；目视前下方，耳听身后。（图 10—55、图 10—56）

图 10—55

图 10—56

**【要点】**1. 动作一中的双掌下沉合劲前的双掌上撩，体现了太极拳欲下先上的运动规律，动作应做得较快。

2. 图 10—55 的合劲动作是双顺合劲之后的双逆合劲，称之为合之再合。

3. 此式的定势动作为合劲独立步法。顶劲领起是稳定的关键，配合气沉丹田，全身放松下沉，使身体有上下拉长之意，这样才容易做到身法中正，步法稳健。

## 第十式　前趟拗步

**动作一：**接上势。松右胯，身微右转下沉；同时，双手以左顺右逆缠丝同身体右侧下掴（图 10—57）。接着，身体微左转，左腿顺缠，弧形外摆，下落于左前方，脚跟外侧着地，脚尖上翘外摆；同时，双手左逆右顺缠，下沉再上翻，转臂向上划弧，下落合于胸前，左手在下，右手在上，两腕交叉相合，左手掌心朝右，右手掌心向左，指尖向前上，高与鼻平；目视前方。（图 10—58）

图 10—57

图 10—58

**动作二：**双腕向上领劲，身体松胯下沉（图 10—59）。接着，左脚尖外摆踏实，身体随之左转，重心左移，右脚由实变虚；同时，随着身体左转，两臂松肩沉肘坐腕，左逆右顺缠丝，向前加掤劲（图 10—60）。然后提右腿，向前方上步，脚跟着地，脚尖微上翘；同时，双手随转体左逆右顺缠，向右下松沉，合于胸前。（图 10—61）

图 10—59

图 10—60

图 10—61

**动作三：** 身体左转，重心右移；同时，双手左逆右顺缠，向左引劲（图10—62）。接着松右胯，身体右转；双手逆缠划弧，先向上再左右分开，掌心向外，指尖向上，至高与肩平时双手顺缠下沉；目视前方。（图10—63）

图10—62

图10—63

**【要点】** 1. 图10—59中手腕的上领劲必须配合身法，以内催外，一动周身无处不动，这样才能做到内劲连绵不断，气势饱满。

2. 定势时由双肩、肘的放松下沉，使全身放松，心气下降，肩与胯合，肘与膝合，手与足合，裆劲合好，顶劲领起。

## 第十一式　第二斜行拗步

**动作一：** 接上势。松右胯，身体微右转；同时，双手左顺右逆小缠丝，向右侧加掤劲（图10—64）。接着松左胯，重心左移，身体左转；同时，双手下沉，左逆右顺向左捋；目视右前方。（图10—65）

图10—64

图10—65

**动作二：**松右胯，重心右移，身体螺旋下沉并向右转45°，右脚尖外摆；同时，双手下沉变左顺右逆缠丝，向右侧加掤劲外搌（图10—66）。接着，重心右移踏实，身体继续右转，左脚提起；同时，双手掤劲不丢继续后搌；目视左前方。（图10—67）

图10—66

图10—67

**动作三：**左脚向左前方铲地滑出，松右胯，身体向右转并螺旋下沉；双手掤劲不丢（图10—68）。接着，身体继续右转下沉，重心稍向左移；双手小顺缠，左手上掤，右手屈肘里合（图10—69）。随即松左胯，身体左转，弓右腿，重心右移；同时，左手逆缠，转臂下沉至左腿上方；右手合于右耳下；目视左侧下方。（图10—70）

图10—68

图10—69

图10—70

**动作四：**重心走下弧左移；左手变勾手上提至肩平；身体先左后右转；右手逆缠，先向前加掤劲推出，再弧形向右展开；到位后肩、肘放松，顺缠下

沉，塌腰松胯，全身放松下沉，顶劲领起；目视前方，耳听身后。（图 10—71、图 10—72）

图 10—71

图 10—72

## 第十二式　再　收

**动作一：** 接上势。双膝里合，勾手变掌，双掌略逆缠，弧形上撩相合于额前；接着，双手转臂顺缠，外开下沉，相合于左膝里上方；目视前方略下。（图 10—73、图 10—74）

图 10—73

图 10—74

**动作二：** 重心向右脚移，身体下沉，提起左腿成右独立步；同时，双手逆缠收回；接着左膝上提与胸相合；同时，双掌向前下发劲；目视前下方，耳听身后。（图 10—75、图 10—76）

图 10—75

图 10—76

## 第十三式　前趟拗步

**动作一：**接上势。重心下沉，身向右转；同时，双手向右侧下搬；随即身向左转，左脚外摆，落于左前方，脚跟外侧着地，脚尖上翘；同时，双手左逆右顺缠下沉，然后再转臂上翻走上弧，相合于胸前；目视前方。（图 10—77、图 10—78）

图 10—77

图 10—78

**动作二：**双腕向上领劲；身体松胯下沉；接着，双手坐腕下沉外掤向左侧引劲；重心左移，提起右脚向右前方上步；目视右侧。（图 10—79~图 10—81）

图 10—79

图 10—80

图 10—81

**动作三**：身体左转，重心由左向右移；双手随转身继续向左侧引劲；重心到位后，双手逆缠，向上再向左右分开，双手与肩平后微顺缠下沉；目视前方，耳听身手。（图 10—82、图 10—83）

图 10—82

图 10—83

## 第十四式　掩手肱捶

**动作一**：接上势的向下松沉劲，双手微逆缠，折腕里合再向上领，接着松胯、塌腰，身体螺旋下沉，肩、肘放松下沉转臂，带动双手原位小顺缠丝，缠至双手掌心向上时右手握拳，双手下沉；松右胯，身微右转，重心左移，右腿由膝部领劲提起，脚尖微下垂，身体随着提右腿向右转 90°；同时，双手在左右两侧逆缠，向上相合于额前，右拳以拳顶合于左掌根部；左手掌心向右，指尖向上；顶劲领起；目视前方。（图 10—84~图 10—86）

图 10—84

图 10—85

图 10—86

**动作二**：右脚落地震脚有声，左腿随即以膝领劲提起，身略右转下沉，左脚向左侧蹬出，脚跟里侧着地，脚尖上翘；接着重心左移，双手随身体下落至腹前；右拳心向下，左手以掌根贴于右腕上方；目视前方。（图 10—87、图 10—88）。

图 10—87

图 10—88

**动作三**：右脚蹬地，右膝里合，重心继续左移，松左胯，身体左转 45°；右拳顺缠，转臂向右侧发劲，拳眼向右，拳心向上；左掌逆缠，收于左肋部，掌心向左侧，指尖向前（图 10—89）。上动不停。右拳利用发劲的反弹性逆缠，屈臂收回至左胸前；同时，松右胯，身体右转；左手逆缠，随身体的右转用肘向右与右拳相合，左手掌心向下在右上臂内侧；目视前方。（图 10—90）

图 10—89

图 10—90

**动作四：**重心由左向右移，松右胯，身体略右转；同时，左掌略逆缠下沉向左，再转顺缠向前停于胸前，高与肩平，掌心向前，指尖向前上；右拳逆缠，向右下方松沉，然后顺缠，屈臂收于身体右侧，拳心向上；收右拳时身体右转并螺旋下沉；目视前方。（图 10—91、图 10—92）

**动作五：**右脚蹬地，右膝里合，松左胯，身体略左转，重心速向左移；同时，右拳逆缠，前冲发劲；左手虚握拳，以肘部向后放劲；目视前方，耳听身后。（图 10—93）

图 10—91

图 10—92

图 10—93

**【要点】**1. 此势为整个拳套重要动作之一，是一路拳中练习刚（发）劲的代表动作。应抽出单势练习体会。

2. 发好劲的关键是蓄劲。图 10—92 收右拳时全身放松，右转下沉，将右臂自然松沉于身体右侧，使右拳处于最佳出拳位置，顶劲领起，全神贯注，目光注视前方，蓄而待发。

3. 发劲时右脚蹬地，右膝里合，拧腰扣裆，使劲起于脚，行于腿，主宰于腰，通过肩、肘，催于手，方能快速有力，具有穿透性。前拳后肘，稳定平衡，腰如车轴，气如车轮，全凭腰、裆的旋转力。

4. 发劲时拧腰扣裆，不扣则散；柔劲时活腰松裆，不松则滞；蓄劲时塌腰合裆，不合则浮。

## 第十五式　第三金刚捣碓

**动作一：**紧接上势。发劲以后右拳随即松开；松右胯，身体右转，带动右臂折腕，用手腕领劲向右上提；同时，左手折腕，用手腕领劲向左下掤出，两手形成开劲（图 10—94）。接着松左胯，身体左转；同时，双手左逆右顺缠丝，左手由左下弧形向上、向右，右手由右上弧形向下、向左，两手交叉相合于左胸前；左手在上，掌心向下，指尖向右前；右手在下，掌心向上，指尖向左前；目视双手，兼顾前方。（图 10—95）

**动作二：**右掌下沉逆缠外翻，以右肘领劲，用右前臂向右侧发劲；左掌略顺缠，以掌心抚于右前臂内侧，和右臂合劲一齐向右发；同时身向右转，带动双脚稍向左侧跳步震脚，双脚一齐落地有声，落地时重心控制在右脚；顶劲领起，目视前方。（图 10—96）

图 10—94

图 10—95

图 10—96

**动作三：**左手微逆缠，向左下方按；右手微逆缠，向右上方掤（图 10—97）。接着，左脚尖内扣；左掌原位顺缠外翻；重心再略向右移，稍起左脚向左侧开小步，随即重心左移踏实，带动右脚以脚尖着地，弧形向左脚靠拢后再弧形向前略偏右方，身体随着跳步向右转 45°；同时，左手逆缠，弧形向上、向右屈肘横臂于胸前，掌心向下，合于右前臂内侧；右掌顺缠，转臂向下、向前、向上，掌心向上，前臂与左掌相合于胸前；目视前方。（图 10—98~图 10—100）

图 10—97

图 10—98

图 10—99

图 10—100

**动作四**：肩、肘放松下沉，右掌顺缠，虚握拳里合；左掌顺缠，外旋成掌心向上；右拳上提并带动右膝上提，右脚悬于裆内，随即，右脚落地震脚；同时，右拳下落于左掌心；两脚相距与肩等宽，重心偏左；目视前方，耳听身后。（图 10—101、图 10—102）

图 10—101

图 10—102

**【要点】**1. 动作一中，右拳发劲后右腕的上提劲要向右略移重心，用身法带动，将已断的劲重新连接起来，使内劲连绵不断。

2. 动作二中，跳步震脚要与双手的发劲配合协调，以求发出整劲。

## 第十六式　撇身捶

**动作一：**接上势。松右胯，身体略右转；右拳变掌，和左掌合住劲向右前方弹抖出去，随即双掌收回腹前，身体随之略左转；双肘加掤劲，略向外撑，双手掌心向上，拇指皆向前，双掌左下右上相叠；目视前方。（图 10—103、图 10—104）

图 10—103

图 10—104

**动作二：**重心略偏左脚；两掌以手腕手背领劲向左右两侧分开，掌心向上，指尖相对；接着松左胯，身体螺旋下沉，右脚向右侧横开一大步；同时，双手微左逆右顺缠丝，由左右两侧弧形上撩交叉相合于胸前，左掌在外，掌心向右；右掌在里，掌心向左，指尖都向上；顶劲领起，目视前方。（图 10—105、图 10—106）

图 10—105

图 10—106

**动作三**：重心右移，身体微左转，接着松右胯，身体右转；双掌变拳，随身体的转动在胸前逆时针方向转动，右拳由左拳后绕行到左拳顶，屈臂立肘；左拳微顺缠，肘部上掤（图 10—107、图 10—108）。然后重心左移，松左胯，身体略左转；双臂向左侧偏上加掤劲，右拳心向内，拳顶向上置于胸前；左拳心向内，拳眼向上，高与肩平，置于左侧；目视前方偏左（图 10—109）

图 10—107

图 10—108

图 10—109

**动作四**：松左胯，重心再左移，身体在螺旋下沉中向左转近 90°，右脚向右侧速跳开一大步；同时，双拳随身体左转在身左侧左逆右顺缠丝，并外开发劲，左拳在左后上方，拳心向下；右拳在左前上方，拳心向后；面向正前，目视右前方，耳听身后。（图 10—110）

**动作五**：松右胯，身体右转；右拳顺缠转臂，向右膝上方松沉，左臂顺缠，屈臂向上；目视右侧（图 10—111）。接着弓右腿，重心右移，身体向左转；右拳随着重心右移逆缠丝，以拇指侧腕部领劲由右侧下方弧形向上；左拳逆缠转臂，收回腹前；右拳高与肩平，拳心向下，拳眼向左；左拳心向下，拳眼向内；目视右拳及远方。（图 10—112）。

图 10—110

图 10—111

图 10—112

**动作六：**松左胯，重心左移，身体略向左转；同时，双拳顺缠，转右臂，略沉肘成右拳心向上；左拳沉肘转成拳心向上，随着转身向后贴于左腰际（图10—113）。重心再向左移，身体左转，带动右臂向左侧引带（图 10—114）。然后弓右腿，重心右移，松右胯，身体右转下沉，左脚尖微内扣；同时，右拳逆缠里转再外翻，屈肘向右上方掤出至右太阳穴；左拳逆缠，以拳顶贴住左腰，随着右转身左肘向前掤出；眼看左肘尖和左脚尖，耳听身后。（图 10—115）

图 10—113

图 10—114

图 10—115

**【要点】**1. 此势动作大开大合，以腕关节旋转的小圈领劲，大圈套小圈，小圈领大圈，体现了旋腕转肩、旋踝转膝、旋裆转腰一环套一环的周身螺旋运动和周身无处不是圈的特点。

2. 为了加强动作四的跳步发劲，可在动作三中双臂向左侧加掤劲时，带动右脚先向左收小半步，以加强蓄劲。

## 第十七式　青龙出水

**动作一：**接上势。重心左移，松右胯，身体向右转；同时，右拳顺缠，转臂下沉，合于右腰间，拳心向上；左拳由腰间顺缠，屈臂，随着转身向上停于胸前，拳心向上；目视右侧。（图 10—116）

图 10—116

**动作二：**身体迅速左转，重心右移；右拳逆缠，以拳顶向右下撩拳发劲；左拳成半握拳；收至腹前（图 10—117）。紧接着，身体右转，重心左移；左拳变掌逆缠，向右侧撩掌发劲，右拳收回腰间；目视右侧下方。（图 10—118）

**动作三：**松左胯，重心略右移，身体突然下沉左转；同时，右拳逆缠，以小指侧向右侧发劲；左掌顺缠，微屈中指、无名指及小指并屈臂收至腹前。目视右侧下方。（图10—119）

图10—117

图10—118

图10—119

**【要点】**双手交替向右侧的发劲，要周身协调，以腰为轴，一动全动，其劲起于脚，发于腿，主宰于腰而行于手指。动作三中右拳的发劲终点要有微向上之意，即拳论所谓“物将掀起而加以挫之”。本势练习时速度应适当加快，体现出陈式太极拳松活弹抖的特点。

## 第十八式　双 推 手

**动作一：**接上势。两手原位先逆后顺折腕缠丝；然后，重心左移，身体略左转下沉；同时，左手逆缠下沉，右手顺缠向左下松沉，双手相合于小腹前；左拳心向内轻贴小腹；右拳心向左，右前臂内侧合于左拳背；目视右下方。（图10—120、图10—121）

图10—120

图10—121

**动作二：**重心右移；双手变掌，随着移重心左顺右逆缠丝向右侧挤出；目视右侧双手。（图 10—122）

**动作三：**双掌微下沉；身体下沉，松左胯，向左转，左脚尖外摆；右掌顺缠，转臂成掌心向上；左掌顺缠，随转身弧形向左下方松沉，双手形成合劲（图 10—123）。重心左移，左脚踏实，提右脚向右前上步，以前脚掌着地，身体随着继续左转 135°；同时，双手随转身向左上方掤搬，双手掌心向上，重心控制在左脚；目视右前方。（图 10—124）

图 10—122

图 10—123

图 10—124

**动作四：**双手逆缠，翻掌合于胸前上方；同时，身体左转下沉，重心完全移至左脚，提起右脚向前稍进步（图 10—125）。重心右移，身体右转；同时，双手向前略偏右方推出；并带动左脚向右脚弧形并步，以前脚掌着地停于右脚内侧；双手掌心向前，指尖向上；目向前平视。（图 10—126）

图 10—125

图 10—126

**【要点】**1. 动作一中折腕缠丝为接劲动作，要求以身带动，以内催外，将已断的劲连接起来，使内劲连绵不断，带动以后的动作。

2. 此势的开合转换与六封四闭基本相同，为上引下进动作。但是六封四闭是以移重心为进，本势则是右步稍进（动作四前部分），而且推按到终点的速度较六封四闭稍快，劲别较刚。

## 第十九式　三 换 掌

**动作一：**接上势。稍松右胯，身体略右转；并带动双掌顺缠成掌心向上，左掌向前上伸出，右掌向内收回（图 10—127）。身体左转；右掌逆缠，横掌前推；左掌五指微屈顺缠，收回至腹前；右手掌心向前，指尖向左；左手掌心向内上，指尖微拢向上；目视前方。（图 10—128）

**动作二：**紧接上动。身体突然微右转；左掌逆缠，向上翻转，随着转身向前上推掌发劲；右掌顺缠，合于右肘下；左手掌心向前，指尖向上；右手掌心向内，指尖向左；顶劲领起，二目平视。（图 10—129）

图 10—127

图 10—128

图 10—129

**【要点】**身体右转出左掌，身体左转出右掌，两掌在腰、胯带动下，交替前伸和收回，以身催手，圆活自然。左脚以脚尖点地，随着腰、胯的旋转而自然转动，使全身一动无有不动。最后左掌的发劲要体现出胸腰折叠，力由脊发。

## 第二十式　肘底看捶

**动作一：**接上势。身体向左转；同时，左手逆缠，下沉于身体左侧下方，右手逆缠外翻，向右侧上方弧形展开，高与头平；左手掌心向下，指尖向前；右手掌心向外，指尖向左略偏上；目视前方。（图 10—130）

**动作二：**身体向右转，左膝随身体微里合；同时，左手顺缠，弧形向左、向上，高于头部，掌心向右，指尖向上；右手顺缠，握拳弧形向下沉于左小腹前(图 10—131)。接着右腿屈膝松胯，身体右转下沉；同时，左臂放松下沉；右拳上托与下沉的左肘相合；左手掌心向右，指尖向上；右手拳心向内，拳眼向上；顶劲领起，目视前方，耳听身后。（图 10—132）

图 10—130

图 10—131

图 10—132

**【要点】**本势是在重心没有移动、在松胯转腰身体微微螺旋上升或下降的带动下进行动作。右脚五趾抓地，脚心要虚，两腿膝关节要随着腰、胯旋转开合，并有上下相合之意。

## 第二十一式　倒卷肱

**动作一：**接上势。右膝里合微挺，右脚蹬地，使身体螺旋上升；当劲上升到左臂时，左手以拇指为轴心，其余四指逆缠丝螺旋上升，手心向右，手指向上；二目平视。（图 10—133、图 10—134）

**动作二：**松右胯，身体略下沉右转，重心完全移至右脚，提起左脚；接着身体左转，左脚向左后方弧形倒一大步，重心仍控制在右脚；同时，右拳变掌，先顺缠下沉，再逆缠转臂向上、向前推出；左掌逆缠下沉后掤；右掌心向前，指尖向上；左掌心向下，指尖向前；目光瞻前顾后。（图 10—135）

图 10—133

图 10—134

图 10—135

**动作三**：左脚以脚跟为轴，脚尖内扣，左膝向里合，松左胯，重心左移，身体右转，提右脚，弧形收回到左脚内侧前方，脚尖点地；同时，左掌先顺后逆缠丝，向上翻转合于左耳下再向前稍推；右掌顺缠，屈肘弧形收回到腹前（图 10—136、图 10—137）。右腿弧形向右后倒一大步；同时，左掌逆缠前推；右掌逆缠后搬；顶劲领起，目视前方，耳听身后。（图 10—138）

图 10—136

图 10—137

图 10—138

**动作四**：右脚尖内扣，右膝里合，重心移到右脚，身体微向左转，左脚经右脚内侧弧形向左后倒一大步；同时，左掌随着倒步先顺后逆缠丝并向左后搬；右掌先顺后逆缠丝向上翻掌，从右耳侧向前推出；顶劲领起，目视前方，耳听身后。（图 10—139~图 10—141）

**【要点】**1. 本势的开合转换是在连续后退中完成的。每次换步时要松胯转腰，后搬之手外开上翻完成劲的转换过程。有了这种转换，才能退中有进，退即

图 10—139

图 10—140

图 10—141

是进，进即是退，进退自如。

2. 后退时两臂在身体两侧后搬前推，有化有打，必须以腰为轴，以身催手，这样才能圆转灵活，顺遂自然。

## 第二十二式　退步压肘

**动作一：** 接上势。右手小逆缠，左手顺缠上托，双手合住劲向左上方掤；然后松左胯，重心左移，身体微向左转；同时，双手下沉，左逆右顺缠丝，弧形向左搬带；目视双手。（图 10—142~图 10—144）

图 10—142

图 10—143

图 10—144

**动作二：** 重心右移，身微右转；双手下沉翻转成左顺右逆缠丝，向右侧弧形搬带（图 10—145）。接着重心左移，身体右转；同时，双手顺缠，下沉合于胸前，掌心向上，指尖向前；目视双手，兼顾前方。（图 10—146）

图 10—145

图 10—146

**动作三**：重心再左移，双膝外开，身体略向左转；同时，双手折腕逆缠外开，左手开至左小腹侧；右手向右前展开（图 10—147）。接着松右胯，身体突然右转；左手折腕，以手背贴于左小腹处，以肘向前下方发劲；右手顺缠，以掌心相迎拍击左肘；双膝突然里合，跳步震脚。重心偏右脚；目视前下方。（图 10—148）

图 10—147

图 10—148

**动作四**：重心向左移，身体略右转，右脚弧形向左，再弧形收回到左脚内侧稍前，以脚尖点地；同时，左手经过腹前横掌向前上伸出；右手稍向左合于左肘下方（图 10—149）。身体略右转，同时重心控制在左脚，右脚向右后方以脚前掌着地退步，到尽头时脚后跟蹬地有声；右手五指微屈内扣，轻抚腹部，右臂随着转身向右后发肘劲；左手微顺缠，转成立掌，向前推掌发劲；左手心向前，指尖向上；右手轻贴腹部；顶劲领起，目视前方，耳听身后。（图 10—150）

**动作五**：身体微左转；右掌微顺缠向左略进；然后重心突然略向右移，身体

右转，带动双臂左逆右顺缠丝，右手掌心向上、向右后方弹击；左手掌心向下，随转身轻贴胸前；目视右后方。（图 10—151）

图 10—149

图 10—150

图 10—151

**动作六**：重心左移，身体先向左转；同时，右手利用反弹的回劲屈臂向左，在胸前与左臂合住劲（图 10—152）。接着，屈膝松胯，身体下沉；同时，左手微顺缠，松肩沉肘展臂向前推出；右手屈指抚腹，向右下松沉和左手形成开劲；顶劲领起，目视左前方。（图 10—153）

图 10—152

图 10—153

**【要点】** 1. 动作一和动作二要做得轻松灵活，体现出腰如轴，气如轮，上下相随，周身一家的特点。

2. 动作三的跳步拍肘发劲要以腰催动，快速有力，顶劲领起，身法中正，音脆劲整。

3. 动作四的压肘动作要柔中寓刚，身法下好，左掌的发劲和右肘的发劲、右脚的震脚要协调一致，使之上下相随协调，劲力完整。

## 第二十三式 中 盘

**动作一：** 接上势。身体略左转；右手变掌前伸，与左掌合住劲；重心右移，身体再略右转下沉；同时，双手向右下方弧形搌带。（图 10—154、图 10—155）

图 10—154

**动作二：** 双手搌至右下方时，左掌顺缠，屈臂折腕，五指微拢向内，以手腕领劲向上掤至胸前；右掌顺缠，向上高与肩平；两手上掤的同时，松左胯，左脚尖略外摆，身向左转，重心左移（图 10—156）。重心完全移至左脚，身体左转 90°，提起右腿成左独立步；同时，右掌逆缠，转臂向前成横掌，与左手相合，向前方发劲，高与面部平；双手左下右上，相距 10 余厘米，左手心和指尖都向内，右手心向前，指尖向左；目光向前平视。（图 10—157）

图 10—155

图 10—156

图 10—157

**动作三：** 右脚落地震脚有声，身手随之自然松沉下落；重心随即由左脚移至右脚，然后松右胯，身体略右转下沉，提起左腿，以脚跟里侧着地向左方滑出，脚尖上翘里合；同时，左手变掌，向右侧微顺缠引劲，和右手相抱，形成合劲，左下右上两手心相对；目视左侧下方。（图 10—158、图 10—159）

**动作四：** 松右胯，身体向右转，重心左移；同时，左手折腕，五指微屈相合，以手腕领劲向左侧上方掤出；右手微逆缠，向右侧下方按出；左手心和指尖向右下方；右手心向下，指尖向前；顶劲领起，目视前方，兼顾左手，耳听身后。（图 10—160）

图 10—158

图 10—159

图 10—160

**【要点】** 1. 本势注重开合的练习，欲左先右，欲前先后，开中寓合，合中寓开，顶劲领起，神气鼓荡，气贴脊背，富有弹性。

2. 成势时身法较低，但是裆部不可低于膝部而形成荡裆（塌裆）。

## 第二十四式　白鹤亮翅

**动作一：** 接上势。松左胯，身体微向左转，右脚弧形向左脚并步，以脚尖点地于左脚内侧；同时，左手变掌，双手左逆右顺缠丝相合于胸前，左掌在上，掌心向下；右掌在下，掌心向上；目视右侧。（图 10—161）

**动作二：** 松左胯，身体微左转下沉；双手随转身向左侧引劲；同时，右脚以脚跟里侧着地向右侧滑出（图 10—162）。右手顺缠，继续向左引劲；身体左转，重心右移；接着身体右转；双手逆缠分开，右手向右上弧形展开掤出；左手下沉于左胯旁；重心控制在右脚，左脚向右脚弧形靠拢，于右脚内侧点地；定势时顶劲领起，全身放松下沉，目视前方，耳听身后。（图 10—163）

图 10—161

图 10—162

图 10—163

## 第二十五式　斜行拗步

**动作一**：接上势。双手左顺右逆缠丝略下沉；身体略向右转，随即身体左转；双手左逆右顺缠丝，左手向左下按，右手向前上领劲，引动身体在左转中螺旋上升（图 10—164）。松右胯，重心仍控制在右脚，以左脚为支点，右脚跟为轴，右脚尖迅速外摆，使身体向右转 90°，屈膝下蹲；同时，左手顺缠，屈肘上举；右手逆缠，下按至右胯旁；左手掌心向右，右手掌心向下；目视左前方。（图 10—165）

图 10—164

图 10—165

**动作二**：双手向右上方搬带；提左脚，向左侧上一大步；目视左侧。（图 10—166、图 10—167）

图 10—166

图 10—167

**动作三**：松左胯，身体下沉左转；左手逆缠下沉，右手微顺缠合于右耳下；接着，重心走下弧左移；左手成勾手向上提，高与肩平；右手先向前推按；接着

松右胯，身体微右转；右手随转体逆缠向右弧形展开；顶劲领起，目视前方，耳听身后。（图 10—168~图 10—170）

图 10—168

图 10—169

图 10—170

## 第二十六式 闪通背

**动作一：**接上势。双膝里合，裆劲合好，身体略左转；同时，左手变掌，双掌同时逆缠弧形上撩，相合于额前（图 10—171）。随即身体略右转下沉；双手顺缠，外开下沉再向内相合于左膝上方，双手手心向上，指尖向前；目视前方兼顾双手。（图 10—172）

图 10—171

图 10—172

**动作二：**身向左转，右胯放松，重心由左脚逐渐右移，右腿、膝里合，右脚以脚跟为轴，脚尖内扣，身体随转动放松下沉；双手左下右上相叠，随转体双逆缠下沉，双肘向外加掤劲，使双掌略向身体靠拢（图 10—173）。身体继续螺旋下沉，重心全部移至右脚，左脚以脚尖着地向后扫，使身体向左转 135°，左脚尖点地于右脚内侧；两手左下右上相叠合住劲，手心向上略偏内，左手指尖向右，右手指尖向左；目视前方，兼顾右侧。（图 10—174、图 10—174 附图）

图 10—173

图 10—174

图 10—174 附图

**动作三：**身体微右转上升；双掌向右侧上方撩击（图 10—175、图 10—175 附图）。利用撩击反弹力量双手收回至胸前以后，右掌逆缠，翻转成掌心向外，与左掌心相对；然后，左掌向左，右掌向右，双手由胸前掌心相错向左右展臂分开，双掌心皆向右，指尖向前；目视前方，兼顾双手。（图 10—176、图 10—176 附图、图 10—177、图 10—177 附图）

**动作四：**松右胯，身体右转后坐，左脚跟外摆落地踏实，随着转身后坐，重心由右脚逐渐移到左脚，右脚随即外摆，身体在螺旋下沉中向右旋转 120°；转体的同时，双手左逆右顺缠丝，左掌随着转体向前方推出；右掌随转体下沉于右腰际，左手掌心向前，指尖向上；右手掌心向上，指尖向前；顶劲领起，目视前方。（图 10—178、图 10—179）

图 10—175

图 10—175 附图

图 10—176

图 10—176 附图

图 10—177

图 10—177 附图

图 10—178

图 10—179

**动作五：**重心前移，右脚踏实，接着，松右胯，身体右转下沉；提起左脚，向左前方上步，脚跟着地，脚尖上翘（图 10—180、图 10—181）。然后，重心前移，左脚踏实，随着移重心左胯微松，右脚蹬地，身体左转近 90°；转体的同时，右掌由腰际向前上方发劲；左掌经胸前逆缠，向左后下沉于左胯旁，右手掌心向上，指尖向前上；左手掌心向下，指尖向前；顶劲领起，目视前方，耳听身后。（图 10—182）

图 10—180

图 10—181

图 10—182

**动作六**：松左胯，左膝里合，左脚尖尽量内扣，重心仍在左脚；松右胯，身体在螺旋下沉中向右转体90°；同时,双手左顺右逆缠丝，右手屈臂，翻掌上掤至额上；左手向左侧伸展，高与肩平（图10—183）。以左脚跟为轴，身体快速向右后转，右脚以脚掌着地，随转体向后扫150°，脚跟震地有声；左脚尖可适当内扣调整；同时，右掌弧形逆缠，下按至右胯旁；左掌由左经上走弧形，向前下劈掌，左手掌心向右下；右手掌心向左下，双手指皆向前方；顶劲领起，目视前方，耳听身后。（图10—184）

图10—183

图10—184

**【要点】**1. 动作一和动作二的速度应有快有慢，要适当掌握。双手上撩时快，左腿后扫时快，其他动作要相对放慢。后扫时双手环抱相合，身转脚随，身法中正不偏，周身放松下沉，两肘下沉外翻。

2. 动作六中向右后转体150°时，左手的劈劲、右手的按劲和右脚跟的震脚要同时完成，协调一致，富于完整的弹抖性。

## 第二十七式　掩手肱捶

**动作一**：接上势。双手先微顺缠，向外下沉；接着双手逆缠转臂，弧形向前上，右手在向前上时握拳，和左掌相合于腹前；同时，重心左移，身体左转，提起右腿成左独立步，目视前方。（图10—185、图10—186）

**动作二**：右脚落地震脚，随即提起左腿向左开一步；目视前方。（图10—187、图10—188）

**动作三**：重心左移，身体左转；右拳顺缠，向右侧发劲；然后松右胯，身体右转；双手屈臂相合于胸前；目视前方。（图10—189、图10—190）

图 10—185

图 10—186

图 10—187

图 10—188

图 10—189

图 10—190

**动作四**：两手下沉向左右分开；松右胯，重心右移，身体下沉右转；左掌向前伸出；右拳屈臂蓄劲于右腰际；蹬右脚，松左胯，身体速向左转，重心左移；右拳逆缠向前发出；左手半握拳，微顺缠，屈肘向后放肘劲；顶劲领起，目视前方，耳听身后。（图 10—191~图 10—193）

图 10—191

图 10—192

图 10—193

**【要点】** 动作一中，双手小顺缠下沉要做得沉稳、缓慢，向前上合劲时速度要相对快些，也可以快速发劲相合。无论快慢，都要与右腿的上提协调一致，身端步稳。

## 第二十八式　大六封四闭

**动作一：** 接上势。双手先逆后顺小缠丝折腕划圈，左手在顺缠时握拳置于腹前（图 10—194）。双拳左逆右顺缠丝，下沉交叉于小腹前；同时，身体螺旋下沉，并松左胯略向左转；左拳心向下，右拳心向左；目视前方。（图 10—195）

图 10—194

图 10—195

**动作二：** 身体略右转上升；双拳变掌，左顺右逆缠丝，合住劲向前略偏左上方挤出，高与胸平（图 10—196）。重心继续右移，松左胯，身体螺旋下沉，向左转 45°，左脚尖以脚跟为轴外摆；同时，左手微逆缠，右手顺缠，双手弧形下沉形成掤劲（图 10—197）。重心左移，左脚踏实，右膝领劲，提起右腿，脚尖

图 10—196

图 10—197

自然下垂，成左独立步；同时，左手微逆缠，虎口掤圆，以拇指侧腕关节领劲，弧形向左上提，五指斜向下垂形成刁手；右手微顺缠，弧形上托，左手刁右手托，随转体向左上方搌带；顶劲领起，目视右侧。（图 10—198）

**动作三：**两手逆缠，翻掌合于胸前；同时，松左胯，身体下沉略左转，右脚向右侧上步落地，脚跟里侧着地，脚尖上翘里合（图 10—199）。松右胯，右脚脚尖落地踏实，身体略右转，重心移至右脚，左脚以脚尖着地，弧形向右脚并步；随重心移动，双手合住劲，微顺缠向右下方按出，身体随着按劲螺旋下沉；目视右下方。（图 10—200）

图 10—198

图 10—199

图 10—200

**【要点】**1. 动作一和动作二的前半动为接劲和引劲动作，速度相对柔缓一些。动作二提托搌的动作要快。双手与右腿要上下相合，协调一致。

2. 独立步时，左腿要扣膝微屈，胯关节放松，五趾抓地；身体上部要虚领顶劲，胸、膝合劲。上下肢对拔拉长，才能身法中正稳健，不致左右歪斜。

3. 动作三为上引下进的技击法，与第四式六封四闭相似，但前势是以换重心为进，本势则是进右脚，可蹬、踢、踹，落地则能踩、插、套。上下配合协调是得机得势的关键。

## 第二十九式　单　鞭

**动作一：**接上势。身体先微右转；双掌顺缠，左掌外穿，右掌内收（图 10—201）。右掌逆缠，变勾手向右上方掤出，高与肩平；左掌微顺缠，向下松沉至腹前，掌心向上；身体略左转下沉，接着松右胯，身体略右转下沉，左膝领劲提起左腿；目视左侧。（图 10—202、图 10—203）

图 10—201

图 10—202

图 10—203

**动作二：**身体下沉，左脚向左开一大步，重心走下弧左移；左手向右上方穿掌逆缠，外翻转臂，再逆缠向左展开；穿左掌时要稍向右回重心；目视前方。(图 10—204~图 10—206)

图 10—204

图 10—205

图 10—206

## 第三十式　云　手

**动作一：**接上势。右勾手变掌顺缠，弧形向下松沉；松右胯，身体右转，重心右移；同时，双手左顺右逆，向右侧上方掤出，左掌心向上，右掌心向外，手指皆向左侧；目视前方偏左。（图 10—207）

**动作二：**身体微右转，重心左移，提右脚向左脚后插步，脚尖着地；同时，左掌先向右再逆缠，翻掌走上弧向左侧掤出；右掌转臂顺缠，下沉走下弧向左侧掤出，左手心向前，指尖向右；右手心向左上，指尖向前，双手合住劲向左掤；目视右侧。（图 10—208）

图 10—207

图 10—208

**动作三：**重心移至右脚，身体微右转下沉，提左脚，以脚跟着地向左侧开一大步，脚尖上翘里合；同时，右手先顺缠再逆缠，向上翻掌走上弧向右侧掤出，略高于肩；左手顺缠，转臂下沉走下弧向右侧掤出；右手心向前，指尖向左；左手心向右上，指尖向前；目视左侧。（图 10—209）

**动作四：**重心左移，右脚向左脚后插步；同时，左手先顺后逆缠丝，翻掌向上走上弧向左侧掤出；右手转臂顺缠，下沉走下弧向左侧掤出，双手合住劲向左侧掤；目视右侧。（图 10—210）

**动作五：**重心右移，身体右转下沉，提左脚，以脚跟里侧着地向左侧开步，脚尖上翘里合；同时，右手先顺后逆缠，向上翻掌走上弧向右侧掤出，略高于肩；左手顺缠，转臂下沉走下弧向右侧掤出，双手合住劲右掤；目视左侧。（图 10—211）

图 10—209

图 10—210

图 10—211

**【要点】**1. 此式为整个拳套重要动作之一，可连续插步，亦可连续盖步、并步或者三种步法交替。无论使用何种步法，都必须注重脚的虚实转换。某侧手为实（意念注重的成分多）脚则为虚，反之亦然。这样才能上下相随，周身协调，将两手和两脚的虚实统一于整个身法的虚实之中。

2. 重心转换和手法（即缠丝劲）转换时，要“欲左先右”“欲上先下”，再配合灵活的眼法，才能神气鼓荡，顾盼自如。

3. 双手在左右缠丝时，在左右立圆之中配合左右转动的身法，要具有里外缠丝的成分，这样才符合以腰为轴、气贴脊背的要求。

## 第三十一式　高探马

**动作一：**接上势。松左胯，身体左转，重心左移；同时，左手逆缠转臂，然后屈左臂，以掌外缘领劲向左侧掤出；右手顺缠，向外、向下至右侧（图 10—212）。接着，左掌向前撩，右掌后撩配合，带动身体重心走下弧继续左移；左手心向下，指尖向左；右手心向前，指尖向右；顶劲领起，目视左侧，耳听身后。（图 10—213）

**动作二：**松左胯，身体左转下沉，右脚向左脚内侧靠拢，脚尖着地；同时，双掌微顺缠，交叉相合于胸前，两手左上右下，左掌合于右前臂内侧；右手掌心向上，指尖向前；左手掌心向下，指尖向右；目视右前方，耳听身后。（图 10—214）

图 10—212

图 10—213

图 10—214

**动作三：**身体螺旋下沉略向左转；双手合劲向左上方引带；同时，提右脚向右后开步（图 10—215）。然后松右胯，身体略右转，重心稍右移；双手逆缠向上掤，再逆缠，弧形向左右方向分开，双臂高与肩平；松肩，沉肘，坐腕，下沉合住劲；双手掌心向外，手指向上；顶劲领起，目视前方。（图 10—216）

图 10—215

图 10—216

**动作四：**身体略右转，重心向左移；右掌向右下方松沉，左掌小顺缠（图 10—217）。接着，松左胯，身体略左转下沉，重心向右移，右膝里合，右脚尖以脚跟为轴内扣；同时，右掌先顺后逆，屈臂向上合于右耳旁；左掌小顺缠丝；然后，身体继续左转，左脚以脚尖着地向左后扫 135°，收于右脚内侧，脚尖着地；同时，右掌顺缠前推；左掌随身体的转动收于左腰间，右掌心向外，指尖向上；左掌心向上，指尖向右；顶劲领起，目视右侧，耳听身后。（图 10—218~图 10—220、图 10—220 附图）

**【要点】**动作四中，右手屈臂向右耳旁合时，右肘要随着手掌的缠丝劲向外开，这样才能将右掌螺旋前推的劲蓄紧。右手前推和左手收回腰间以及左脚后扫收回要协调一致。定势时肩、肘放松下沉，全身心气下降，塌腰、松胯、屈膝，脚趾抓地。顶劲上领，双手向下塌住劲。

图 5—217

图 10—218

图 10—219

图 10—220

图 10—220 附图

## 第三十二式　右擦脚

**动作一：**接上势。两手先逆后顺折腕缠丝，在原位各划一小圈；然后，屈膝松胯，身体下沉；同时，左手微逆缠下沉；右手顺缠，向左下搬至腹前与左手相合；接着身体微右转上升；双手左顺右逆缠丝，合住劲向右侧上方挤出，高与肩平，右手心向外，指尖向左前；左手心向内，指尖向后；顶劲领起，目视右侧。（图 10—221~图 10—223 及附图）

**动作二：**重心再往右移，身体左转下沉；同时，左手成刁手，用腕部领劲向左侧上方掤；右手小顺缠，翻掌上托（图 10—224、图 10—224 附图）。左腿提起，经右膝前向右盖步，以脚尖外缘先着地；同时，左手变掌，向上、向右、向下先逆后顺缠丝；右手稍向左侧微顺缠引带，两前臂在胸前左上右下交叉相合，双手掌心左下右上，手指都斜向上；目视左手，当右手和左手相合后兼顾右侧。（图 10—225、图 10—225 附图、图 10—226）

图 10—221

图 10—221 附图

图 10—222

图 10—222 附图

图 10—223

图 10—223 附图

图 10—224

图 10—224 附图

图 10—225

图 10—225 附图

图 10—226

**动作三：**双手合劲，逆缠外翻上掤；同时重心前移，身体微下沉，接着身体微左转略上升，右脚绷平，脚面向右侧上方踢起；同时，双手微顺缠，向左右弧形分开下拍，右手迎击上踢的右脚面，掌心都向下；目视右侧。（图 10—227、图 10—228）

图 10—227

图 10—228

## 第三十三式　左擦脚

**动作一：**接上势。拍脚后右脚自然下落，将触地面时右膝微向上提起，然后脚尖弧形外摆；同时，双手左顺右逆小缠丝配合；接着，右脚跟外侧着地，落于身体右侧前方，脚尖上翘外摆；身体右转90°；双手在胸前方左上右下相合，左手心向右，右手心向下，指尖皆向前上；目视前方。（图10—229）

**动作二：**双手逆缠，翻掌合劲上掤至前上方；同时，右腿屈膝松胯，身体下沉右转，重心移至右脚踏实（图10—230）。身体继续右转90°，提左脚向左上方踢起，脚面要绷紧；同时，双手顺缠，由上方向左右分开下拍，左手迎击上踢的左脚面，双手掌心向下；目视左侧，耳听身后。（图10—231）

图10—229

图10—230

图10—231

**【要点】**1. 本式与上式右擦脚相似，要点一并叙述。拍脚时勿需双臂完全在一条线上，应有向前的弧度，踢脚时要在侧面稍前的位置上踢。

2. 拍脚时，双手向下用力要对称，肩、肘放松，使手掌的下拍劲富有弹性；独立腿不可挺膝顶胯使身体上升，应该在原松胯屈膝的基础上再稍微放松下沉，这样才能重心稳定，身法中正，手脚相合，拍击有力。

## 第三十四式　转身左蹬一跟

**动作一：**紧接上势。拍脚后左脚自然下落；左手顺缠，折腕向内，五指微合；右手逆缠，屈臂里合于右耳旁；同时，左膝领劲上提；右手心向左下，左手心向上；目视左侧，耳听身后。（图10—232）

**动作二：**松右胯，以右脚跟为轴，脚尖迅速内扣，随即踏实，控制并稳定重心，使身体下沉并向左后转约半周，左腿随转体放松下摆，当身体转到位时左腿又上提；同时，双手逆缠，在胸前相合，随即又左右分开变拳，双拳心向下；目视右侧，耳听身后。（图 10—233）

图 10—232

图 10—233

**动作三：**两拳微顺缠，在腹前左内右外相合；右腿屈膝松胯，身体螺旋下沉，左膝领劲上提；同时，双拳微逆缠上提，又微顺缠向下弹抖；紧接着，左脚尖微翘，以脚跟向左侧蹬出；同时，左右双拳以小指侧领劲向左右分别发出，双拳拳心斜向下；目视左侧，耳听身后。（图 10—234、图 10—234 附图、图 10—235）

图 10—234

图 10—234 附图

图 10—235

**【要点】**1. 本式由于是右腿独立，所以稳定重心是关键。练习时要细心体会双手与左膝的配合。动作一中，双手向左侧发劲时要左膝上领，快速转身后双手外开时左膝上提，蹬脚发劲前为了将劲蓄得更紧，双手向下弹抖时左膝上提。只有双手和左膝配合好，才能身法中正稳健。

2. 蹬脚发劲时，拳脚的发劲要快速有力，富有弹性，一发即收，以备再发，这样，实战时可以避免被人拿（抱）住。

## 第三十五式　前趟拗步

**动作一：**接上势。左腿自然收回，膝部领劲上提，松右胯，身体下沉；同时，双拳发劲后自然收回至胸前变掌，左顺右逆缠丝，向右下弧形捌带，捌至右侧时变左逆右顺缠丝，转臂上翻向左侧加掤劲，双手形成合劲（图 10—236）。接着，身体下沉，左转 90°，左脚脚尖外摆，脚跟着地向左侧迈出；同时，左手微向左下沉；右手随转身微顺缠向左，在胸前双手左下右上交叉相合；目视前方。（图 10—237）

图 10—236

图 10—237

**动作三：**松左胯，屈左膝，重心由右向左移，身体左转 60°下沉，提起右脚向右侧开步；接着，双手向左侧引劲，身体向左转，重心向右移，然后松右胯，身体右转下沉；双手逆缠上翻，向左右两侧展开，到位后微顺缠下沉合住劲；目视前方。（图 10—238~图 10—240）

**【要点】**上式发劲后，双掌和左脚要迅速收回，左膝上提，右腿同时微屈膝松胯，使身体稍向下沉，这样才能身法中正，重心稳定，从容镇定地连接本式的独立右捌动作。

图 10—238

图 10—239

图 10—240

## 第三十六式　击 地 捶

**动作一：**接上势。松左胯，身体微向左转，重心略向左移；同时，双手左逆右顺缠丝，略下沉，向左加掤劲（图 10—241）。然后，松右胯，身体右转，重心略向右移；同时，双手变左顺右逆缠丝，走上弧向右搬带（图 10—242）。接着重心左移；双手走下弧，左逆右顺，向左侧搬带，左手心向前，右手心向上，手指皆向右；顶劲领起，目视右侧。（图 10—243）

图 5—241

图 5—242

图 10—243

**动作二：**松右胯，身体右转；同时，双手下沉翻掌，随转身左顺右逆缠丝，向右搬带（图 5—244）。接着重心右移，身体微右转下沉，提左腿，向左前方上一大步；同时，双手向右上方加掤劲；目视左前方。（图 10—245、图 10—246）

图 10—244

图 10—245

图 10—246

**动作三：**松右胯，身体微右转；同时，双手小顺缠变拳（图 10—247）。松左胯，左膝微外摆，重心由右向左移，身体微左转，螺旋下沉至左大腿与膝平；同时，左拳微顺缠向下，再逆缠，屈肘向左上方提起；右拳先顺后逆缠，经右耳旁向前下击出；左拳心向下，右拳心向内；目视前下方，耳听身后。（图 10—248、图 10—249、图 10—249 附图）

图 10—247

**【要点】**1. 此式向下击时身法可高可低，但要有右拳入地的意念贯注其中。

2. 在俯伏的身法中，更要注意顶劲不丢，如拳论所讲“尾闾正中神贯顶”，身法的尾闾正中是此式整个脊骨节节贯串且富于弹性的关键。

3. 此式又名“神仙一把抓”“栽捶”，是太极五捶之一。其他四捶是：掩手肱捶、撇身捶、肘底捶和指裆捶。

图 10—248

图 10—249

图 10—249 附图

## 第三十七式　二起脚（踢二起）

**动作一：**接上势。右拳顺缠，向前下松沉划一小圈，接着右拳逆缠，右肘向右后上方挒出；左拳逆缠，转臂下沉；同时，重心由左脚向右脚移，左脚尖内扣，身体上升右转（图 10—250）。左脚尖再内扣，屈左膝，重心左移，松右胯身体右转 90°，右脚弧形收回到左脚右前方，脚尖点地；同时，右拳顺缠外翻，随转体下沉于身体右侧；左拳顺缠，随转体上举于面前左上方，左拳心向内，右拳心向上；顶劲领起，目视前方。（图 10—251）

**动作二：**身体微右转，重心向前移至右脚；同时，左拳略向前掤；右拳稍向后摆；目视前方。（图 10—252）

图 10—250

图 10—251

图 10—252

**动作三：**重心完全移至右脚，左脚向前踢出；同时，双拳变掌，左掌弧形向左下；右掌弧形向右上（图 10—253）。在左脚尚未落地时，右脚蹬地跃起，向前上方绷平脚面踢起；右掌速向前下迎击右脚面；左掌在右掌拍脚时向左后上方撩出，掌心向下；目视右手。（图 10—254）

图 10—253

图 10—254

【要点】1. 动作一和动作二要以腰为轴，身法中正，勿左歪右斜，勿前俯后仰，以免失势。

2. 二起拍脚要快速准确，在左脚未落地之前腾空完成。拍脚时切勿后仰，要求胸、膝相合，左手在后上撩和右手形成合力，以助拍脚之势。

## 第三十八式 护心拳（兽头势）

**动作一：**紧接上势。拍脚后左脚先落地，右脚随之也落于左脚内侧稍前，重心偏左；双手随右脚落地下按于腹前，双掌心向下，指尖都向前；顶劲领起，目视前方，耳听身后。（图 10—255）

**动作二：**双手左逆右顺缠，向左下方按出；同时，重心右移，身体左转下沉；再翻掌左顺右逆缠，向右侧上方搬带；同时，提左脚，向左侧偏后方横开一步，脚跟里侧着地，脚尖上翘（图 10—256）。松左胯，重心左移，身体螺旋下沉微左转，右脚以脚尖着地，随着移重心和转体向左脚内侧靠拢；同时，双掌下沉，变左逆右顺缠丝，随着移重心向左侧上方加掤搬劲，左手掌心向外，指尖向右；右手掌心向上，指尖向右前方；目视右前方，耳听身后。（图 10—257）

图 10—255

图 10—256

图 10—257

**动作三：**双掌逆缠变拳；身体继续左转，螺旋下沉，右脚向右稍偏前方速跳开一大步；同时，双拳随着转身左逆右顺缠丝，并在身体左侧外开发劲，左拳在左后上方，右拳在左前上方，拳心都向左后，拳眼左下右上；目视前方，耳听身后。（图 10—258）

**动作四：**松右胯，身体右转；同时，右拳转臂顺缠，随着转身弧形下沉于右膝上方；左拳随着转身顺缠，向上至左前上方，高与头平（图 10—259）。松左胯，重心向右移，身体微左转；同时，右拳以拳顶领劲，向上缓慢冲拳；左拳微逆缠，屈臂沉于左腹前。左右拳心都向内；目视右拳及远方。（图 10—260）

图 10—258

图 10—259

图 10—260

**动作五**：重心左移，松右胯，身体右转；随着转身，右拳微逆缠，屈肘向右后方领起；左拳逆缠至前下方（图 10—261）。重心右移，身体左转；同时，右臂松肩沉肘，右拳顺缠转臂，手腕里屈，向前掤出至胸前；左拳微顺缠，收至腹前，高与右肘尖平；左右手形成合劲，左拳眼向上，右拳眼向右上，双拳心向内；顶劲领起，目视前方，耳听身后。（图 10—262）

图 10—261

图 10—262

**【要点】** 1. 动作三练习时速度要快，双拳的外开发劲和右脚的跳步震脚要同时完成，协调一致。关键是要做好动作二的周身蓄劲。

2. 动作四和动作五是在不动步的情况下，松胯转腰，同时又胸腰折叠，双手旋腕转臂，注重里外缠丝劲的练习。要求速度要慢，气贴脊背，节节贯串，一动全动，周身一家。

## 第三十九式 旋风脚

**动作一：**接上势。双拳顺时针转一小圈变掌，向右前加掤劲搌；同时，重心略向左移，再移回右脚，身体略向右转（图 10—263）。松左胯，身体螺旋下沉向左转，左脚尖外摆，随即重心由右脚移到左脚，身体微下沉，右腿屈膝提起；同时，双手下沉翻掌，左逆右顺缠丝，弧形向左上领起，左手掌心向外，右手掌心向上，指尖都向右前方；顶劲领起，目视右前方。（图 10—264）

图 10—263

图 10—264

**动作二：**身体螺旋下沉，右脚尖外摆，向右前方上半步，脚跟外侧着地；同时，双手顺缠，先外开再相合，左上右下交叉相合于胸前（图 10—265）。右脚尖外摆，重心右移，右腿屈膝下蹲；左脚由实变虚，左腿屈膝下跪，左脚尖点地；身体右转，螺旋下沉；同时，双手随转身逆缠，翻掌外掤，双手心都向外；目视前方，耳听身后。（图 10—266）

**动作三：**身体继续右转，带动左脚迅速起脚里合；同时，双手向左右两侧横开，左手以掌心迎击左脚内侧；目视左手与左脚，耳听身后。（图 10—267）

图 10—265

图 10—266

图 10—267

【要点】1. 本式是独立步里合旋扫腿法，有一定难度，要求旋转快速，身法中正，拍脚有力，重心腿沉着稳健。可抽出单势练习体会。

2. 动作一前半部分的小圈是接劲动作，将上势发劲后的断劲重新连接起来，同时也是引起以后动作的引劲动作，要求沉着紧凑，以身催动，眼法相随，形神兼备。

## 第四十式 右蹬一跟

**动作一：**接上势。身体惯性右转 180°，左脚落于右脚内侧，脚尖点地；同时，双掌自然内收，左下右上交叉相合于腹前，双掌心向下，指尖斜向前方；目视左前方，耳听身后。（图 10—268、图 10—268 附图）

图 10—268

图 10—268 附图

**动作二：**身体略下沉，左脚向左开一步；同时，双手逆缠，向上再左右分开（图 10—269）。接着，重心左移，右腿屈膝提起；同时，双手顺缠下沉，交叉相合于腹前；目视右侧略偏前方，耳听身后。（图 10—270）

图 10—269

图 10—270

**动作三**：松左胯，身体下沉，右膝上提；同时，双手下沉变拳；右脚向右侧蹬出；同时，双拳快速向左右两侧发劲，两拳心向下；目视右侧所蹬方向，耳听身后。（图 10—271）

**【要点】**此式是在近距离踹腿时快速开步闪身提腿蹬脚的练习方法，实用时开步的大小视距敌远近而定。

图 10—271

## 第四十一式　掩手肱捶

**动作一**：接上势。发劲后右脚自然收回，屈膝上提，左腿独立；左拳顺缠，下落于左胯侧；右拳顺缠，下落于裆前（图 10—272）。右拳逆缠，以肘领劲上提至高与胸平，然后顺缠，向右侧下方，拳心向上，以拳背发劲；左拳顺缠，转臂屈肘向上（拳心向内），以拳顶向上发劲；同时，以左脚为轴，随着双拳发劲身体向右转 90°；顶劲领起，目视前方。（图 10—273）

**动作二**：左拳逆缠，变掌向上，右拳逆缠，屈臂向上，右拳在下，左掌在上，双手在头前上方相合；然后，右脚落地震脚，身体随之下沉，随即提起左腿向左开步；同时，双手随着身体下沉合劲不丢下落于腹前；目视前方。（图 10—274）

图 10—272

图 10—273

图 10—274

**动作三**：重心左移，身体左转；右拳转臂向右侧发劲，左掌收回到左肋部；然后身体右转，双手相合，再下沉外开，左掌向前，右拳收于右肋侧，重心由左脚向右脚移；目视前方。（图 10—275）

**动作四：**松左胯，身左转，重心由右脚移至左脚；右拳逆缠向前发劲；左手虚握拳，向后放肘劲。目视前方。（图 10—276）

图 5—275

图 5—276

**【要点】**动作一是利用上势发劲后双手和右脚自然收回的蓄势，然后快速转身发劲。要求周身放松，立身中正，动作快速，完整一气，发劲时可呼气出声，以助发力。

## 第四十二式 小擒打

**动作一：**接上势。右腿屈膝松胯，身体右转，重心稍向右移；同时，右拳屈腕上提变掌，虎口张开，手心向下，以手腕向右上领劲；左手五指微屈相合，手心向上，以手腕领劲微逆缠向前下掤出（图 10—277）；右手顺缠，转臂走下弧，向前略偏上；左手逆缠向上、再向下合于右前臂内侧；同时松左胯，重心左移，身体向左转，提起右腿向前上步，脚跟着地，脚尖外摆；左手心向下，右手心向上；目视前方。（图 10—278）

图 10—277

图 10—278

**动作二：**身体下沉右转，右脚尖外摆踏实，重心移至右脚，左腿屈膝提起；同时，双手合劲不变，随着提左腿左顺右逆缠丝，向右上方掤起（图10—279）。接着，松右胯，身体右转下沉，左脚向左前上一大步；同时，右手掤劲不丢，左掌随上步向前下方按出，左掌心向下，右掌心向外；目视前方。（图10—280）

图10—279

图10—280

**动作三：**松左胯，身体略向左转，重心左移；左掌随身法加掤劲向上领起，高与肩平；右掌下沉，顺缠走下弧，向前与左手合住劲（图10—281）。松右胯，重心稍右移，身体略右转下沉；同时，双手左顺右逆缠丝，走上弧向右侧搌，搌至胸正前时全身放松下沉（图10—282）。紧接着蹬右腿，身左转，重心左移；同时，左掌逆缠转臂成横掌，右掌下塌竖指，双手合好，随转身向左侧发劲，手心都向外；顶劲领起，目视左方，耳听身后。（图10—283）

图10—281

图10—282

图10—283

**【要点】**1. 本势的前两个动作右脚和左脚各上一步，上步要自然、连贯、轻灵，并和手法密切配合，做到上下左右相合，身法协调一致。

2. 发劲时拧腰扣裆，不仅速度要快，而且要富有弹性。

## 第四十三式　抱头推山

**动作一：**接上势。双掌变拳；重心略右移，身体略向右转；随着转身屈右臂，右拳顺缠，走弧形至右上方；左拳小顺缠，向左下与右拳形成双分的开劲，双拳互相呼应（图 10—284）。身体左转下沉，重心左移，左脚尖内扣，右膝随着转身里合；同时，右拳随着转身，由右上方向左下方逆缠；左拳向下逆缠，双拳左上右下交叉于左膝上方，拳心都向下；目视左下方，耳听身后。（图 10—285、图 10—286）

图 10—284

图 10—285

图 10—286

**动作二：**身体右转微升起，右脚收回到左脚内侧，脚尖点地；同时，双拳随转身向胸右侧小顺缠丝，至拳心向上时稍下沉内收；随即，双拳变掌，向右上弹出，随即又收回；目视右前方。（图 10—287、图 10—288）

图 10—287

图 10—288

**动作三：**身体螺旋下沉，松左胯，向左转，提起右腿，向右侧稍偏前方上一大步，脚跟里侧着地，脚尖上翘里合；同时，双手逆缠，向下再左右分开，接着逆缠，翻掌向上合于胸前；目视右前下方。（图 10—289~图 10—292）

**动作四：**松右胯，屈右膝，重心右移，身体略向右转；同时，双掌微顺缠，向右侧按出，双手掌心向右，手指向上；顶劲领起，目视右侧及远方。（图 10—293）

图 10—289

图 10—290

图 10—291

图 10—292

图 10—293

**【要点】**1. 前两个动作要按照拳论"欲左先右，欲合先开"的要求，以腰催动，身法中正，顶劲领起，神气鼓荡。

2. 上步双推时，上步要大，身法要放低。也可在双手分开时左脚先向右侧跳一小步，再上右步。双掌的推法要以脚为根，过腰脊力达双掌。

## 第四十四式　三换掌

**动作：**接上势。松右胯，身体微右转，重心稍向左移；同时，双手顺缠，掌心向上，左掌向右前上螺旋前引，右掌回收（图 10—294）。重心右移，身体左转；右掌逆缠，向右前按，左掌五指微屈收回（图 10—295）。接着，身体快速右转；左掌逆缠翻转，向右前上按掌发劲；右掌顺缠，屈肘合于左肘下；目视右前方。（图 10—296）

图 10—294

图 10—295

图 10—296

**【要点】** 本势是在不动步的情况下，由腰、裆的转换和双腿的缠丝旋转带动双手的，要求以腰为轴，上下相随，胸、腰运化，一动全动。

## 第四十五式　六封四闭

**动作一：** 紧接上势。身体略左转；同时，右掌逆缠，翻转向右前上方横掌推出；左掌顺缠，五指微屈下沉（图 10—297）。重心左移，身体左转；双手左刁右托，走下弧向左上方搬；目视右侧。（图 10—298）

图 10—297

图 10—298

**动作二：** 重心右移，松左胯，身体略向左转；双手逆缠；翻掌合于胸前（图 10—299）。接着，松右胯，重心右移，身体右转下沉，左脚跟步脚尖点地；同

时，双手向右下方按出；目视右下方。（图 10—300）

**【要点】**与第一个六封四闭相比，本式的速度较快。本式与上式的衔接处是训练解脱擒拿边化边打的手法，必须出手快速，圆转灵活。

图 10—299

图 10—300

## 第四十六式　单　鞭

**动作一：**接上势。身微右转；双手顺缠，左掌前伸，右掌回收（图 10—301）。身微左转；右手逆缠成勾手，向右侧上方挒出；左掌松沉至腹前；目视右侧。（图 10—302）

图 10—301

图 10—302

**动作二：**提起左腿，向左开一大步，目视左侧。（图 10—303、图 10—304）

**动作三：**重心左移；左手穿掌上挒，逆缠外翻，向左拉开，穿掌时向右稍回重心；目视前方。（图 10—305、图 10—306）

图 10—303

图 10—304

图 10—305

图 10—306

## 第四十七式　前　招

**动作一：**接上势。右勾手变掌顺缠，弧形向下、向左，左手小逆缠，双手形成合劲向左方搌带（图 10—307）。双手搌劲不停。松左胯，身体左转，重心右移，接着，松右胯，身体右转 45°，带动左脚收回到右脚左前方，脚尖点地；同时，双手下沉，变左顺右逆缠，走下弧向右后上方搌，左手掌心向右，指尖向前下；右手掌心向外，指尖向左上；目视前方。（图 10—308）

图 10—307

图 10—308

**动作二：**身体螺旋下沉微右转，左脚向左前方上一步，脚跟里侧着地滑出，脚尖上翘里合；同时，双手向右前方加掤劲；目视左侧（图 10—309）。身体继续右转；左掌顺缠，向右下方引劲；右掌逆缠，向左下沉，合于左臂上方；目视左前方。（图 10—310）

**动作三：**左脚踏实，重心左移，身体微左转，右脚跟进半步，收于左脚右前方，以脚尖点地；同时，左手逆缠，转臂向左上挒出；右手下沉再顺缠，向左侧挒出，左手掌心向外，指尖向右；右手掌心向左偏前，指尖向右前方；目视左侧，耳听身后。（图 10—311）

图 10—309

图 10—310

图 10—311

## 第四十八式　后　招

**动作：**接上势。身体先微左转，再松右胯，身体右转微下沉；左手先逆后顺缠，走下弧向右挒；右手稍顺缠，向上再逆缠翻掌，向右挒出。双手掌心都向右；目视右侧。（图 10—312）

图 10—312

**【要点】**1. 前招和后招是采用较小的身法和手法来加大腰脊的活动幅度，进而使腰部向左右两侧运动的功能都得到锻炼。

2. 前招为上引下进法。动作二的进步法也可采用跳步的方法练习：右手使扑面掌，右脚同时跳步向左前进，左手向右引，左脚则向左进，跳步震脚，身、手协调。

3. 前后招是练习左右两边挒劲的方法。

## 第四十九式 野马分鬃

**动作一：**接上势。右手折腕收回；左手向右稍进；松右胯，身体略下沉右转（图10—313）。紧接着身体左转；右手顺缠丝，向下缠至掌心向上；左手逆缠至左上，两手形成搬劲（图10—314）。两手加强掤劲，左手略向左带，右手微顺缠前伸；同时，身体螺旋下沉，右腿屈膝提起；目视右侧。（10—315）

**动作二：**身体下沉，右脚向前方偏右上一大步，接着重心右移，身体微右转；同时，右手微顺缠，随着重心前移之势展臂前托；左手逆缠，向后外撑，高与肩平，右掌心向上，左掌心向后下；目视右手方向。（图10—316）

图10—313

图10—314

图10—315

图10—316

**动作三：**松右胯，身体微右转；同时，左手顺缠，向右走下弧；右手小逆缠微下沉，转左臂，双手左逆右顺缠，走上弧向左侧搬带；同时，重心由右向左移，身体螺旋下沉，松右胯，身向右转，右脚尖外摆；同时，双手微下沉，变左顺右逆缠，向右后侧搁；目视前方。（图 10—317~图 10—319）

图 10—317

图 10—318

图 10—319

**动作四**：松右胯，身体下沉右转，重心移至右脚，左腿屈膝提起，向左前方上一大步，接着重心左移，身微左转；同时，左手微顺缠丝，并随着重心前移之势展臂前托；右手逆缠，向后外撑，高与肩平，左手掌心向上，右手掌心向后下；目视左手方向。（图 10—320、图 10—321）

**动作五**：右手顺缠，向左走下弧；左手小逆缠微下沉，双手形成合劲（图 10—322）。重心右移，身微右转；同时，双手略下沉翻掌，随着移重心左顺右逆缠丝，走上弧向右搁（图 10—323）。重心左移，身体左转；双手下沉翻掌，变左逆右顺缠走下弧，随着转身向左侧掤出，左手横掌，手指向前；右手指向前下，掌心都向左侧；目视左侧。（图 10—324、图 10—325）

图 10—320

图 10—321

图 10—322

图 10—323

图 10—324

图 10—325

**动作六：**双手左顺右逆缠丝下沉，向右侧走下弧搌带；同时，重心右移，身体微右转（图 10—326）双手继续右搌，然后左手逆缠折腕，五指微拢，向上再向左以手腕领劲掤出；右手小顺缠，向上再变逆缠，向左侧横掌推出，左手在下，右手在上，双手形成合劲；同时，左脚尖外摆，身体左转，重心左移；双手高与眼平，顶劲领起，目光从双手间向左侧看。（图 10—327、图 10—328）

图 10—326

图 10—327

图 10—328

**【要点】**1. 和前后招相比，“野马分鬃”是大身法，步大身低，大开大合，前手顺缠，后手逆缠，前后对称展开，犹如拳脚棍棒像乱马鬃打来时一样，用左右两手穿掌外分，将来劲引落空地。

2. 此式身法中正安舒，八面支撑，八面转换，双手上下翻，顺逆缠丝，其劲皆起于脚，行于腿，主宰于腰，通肩、臂而行于手指。

3. 为锻炼腰、腿，可将此式作为单势抽出练习，加大身法，增加发劲以增强锻炼效果。

## 第五十式　大六封四闭

**动作一：**接上势。重心稍右移，松左胯，身体左转，左脚尖外摆，然后重心完全移至左脚，身体左转，右腿屈膝提起；同时，双手下沉，随着转身左逆右顺缠丝向左侧搁，提右脚时双手变成左手刁右手托，并向左上方弧形搁带；目视右侧。（图 10—329、图 10—330）

图 10—329

图 10—330

**动作二：**双手逆缠合于胸前；同时，身体下沉微左转，右脚向右侧进步（图 10—331）。松右胯，重心右移，身体右转，左脚向右脚靠拢；同时，双手微顺缠，向右下方按出；目视右下方。（图 10—332）

图 10—331

图 10—332

## 第五十一式　单　鞭

动作说明同第五式单鞭。（图 10—333~图 10~338）

图 10—333

图 10—334

图 10—335

图 10—336

图 10—337

图 10—338

## 第五十二式　双震脚

**动作一：**接上势。右手变掌顺缠，向左走下弧，左手顺缠，向右走上弧，双手左上右下交叉相合于腹前；同时，重心移至左脚，右脚收至左脚内侧，以脚尖点地（图 10—339）。双手合住劲，右臂上翻，向右侧掤，带动身体右转 90°；以左脚跟为轴，脚尖内扣，右脚尖着地稍向右移；接着，松肩沉肘，双手成立掌；目视前方。（图 10—340）

图 10—339

图 10—340

**动作二：**身体螺旋下沉；双手逆缠下按（图 10—341）。双手顺缠，迅速向上领起全身，提起右脚，左脚蹬地跃起（图 10—342）。两脚左先右后落地震脚，左重右轻；双手逆缠，随震脚向下按，重心在左脚，双手掌心向下，指尖向前；目视前方。（图 10—343）

**【要点】**身体跃起时，首先由双手向上领劲，双手则由双腕领劲在先。下落时也由双腕向下领劲，身、手协调，富有弹性。

图 10—341

图 10—342

图 10—343

## 第五十三式　玉女穿梭

**动作一：**接上势。双手顺缠上掤，右腿随之屈膝提起，身体迅速左转，右腿里合外蹬；同时，右掌逆缠，向右前推；左掌逆缠，向左发肘劲；目视前方。（图 10—344、图 10—345）

图 10—344

图 10—345

**动作二：**右脚向前跃进一步，重心随之前移，右脚迅速蹬地弹起前纵；左手逆缠前推，带动身体在空中向右旋转 180°；同时，右手随转身向右开；左脚落地，右脚从左脚后插过，脚尖着地，身体右转 180°，重心移至右脚，左脚随着转体里合；随着转体，右手（屈右肘）在右上方掌心向右前掤出；左手在身体左侧下方掌心向下按，左手指尖向前，右手指尖向左前；目视左侧，耳听身后。（图 10—346~图 10—349）

图 10—346

**【要点】**此式为平纵步法，身体在旋转中完成连进三步。可抽出单势练习。练习本式时要快速连贯，要保持身法中正，顶劲领起，身未动，眼先至，切勿低头。

图 10—347

图 10—348

图 10—349

## 第五十四式 懒扎衣

**动作一：**接上势。重心左移，身体略左转，右脚向右开步；同时，两手顺缠，左上右下划弧相交于胸前，合住劲；目视右侧。（图 10—350）

**动作二：**身微左转，重心右移；右手顺缠，向左引带（图 10—351）。身微右转，右手逆缠上翻，向右拉开；左手顺缠，沉于腹前；目视前方，兼顾右侧。（图 10—352）

图 10—350

图 10—351

图 10—352

## 第五十五式　六封四闭

**动作一**：接上势。双手折腕小缠丝；松左胯，身体向左转，重心左移；双手左逆右顺缠丝，相合于腹前；目视右侧。（图 10—353、图 10—354）

图 10—353

**动作二**：重心右移，身微右转；双手合住劲向右上方挤出（图 10—355）。重心左移；左手变刁手，向左上掤；右手上托，双手先下沉，接着走下弧向左上搬带。目视右方。（图 10—356）

图 10—354

图 10—355

图 10—356

**动作三**：松左胯，身略左转，重心向右移；双手逆缠转臂合于胸前（图10—357）。双手合劲向右下方按出；同时，左脚向右脚并步靠拢，脚尖点地；目视右下方。（图10—358）

图10—357

图10—358

## 第五十六式 单 鞭

动作说明同第五式单鞭。（图10—359~图10—364）

图10—359

图10—360

图10—361

图10—362

图10—363

图10—364

## 第五十七式　云　手

**动作一**：接上势。右手变掌下沉，重心右移，同时，双手左顺右逆缠丝，并向右上方掤出。（图 10—365）

**动作二**：重心左移，右脚向左插步；同时，左手先向右微顺缠，再逆缠翻掌，走上弧向左掤出；右手顺缠，走下弧向左掤出（图 10—366）。重心右移，左脚向左开步；同时，右手逆缠上翻，走上弧向右掤出；左手顺缠，走下弧向右掤出。（图 10—367）

图 10—365

图 10—366

图 10—367

**动作三**：重心左移，右脚向左插步；同时，左手翻掌，走上弧向左掤出；右手下沉，走下弧向左掤出（图 10—368）。重心右移，身微右转，左脚向左开步；同时，右手逆缠，向右上翻，左手顺缠下沉，双手形成合劲；目视左侧。（图 10—369）

图 10—368

图 10—369

## 第五十八式　双摆脚

**动作一：**接上势。松左胯，身微左转，重心向左移；同时，左手逆缠上掤；右手顺缠下沉往前掤（图 10—370）。身微右转，重心右移；同时，双手微下沉翻掌，左顺右逆缠丝向右上攌带。左掌心向上，右掌心向外，双手手指都向前；目视前方。（图 10—371）

图 10—370

图 10—371

**动作二：**双手继续后攌，身体微向右转，重心向左移；双手随转体左逆右顺缠丝下沉合住劲（图 10—372）。重心移至左脚，身体微右转，右腿提起，弧形向左上、再向右后摆腿；同时，双手由身右侧左逆右顺缠丝，向左迎击右脚面外侧，左先右后拍击两声；目视右脚。（图 10—373、图 10—374）

**【要点】**拍脚前重心的转换都是在双手攌劲不丢的条件下完成的。拍脚时必须双手迎击，顶劲领起，身法中正，腰部以下放松下沉，稳定重心，以使上肢自然灵活。

图 10—372

图 10—373

图 10—374

## 第五十九式 跌 叉

**动作一：**紧接上势。拍击后，右腿外摆，然后收腿，在左脚内侧偏后方震脚落地，重心移至右脚，身体螺旋下沉；同时，双手变拳，左拳心向下，右拳心向上，双拳左上右下交叉相合于胸前；目视左前方。（图 10—375）

**动作二：**身体右转下沉，左腿提起，以脚跟内侧着地，向左侧偏前方铲地滑出；右腿屈膝，仆步下蹲，裆部离地四指；左小腿着地，脚尖自然向上；同时，双拳随着蹲身左顺右逆分开，右拳上提到身体右上侧，高于头顶；左拳转臂向下沉于左小腿上，两拳心相对；顶劲领起，目视前上方，耳听身后。（图 10—376）

图 10—375

图 10—376

**【要点】**震脚时全身放松下沉，以求劲整。跌下以后要身法中正，顶劲上领，切勿低头俯视。

## 第六十式 金鸡独立

**动作一：**接上势。身体先右转再左转，蹬右足，拧裆、腰，重心走下弧移至左脚；同时，左拳随着移重心微顺缠上冲；右拳顺缠下沉，合于身体右侧；左拳心向内，拳顶向上，右拳心向上，拳顶向前；目视左拳及远方。（图 10—377）

图 10—377

**动作二：**松左胯，左脚尖自然外摆，身体左转 90°，重心控制在左脚；提右脚上步至左脚右前方，脚尖点地；同时，左拳微回收；右拳随上

步继续前冲于左拳内侧，左下右上交叉相合，双拳心向内；目视前方。（图10—378）

**动作三：**左腿屈膝松胯稳定重心，右腿屈膝提起成左独立步；同时，双拳逆缠微下沉变掌；接着左腿微挺膝，身体螺旋上升；同时，右掌螺旋上托，高过头顶；左掌逆缠下按至身体左侧（图10—379）。右脚震脚落地有声；右掌随之微顺缠下按，重心在左脚，双手心向下，指尖向前；顶劲领起，目视前方，耳听身后。（图10—380）

图10—378

图10—379

图10—380

**动作四：**松左胯，身微左转，提右脚，向右侧横开一步，脚跟里侧着地；同时，双手左逆右顺缠丝，由前下方走上弧向左上方搬带，双手继续上搬再略下沉；身体先左转，重心右移，然后右腿屈膝松胯，身体右转，左腿随转身收至右腿内侧稍前，脚尖点地；同时，左手顺缠，随身体向右划弧，至身体前方时微上托，高与肩平；右手向右逆缠，下按于身体右侧；顶劲领起，目视前方。（图10—381、图10—382）

图10—381

图10—382

图 10—383

**动作五**：右腿屈膝松胯，身体放松下沉；随之，左掌微逆缠下沉；接着，右膝微挺，身体螺旋上升，左腿屈膝提起；同时，左手逆缠上托，高过头顶；右手下按之势不丢；左手掌心向前上，右手掌心向下；顶劲领起，目视前方，耳听身后。（图 10—383）

**【要点】** 1. 由跌叉到身体跃起，关键是身体右转下沉，右拳顺缠下沉，通过肩、臂将劲催到左拳上，由左拳将身体领起。

2. 本式为独立腿高身法，要求身法中正不偏，重心平衡稳健。达到此要求的关键是：提腿时膝向上领劲，脚尖自然下垂，手向上领劲；独立腿的一侧身体放松下沉，屈膝松胯，五趾抓地，脚心要虚，手向下按，使身体两侧上下对拉拔长。

## 第六十一式　倒卷肱

**动作一**：紧接上势。左脚自然落地；左手随之下按；两腿屈膝松胯，身体下沉（图 10—384）。松右胯，身体略右转下沉，微提左脚；同时，右手先顺后逆缠丝合于右耳侧；左手顺缠前伸；左脚向左后弧形倒步；同时，右手微顺缠前推；左手逆缠后捋；目视前方，耳听身后。（图 10—385）

下接第二十一式“倒卷肱”动作三、动作四。

图 10—384

图 10—385

## 第六十二式　退步压肘

动作说明和要点同第二十二式“退步压肘”。

## 第六十三式　中　盘

动作说明和要点同第二十三式“中盘”。

## 第六十四式　白鹤亮翅

动作说明和要点同第二十四式“白鹤亮翅”。

## 第六十五式　斜行拗步

动作说明和要点同第二十五式“斜行拗步”。

## 第六十六式　闪通背

动作说明和要点同第二十六式“闪通背”。

## 第六十七式　掩手肱捶

动作说明和要点同第二十七式“掩手肱捶”。

## 第六十八式　大六封四闭

动作说明和要点同第二十八式“大六封四闭”。

## 第六十九式　单　鞭

动作说明和要点同第二十九式“单鞭”。

## 第七十式　云　手

动作说明和要点同第三十式“云手”。

## 第七十一式　高探马

动作说明和要点同第三十一式“高探马”。

## 第七十二式　十字单摆脚

**动作一：**接高探马定势（参见图 10—220）。松右胯，身体速右转下沉；同时，双掌五指微扣折腕，都以手腕领劲，随着转身，左手向右前下掤，右手向左后上掤，双手如抱球状；目视右侧。（图 10—386）

**动作二：**身体左转；双手如抱球状顺时针转动，右手顺缠，向右、向下，再向上托掌；左手逆缠，向左、向上、再向下合于右前臂内侧（图 10—387）。接着松右胯，身体右转，左膝里合，左脚跟外摆，身体微下沉后坐，重心移至左脚，然后右膝外摆，右脚以脚跟为轴，脚尖外摆，使身体右转 90°；同时，右手下沉，逆缠翻掌；左手下沉，塌住右前臂，双手合劲，向右前方掤出，双手掌心都向外；目视前方，耳听身后。（图 10—388）

图 10—386

图 10—387

图 10—388

**动作三：**右腿屈膝松胯，身体右转，重心移到右脚，身体下沉，左腿屈膝提起；双手掤劲不丢（图 10—389）。身体继续下沉，左脚向左前方（约 45°）上一大步；同时，右手上掤，左手随着开左步逆缠下开至左膝上方；随着开步，右腿屈膝下蹲，身体螺旋下沉；顶劲领起，身法中正，目视左侧。（图 10—390）

**动作四：**松右胯，重心由右脚移向左脚，身体右转；同时，左手顺缠，向上合于面前；右手微顺缠，走下弧合于左肘下（图 10—391）。重心完全移至左脚，身体略上升，提起右腿，向左、向上、再向右后弧形摆半圆；同时，左手

逆缠，向右下、再弧形向左逆缠迎击右脚面；目视右脚及前方，耳听身后。(图 10—392)

图 10—389

图 10—390

图 10—391

图 10—392

**动作五：** 拍脚后右脚仍屈膝提起悬于裆内，以左脚跟为轴，身体右转 135°；同时，双掌变拳，右拳经胸前顺缠至身体右侧下方；左拳微逆缠至左上方，双拳一齐发劲，右拳与右胯平，拳心向上；左拳略高于头，拳心向右；顶劲领起，目视前方，耳听身后。（图 10—393、图 10—394）

图 10—393

图 10—394

**【要点】** 1. 拍脚时左右手交叉呈十字状，故称十字单摆脚。双手交叉为擒拿手法，要以腰带动，右手向右上领劲，左手向左下方松沉，双手顺劲走圆，相吸相系。

2. 此式由合到开，由开到合，既有双手相吸相系的开合对称劲，还有胸、膝相吸相合的胸腰折叠劲和手与脚，肘与膝，肩与胯的外三合劲，要求以腰带动，上下相随，顶劲领起，身法中正。

## 第七十三式　指裆捶

**动作一：** 接上势。右脚震脚落地，随即左脚屈膝提起（图 10—395）。右腿屈膝松胯，身体下沉，左脚向左前方上步，松右胯，身体右转，重心左移；同时，随着转身，左拳顺缠向右下沉；右拳顺缠，微屈右肘，双手有相合之势；然后蹬右脚，松左胯，身体左转；同时，左拳向左上，右拳向右下，双拳一起逆缠发劲；顶劲领起，目视左前方。（图 10—396、图 10—397）

图 10—395

图 10—396

图 10—397

**动作二：** 身体微左转；右拳顺缠，走下弧向左上和左拳形成合劲（图 10—398）。松右胯，身体右转，重心右移；同时，双拳左顺右逆缠丝，弧形向右下捋带（图 10—399）。松左胯，身体左转，重心左移；同时，双拳左逆右顺缠丝向上翻转，再变左顺右逆缠丝，弧形向左前上方发劲，两拳心相对；目视左前上方。（图 10—400、图 10—401）

图 10—398

图 10—399

图 10—400

图 10—401

**动作三：**双拳折腕小逆缠转双顺缠，左拳下沉前伸；右拳收于腰间；同时，松右胯，身体右转下沉，重心由左脚移向右脚（图 10—402、图 10—403）。蹬右脚，松左胯，身体左转，重心左移；同时，右拳逆缠，向前下方发劲；左拳逆缠，向后放肘劲，右拳心向下；左拳心向右；目视前下方，耳听身后。（图 10—404）

**【要点】**此式发劲时步子大、身法低，要注意身法中正，顶劲上领，切勿前俯后仰。发劲须富有弹性，一发即松，以免前俯失重。

图 10—402

图 10—403

图 10—404

## 第七十四式　白猿探果

**动作一：**接上势。双拳折腕小逆缠转双顺缠丝，然后左拳逆缠向右，右拳继续顺缠，向左下与左拳交叉相合，双前臂合住劲，左顺右逆缠丝向前上加掤劲（图 10—405）。身体左转，重心右移，左脚尖外摆；同时，双拳随着转身顺缠下沉分开，双拳心向上；目视左侧。（图 10—406）

图 10—405

图 10—406

**动作二：**重心左移，身体左转135°，右腿屈膝提起；同时，右拳随着提右腿向右前上方冲拳；左拳微顺缠，置于左腰际，两拳形成合劲，双拳心都向上；顶劲领起，目视右侧，耳听身后。(图10—407)

图10—407

**【要点】**动作一中，双拳的缠丝劲要以腰为轴，气势饱满。成势时左肘下沉外掤，勿贴肋，使之无凸凹之缺陷。

## 第七十五式　小六封四闭

**动作：**接上势。双拳逆缠变掌合于胸前；同时，身体微左转螺旋下沉，右脚向右侧开步，脚跟里侧着地，脚尖上翘里合，右腿屈膝松胯，身体下沉右转，重心右移，左脚弧形收于右脚内侧；同时，双掌合住劲向右下方按出；目视右下方。(图10—408、图10—409)

图10—408

图10—409

## 第七十六式　单　鞭

**动作一：**接上势。双掌顺缠，左掌外穿，右掌内收；左掌沉至腹前；右掌逆缠变勾手，向右上方掤出；身体放松下沉，提起左腿向左侧开一大步。(图10—410~图10—413)

**动作二：**重心左移；左掌向右上穿掌；同时，重心稍向右回，然后重心左移；左掌逆缠外翻，向右侧拉开，高与肩平；目视前方，耳听身后。(图10—414、图10—415)

图 10—410

图 10—411

图 10—412

图 10—413

图 10—414

图 10—415

## 第七十七式　铺 地 锦

**动作一：**接上势。双手握拳；松左胯，身体左转，重心继续左移；同时，双拳左逆右顺缠丝，左拳微回收下沉；右拳走下弧与左拳交叉相合，左拳心向下，右拳心向上；目视左侧前方。（图 10—416）

**动作二：**身体微右转，重心右移，右腿屈膝下蹲，左腿仆下；同时，双拳左顺右逆缠，弧形向左右拉开，左拳在左腿上方，拳心向上；右拳在右上方，拳心向内；目视左侧及远方。（图 10—417）

**【要点】**此式为仆步下势冲拳法。此法必须结合裆、腰的旋转力，由下而上完整一气，掤劲不丢。

图 10—416

图 10—417

## 第七十八式　上步七星

**动作一**：接上势。左脚尖外摆，蹬右脚，弓左腿，重心由右脚走下弧向左脚移，身体微左转并螺旋上升；同时，左拳随着重心前移微顺缠，向前方上冲；右拳顺缠，下合于身体右侧（图 10—418）。身体左转 90°，右腿向左上步于左脚右前方，脚尖点地；同时，右拳随身体微顺缠，上冲到左拳下，两拳相合，拳心都向内；顶劲领起，目视前方。（图 10—419）

图 10—418

图 10—419

**动作二**：身体微下沉，松肩，两肘微上掤；双拳左上右下以腕部紧贴，相应逆缠向内合转一圈，接着折腕变掌成左下右上（图 10—420、图 10—421）。然后，沉肘合劲，以掌根向前一震发劲；发劲的同时右脚跟落地震脚；双手掌心向前，指尖向上；目视前方，耳听身后。（图 10—422）

**【要点】**

此式为向上冲拳击打对方胸、咽喉和解脱擒拿手法。练习时以腰为轴，两胯转换，胸腰折叠，以身催手，一动全动，立身中正，支撑八面。

图 10—420

图 10—421

图 10—422

## 第七十九式　退步跨虎

**动作一：**接上势。重心略后移，身向后坐；同时，双腕领劲，微屈肘上提内收（图 10—423）。重心微前移，左脚跟离地稍外摆；同时，肩肘松沉，双掌前按（图 10—424）。双掌下沉，微逆缠内收；同时，右脚略收（图 10—425）。右腿屈膝提起，以左脚跟为轴，身体向右转 90°；同时，双手先逆后顺缠将劲领活，再以右手拇指侧腕部绞左手小指侧腕部一周向上领起，成立掌并高过头顶；双掌左外右内，左掌心向右，右掌心向左，指尖都向上；目光从两臂之间向前看。（图 10—426）

图 10—423

图 10—424

图 10—425

图 10—426

**动作二：**左腿屈膝松胯，身体螺旋下沉，右脚震脚落地；同时，松肩，双手随身体下沉而下震，落于腹前，两手腕相交，左下右上（图 10—427）。重心右移，两手逆缠成手心向下，然后向左右分开；目视前方。（图 10—428）

**动作三：**重心完全移至右脚，提左脚弧形向前，以脚尖点地于左前方；同时，两臂微屈肘向前顺缠，左手停于腹前，右手停于右胸前，双手合住劲；左手心向右，右手心向左，指尖都向前；目视前方，耳听身后。（图 10—429）

图 10—427

图 10—428

图 10—429

**【要点】**本式属退步练法。练习时要沉稳轻缓，体会手、脚的开合，胸、腰的折叠，要求上下相随，身法中正安舒。

## 第八十式　转身双摆莲

**动作一：**接上势。松右胯，身体右转下沉，左膝里合，左脚跟外摆着地；同时，双手逆缠，左手向左下按；右手翻掌向右上捌出，双手上下形成合劲，左手心向下，右手心向前；目视左侧。（图 10—430）

**动作二：**重心左移，松右胯，身体右转，右脚尖外摆；同时，左手小顺缠，双手形成搬劲；然后重心右移，左脚蹬地而起，身体以右脚跟为轴向右转 180°，左脚落于左前方，脚跟着地，脚尖上翘；同时，双手随着转体合好搬劲不丢；目视前方。（图 10—431）

图 10—430

图 10—431

**动作三：**双手继续后搬，变左逆右顺缠丝下沉，向前合住劲停于右腰侧；同时，身体右转，重心移到左脚（图 10—432）。提起右腿走下弧，向前、向上、再向右后摆动；双手合住劲迎击右脚面外侧，左先右后拍击两响；目视前方，耳听身后。（图 10—433）

图 10—432

图 10—433

**【要点】**转身要轻灵稳健，关键要身法中正，顶劲领起，双手合住劲向右后捋带，结合左脚蹬地将身体带转过来。身体转 360°亦可。

## 第八十一式　当头炮

**动作一：**紧接上势。拍脚后右腿顺势下落，未及着地又以膝领劲向前上提起；同时，双掌左顺右逆缠丝，变拳向右下方沉收，与右膝的上提劲相合（图 10—434、图 10—434 附图）。双拳稍向右下沉，变左逆右顺向上翻转，再抡臂微左顺右逆缠丝，走上弧向前左上方击出，以左拳背为击发点，双拳心相对，两拳相距约 30 厘米；同时，右腿自然展开，向右后蹬地有声；目视前方及远处。（图 10—435、图 10—435 附图）

图 10—434

图 10—434 附图

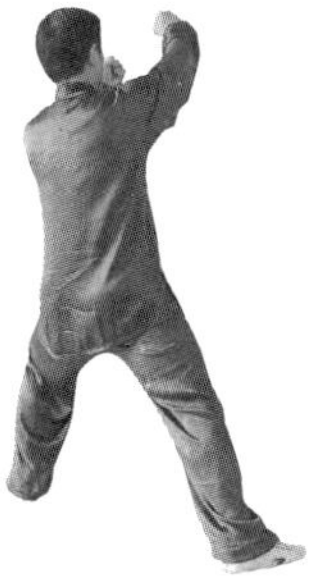

图 10—435

图 10—435 附图

**动作二：** 右脚微蹬，重心稍左移；两手腕领劲向左上方微掤；同时双手折腕，双拳向内逆缠，再松肩沉肘，双拳顺缠成两拳心相对（图10—436、图10—436附图）。接着松右胯，身体略右转，下沉后坐，重心移至右脚；同时，双拳随转身搬至右侧腰际；顶劲领起，目视前方。（图10—437、图10—437附图）

图10—436

图10—436附图

图10—437

图10—437附图

**动作三：** 蹬右脚，身左转，重心移至左脚；同时，双拳合力向前冲拳发劲，两拳心相对，拳顶向前；顶劲领起，目视前方，耳听身后。（图10—438、图10—438附图）

图10—438

图10—438附图

**【要点】** 本式是训练双拳发劲的拳势，可抽出单势练习。发劲时其根在脚，扣裆拧腰，一抖而发，力达双拳。

## 第八十二式　金刚捣碓

**动作一：** 接上势。双拳微下沉变掌，左顺右逆缠丝，向右后上方搬；同时，右腿屈膝松胯，身体向右转，重心右移（图 10—439）。身体放松下沉，松左胯，左脚尖外摆，身体左转，重心走下弧向左移；同时，双手下沉，左逆右顺缠丝，合住劲向前掤出（图 10—440）。右脚向左前上步；双手在腹前相合。（图 10—441、图 10—441 附图）

图 10—439

图 10—440

图 10—441

图 10—441 附图

**动作二：**双手下沉，右手变拳，右拳和右腿提起（图 10—442、图 10—442 附图）。右脚落地震脚；同时，右拳下落于左掌心内。（图 10—443、图 10—443 附图）

图 10—442

图 10—442 附图

图 10—443

图 10—443 附图

## 第八十三式　收　势

**动作：**接上势。身体放松下沉，重心调整在两腿之间；右拳变掌，双手向左右分开（图 10—444、图 10—444 附图）。双手逆缠，弧形向上翻掌，高与头平，然后顺身体两侧缓缓下按于大腿两侧（图 10—445、图 10—445 附图、图 10—446、图 10—446 附图）。重心右移，收左脚，与右脚自然并立，身体缓缓立起，双手自然下垂，恢复自然站立姿势；目视前方。（图 10—447、图 10—447 附图）

图 10—444

图 10—444 附图

图 10—445

图 10—445 附图

图 10—446

图 10—446 附图

图 10—447

图 10—447 附图

**【要点】**1. 按照预备势中的要点检查身法和各部位是否符合要求。

2. 注意自己的呼吸。如感到呼吸自然，轻松顺达，可适当增加运动量以增长功夫；如发生气喘或轻微胸闷现象，首先要检查动作的正确与否，其次可适当减小运动量。

# 第十一章 陈式太极拳新架二路

## 第一节 陈式太极拳新架二路简介

陈式太极拳新架二路亦称炮捶。

新架二路拳动作比较复杂。套路中以“采挒肘靠”四隅手的运用为主，“掤攦挤按”四正手的运用为辅，刚中寓柔，力求坚刚，震脚发力，闪战腾挪，窜蹦跳跃，松活弹抖，着重于弹性劲的练习。外形上显示疾刚跳跃为主、缓柔沉稳为辅的特点。运劲方法要求以手领身、配合灵活的步法，以刚为主，刚柔相济，以内劲为统驭，内不动，外不发，一动全动，节节贯串，完整一气。

学习新架二路拳，应在练好新架一路拳的基础上进行。

## 第二节 陈式太极拳新架二路动作名称

第 一 式　预备势
第 二 式　金刚捣碓
第 三 式　懒扎衣
第 四 式　六封四闭
第 五 式　单鞭
第 六 式　搬拦肘
第 七 式　护心捶
第 八 式　拗步斜行
第 九 式　煞腰压肘拳
第 十 式　井拦直入
第十一式　风扫梅花
第十二式　金刚捣碓
第十三式　撇身捶
第 十 四 式　斩手
第 十 五 式　翻花舞袖
第 十 六 式　掩手肱捶
第 十 七 式　飞步腰拦肘
第 十 八 式　云手（前三）
第 十 九 式　云手（后三）
第 二 十 式　高探马
第二十一式　连珠炮
第二十二式　倒骑麟
第二十三式　白蛇吐信
第二十四式　海底翻花
第二十五式　掩手肱捶
第二十六式　左裹鞭炮

第二十七式　右裹鞭炮
第二十八式　兽头势
第二十九式　劈架子
第 三 十 式　翻花舞袖
第三十一式　掩手肱捶
第三十二式　伏虎
第三十三式　抹眉红
第三十四式　右黄龙三搅水
第三十五式　左黄龙三搅水
第三十六式　左蹬一跟
第三十七式　右蹬一跟
第三十八式　海底翻花
第三十九式　掩手肱捶
第 四 十 式　扫蹚腿
第四十一式　掩手肱捶
第四十二式　左冲
第四十三式　右冲
第四十四式　倒插
第四十五式　海底翻花
第四十六式　掩手肱捶
第四十七式　夺二肱
第四十八式　连环炮
第四十九式　玉女穿梭
第 五 十 式　回头当门炮
第五十一式　玉女穿梭
第五十二式　回头当门炮
第五十三式　腰拦肘
第五十四式　顺拦肘
第五十五式　穿心肘
第五十六式　窝里炮
第五十七式　井拦直入
第五十八式　风扫梅花
第五十九式　金刚捣碓
第 六 十 式　收势

## 第三节　陈式太极拳新架二路动作图解

### 第一式　预备势

动作、要点同新架一路第一式“预备势”。

### 第二式　金刚捣碓

动作、要点同新架一路第二式“金刚捣碓”。

### 第三式　懒扎衣

动作、要点同新架一路第三式“懒扎衣”。

## 第四式　六封四闭

动作、要点同新架一路第四式“六封四闭”。

## 第五式　单　鞭

动作、要点同新架一路第五式“单鞭”。

## 第六式　搬拦肘

**动作一：**接单鞭成势动作（图 11—1）。双手变拳，右拳弧形向左上顺缠；左拳小逆缠，双拳形成合劲（图 11—2）。松右胯，重心右移，身体微右转螺旋下沉；双拳左顺右逆缠丝，走下弧合于腹前，左拳心向上，右拳心向下，拳眼都向左。目视左侧。（图 11—3）

图 11—1

图 11—2

图 11—3

**动作二：**双脚向左侧横向跳步，震脚落地有声，落地时重心控制在左脚，身体微向左转；同时，双拳随着跳步转身，以拳眼侧向左侧偏后方向发劲，拳心左上右下；目视左侧，耳听身后。（图 11—4）

**动作三：**重心右移，身体微右转；双拳微左逆右顺缠丝，弧形向上、向右掤（图 11—5）。重心左移；同时，双拳继续向右走上弧；身体下沉左转；双拳下沉变左逆右顺缠，走下弧合于腹前，拳心左下右上，拳眼都向右；目视右侧，耳听身后。（图 11—6）

图 11—4

图 11—5

图 11—6

**动作四**：双脚向右侧横向跳步，震脚落地有声，落地时重心控制在右脚，身体微右转；同时，双拳随着跳步转身，以拳眼侧向右侧偏后方向发劲，拳心左下右上；目视右侧，耳听身后。（图 11—7）

图 11—7

**【要点】**双拳向左右两侧发劲时，主要力点在前臂外侧。重心的移动与发劲要协调一致，以求得劲整。发劲时也可不跳步，但是必须掌握好蓄势和发劲的重心转换。

## 第七式　护心捶

**动作一**：接上势。微松右胯，身体微右转下沉；同时，左拳向下逆缠，右拳向上顺缠；紧接着，身体微左转，右拳下沉，左肘向左上方领劲，领起左半身，重心再略向右移；左拳心向前下，右拳心向上；目视右侧下方，耳听身后。（图 11—8）

图 11—8

**动作二**：上动不停。左手上领，提起左脚；接着，右手快速上提领起；右脚蹬地跃起，身体在空中向左旋转 135°，双脚左先右后落地，重心偏左；双手合于胸前，拳心都向内；目视前方，耳听身后。（图 11—9、图 11—10）

**动作三**：身体左转下沉，右脚向右侧跳开一大步；同时，双拳随转身左逆右顺缠丝，在左侧外开发劲；目视左侧，耳听身后。（图 11—11）

图 11—9

图 11—10

图 11—11

**动作四：**松右胯，身体右转下沉；同时，双拳顺缠，微屈左肘，左拳停于面前；右拳随着转身向右下松沉，置于右膝上方（图 11—12）。蹬左脚，身左转，重心右移；随着移重心，右拳微折腕，以拳顶向上贯劲冲拳；左拳收于腹前；目视右前方。（图 11—13）

**动作五：**松右胯，身体微右转，重心略左移；同时，双拳逆缠，左拳向前下松沉；右拳微折腕向后上提起（图 11—14）。松左胯，屈右膝，身体左转下沉，重心右移；同时，双拳顺缠丝，左拳收于腹前；右肩肘松沉，右前臂竖起，双手于胸前合好向前发劲，拳心都向内；目视前方，耳听身后。（图 11—15）

图 11—12

图 11—13

图 11—14

图 11—15

**【要点】**1. 动作一的前半部分要身、手协调配合，体现出“欲上先下”的特点，这是以手领劲带动身体腾空旋转的关键所在。

2. 本式的最后发劲要在双手于胸前合好的基础上完成，这样才能起到护心的作用。

## 第八式　拗步斜行

**动作一**：接上势。左拳在下向右，右拳在上向左，双拳变掌，前臂交叉相合；接着，身体微右转，重心左移，然后身体左转稍起，右脚随身体自然向左脚靠拢，以脚尖点地；同时，左掌变刁手，双手左上右下拉开，左手在左上以手背领劲上刁；右手在身右侧下按；目视前方。（图11—16、图11—17）

图11—16

图11—17

**动作二**：左手变掌，向右、向下、再向上转一圈；右掌向右、向上、再向下转一圈；同时，右腿屈膝提起（图11—18）。右脚落地震脚，左脚随即屈膝提起；同时，左手下沉；右手微逆缠，屈肘提起，双手形成掤劲（图11—19）。屈膝松胯，身体螺旋下沉微右转，左脚向左侧开一大步；双手掤劲不丢；目视左侧。（图11—20）

图11—18

图11—19

图11—20

**动作三：**松左胯，身体左转下沉；同时，左手逆缠下沉于左腿上方；右掌合于右耳侧（图 11—21）。左腿松胯屈膝，重心由右脚走下弧向左脚移；同时，左掌变勾手，以手背领劲向左上方掤出（图 11—22）。松右胯，身微右转；右手略向前推，再逆缠向右拉开；目视前方，耳听身后。（图 11—23）

图 11—21

图 11—22

图 11—23

**【要点】**1. 动作二双手划圈的速度可以加快，将身体领起腾空，双手的搬势要在双脚落地时刚好完成。

2. 动作三可适当放慢速度。二路拳虽然较一路拳速度要快，但是并非一味求快，而是快慢相间，有弛有张。

## 第九式　煞腰压肘拳

**动作一：**接上势。双手变拳，劲往右上领起，重心稍向右移；接着松左胯，重心左移，身体微左转下沉；同时，双拳微下沉，左逆右顺缠丝，走下弧向左侧引劲，拳心左下右上；目视右侧偏下方。（图 11—24、图 11—25）

图 11—24

图 11—25

**动作二：**双手继续引劲后搬，再左顺右逆缠丝上翻；身体稍向右转（图11—26）。接着，身体稍向右侧跃起，落地时双脚齐声震脚，重心控制在右脚，身体右侧稍向右方前倾；同时，右拳顺缠，向右下方以拳背发劲；左拳以拳顶领劲，在身体左侧屈臂向上发劲，双拳心相对，形成合劲；目视右侧下方，耳听身后。（图11—27）

图 11—26

图 11—27

**【要点】**动作二也可采取右先左后的落地方法练习，右脚向右侧跨步震脚，左脚自然跟进。

## 第十式　井拦直入

**动作一：**接上势。重心左移，右脚尖外摆，身体右转；同时，双拳左逆右顺缠丝变掌，左手上掤成反掌，掌心向前；右手指尖向右，掌心向上；目视右下方。（图11—28）

**动作二：**右腿屈膝松胯，重心移至右脚，提起左脚向右脚前侧上步，以脚尖点地；身体右转180°，右腿屈膝下蹲，身体向下松沉；上步的同时，左手向右下方按于左膝旁（图11—29）。身微右转，右脚尖点地，使重心突然向左脚移，左脚跟外撇，落地有声；同时，双手左下右上突然分开，左手微逆缠下按；右手微逆缠，以肘领劲，向右上方发肘劲；目视左下方，耳听身后。（图11—30）

图 11—28

图 11—29

图 11—30

## 第十一式　风扫梅花

**动作一：**接上势。松左胯，左脚尖内扣，右腿以脚尖着地向右后扫，身体随之右转；随转身，左手顺缠向上，右手微逆缠向下，双手形成开劲；目光随着右手转，兼顾左手。（图 11—31）

**动作二：**右腿继续后扫，左脚自然摆正，重心控制在左脚，右脚以脚尖点地于右前方；同时，双手左逆右顺缠丝相合于胸前；目视前方。（图 11—32）

**【要点】**以上三式是一连串的解脱擒拿拳势，要求做得顺随协调，开合掤劲饱满，旋转圆活连贯，不能有断续和凹凸之处。

图 11—31

图 11—32

## 第十二式　金刚捣碓

**动作：**紧接上势。右手变拳，屈肘上提；左手小顺缠下沉；同时右腿提起（图 11—33）。右脚震脚落地；右拳向下落于左掌心内；目视前方，耳听身后。（图 11—34）

图 11—33

图 11—34

## 第十三式 撇身捶

**动作一：**接上势。重心右移，身体微右转；同时，右拳变掌，双肘随身体向右前方掤出，带动双掌向右前方抖出；随即，重心又移至左脚，身微左转；双掌自然收回；目视前方。（图 11—35、图 11—36）

**动作二：**重心完全移到左脚，屈膝松胯，身体下沉，提起右脚向右侧横开一步；同时，双手向左右分开，再弧形向上屈肘交叉相合于胸前；目视前方。（图 11—37、图 11—38）

图 11—35

图 11—36

图 11—37

图 11—38

**动作三：**身体先微左转，重心向右移，再微右转，重心向左移；同时，双掌变拳，在胸前逆时针转动成双拳顶相对，再拉开向左上加掤劲；目视左前方。（图 11—39~图 11—41）

图 11—39

图 11—40

图 11—41

**动作四：**重心再向左移，身体左转，右脚向右侧跳开一大步；同时，双拳左逆右顺缠，在身体左侧外开发劲；目视前方，耳听身后。（图 11—42）

**动作五：**松右胯，身体右转；同时，右拳顺缠，向右下松沉；左拳顺缠并屈臂向上；接着，重心右移；右拳逆缠向上；左拳逆缠收于腹前；目视右拳，耳听身后。（图 11—43、图 11—44）

图 11—42

图 11—43

图 11—44

**动作六：**重心左移，身体微左转；右拳向左顺缠；左拳顺缠，沉肘收于左腰际（图 11—45）。身体继续左转；右臂向左侧引带；然后松右胯，身体向右转，重心向右移，左脚尖微内扣；同时，右拳逆缠，向右上方掤出；左拳逆缠贴于腰际；目视左脚尖，耳听身后。（图 11—46、图 11—47）

图 11—45

图 11—46

图 11—47

## 第十四式　斩　手

**动作一：**接上势。身微左转，屈左膝，重心左移；同时，左拳顺缠，臂向左侧稍偏上方伸展；右拳逆缠，臂向右侧稍偏下方伸展，左拳心向上，右拳心向下；目视左侧。（图 11—48）

**动作二：**松左胯，屈左膝，重心再左移；同时，左拳由左侧向右下走下弧；右拳由右侧走上弧向左上领，将身体领起，带动右腿屈膝提起；接着，右脚落地震脚，随即提起左脚向左侧横开一大步；开左步的同时，双拳左下右上交叉相合于胸前，重心在右脚（图 11—49）。蹬右脚，右膝里合，重心由右脚向左脚移，身体微向左转；同时，左拳向左侧偏上，右拳向右侧偏下，双拳一齐发劲，右拳心向下，左拳心向上；目视左拳。（图 11—50）

图 11—48

图 11—49

图 11—50

**动作三：**双拳变掌，身体微左转，右掌走上弧与左掌相合（图 11—51）。重心走下弧右移，身体下沉微右转；双掌合住劲走下弧，向身体右侧下搬，双手掌心向下，指尖向左；目视左侧。（图 11—52）

图 11—51

图 11—52

**动作四：**松左胯，左脚尖外摆，身体左转，重心左移；双手左顺右逆缠丝，转臂向上，再左手折腕，五指微合，右手变拳，以拳顶与左掌心相合，双手合住劲向左侧挪出；目视左侧双手。（图 11—53）

**动作五：**松左胯，重心左移，身体向左微转，随着转身提起右腿成左独立步；提腿的同时，左手下沉；右拳背领劲上提，双手形成开劲（图 11—54）。左腿屈膝，身体螺旋下沉，右脚震脚落地于左脚内侧稍前；与震脚同时，右拳砸于左掌内；目视前下方，耳听身后。（图 11—55）

**【要点】**此式前段练习左背靠，接着练习转腕折叠，均为解脱擒拿的练习方法。

图 11—53

图 11—54

图 11—55

## 第十五式　翻花舞袖

**动作一：**接上势。右手变掌，双手左顺右逆向上领劲，左手高与头平，右手高过头，指尖都向上；手向上领，身体微右转，重心由左脚向右脚移（图 11—

56）。松左胯，屈膝下蹲，身体微左转；同时，肩肘向下松沉，双手左逆右顺缠丝，随着身体下蹲而向下松沉；目视前下，耳听身后。（图 11—57）

图 11—56

图 11—57

**动作二：**紧接着，右脚蹬地；双手左顺右逆缠向上领起，身体在空中向左旋转 360°，双脚左先右后落地震脚，重心偏左；双手随身体的下落，以掌外缘向下松沉抖发，劈掌下沉；目视前方，耳听身后。（图 11—58~图 11—60）

图 11—58

图 11—59

图 11—60

**【要点】**身体能轻灵地跃起旋转，关键在于身体的下蹲和双手的向上领劲，二者缺一不可。落地后要全身放松，这样才能力达双掌，技击中得到解脱和击打的双重效果。

## 第十六式　掩手肱捶

**动作一：**接上势。双手先小顺缠下沉，再逆缠向上、向内，右手变拳在下，左掌在上，交叉相合于胸前；随着双手的上领劲，右腿以膝部领劲提起成左独立步，同时以左脚跟为轴，身体右转 90°；目视前方。（图 11—61）

**动作二：**右脚落地震脚，身体屈膝下蹲，提起左脚向左侧横开一步（图 11—62）。重心左移，身体向左转；右拳顺缠，向右侧发劲（图 11—63）。利用右拳的反弹力身体右转；屈两臂，双手合于胸前。（图 11—64）

图 11—61

图 11—62

图 11—63

图 11—64

**动作三：**两手向左右分开；重心右移，身体螺旋下沉微右转；左掌向前伸出；右拳屈臂蓄于右腰间；蹬右脚，重心左移，身体左转；右拳逆缠向前发出；左手半握拳，屈臂向后放肘劲；目视前方。（图 11—65~图 11—67）

图 11—65

图 11—66

图 11—67

## 第十七式　飞步腰拦肘

**动作一：**接上势。松右胯，身体微右转，重心移至右脚，左腿屈膝提起成右

图 11—68

独立步；左手变拳；随着提腿转身，右拳屈臂收于身体右侧，双拳心都向上；目视前方。（图11—68）

**动作二**：左脚向前上一大步；同时，左拳向前逆缠（图 11—69）。接着，右拳逆缠向前冲；左拳顺缠收于腰间；右拳前冲时，带动右脚提起，身体左转 180°，左脚紧跟着蹬地，右脚向前跳一大步，落地控制重心，左脚向右插步（图 11—70）。随着身体的前进和旋转惯性，左脚落地，身体左转 180°，重心偏右脚；左拳变掌逆缠，向左弧形展开；右拳顺缠，屈臂收于右腰际，左掌心向前偏左，指尖向上，右拳心向上；目视左侧。（图 11—71）

图 11—69

图 11—70

图 11—71

**动作三**：肩、肘及全身放松下沉，松左胯，身体突然左转 90°，重心向左移；转身的同时，右肘向前发劲；左掌顺缠迎击右肘；目视左侧，耳听身后。（图 11—72）

图 11—72

**【要点】** 1. 前纵时要利用右拳的前冲力和左脚的蹬劲向前尽量远跳。这种步法在二路拳中有几个，需提出进行单势练习，以适应技击时需要。

2. 前纵落地后仍须保持身法中正，以便能发好肘劲。此势为远距离跳步转身击肘法。

## 第十八式 云手（前三）

**动作一：**接上势。重心由左脚向右移，身体微右转；同时，左掌下沉顺缠；右手变掌，向右上逆缠，双手合住劲，左手指尖向左偏下；右手指尖向左偏上，手心均向前；目视左侧。（图 11—73）

**动作二：**双手合住劲向右上方搌，然后，左手逆缠，翻掌向上，再走上弧至左上方；右手顺缠下沉，走下弧向左至小腹前，双手合住劲往左侧掤；同时，松右胯，重心移至左脚，提起右脚向左脚后插步；目视右侧。（图 11—74）

**动作三：**重心右移，提起左脚向左侧开步，脚跟着地，脚尖上翘里合；同时,右手逆缠上翻，走上弧至右上方，左手顺缠下沉再向右掤，双手合住劲；目视左侧。（图 11—75）

图 11—73

图 11—74

图 11—75

**动作四：**同动作二。（图 11—76）

**动作五：**同动作三。（图 11—77）

图 11—76

图 11—77

**动作六：**同动作二。（图 11—78）

**动作七：**同动作三。（图 11—79）

图 11—78

图 11—79

## 第十九式　云手（后三）

**动作一：**接上势。微松左胯，左膝里合，左脚以脚跟为轴，脚尖微扣。身体右转；右脚尖外摆，重心由右脚向左脚移；右手略顺缠，肩肘向下松沉；左手逆缠，向上置于腹前；目视右侧。（图 11—80）

**动作二：**松右胯，身体右转；左掌略逆缠，立掌向右侧发劲推出；右掌收于腹前；紧接着，蹬左脚，身体左转，弓右腿，重心右移；同时，右掌向右侧以立掌发劲推出；左掌收回腹前；目视右侧。（图 11—81、图 11—82）

图 11—80

图 11—81

图 11—82

**动作三：**重心左移，右腿屈膝提起，身体右转 90°；同时，左掌向前发劲推出；右掌屈肘收回；目视前方。（图 11—83）

**动作四：** 身体继续右转，右脚脚尖外摆，落地震脚，随即重心移至右脚，左脚以脚尖点地于右脚内侧；同时，右手逆缠至右上；左手顺缠下沉，双手合劲往右侧掤（图 11—84）。双手向右上外掤；松右胯，身体螺旋下沉，左脚向左侧开步，脚跟着地，脚尖上翘里合；目视左侧，兼顾左下方。（图 11—85）

图 11—83

图 11—84

图 11—85

**动作五：** 双手向右上方搬，接着，左手逆缠，翻掌向上，走上弧至左上方；右手顺缠下沉，走下弧至小腹前向左侧加掤劲；同时，重心左移，右脚向左插步，脚尖着地；双手合住劲。（图 11—86）

**动作六：** 重心移至右腿，提起左脚向左侧开步，脚跟着地，脚尖上翘；同时，右手逆缠上翻，走上弧至右上方；左手顺缠下沉，再向右掤出，双手合住劲；目视左侧。（图 11—87）

图 11—86

图 11—87

**动作七：**同动作五。（图 11—88）

**动作八：**同动作六。（图 11—89）

**动作九：**同动作五。（图 11—90）

**动作十：**同动作六。（图 11—91）

图 11—88

图 11—89

图 11—90

图 11—91

## 第二十式　高探马

**动作一：**接上势。松左胯，重心左移，左脚落地踏实；同时，双手微上领再下沉，左手逆缠翻掌，以掌外缘领劲向左侧偏上方掤出；右手小顺缠微下沉（图 11—92）。左手微前撩，接着双手顺缠，左上右下交叉相合于胸前；同时，身体左转，右脚收于左脚内侧，以脚尖点地；目视右前方。（图 11—93）

**动作二：**松左胯，身体微左转；双手合住劲往左引；右脚向右方开步；双手逆缠上掤，然后微逆缠向左右展开，至与肩平时松肩沉肘，下沉合住劲；双手拉开的同时，重心由左脚走下弧移至右脚；目视前方。（图 11—94）

图 11—92

图 11—93

图 11—94

**动作三：**松右胯，膝里合，右脚以脚跟为轴脚尖内扣，身体在螺旋下沉中先微右转再左转；同时，右手先顺缠下沉，再逆缠向上合于右耳旁；左手小顺缠成掌心向上（图 11—95、图 11—96）。身体继续左转，左脚以脚尖着地，向左后扫至身体转正，右脚随转身自然调整；转身的同时，右手微逆缠，向右上方推出；左手收回，和右手合住劲；目视右方。（图 11—97）

图 11—95

图 11—96

图 11—97

**【要点】**本式的定势动作和下式动作之间连贯性较强，可以不停顿地往下走。图 11—97 为连珠炮的接手动作。二路拳中此种方法较多，要细心体会其衔接要领，以意念为先。可抽出单势练习体会。

## 第二十一式　连珠炮

**动作一：**紧接上势。双手微向右上方加掤劲；同时，左脚稍向左开步，重心由右脚移至左脚，右脚以脚尖着地，向左脚稍靠拢；同时，左手变成刁手，经胸前走下弧至左上方；右手顺缠，下沉翻转成掌心向上时往上托，与左手合住劲向左上方搬；目视右侧。（图 11—98）

图 11—98

**动作二：**双手逆缠，翻掌合于胸前；同时，左腿屈膝松胯，身体下沉，右脚向右侧上步（图 11—99）。双手合住向右侧发出按劲；发劲的同时，重心右移，左脚以脚尖溜地跟进，脚跟顿地有声；目视右侧。（图 11—100）

图 11—99

图 11—100

**动作三：**双手向右上方掤出；左脚稍向左开步，重心由右向左移，右脚尖着地向左稍跟步；同时，左手变刁手至左上方；右手顺缠，下沉翻转成手心向上往上托，双手合劲向左上方搬；目视右侧。（图 11—101、图 11—102）

图 11—101

图 11—102

**动作四：**同动作二。（图 11—103、图 11—104）

**动作五：**同动作三。（图 11—105、图 11—106）

图 11—103

图 11—104

图 11—105

图 11—106

**动作六：**同动作二。（图 11—107、图 11—108）

**【要点】**1. 本式为以身进退的拳势，必须身、手、步法协调自然，上下相随，周身一家，蓄得紧，发得脆，配合左脚顿地有声，有无坚不摧之势。

2. 右脚的进步可大可小，但是必须以身法中正为前提。本式为练习促步的拳势，应抽出单势练习，反复体会，以至得心应手。

图 11—107

图 11—108

## 第二十二式　倒骑麟

**动作一：**接上势。松右胯，身体速右转下沉；同时，双手折腕，五指微扣加掤劲，左手向下、向右微沉；右手向上、向左微领；然后身体微左转；双手如抱球状顺时针转动，右手顺缠，向右下、再向上托掌；左手逆缠，向左、向上、再向右合于右上臂内侧；目视右下方，耳听身后。（图 11—109、图 11—110）

图 11—109

图 11—110

**动作二：**左手向下，右手向上逆缠分开；同时，身体微起右转，重心移向左脚，右脚以脚跟为轴脚尖外摆，接着重心右移；随着转身，左手下沉顺缠，与右手合住劲；双手左逆右顺缠丝，向右后领起左脚，使身体以右脚为轴向右后转360°，重心控制在右脚，左脚跟着地，脚尖上翘；左手立掌伸臂在前；右手掌心向上，置于身体右侧；目视前方，耳听身后。（图 11—111、图 11—112）

**【要点】**转体时要以手领身，轻灵自然，身法中正，不可前俯后仰。

图 11—111

图 11—112

## 第二十三式　白蛇吐信

**动作一：**紧接上势。身微左转；右手以顺缠之势蓄好劲，用手指向前偏上方穿掌击出；同时左手逆缠，屈肘向左后下按；同时，左脚尖落地，重心前移，脚尖微内扣；右脚随之自然溜地跟进，脚跟顿地有声，以求全身劲整；目视前方，耳听身后。（图 11—113）

**动作二：**身体微向右转；右手屈臂收回至身体右侧；左手立掌向前；同时，重心右移，提起左脚向前上步，脚跟着地，脚尖上翘；目视前方。（图 11—114）

图 11—113

图 11—114

**动作三：**身微左转；右手向前偏上方穿掌击出；左手向左后下按；同时，重心前移，左脚尖微扣，右脚跟进，脚跟顿地有声；目视前方，耳听身后。（图11—115）

**动作四：**同动作二。（图11—116）

**动作五：**同动作三。（图11—117）

图 11—115

图 11—116

图 11—117

**【要点】**1. 与连珠炮一样，本式也是一种散手开门手法，步法上小虚小实，便于变化，要求以身进退，力由脊发，节节贯串，势威力猛。

2. 本式为拗步前进、一手护身、一手击发的方法。发劲时右手与左脚上下相合，左脚尖微扣，这样才能身端步稳，发劲快速有力。

## 第二十四式　海底翻花

**动作一：**接上势。松左胯，身体下沉左转；同时，右手变拳，向前下方逆缠；左手微顺缠下沉变拳；目视右侧，耳听身后。（图11—118）

**动作二：**双拳在腹前交叉相合，然后左顺右逆缠丝拉开，右拳以肘领劲向右后上方提；左拳稍上提；紧接着，右拳以拳背向右侧后下方发劲；左拳向上略偏后以拳顶发劲；身体在由双手交叉到发劲的过程中，屈膝提起右腿，以左脚跟为轴向右后旋转180°；目视前方。（图11—119、图11—120）

图 11—118

**【要点】**此式为独立腿大转身法，要求迅速、稳定、劲整。

图 11—119

图 11—120

## 第二十五式　掩手肱捶

**动作一**：接上势。左拳变掌逆缠向右下，右拳逆缠向上，双手左上右下相合于腹前；同时，震右脚，身体略右转，左脚向左开步；目视前方。（图 11—121）

**动作二**：身体左转，重心左移；右拳顺缠，向右侧发劲；左掌收于左肋侧（图 11—122）。身微右转，重心略右移；双手相合于胸前，再下沉外开，左掌向前伸，右拳收于右肋侧。（图 11—123、图 11—124）

**动作三**：松右胯，身体右转下沉，重心移至右脚；双手微顺缠下沉；接着，身微左转；同时，右拳向前发劲，左手半握拳，屈臂向后放肘劲；目视前方，耳听身后。（图 11—125、图 11—126）

图 11—121

图 11—122

图 11—123

图 11—124

图 11—125

图 11—126

## 第二十六式　左裹鞭炮

**动作一：**左手握拳，双手逆缠交叉相合于腹前；同时，松左胯，左膝里合，左脚尖内扣，身体螺旋下沉，接着右腿后扫，使身体以左脚为轴向右后转 225°，左腿独立，右腿屈膝上提；目视前方，兼顾左右。（图 11—127、图 11—128）

**动作二：**右脚震脚落地，随即提起左脚向左横开一步。重心略向左移，身体微向右转；同时，双手顺缠，向左右两侧略偏后发挒劲。两拳心向上；目视前方，兼顾左右，耳听身后。（图 11—129、图 11—130）

图 11—127

图 11—128

图 11—129

图 11—130

**动作三：**两拳逆缠上举，相合于额前；重心移至左脚，屈膝提起右腿，右脚悬于裆内；目视前方，兼顾左右。（图 11—131）

**动作四：**全身放松下沉，双拳相合，下沉至腹前；震右脚，左脚随即提起向左侧开步，接着，重心微左移，身体略右转；同时，双手顺缠，向左右两侧略偏后发挒劲；目视左侧，兼顾前方，耳听身后。（图 11—132、图 11—133）

图 11—131

图 11—132

图 11—133

## 第二十七式　右裹鞭炮

**动作一**：接上势。微松右胯，重心右移，右膝里合，右脚尖内扣，身体螺旋下沉；同时，双拳逆缠，走上弧交叉相合于腹前；身体左转，左脚脚尖着地，向左后扫 180°，然后重心左移，提起右腿；目视前方，兼顾左右。（图 11—134~图 11—136）

图 11—134

图 11—135

图 11—136

**动作二**：右脚落地震脚，随即左脚向左侧横开一步，接着重心略左移，身体略右转；同时，双拳向左右外开发劲；目视前方，兼顾左右，耳听身后。（图 11—137、图 11—138）

**动作三：**双拳逆缠，上举相合于额前；重心左移，右腿屈膝提起；目视前方，兼顾左右。（图 11—139）

图 11—137

图 11—138

图 11—139

**动作四：**与动作二相同。（图 11—140、图 11—141）

**【要点】**1. 双拳逆缠紧裹形成蓄劲，意、气、身俱往下沉，这样才能向左右发出具有坚刚的弹性劲。要求力由脊发，既脆又快。

2. 本式是练习横行步法的重要拳势，通过练习，能使人练就轻身横跃，连环发劲的功夫，要求换步轻灵自然，身法中正不偏。

图 11—140

图 11—141

## 第二十八式　兽 头 势

**动作一：**接上势。松右胯，身体右转，屈左膝，重心左移；同时，双拳微顺缠，左拳向右侧击出；右拳收至右腰间（图 11—142）。随即屈右膝，重心右移，身体向左转；同时，右拳逆缠，向右侧击出；左拳逆缠，收于身体左侧；目视右侧。（图 11—143）

图 11—142

图 11—143

**动作二**：右拳折腕逆缠，带动左脚尖内扣；接着松右胯，身体右转，重心移至左脚；双拳顺缠，右拳随着转身向下松沉，收于身体右侧；同时，左拳从收回的右拳之上向前以拳顶击出；右脚经左脚内侧弧形向右后以脚尖着地退半步，脚跟顿地有声，身体右转 120°，重心控制在左脚；目视前方。（图 11—144）

**动作三**：松左胯，身体左转，右膝里合，脚尖内扣，重心右移；随着转身，左拳向下松沉收回，右拳向前击出；同时，左脚弧形后退半步，脚跟顿地有声，以配合右拳的前发劲，重心在右脚；目视前方，耳听身后。（图 11—145）

图 11—144

图 11—145

**【要点】**本式是以退为进的特殊拳势。动作二退右步出左拳，动作三退左步，右拳从下又由左臂上面击发，这种左右互相掩护、轮换击发的方法，也可起到以守为攻、出其不意、使对方不易防御的效果。

## 第二十九式　劈架子

**动作一**：接上势。右拳向上逆缠；同时重心左移，右腿屈膝提起，身体右转

90°；左拳随转身微向前下顺缠，两拳心上下相对；目视左侧。（图 11—146）

**动作二：**微松左胯，身体放松下沉；双拳上下交叉相合；同时，右脚落地震脚，随即左脚提起向左上一大步，重心控制在右脚；目视左侧。（图 11—147、图 11—148）

图 11—146

图 11—147

图 11—148

**动作三：**右脚蹬地，右膝里合，重心左移，身体微左转；双拳左顺右逆分开，左拳向左上，右拳向右下同时发劲，左手为主，右手为辅；目视左侧上方，耳听身后。（图 11—149）

图 11—149

**【要点】**1. 本式为练习肩、肘、手左侧发劲的重要拳势，蓄发都以身法中正稳健为根本，以免落空失势。

2. 蓄发动作也可以用掌。双手交叉相合时，右手可击对方面部，本式属蓄劲和防护面部的多用拳势。

## 第三十式　翻花舞袖

**动作一：**接上势。微松左胯，身体略向左转；右手向左上方逆缠，双手变掌合住劲，向右下方弧形搬带；同时，重心由左脚移至右脚，身体右转螺旋下沉；目视左侧。（图 11—150、图 11—151）

图 11—150

图 11—151

**动作二：**双手微下沉右带，变左逆右顺缠丝向上领起；同时，重心右移，身体左转，提起左脚，紧接着右脚蹬地而起，身体腾空左转 90°，双脚左先右后落地震脚，重心控制在左脚；随着身体下落之势，双掌微逆缠，以掌缘向下弹击，右手为主在前，左手为辅在身体左侧；目视前方，耳听身后。（图 11—152、图 11—153）

图 11—152

图 11—153

**【要点】**动作二双手下沉右带是以手领身跃起腾空转体的关键。没有这种欲上先下的沉劲，前后就不能有机地贯通而形成断劲。

## 第三十一式　掩手肱捶

**动作一：**接上势。松右胯，身体右转；双手随转身小顺缠，成掌心向上，再向小指侧微折腕下沉，向左右两侧分开；然后右手变拳，双手逆缠向上相合于前

方，高与头平；双手向上带动右腿屈膝提起，身体右转 90°；目视前方。（图11—154、图 11—155）

**动作二：**双手放松下沉至腹前；同时，右脚落地震脚，左脚向左侧开步；目视前方。（图 11—156）

图 11—154

图 11—155

图 11—156

**动作三：**重心左移，身体左转；左手微逆缠，收至身左侧；右拳顺缠，向外发劲；身体右转，右拳逆缠，收回合于左臂下；目视前方。（图 11—157、图 11—158）

图 11—157

图 11—158

**动作四：**双手下沉，向左右分开；松右胯，身微右转，重心右移；同时，左手向前伸出；右拳顺缠，蓄于身体右侧；松左胯，身体左转，重心左移；右拳向前逆缠发劲；左手屈臂，收于左侧放肘劲；目视前方，耳听身后。（图 11—159~图 11—161）

图 11—159

图 11—160

图 11—161

## 第三十二式　伏　虎

**动作一：**接上势。左手变拳；身体略左转；双拳左逆右顺缠丝，向左后分开；同时，重心再前移，右脚向右后开小半步；目视左侧，耳听身后。（图 11—162）

**动作二：**松右胯，身体向右转并螺旋下沉，重心右移，屈右膝；同时，双拳左顺右逆缠丝，右拳由左上方弧形搬向右下方；左拳向胸前上方领起（图 11—163）。松左胯，身体向左转；随着转体，右拳在右下方弧形向上举起，微向内折腕，略高于头；左拳向右、向下置于腹前；右腿全蹲，左腿仆下，双拳合住劲；目视左侧，耳听身后。（图 11—164）

**【要点】**此式为大身法，必须在腿部缠丝和双手缠丝密切配合下使身体螺旋下沉。

图 11—162

图 11—163

图 11—164

## 第三十三式　抹眉红

**动作一：** 接上势。重心控制在右腿，左腿屈膝提起；同时，右拳变掌，放松下沉，收于胸前右侧；左拳置于腹前左侧；目视左侧。（图 11—165）

图 11—165

**动作二：** 左脚向左前上步；接着，右掌向左前推出；重心移至左脚，提起右脚，身体向左转，左脚蹬地，右脚前跃；右脚落地控制重心，身体继续左转，左脚迅速插步，使身体从动作一至此左转 180°，转体后重心在左脚；右手在推掌之后，随转体顺缠成掌心向左上；左拳松开叉于左腰间；目视左方。（图 11—166~图 11—168）

**【要点】** 借助上式的大身法，腰、腿再后坐一下，以加强起跳前蓄势的弹性，前跃时还必须以右手的前推来领起身体，这样才能跳得轻灵，如拳论所说“欲前先后”。转身时必须身法中正，这样，落地才能沉着稳定，使用肩靠时不致失重。

图 11—166

图 11—167

图 11—168

## 第三十四式　右黄龙三搅水

**动作一：** 接上势。左手叉腰，身体左转；右手顺缠，经胸前向左侧引劲；右脚随转身向左稍进，以脚尖点地（图 11—169）。右脚向右侧略开步，接着松右胯，身体右转下沉，右脚脚尖上翘，以脚跟为轴外摆；同时，右手下沉，随转体向右划弧；目视右侧，耳听身后。（图 11—170、图 11—171）

图 11—169

图 11—170

图 11—171

**动作二**：身体继续右转，重心随转身移至右脚，提左脚向右侧上步，使身体右转 180°；同时，右手随转体向右展臂逆缠，高与肩平；左脚尖点地；目视右手，耳听身后。（图 11—172）

**动作三**：右手微顺缠下沉；身体下沉微左转，左脚向右后倒步，重心随之左移，身体左转 180°；同时，右手顺缠，随转体向左划弧；右脚随转体向左跟进，脚尖点地，身体继续左转；右手顺缠，经胸前向左引劲；右脚向右侧开步，再松右胯，身体右转，右脚尖上翘外摆；右手下沉，变逆缠向右划弧；目视右手。（图 11—173~图 11—175）

图 11—172

图 11—173

图 11—174

图 11—175

**动作四**：身体继续右转，重心右移，左脚向右侧上步，脚尖着地，身体右转 180°；右手随转体向右展臂逆缠，高与肩平；目视右手。（图 11—176、图 11—177）

**动作五**：右手下沉；身体下沉左转，左脚向右后倒步，重心左移，身体左转

180°；同时，右手顺缠，向左划弧；然后，右脚随转体向左跟进，脚尖点地；右手经胸前向左侧顺缠引劲；右脚向右侧开步，再松右胯，身体右转，右脚尖上翘外摆；右手下沉逆缠，向右划弧；目视右手。（图 11—178、图 11—179）

图 11—176

图 11—177

图 11—178

图 11—179

**动作六：**身体右转，重心右移，左脚向右侧上步，脚尖着地，身体右转180°；右手向右展臂逆缠，高与肩平；目视右手，耳听身后。（图 11—180）

**动作七：**左脚向右后倒步，身体左转 180°；右手随转身顺缠至右侧；重心在左脚；目视右手，耳听身后。（图 11—181、图 11—182）

图 11—180

图 11—181

图 11—182

## 第三十五式　左黄龙三搅水

**动作一：**接上势。身体微向右转，重心右移；同时，右手小逆缠加挪劲；左手逆缠，向右上与右手合住劲（图 11—183）。松左胯，重心左移，身体左

转下沉；双手左逆右顺缠丝，向左下弧形攦至腹前；目视右侧，耳听身后。(图 11—184)

**动作二：**右手向右上方逆缠翻掌；左手小顺缠成手心向上；同时，身微右转，右腿屈膝提起（图 11—185)。左脚蹬地；双手合住劲，左顺右逆缠丝，由左侧向上领起身体，使身体在空中向右转 135°，双脚右先左后震脚落地；双手随之略变左逆右顺缠丝，以掌缘向下弹击；重心控制在右脚；目视前方，耳听身后。(图 11—186~图 11—188)。

图 11—183

图 11—184

图 11—185

图 11—186

图 11—187

图 11—188

**动作三：**右手叉在右腰间；左手顺缠，向右侧引劲；同时，重心移至右脚，身体微右转，提左脚向右跟步，脚尖点地（图 11—189)。左手继续向右引劲；身体微右转下沉，提左脚向左侧开步，接着松左胯，身体左转下沉，左脚脚跟着地，脚尖外摆；同时，左手逆缠翻掌，随着转体向左划弧；目视左侧。(图 11—190)

图 11—189

图 11—190

**动作四：**重心左移，提右脚向左侧上步，身体左转 180°；同时，左手随着转体向左展臂逆缠，高与肩平；重心在左脚，右脚尖点地；目视左手，耳听身后。（图 11—191、图 11—192）

**动作五：**身体右转，右脚向左后倒步，重心接着右移，左脚尖点地，身体右转 180°；同时，左手顺缠，随转体经胸前向右划弧；目视右侧，耳听身后。（图 11—193）

图 11—191

图 11—192

图 11—193

**动作六：**左手略向右侧引劲；左脚向左侧稍开步，接着松左胯，身体左转，左脚尖外摆；同时，左手逆缠翻掌，随转体向左划弧（图 11—194）。左手划弧不停；松左胯，重心左移，右脚向左侧上步，脚尖着地，身体左转 180°；左臂伸展于左侧，高与肩平；目视左手，耳听身后。（图 11—195、图 11—196）

**动作七：**身体右转，右脚向左后倒步，重心接着右移，左脚尖点地，身体右转 180°；同时，左手顺缠，向右划弧；目视右侧，耳听身后。（图 11—197）

图 11—194

图 11—195

图 11—196

图 11—197

**动作八：**同动作六。（图 11—198~图 11—200）

**动作九：**同动作七。（图 11—201）

图 11—198

图 11—199

图 11—200

图 11—201

**【要点】**1. 左右揽水动作相同，唯方向左右相反。揽水时要求手脚配合，上下分清虚实，腰脊带动，节节贯串，一动全动。

2. 左右揽水中间换势时要以手领身，这样才能轻灵自然，落地时全身放松，力达双掌。

## 第三十六式　左蹬一跟

**动作一：**接上势。左手逆缠下沉；右手松开向前，与左手交叉相合于腹前；同时重心左移，右脚尖点地；目视前方，兼顾右侧。（图 11—202、图 11—202 附图）

**动作二：**双手逆缠，向上、再左右分开；同时，右脚向右横开一步（图11—

203)。接着重心右移，提起左腿，悬于裆内；同时，双手顺缠，向下、再向内变拳相合于腹前；目视左侧。（图 11—204、图 11—204 附图）

**动作三：**双手放松下沉；身体随之略下沉，左膝上提，紧接着，左足向左侧蹬出；同时，双拳向左右两侧发劲；目视左侧，耳听身后。（图 11—205）

图 11—202

图 11—202 附图

图 11—203

图 11—204

图 11—204 附图

图 11—205

## 第三十七式　右蹬一跟

**动作一：**接上势。借拳脚发劲后反弹收回之势，双拳逆缠，向左合住劲；左脚跟落地，脚尖外摆。接着重心左移，身体左转 180°，右腿随转体屈膝提起，右脚悬于裆内，左腿独立；双拳在腹前相合；目视右侧。（图 11—206、图 11—207）

**动作二：**身手放松下沉；右腿上提，紧接着，右脚向右快速蹬出；双拳同时向左右两侧发劲；目视右侧，耳听身后。（图 11—208）

图 11—206

图 11—207

图 11—208

**【要点】**左右蹬跟蓄劲时要合中寓开，即手合肘开，脚合腿开。意念注重脚跟，发劲才能完整快脆。左蹬跟后平旋过来时，要顶劲领起，双手合好劲，这样才能转换自如，身端步稳。

## 第三十八式　海底翻花

**动作：**接上势发劲之后，右腿屈膝收回；双拳左逆右顺缠丝，向下松沉合住劲（图 11—209）。紧接着，屈右肘向右后上方领劲，再向右后下方以拳背发劲；左拳向上略偏后以拳顶发劲；身体在双拳发劲时向右转 90°；目视前方，耳听身后。（图 11—210）

图 11—209

图 11—210

## 第三十九式 掩手肱捶

**动作一：**左拳变掌，右拳逆缠上掤，双手相合于前上方，然后，双手合劲下沉；震右脚，提左脚，向左略偏前方开步；目视前方。（图 11—211~图 11—214）

图 11—211

图 11—212

图 11—213

图 11—214

**动作二：**重心左移，身体左转；右手顺缠向外发劲；身体右转，双手相合；目视前方。（图 11—215、图 11—216）

图 11—215

图 11—216

**动作三：**双手下沉，向左右分开，左手向前伸，右拳蓄于腰间；同时重心右移，身体略右转；目视前方。（图 11—217、图 11—218）

**动作四：**蹬右脚，身左转，重心左移；同时，右拳向前发劲；左臂屈肘向后放劲；目视前方，耳听身后。（图 11—219）

图 11—217

图 11—218

图 11—219

## 第四十式　扫蹚腿

**动作一：**接上势。左手握拳逆缠，向后划一小圈；右拳微折腕逆缠，向前划一小圈，接着双手顺缠，右拳收回到胸前，左拳上举到与面部等高；同时，左膝里合，脚尖内扣，身体右转 45°，右脚尖着地，向左脚内侧靠拢；目视前方，兼顾右侧，耳听身后。（图 11—220）

**动作二：**右腿屈膝提起，自然下落，震脚有声，紧接着，身体放松下沉微右转，提起右脚，脚尖外摆，脚跟着地，向右侧迈出；同时，双拳逆缠，右拳以前臂领劲向右上方掤出；左拳向左下方伸出；目视右侧，耳听身后。（图 11—221~图 11—223）

图 11—220

图 11—221

图 11—222

图 11—223

**动作三：**右腿屈膝下蹲，左腿伸展下仆，利用右脚尖外摆形成的旋转惯性力，身体向右后旋转 360°，左仆腿随转身划弧转扫；目光随左腿旋转。（图

11—224、图 11—225）

**【要点】**1. 此式专门练习腿脚的横扫劲，可作为散手提出来专门练习。

2. 横扫时要顶劲领起，身法中正，右脚落地稳固，手、腿上下相合，这样才能旋转快速而稳定有力。

图 11—224

图 11—225

## 第四十一式　掩手肱捶

**动作一：**接上势。屈左膝，重心左移，身体微右转；同时，左拳向右顺缠，右拳向右下顺缠，双拳在身体右转时合住劲；目视右侧下方，耳听身后。（图 11—226）

**动作二：**左拳变掌，接着双手微顺缠，向左右两侧弧形分开，再逆缠向上领起身体；右腿屈膝提起，左脚趁势蹬地而起，使身体腾空向右旋转 90°；双手在空中合住劲；双脚左先右后落地；目视前方。（图 11—227、图 11—228）

图 11—226

图 11—227

图 11—228

**动作三**：重心左移，身体左转；右拳顺缠，向外发劲；然后，身体右转，以手合于胸前；目视前方。（图 11—229、图 11—230）

图 11—229

图 11—230

**动作四**：双手下沉，向左右分开；重心右移；右手顺缠，收于腰间，左手前伸；重心左移，身体左转；右拳向前冲拳发劲；左手收回放肘劲；目视前方。（图 11—231~图 11—233）。

图 11—231

图 11—232

图 11—233

**【要点】**此式不同于其他的掩手捶势，双手的合劲须在空中完成。扫蹚腿完成以后，仍须身法中正不偏，头顶向上领劲。双手先外开下沉，即“欲上先下”，然后逆缠向上领起身体。本式是在身体大旋转之后再螺旋上升腾空的练习方法。

## 第四十二式　左　冲

**动作一**：接上势。右拳逆缠折腕；左手逆缠，变拳折腕向前与右拳合住劲，双拳转顺缠，向右后走下弧合于腹前；同时，重心右移，身微右转；目视前方。

（图 11—234、图 11—235）

**动作二：**双手下沉至右侧时弧形向上领；重心移至右脚，左腿屈膝提起成右独立步；左拳屈肘收至胸前；右拳微向内折腕上掤，高过头；目视左侧。（图 11—236）

图 11—234

图 11—235

图 11—236

**动作三：**身体向左转 90°，左脚震脚落地，右脚随即提起，向前上一步；双拳随转身弧形向左下方合于右腹前；接着蹬左脚，身略右转，重心向右移；双拳微逆缠，向前略偏上方发抖劲；目视前方，耳听身后。（图 11—237、图 11—238）

图 11—237

图 11—238

## 第四十三式 右 冲

**动作一：**接上势。双拳抖发后先逆后顺缠丝折腕，合住劲向左侧走下弧握，再弧形向上领起，右拳收至胸前，左拳上掤过头；同时，身微右转，重心左移，

右腿屈膝提起；目视前方。（图 11—239）

**动作二：**接上势。双拳向右下松沉划弧至腹前合住劲下沉；同时，右脚震脚落地，身向右转 90°，随即左脚向前上一步；目视前方。（图 11—240）

**动作三：**松左胯，蹬右脚，身体左转，重心左移；双拳向前略偏上方发抖劲；目视前方，耳听身后。（图 11—241）

图 11—239

图 11—240

图 11—241

**【要点】**1. 左冲右冲为左右两侧双拳抖发劲的练习。左侧转到右侧或右侧转到左侧，前后上下圆转灵活，连续不断，一气呵成，要利用身体的旋转惯性，将劲贯穿到最后的抖劲中去。

2. 左冲右冲可作为散手提出来专门练习，开始走大圈上大步，下大身法，待劲走顺达后，可逐渐缩小其圈，直至意念一动即可发出抖劲。

## 第四十四式　倒　插

**动作一：**接上势。左拳小顺缠；右拳顺缠，向右侧屈臂拉开；同时，松右胯，重心右移，身体右转下沉；目视左侧。（图 11—242）

**动作二：**紧接着，右手逆缠，经胸前插向左下方；左拳逆缠，屈臂收回与右臂相合；同时，松左胯，身左转，重心左移，右脚随之上步，以脚尖点地于左脚内侧前方，使向下插击的右拳在裆前位置；目视前下方，耳听身后。（图 11—243）

**【要点】**此式为解脱擒拿的拳势。要做到不顶不抗，上下相随。右脚的上步是利用杠杆原理转换粘着点，达到以轻制重，于合中求得解脱的目的。

图 11—242

图 11—243

## 第四十五式　海底翻花

**动作**：紧接下插之势。身体微左转下沉；右拳微逆缠下沉，加强蓄劲；接着，挺左膝，身向右后上转，右腿屈膝自然随身提起；同时，屈右肘向上领劲，右拳顺缠，经胸前再向外、向下略偏后划圆弧以拳背发劲；左拳顺缠，向下、向外、再向上略偏后划弧，以拳顶发劲；目视前方。（图 11—244）

图 11—244

**【要点】**此式接倒插合蓄之势，突然转体发劲，如鲤鱼打挺，海底翻花。

## 第四十六式　掩手肱捶

**动作一**：接上势。左拳变掌，弧形向下、向内；右拳逆缠，弧形向上、向内，双手在身前相合；然后，震右脚，开左步；目视前方。（图 11—245、图 11—246）

图 11—245

图 11—246

**动作二：**身体左转；右拳顺缠外开；然后，身体右转；双手在身前相合；目视前方。（图 11—247、图 11—248）

图 11—247

图 11—248

**动作三：**双手下沉外开；重心右移，身略右转；左手前伸，右拳蓄于右侧；身体左转，重心左移；同时，右拳向前发劲，左肘向后放劲；目视前方，耳听身后。（图 11—249~图 11—251）

图 11—249

图 11—250

图 11—251

## 第四十七式　夺 二 肱

**动作一：**接上势。左手握拳逆缠，向后划一小圈；右拳在身前逆缠，向前划一小圈；接着，双手顺缠，右拳收于胸前；左拳向前、向上合于左肩前；同时，松左胯，左膝里合，脚尖内扣，身体右转 90°；右脚脚尖着地，向左脚内侧稍前方靠拢；目视右侧。（图 11—252、图 11—253）

图 11—252

图 11—253

**动作二：**右拳上提，领起右腿屈膝上提；右拳下落，右脚随之震脚落地，身体微右转；双拳顺缠，左拳由左上经胸前向右下伸；右拳略向左收，双拳合住劲；同时，右脚向右侧上步，脚跟里侧着地，脚尖上翘；目视右侧。（图 11—254~图 11—256）

图 11—254

图 11—255

图 11—256

**动作三：**松左胯，身左转，重心右移，右脚脚尖落地踏实；同时，右拳逆缠，以前臂外侧向右侧发劲；左拳逆缠，左臂屈肘向左后放劲；目视右侧下方。（图 11—257）

**动作四：**身体右转，提起左腿；同时，双拳向前后摆动分开；接着，左脚盖步落地，重心移至左脚，随即右腿屈膝提起；同时，左拳顺缠向前伸；右拳顺缠，收于怀内，双拳合住劲；目视右前方。（图 11—258、图 11—259）

图 11—257

图 6—258

图 6—259

**动作五：**右脚向右侧上步，脚跟着地，脚尖上翘；紧接着，松左胯，身左转，重心右移，右脚踏实；同时，右拳逆缠，用前臂外侧向右侧发劲；左拳逆缠，屈左臂向左后放劲；目视右下方，耳听身后。（图 11—260、图 11—261）

图 11—260

图 11—261

**【要点】**此式发劲时，须拧身一抖，右拳前冲，左肘后击，双脚小虚小实，身法中正，桩步稳固。两个发劲动作之间要以身进退，轻灵连随，不得断劲。

## 第四十八式　连环炮

**动作一：**紧接上势。松右胯，身体右转近 90°，重心随之略向右移；左拳逆缠向前发劲；右拳顺缠收回腰间；目视前方。（图 11—262）

**动作二：**上动不停。身体向左转；右拳顺势逆缠，向前冲拳发劲；左拳顺缠收回；目视右拳发劲方向及远方，耳听身后。（图 11—263）

**【要点】**本式为锻炼以腰脊带动双拳连发的特殊拳式，可作为散手提出进行单势练习。发劲时身、肢放松，意念一动，突然抖发，双拳连环，且双臂似屈非屈，富于弹性。

图 11—262

图 11—263

## 第四十九式　玉女穿梭

**动作一：**紧接上势。松右胯，身体微右转，重心右移；左拳逆缠，向右侧冲拳发劲；右拳随着转身顺势收回；冲拳的同时，提起左脚，蹬右脚使身体跃起，在空中向右后转体 180°；左脚先落地，右脚随转体之势，由左脚后向左准备插步；目视左侧，耳听身后。（图 11—264、图 11—265）

**动作二：**右脚插步落地，身体右转约 150°；双拳随转体左顺右逆缠丝；左拳在身体左侧，比肩略高，右拳收至胸前，双拳合住劲微向下沉；目视左侧。（图 11—266）

**【要点】**此式为遇众出围之法。练习时以冲拳领起身体前纵，腾空旋转，要求落地稳固，插步迅速。

图 11—264

图 11—265

图 11—266

## 第五十式 回头当门炮

**动作一：**接上势。松右胯，身体下沉右转，重心移至右脚，左脚收回，脚尖点地；同时，双拳下沉收回到胸前，蓄势待发；目视左侧。（图 11—267、图 11—268）

**动作二：**左脚向左侧前方上一大步，重心随之前移，身体略左转；同时，双拳微逆缠，向左前方发劲；目视前方，耳听身后。（图 11—269）

图 11—267

图 11—268

图 11—269

**【要点】**动作一中，双拳下沉收回时，左拳应有后搌之粘劲。应用时粘着来劲突然一搌，劲短力猛，可使对方失重前倾，此时可打回劲，腾空掷人。

## 第五十一式 玉女穿梭

**动作一：**接上势。重心由左脚移到右脚，身体略右转，右腿独立，左腿屈膝提起；同时，左拳伸向左前；右拳收至右胸前；目视左侧，耳听身后。（图 11—270）

图 11—270

**动作二：**左脚向左侧前方落步，重心随之左移，接着身体向左转；右拳逆缠，向左侧冲拳发劲；左拳收回；冲拳的同时提起右脚，蹬左脚飞身跃进，身体腾空向左转体 180°；接着，右脚落地，左脚向右插步；目视右侧，耳听身后。（图 11—271~图 11—273）

**动作三：**身体左转 180°，重心控制在左脚，右脚收回，脚尖点地；同时，双拳下沉收回蓄劲；目视右侧。（图 11—274）

图 11—271

图 11—272

图 11—273

图 11—274

## 第五十二式　回头当门炮

**动作：**右脚向右侧前方上一大步，重心随之前移；同时，双拳向右前方抖出；目视右前方，耳听身后。（图 11—275）

图 11—275

**【要点】**新架二路拳中，编排了两个玉女穿梭和两个回头当门炮，单势练习时可连贯起来进行左右旋转对称性锻炼，以增强自身的适应能力。

## 第五十三式　腰 拦 肘

**动作一：**接上势发劲之后，立即回头注视左侧；右拳逆缠向上领劲；左拳小顺缠松沉至腹前；同时，身微左转，重心左移，右腿屈膝提起成左独立步；目视左侧。（图 11—276）

**动作二：**右脚落地震脚，随即重心右移，屈膝松胯，身体下沉右转，提起左脚向左侧上一大步；同时，左拳向右上，右拳向左下，双拳在胸前交叉相合（图 11—277）。接着，松右胯，身体微右转，屈左膝，重心左移；双手下沉，微向右引；然后蹬右脚，身向左转；左拳以拳眼侧向左侧上方发劲；右拳向右侧下方放劲；目视左拳发劲方向，耳听身后。（图 11—278）

图 11—276

图 11—277

图 11—278

**动作三**：微松左胯，左膝里合，左脚尖内扣，身体下沉右转，带动右脚以脚尖着地向左收回半步；同时，左手变掌，微顺缠向右伸出：右拳微逆缠，屈肘收回至右肋旁；目视右侧。（图 11—279）

**动作四**：提起右脚向右侧上一步，左脚自然跟进半步并蹉地有声；同时，右肘随进步向右前方发劲；左掌迎击右肘；重心略偏右；目视右侧，耳听身后。（图 11—280）

**【要点】**此式为左右攻击法。先打左背靠，然后突然转体打右横肘，左顾右盼，指东打西。要求身法灵敏，左右逢源，立身中正，劲力完整。

图 11—279

图 11—280

## 第五十四式　顺拦肘

**动作一**：接上势。身体微左转，右脚收回半步，脚尖点地；同时，左掌变拳，双拳微顺缠，双前臂左外右内交叉相合于胸前，拳心都向内；目视右侧，耳听身后。（图 11—281）

**动作二**：右脚向右侧开一大步，重心随即右移；左脚自然跟进半步并蹉地有声；同时，双拳逆缠，两臂以肘尖向左右两侧发劲；目视右侧，耳听身后。（图11—282）

**【要点】**此式为顺势左右开肘击法，要求身法中正不偏，松沉劲整。

图 11—281

图 11—282

## 第五十五式　穿心肘

**动作一**：接上势。右肘向上领起，走上弧收于右胸前；左手变掌，松握右腕；同时，重心左移，身体微向左转，右脚收回到左脚内侧，脚尖点地；目视右侧。（图 11—283）

**动作二**：右脚向右侧开一大步，随即重心右移，左脚向右跟进半步并蹉地有声；同时，左手紧握右腕，右臂以肘尖向右侧略偏上发劲；目视右侧，耳听身后。（图 11—284）

**【要点】**左手握右手腕，以助力达肘尖，增强右肘尖的穿透力。

图 11—283

图 11—284

## 第五十六式　窝里炮

**动作一：**接上势。重心左移，身体微右转下沉，右脚收回半步，以脚尖点地；同时，左手变拳，双拳微逆缠丝，左拳走下弧向左上提；右拳走上弧向右下沉；目视右侧。（图 11—285）

**动作二：**双拳不停，左拳由左上走上弧向右下，右拳在右下走下弧向左上，双拳在胸前相合；重心移至左脚，右脚尖轻着地略向左收；紧接着，双拳左逆右顺缠丝，右拳向右侧略偏后方以拳背发劲；左拳向左下放劲配合；同时，右腿向右侧略偏后方压出震脚；目视右侧，耳听身后。（图 11—286）

**【要点】**此式为声东击西、看左打右的方法。要注意和眼法密切配合。

图 11—285

图 11—286

## 第五十七式　井拦直入

**动作一：**接上势。右拳发劲之后，立即松右胯，身体右转，重心左移；右膝外转，右脚以脚跟为轴，脚尖外摆；同时，左拳逆缠，变掌向上提，略高于肩；右拳微折腕变掌顺缠，向右下松沉；目视右下方，耳听身后。（图 11—287）

**动作二：**身体右转，重心右移，右脚踏实，松胯屈膝，身体放松下沉并右转近 180°；左脚随转体提起，向右脚前上步，脚尖点地；上步的同时，左掌向左下按于左膝旁（图 11—288）。接着，双手突然左下右上分开，左手微逆缠下按；右手逆缠，以肘尖领劲向上发劲；同时，身体微右转，重心快速左移，左脚跟震地有声；目视左下方，耳听身后。（图 11—289）

图 11—287

图 11—288

图 11—289

## 第五十八式　风扫梅花

**动作：**接上势。松左胯，左腿里合，左脚尖内扣，身体右转 180°，右脚脚尖着地，向右后扫；随着转体，左手顺缠，弧形向左、向上、再逆缠向内；右手顺缠，弧形向右、向下、再向内，双手在胸前相合；目视前方。（图 11—290、图 11—291）

图 11—290

图 11—291

## 第五十九式　金刚捣碓

**动作：**上势不停。右手变拳上提；左手小顺缠下沉；右腿随右手屈膝上提，接着，右脚落地震脚；右拳向下落于左掌内；目视前方。（图 11—292、图 11—293）。

图 11—292

图 11—293

## 第六十式　收　势

**动作：**右拳变掌，双掌外分再向上逆缠，再下按；收回左脚，恢复自然站立姿势；目视前方。（图 11—294~图 11—297）

图 11—294

图 11—295

图 11—296

图 11—297

# 第十二章　陈式太极十三杆

## 第一节　陈式太极十三杆简介

陈式太极十三杆，又称十三大枪（加上枪头即为枪），是陈式太极器械套路中长器械重兵器的一种。杆采用三米多长、尾部较粗的白蜡杆制成。套路以十三个动作组成。故名“十三杆”。

太极十三杆，套路短而精，没有舞花动作，一招一式用法逼真，威力无穷。它以沾、缠、绞、拦、披、崩、拖、挂、横、扎、抖、架、挑等杆法，独具特点，是陈式太极器械中的佼佼者。

如练此杆，必须有雄厚的拳术基础。练习时要求：裆圆步稳，腰扭臂缠，以相当的内劲缠绕杆，身体突然发力。因此，是陈式太极拳、器械套路中增长内劲，加大裆、腰、臂之爆发力，锻炼耐力及强度的一种特有练习方法；是检验太极拳练习者裆、腰、臂力，周身结合，内劲饱满程度的一种独特方法。

## 第二节　陈式太极十三杆动作名称

第一式　青龙出水
第二式　童子拜观音
第三式　饿虎扑食
第四式　拦路虎
第五式　腰拦枪
第六式　斜披横扫眉
第七式　井拦倒挂
第 八 式　中心入碓
第 九 式　俊鸟入巢
第 十 式　面披背崩
第十一式　拖杆
第十二式　黄龙三搅水
第十三式　收回怀中抱月势

# 第三节　陈式太极十三杆动作图解

## 第一式　青龙出水

**动作一：** 呈预备势状。右手持杆中部，立正站立，周身放松，立身中正，头部自然领起，虚领顶劲，二目平视；左手自然下垂于身体左侧，五指并拢，手心朝里，心气下降，呼吸自然，气松沉于两脚，沉心静气，意识集中。（图12—1）

**动作二：** 接上势。一切准备动作达到要求后，右手在不影响身体其他部位的情况下，将杆上提，右手握杆底端部位，当杆上提时，气要下沉。（图 12—2）

图 12—1

图 12—2

**动作三：** 上动不停。身体向左转 90°，左脚尖向左摆；随转体，右手持杆底端，将杆轻放在左前方地上；目视杆头。（图 12—3）

**动作四**：接上势，右脚向后撤半步，重心移于右腿，随即将左脚收回，脚尖点地；同时，右手将杆上领收回；左手随收杆接住杆的后中部，杆头略高；目视前方。（图 12—4）

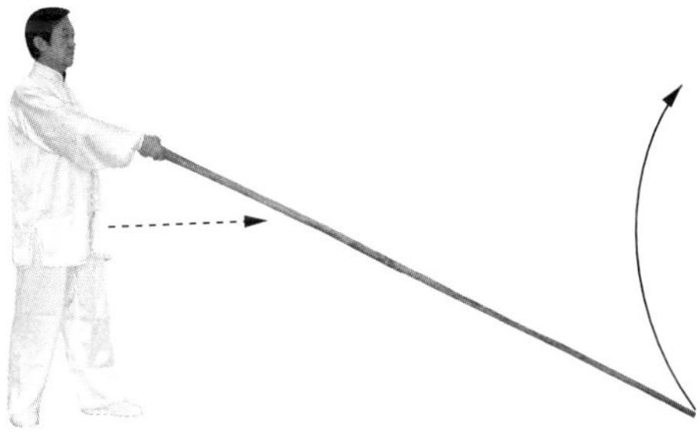

图 12—3

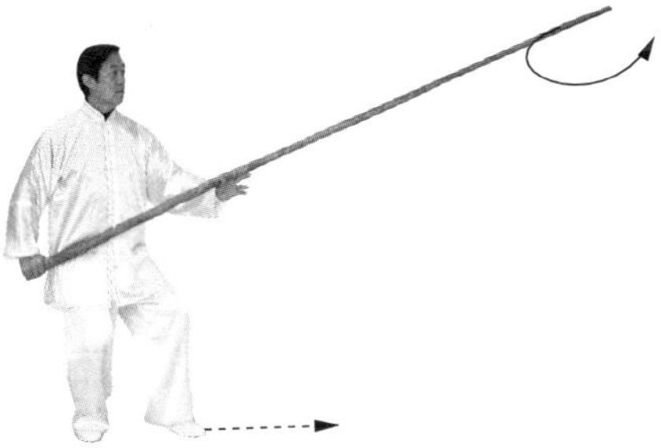

图 12—4

**【要求】**前几势均为预备起势动作。要求站立当场，要沉心静气，养我浩然之气，使内气充实饱满，姿势潇洒大方，转身自然灵活。尤其上图的右手握紧杆尾端，左手接杆后中部时，只能半握杆，不能实把握杆，否则对方顺杆滑披，易将已大拇指损伤，望练习者切记。

**动作五**：接上势。虚步握杆，抬左腿快速向前上一大步；随上步两手结合身法；合力前刺，重心在左腿；目视正前方。（图 12—5）

图 12—5

**【要求】**前刺劲完整，左腿弓，右腿蹬，塌腰松胯，力达杆梢。

**【用法】**此势为前刺法，出步迅速，刺力完整，有“蛟龙出海”之势。

## 第二式　童子拜观音

**动作：**接上势。前刺后，右腿向右后撤步，随即将左腿收回，虚脚点地，身体屈膝下沉；同时，左手下滑上提；右手握杆尾端下按；目视杆头。（图 12—6）

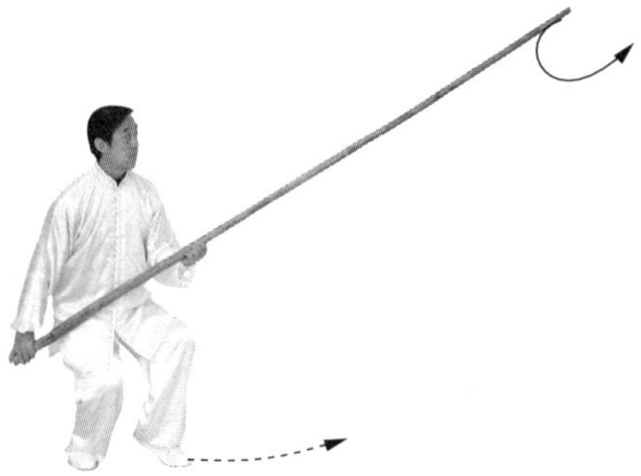

图 12—6

**【要求】**后撤步要灵活，屈膝松胯，上下结合，虚实分明，重心在右腿。两手左上右下，以左手为支点，右手下按，使杆头有上挑劲。

**【用法】**结合身法裆腰劲，有里缠上挑之势。

## 第三式　饿虎扑食

**动作：**承上势。左步快速向左前跨大步，重心随即前移；同时，左手向杆中部滑动，两手合力向下劈；目视前方。（图 12—7）

图 12—7

**【要求】**披杆时与身法、步法同到，劲力合一。

**【用法】**杆向下合时，有连缠下砸之动，还带有刺劲，犹如饿虎扑食之势。

## 第四式　拦路虎

**动作一：** 接上势。重心移于右腿，提左脚向左前上半步，随即重心移至左腿，提右脚从左腿后插步迈出，身体随之先右后左转；同时，两手持杆，随重心移动，使杆梢先向左、再向上、向右、再向左下，结合腰劲划一圆弧，向左拦劲挡一杆，两手结合向里缠；目视杆头。（图 12—8）

动作二：接上势。右脚由左腿左后方撤回向右跨一大步；随跨步，两手持杆，用绞缠劲向右挡一杆，右手高，左手低；目视前下方。（图 12—9）

图 12—8

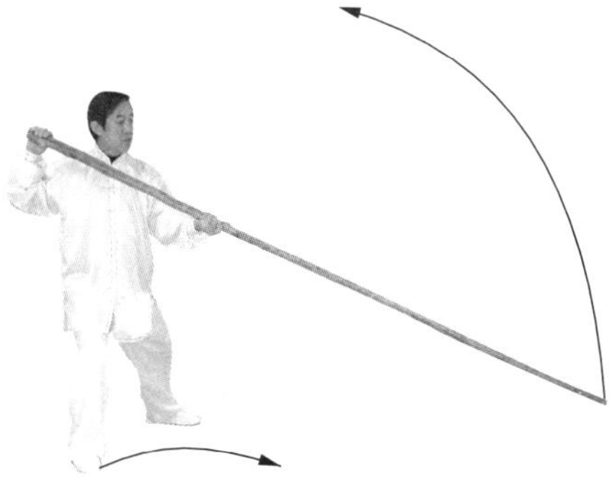

图 12—9

**【要求】** 此势左拦右挡、左右绞缠，必须与裆、腰劲结合，步法灵活稳健。

**【用法】** 左右挡拦劲。

## 第五式　腰拦枪

**动作：** 重心左移，右脚向前上半步；同时，两手持杆，向右、向上、再向左划弧。动作不停。重心移于右腿，松右胯，身右转；两手合力将杆向右上拦击；目视杆头。（图 12—10、图 12—11）

**【要求】** 身端步稳，两手合力横击。

**【用法】** 结合裆、腰劲，拦腰截击法。

图 12—10

图 12—11

## 第六式　斜披横扫眉

**动作一：** 重心移于右腿，右脚尖外摆，身体右转 90°，提左脚向前方上一大步；同时，两手持杆，合力向右缠住下披杆，力达杆梢；目视左前方。（图 12—12）

**动作二：** 接上动下劈里合之势。步法不动，用裆、腰劲速向左转体；力达两臂，将杆向身体左后崩缠抖劲；目视杆头。（图 12—13）

图 12—12

图 12—13

**动作三：** 接上势。崩杆后，步法不动，将杆收回，随向左前方扎出，重心在左腿；目视杆扎方向。（图 12—14）

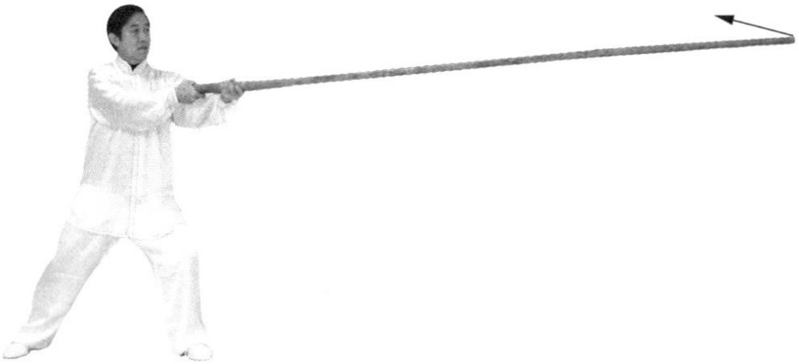

图 12—14

**动作四：** 接上动扎杆后，步法不动；结合裆、腰劲，用缠法将杆突然向回抽，在回抽瞬间，煞住劲，右手将杆尾部略向前推，使杆头有向左后横打之力；目视杆头。（图 12—15）

图 12—15

**【要求】** 此动作步法不多，主要是结合裆、腰劲，配合两臂之力，将杆里披背崩、扎杆、横扫、击打，完全是内气带动。

**【用法】** 里披是顺对方杆或器械合力滑杆或下按，使对方脱手；背崩是缠绕住对方器械后绞杆外崩，将对方器械崩出，扎杆是扎对方咽喉，横扫是击打对方头部。

## 第七式 井拦倒挂

**动作一**：接上势。横扫眉抖过后，身体快速跳起向左转 135°；同时，两手持杆尾部上领，使杆梢节从身体左侧由前向左下侧划弧，再向上、向前划一圆弧，将杆用力摔于地下；同时身体下蹲，力达杆梢；目视前方。（图 12—16、图 12—17）

**动作二**：上势摔杆后，随即左手上提，右手下按，使杆头上挑；目视斜上方。（图 12—18）

**【要求】**跳步转身与抡杆下劈，动作要协调一致；下劈时，身体随之下沉，但不能弯腰突臀。

**【用法】**上势横打后，对方后退要跑，我紧跟着跳步，抡劈下打，出其不意，防不胜防。

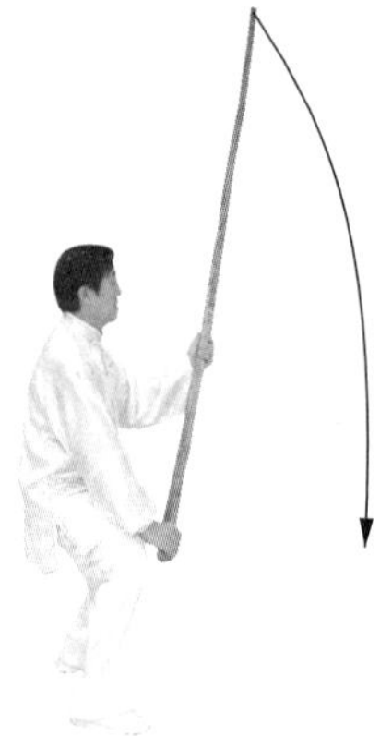

图 12—16

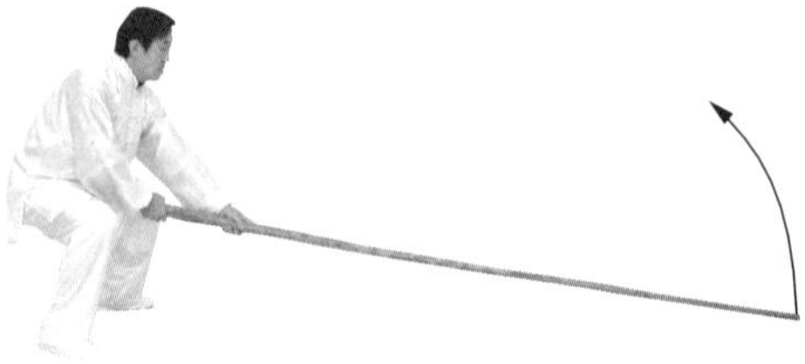

图 12—17

图 12—18

## 第八式 中心入碓

**动作**：接上势。重心左移，提右脚向右后撤一步，随之左脚收回，虚脚点地；同时，两手持杆，左高右低下沉于右腿外侧；目视右下方。（图 12—19）

**【要求】**撤步收脚变虚步，要虚实分明，右腿支撑重心，腰不能弯，上下结合，劲沉于杆尾部。

图 12—19

【用法】此势为蓄身法，蓄而后发。也可以用尾部后捣。

## 第九式　俊鸟入巢

动作：提左脚向左前迈步，重心移于左腿；随进步两手持杆内旋，向左前方顺杆发力，有上刺之劲；目视左上方。（图 12—20）

图 12—20

【要求】进步上刺是在上势蓄劲的基础上，发力一抖，使劲达杆梢，协调一致。

【用法】进步上刺对方头部，将头部穿一洞，如小鸟入巢。

## 第十式　面披背崩

动作一：接上势。步法不动，身体略右转，重心往右移；同时，两手持杆，合力外缠下披，力达杆梢节；目视杆头。（图 12—21、图 12—22）

动作二：接上势。身向左转，重心左移；同时，两手持杆，合力里缠向左后上崩，力达杆梢；目视杆头。（图 12—23）

【要求】此势两动，一披一崩，均要结合裆、腰劲。劲由脊发，合于两臂，缠于杆梢。

【用法】此势披、崩两劲相连，也叫面披背崩。两手持杆在胸前外缠下按叫面披；两手持杆结合裆、腰劲向里缠外崩叫背崩。两动为滑披，崩挑对方

图 12—21

图 12—22

图 12—23

器械之用。

## 第十一式 拖 杆

**动作一：**在上势外崩后，重心略右移，左脚向前垫半步；右脚随着上一步；同时，两手持杆外缠，下合于左臂内侧；身体随之右转 90°，重心在右，左脚尖虚脚点地；目视身后杆头。（图 12—24、图 12—25）

图 12—24

**动作二：**接上势。上肢姿势不变；提左脚向前上一步，右脚再上一步，然后左右脚连续再上步。（图 12—26~图 12—28）

图 12—25

图 12—26

图 12—27

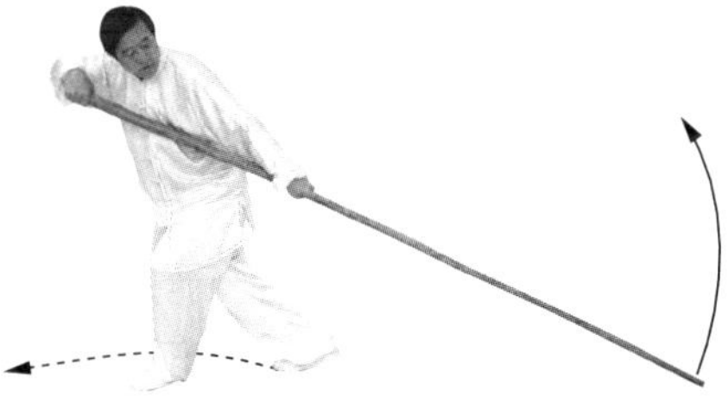

图 12—28

**动作三：**接上势。拖杆正走之际，突然回头转身崩杆，紧接着再做披杆。(图 12—29、图 12—30)

**【要求】**拖杆作为败势身法，但不能松懈，要迈步轻灵自然，周身合一，全神贯注，注意身后。

**【用法】**此势为诱敌之势，败中有守，诱敌深入，出其不意，败中取胜之法。

图 12—29

图 12—30

## 第十二式　黄龙三搅水

**动作一**：在上势崩披之后，继续后退，变为绞杆，以左手为支点，右手握杆尾部绞动，使杆梢在面前划一立圆，连退六步，绞三圈；目视前方。（图 12—31~图 12—36）

图 12—31

图 12—32

图 12—33

图 12—34

图 12—35

图 12—36

**动作二：**接上势。绞三圈后，撤一大步，结合身法，一崩一披；目视杆头。(图 12—37、图 12—38)

图 12—37

图 12—38

**【要求】**绞杆时，可做退步，也可做上步，但必须上下协调，身步法与绞杆一致，身端步活，杆似蛟龙之尾一般。

**【用法】**可做败阵防守，也可做进攻扰面借机取胜；最后加两个披、崩，也可前刺。均为杆的进攻姿势。

## 第十三势　收回怀中抱月势

**动作一：**脚步不动，重心在左腿，裆劲要圆，立身中正，身略向左转；两手心向上托杆前刺，劲贯于杆头；目视前方。(图 12—39)

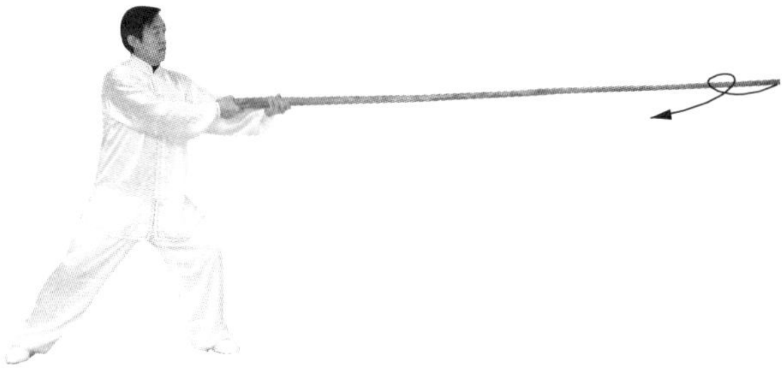

图 12—39

**动作二：**在上动前刺后，身体快速右转，重心速右移；右手紧握杆尾部，随之将杆旋转抽回；左手先活后紧，使杆产生一种弹抖力；目视杆头。(图 12—40)

**动作三**：图 12—41、图 12—42 动作与图 12—39、图 12—40 动作相似。连续做 3~5 次，并可在不练套路时，将此动作抽出单练，反复做 30~50 次均可。这个动作叫“抖杆”。

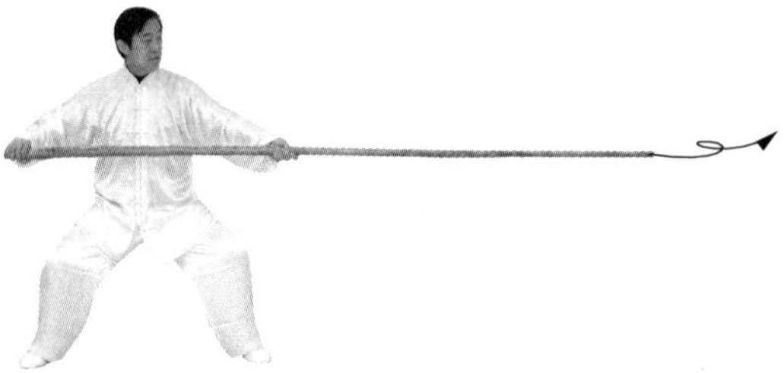

图 12—40

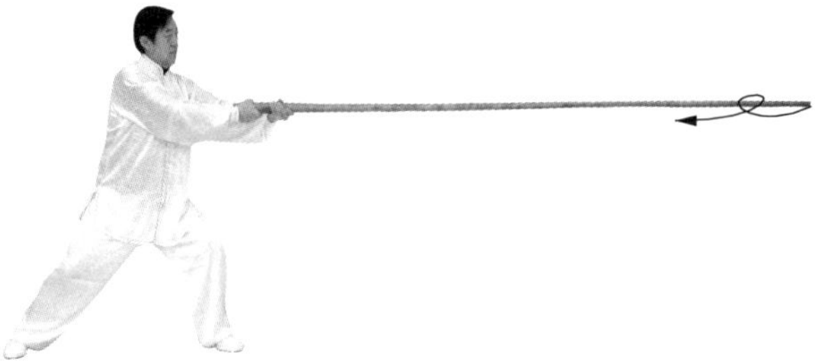

图 12—41

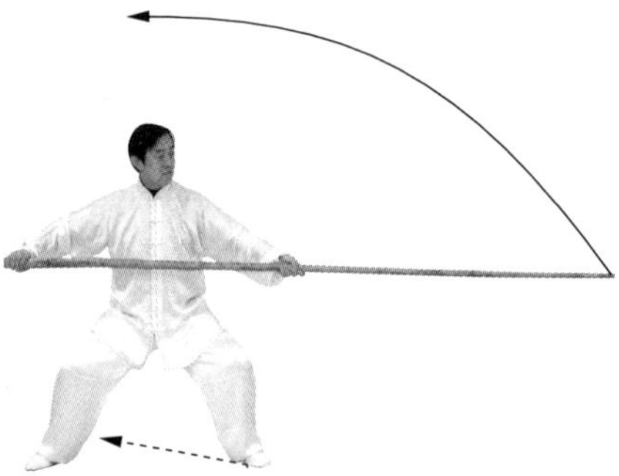

图 12—42

**【要求】**扎杆时，立身中正，重心前移，用臂力、腕力托杆前刺。后抖时，裆、腰、臂力混合一体。到力点时，如汽车煞车一样，整体一致而又有弹性。

**【用法】**此动作主要练习裆、腰、臂的弹抖力与周身的合聚力。是陈式太极拳增强体质、发展耐力、锻炼完整的弹抖力的一种最佳的练习方法，也是检验陈式太极拳是否达到内劲饱满，周身一致，松沉自然，完整一气的唯一标准。

**动作四：**以上抖杆结束后，左手握杆上举，右手虚握杆，手上滑，杆下落，使杆直立于身体右侧；同时将左脚收于右脚内侧；目视前方。（图 12—43）

**动作五：**然后，杆尾下沉落地，右手随杆落地时，上滑至杆下中部，左手离杆，自然下垂于身体左侧；两脚成立正姿势，身端气平，恢复原状；目视前方。（图 12—44）

**【要求】**收势时要沉心静气，心平气和，身端步稳，呈一种舒服自然的神态。

图 12—43

图 12—44

# 第十三章　陈式太极双剑

## 第一节　陈式太极双剑简介

陈式太极双剑是陈式太极器械中双器械的一种，是由著名太极大师陈照丕先生于1930—1938年在南京教拳时，以原有的双刀套路为基础，结合太极拳的身法和太极剑的用法创编而成的。

陈式太极双剑套路共39式，布局合理，结构严谨，剑法清晰，用法逼真；练起来动作流畅，舒展大方，连绵不断；两剑如行云流水，蛟龙出海；行走时，如蝴蝶翩翩飞舞；下蹲时，有盘龙卧虎的雄威之势；转身劈剑如怪蟒翻身，黑熊翻背，力大无穷，表现出太极拳的温纯雄烈、缠绵弹抖的特色。太极双剑歌诀为：

双剑姿势须认真，功夫不负苦心人；
奋发图强立下志，坚定不移有信心；
初学剑柄要握紧，上护头顶下护身；
滚挂搭扫灵微妙，横直劈砍奇更奇；
舞花身体不露影，下盘稳固定根基；
前进后退灵活用，上下左右似旋机；
古树盘根伏身法，翻身下劈抖神威；
左过右来循环理，上掤下刺虚实分；
劝君智力休使尽，留下三分防后侵；
陈式太极双股剑，奥妙无穷用更奇。

## 第二节　陈式太极双剑动作名称

第　一　式　　双剑起势
第　二　式　　落花流水朝阳剑
第　三　式　　转身美女望月
第　四　式　　夜叉探海

第　五　式　　黑熊翻背朝阳剑
第　六　式　　转身凤凰双展翅
第　七　式　　上三剑
第　八　式　　古树盘根
第　九　式　　日套三环
第　十　式　　黑熊翻背朝阳剑
第十一式　　左罗汉降龙
第十二式　　右罗汉降龙
第十三式　　转身蝴蝶吸水
第十四式　　黑熊翻背朝阳剑
第十五式　　左罗汉降龙
第十六式　　右罗汉降龙
第十七式　　转身二郎担山
第十八式　　黑熊翻背朝阳剑
第十九式　　钟馗仗剑
第二十式　　古树盘根
第二十一式　　翻身下劈剑
第二十二式　　黑熊翻背朝阳剑
第二十三式　　左翻身下劈剑
第二十四式　　右翻身下劈剑
第二十五式　　转身朝阳剑
第二十六式　　左右磨盘剑
第二十七式　　霸王举鼎
第二十八式　　护膝剑
第二十九式　　白蛇吐信
第三十式　　左凤凰双展翅
第三十一式　　右凤凰双展翅
第三十二式　　转身朝阳剑
第三十三式　　连环刺虎
第三十四式　　左右双舞剑
第三十五式　　左盘龙剑
第三十六式　　右卧虎剑
第三十七式　　狮子滚绣球
第三十八式　　拨云望日
第三十九式　　怀中抱月

## 第三节　陈式太极双剑动作图解

### 第一式　双剑起势

**动作一**：站立当场，沉心静气，屈膝松胯，周身放松；左手握两把剑贴于左臂后，与右手自然下垂于身体两侧；二目平视。（图 13—1）

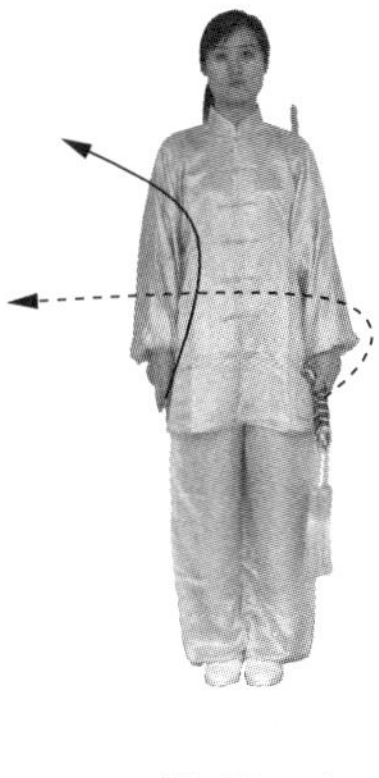

图 13—1

**动作二**：重心右移，提左脚向前上步；两手同时向前、向上划弧，再向右后掤；目视左前方。（图 13—2）

**动作三**：身体左转，重心左移，提右脚向前上步，虚点地面；同时，两手走下弧向前掤出，在胸前相合；目视前方。（图 13—3）

图 13—2

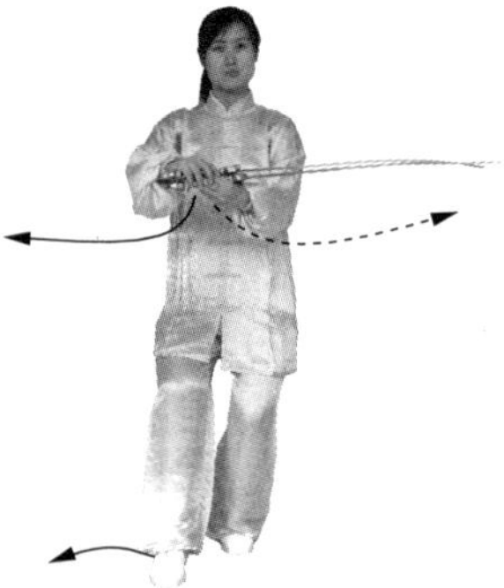

图 13—3

**动作四：**上动不停。身体微左转，提右脚向右侧开步；同时，两手分剑，各握一把，左剑向左上掤，右剑向右下分，重心在左；目视前方。（图 13—4）

**动作五：**上动不停。身体继续左转，重心移于右腿，左脚收回，脚尖点地；同时，右剑由后向上合于额前；左剑由前合于右腋下；目视前方。（图 13—5）

**【要求】**起势如拳势“金刚捣碓”上步相似，两手掤于胸前，右手接剑要自然顺随。

图 13—4

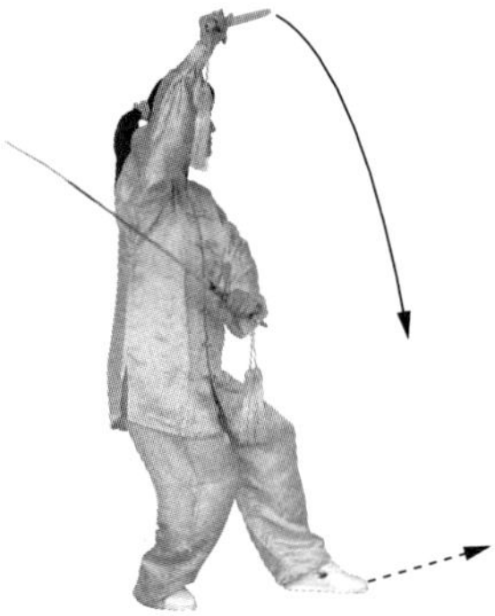

图 13—5

## 第二式　落花流水朝阳剑

**动作一**：接上势。左脚向前上步；右剑向左侧下劈后不停，向左、向上撩剑于额前；左剑向左开；同时，身左转，上右步，重心移于右腿；目视左前方。(图 13—6、图 13—7)

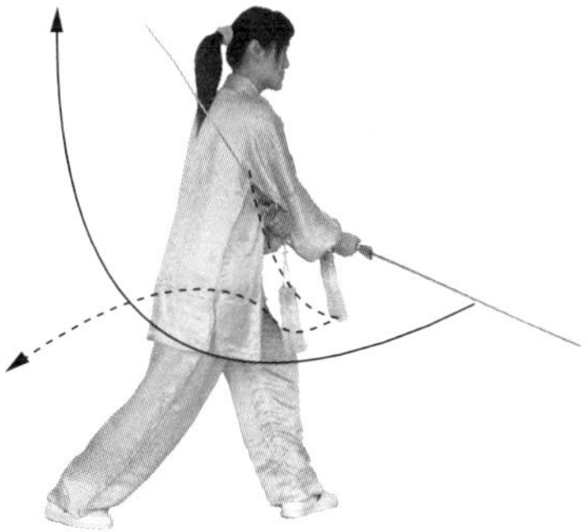

图 13—6

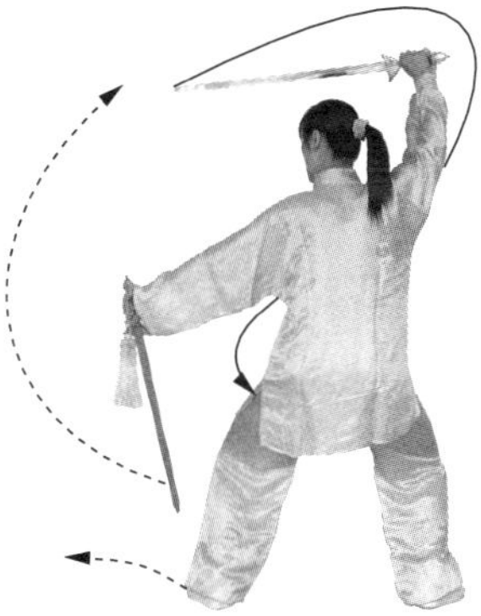

图 13—7

**动作二**：身体继续左转，左脚尖外摆，重心左移；同时，右剑随身体转并下沉，合于左肋旁；左剑划弧上撩；目视左前方。（图 13—8）

**动作三**：身体继续左转，提右脚向前上一大步；同时，右剑由左腋下向上、向前划弧下劈；左剑向上掤架；重心在右，目视右前方。（图 13—9）

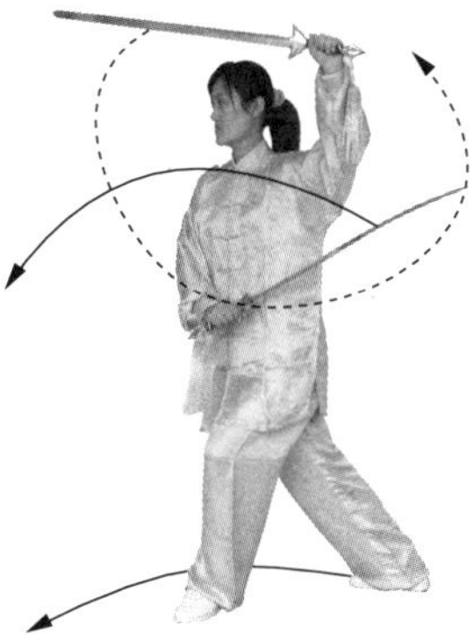

图 13—8

图 13—9

**动作四：** 接上势。提右脚，向外摆脚尖；同时，左剑向右侧下劈；右剑收于左肋部；接着身右转，上左步；同时，左剑向右、向上划弧掤架于头上；右剑随身体转动，向右侧挂剑；重心在左腿，目视右前方。（图 13—10、图 13—11）

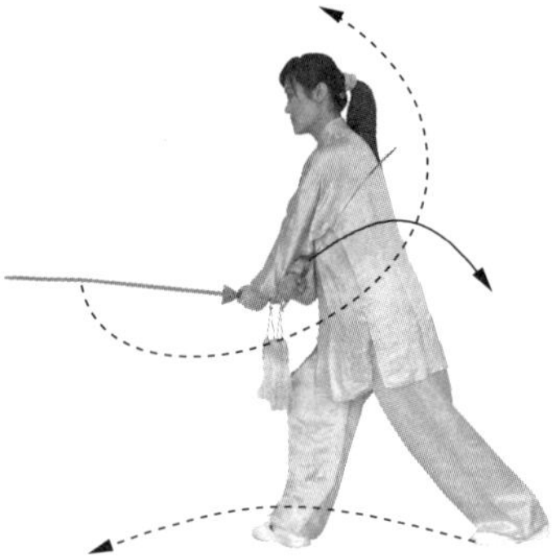

图 13—10

图 13—11

**动作五：** 上动不停。身体继续右转，提左脚向右侧上步；同时，左剑从头上云过，向左绕至身前右侧；右剑从身后上绕至头上掤架；同时，重心移于右腿，左脚收回，脚尖点地；目视前方。（图 13—12、图 13—13）

**【要求】** 此势与全舞花一样，左右各抡劈一周，要身、剑协调，动作流畅。

**【用法】** 练习手、眼、身法、步与剑协调一致。双手上云剑，左右抡劈，上护头顶下护身。

图 13—12

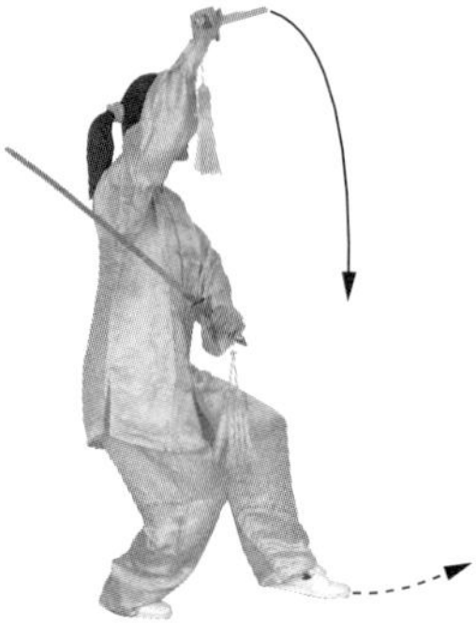

图 13—13

## 第三式 转身美女望月

**动作一：**接上式。左脚向前上一步；右剑向左侧下劈；同时，上右步，身体左转；右剑不停，向左、向上掤架；左剑随身体左转，向左挂剑；重心在右腿，目视左前方。（图 13—14、图 13—15）

图 13—14

图 13—15

**动作二：**上动不停。身体继续左转，左脚尖外摆，重心移至左腿；同时，右剑向下，左剑向上划弧上掤；目视前方。（图 13—16）

图 13—16

**动作三**：上动不停。提右脚向左前上一步，身左转 90°；两剑向下划向上撩，过头向右下合于身右侧，重心在右腿；目视左前方。(图 13—17、图 13—18)

**动作四**：上动不停。双剑同时走下弧向左上反撩；同时，重心移至左腿，右脚向左腿后插步，盘腿下坐；目视剑尖。(图 13—19)

**【要求】** 转身反撩剑缩身要紧，力达剑尖。

**【用法】** 缩身反撩刺法，为就低取高法。

图 13—17

图 13—18

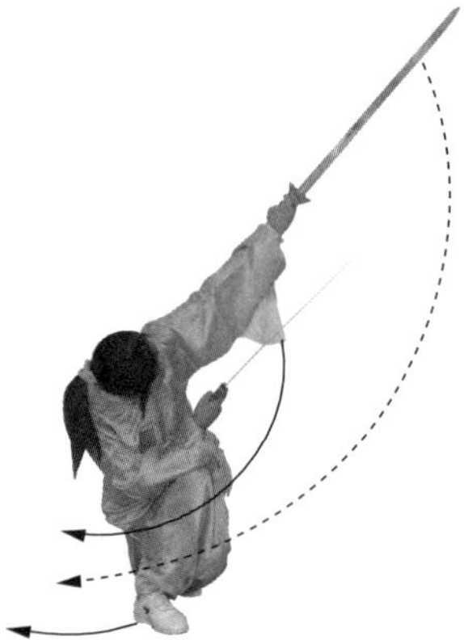

图 13—19

## 第四式　夜叉探海

**动作一**：接上势。身体上起，提右脚向右侧开一步；同时，两剑划弧向右下犁，重心在右腿；然后，两手转腕，两剑上翻，剑尖向上；接着重心左移，右脚提起悬于裆内；同时，两剑经头上划弧向左侧下刺，成独立步探身下刺；目视剑尖。(图 13—20~图 13—22)

图 13—20

图 13—21

图 13—22

**【要求】** 此势下拉上提前刺身法要大，独立步要稳，探身刺剑力达剑尖。

**【用法】** 下引上刺法，也可上架前刺。

## 第五式　黑熊翻背朝阳剑

**动作一：** 接上势。右脚向右开一大步；两剑同时随翻身向右侧下劈；随即提左脚向右侧跳步；同时，左剑向左外侧下劈，右剑压于左臂下，重心在左腿；目视右前方。（图 13—23~图 13—25）

图 13—23

图 13—24

**动作二：**上动不停。身右转，提右脚向左腿后插一步；同时，左剑向右、向上划弧掤架于头上；右剑随转身向右挂剑于右腿外侧；目视前方。（图 13—26）

**动作三：**上动不停。重心后移，左脚收回，脚尖点地；同时，右剑由后上掤架于头上额前；左剑划弧向右合于右肋部；目视前方。（图 13—27）

**【要求】**翻身抡劈时要舒展大方，剑到身到。

**【用法】**设敌后侵，转身抡劈。

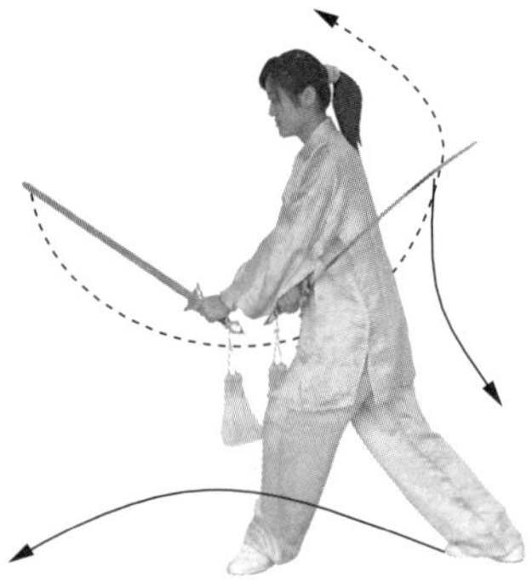

图 13—25

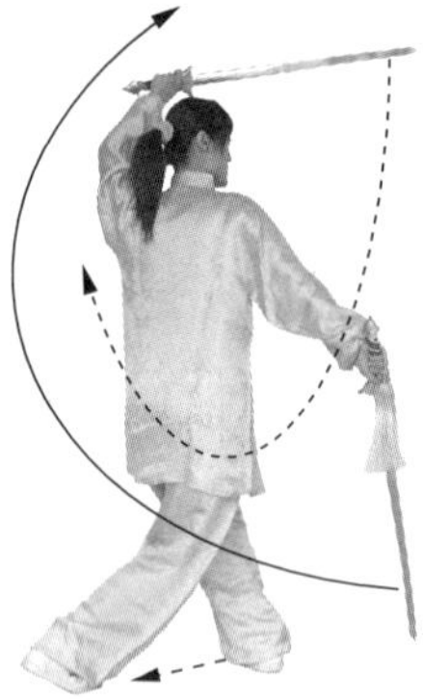

图 13—26

图 13—27

## 第六式　转身凤凰双展翅

**动作一：**接上势。提左脚向前上步；同时，右剑向左侧下劈，重心在左腿；接着右脚向前上步，身体向左转 90°；同时，右剑向下、向左划弧上掤架于额前；左剑随转身向左挂剑于身左侧，重心在右；目视左前方。（图 13—28、图 13—29）

**动作二：**上动不停。身体继续左转，左脚尖外摆，随重心左移；右剑从头上云剑，经身前缠绕至身左侧；左剑向左、向上翻腕上掤；目视前方。（图 13—30）

**动作三：**上动不停。身体继续左转，提右脚向左侧上步；同时，左剑随身体左转，向左下挂剑；右剑划弧上掤于额前，重心在右腿；目视左侧。（图 13—31）

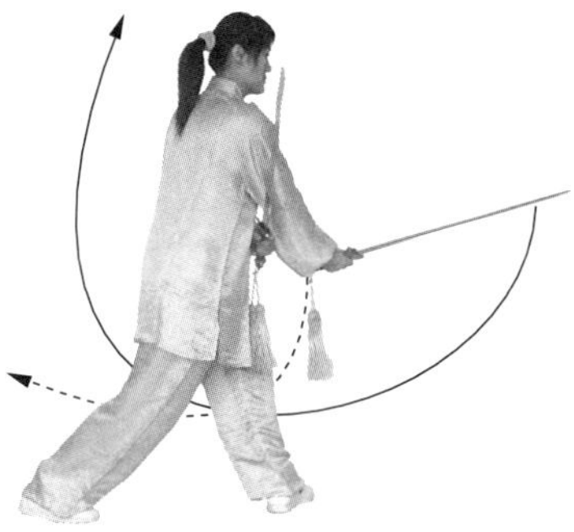

图 13—28

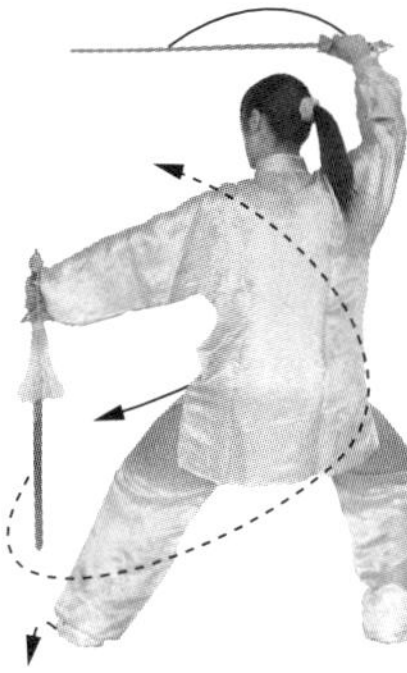

图 13—29

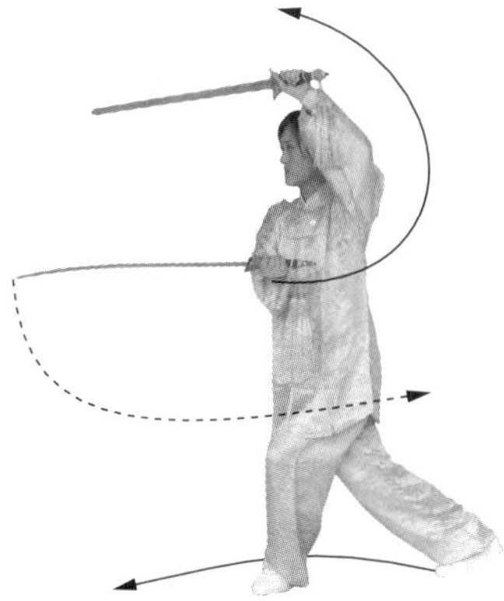

图 13—30

图 13—31

**动作四：** 上动不停。身体继续左转90°，重心移于左腿，提右脚向左腿前交叉盖步，同时，两手持剑于头前交叉后，分别向左右下分，随步下蹲成坐盘步；两剑直立于身体左右两侧；目视前方。（图 13—32、图 13—33）

**【要求】** 此势为旋转后坐盘分剑，要坐平稳，身法中正，左右分剑力达剑刃。

**【用法】** 下蹲分剑，两手握剑向左右劈犁，如“凤凰展翅”一样。

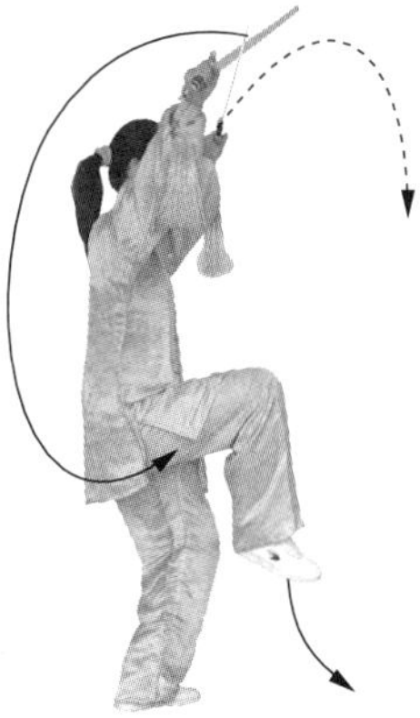

图 13—32

图 13—33

## 第七式　上 三 剑

**动作一：**接上势。身体上起，提左脚向前上步；同时，右剑向上、向左划弧，向左下剜挂剑；接着身体左转，两剑同时由身左侧剜、挂、上挑；目视右前方。（图 13—34、图 13—35）

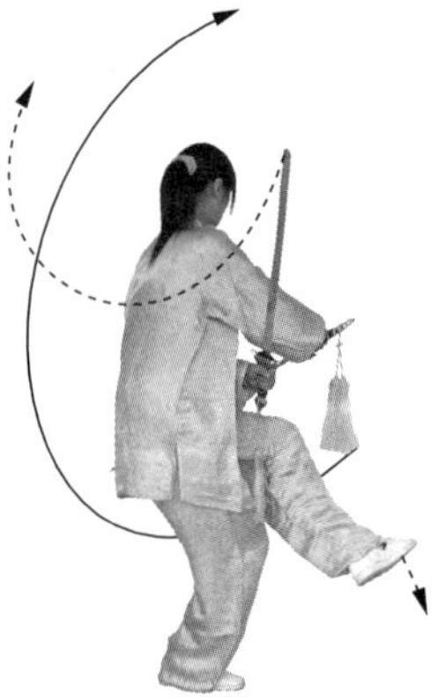

图 13—34

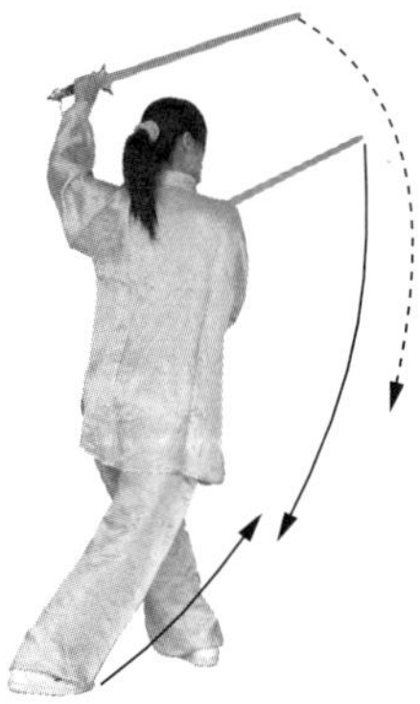

图 13—35

**动作二：**上动不停。提右脚；同时，两剑由头上划弧向右下剜；接着右脚前迈落地；同时，两剑向后、向上划弧，再向前挂、挑剑，重心在右腿；目视剑尖。（图 13—36、图 13—37）

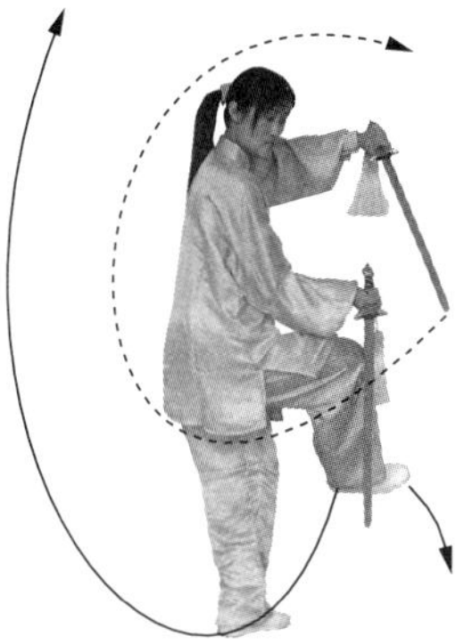

图 13—36

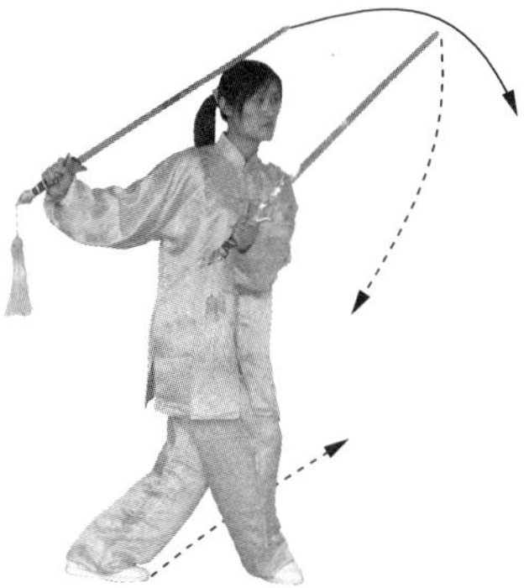

图 13—37

**动作三：**上动不停。提左脚向前上步；同时，两手握剑，由头上划弧向左下、再向上剜、挂、挑剑；眼随剑尖转。（图 13—38、图 13—39）

**【要求】**双剑在身体左右两侧划弧转圆，以剑尖领劲，剑与身法步法协调，舒展大方，圆转自然。

**【用法】**两剑在身体左右两侧走大弧线剜、挂、挑剑，如双龙飞舞，以防代攻。

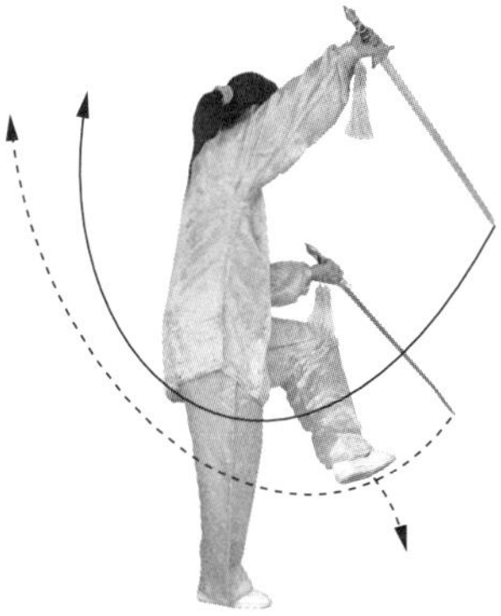

图 13—38

图 13—39

## 第八式　古树盘根

**动作：**接上势不停。随上右步，再提左脚，从右腿后插步成坐盘步；同时，双剑由头划弧向右侧平刺，高与头平；目视剑尖。（图 13—40、图 13—41）

图 13—40

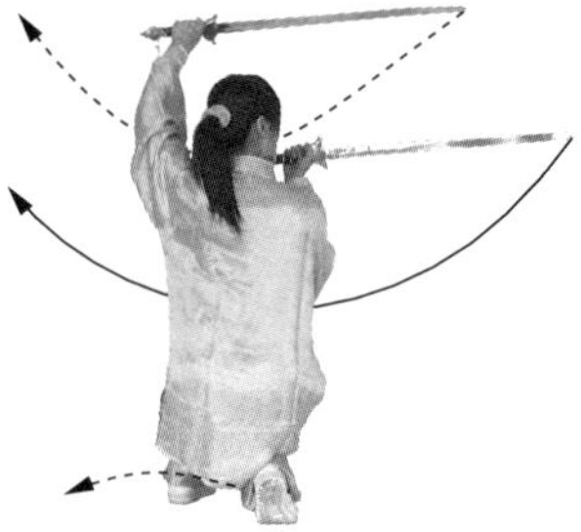

图 13—41

**【要求】**做盘腿下坐动作时，要步稳身直，左臂掤圆高于头，力达剑尖。

**【用法】**此势为盘腿下坐上掤前刺，攻敌中、下盘之法。

## 第九式　日套三环

**动作一：**接上势。起身左转，提左脚向左侧开步；同时，双剑向下划弧至身体左侧，左剑上掤，右剑合于身左侧，重心在左；目视左前方。（图 13—42）

**动作二：**上动不停。身体继续左转，提右脚向右前方上步；同时，右剑由左肋部向上、向前下劈；左剑划弧向上掤，重心在右；目视剑尖。（图 13—43、图 13—44）

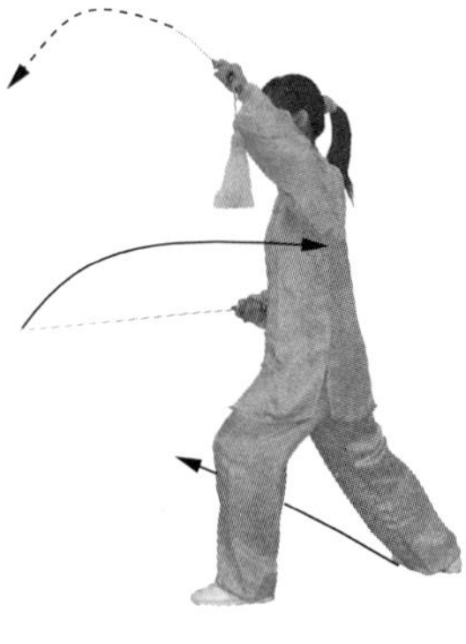

图 13—42

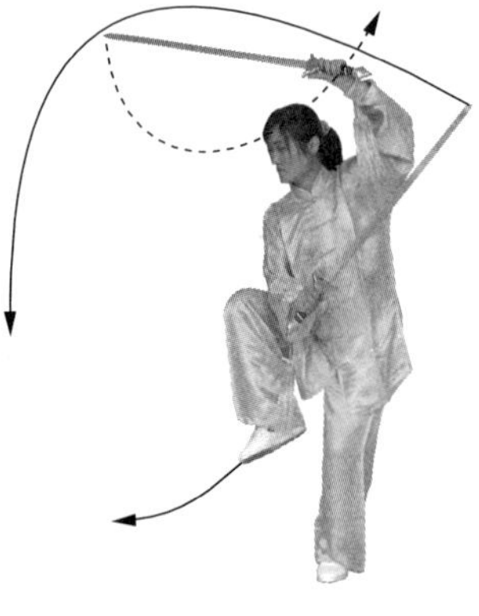

图 13—43

图 13—44

图 13—45

**动作三：**上动不停。提左脚向前垫一小步，脚尖外摆，身体向左转；同时，右剑划弧，随身体左转合于身体左侧，左剑随身体转动划弧上掤；接着重心移至左腿，提右脚向右前方迈一大步；随开步，右剑由上向前下劈，左剑划弧上掤，重心在右腿；目视剑尖。（图 13—45~图 13—47）

图 13—46

图 13—47

**动作四：**上动不停。身体左转，左脚尖外摆，重心移至左腿，右剑由身前划弧拦剑合于身体左侧，左剑划弧上掤；接着提右脚向右前方上一大步；同时，右剑向前下劈，左剑划弧上掤，重心在右；目视剑尖。（图 13—48~图 13—50）

**【要求】**此势转身跨大步，连劈三剑，要求步法灵活，两剑转换自然，劈剑力达剑刃。

图 13—48

图 13—49

图 13—50

【用法】为连续转身进攻法。

## 第十式　黑熊翻背朝阳剑

**动作一**：接上势。重心左移，提右腿，身体右转；两剑划弧上翻抡劈；身体右转 180°，右脚跨大步落下，重心在右；目视右前方。（图 13—51、图 13—52）

**动作二**：上动不停。随提左脚向右侧上步；同时，左剑向右外侧下劈，右剑压在左臂下，重心在左腿；目视左前方。（图 13—53、图 13—54）

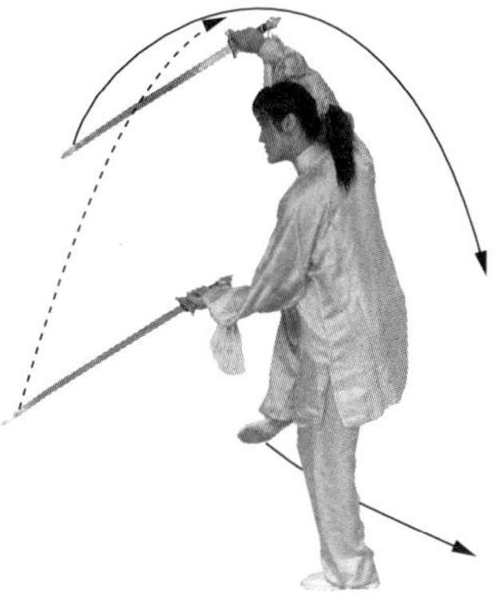

图 13—51

图 13—52

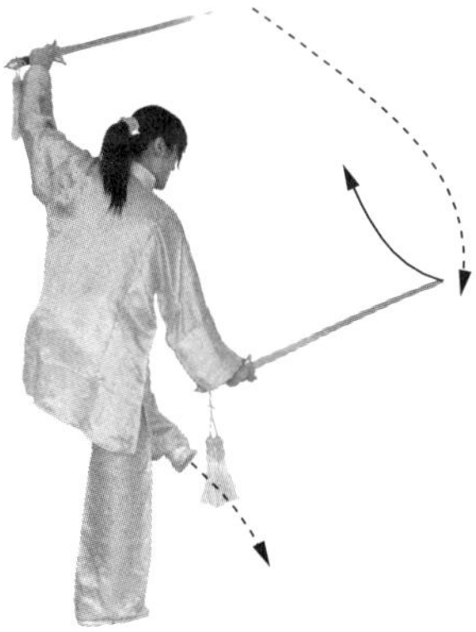

图 13—53

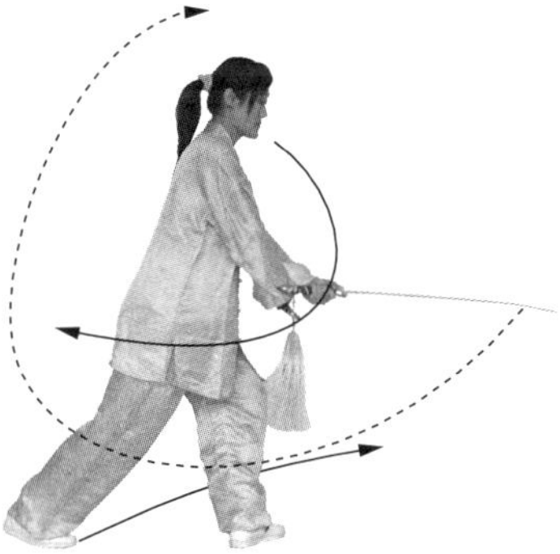

图 13—54

**动作三**：身体继续右转，右脚向左腿后插步；同时左剑向右、向上掤架，右剑随身体右转，挂剑于身体右侧；身体继续右转，左剑由上向下经体前合于身体右侧；右剑由下向后、向上撩剑于额前；同时，重心移右腿，左脚收回，脚尖点地；目视前方。（图 13—55~图 13—57）

**【要求】**转身抡劈，舒展大方，翻身自然。

**【用法】**击背后来侵之敌。

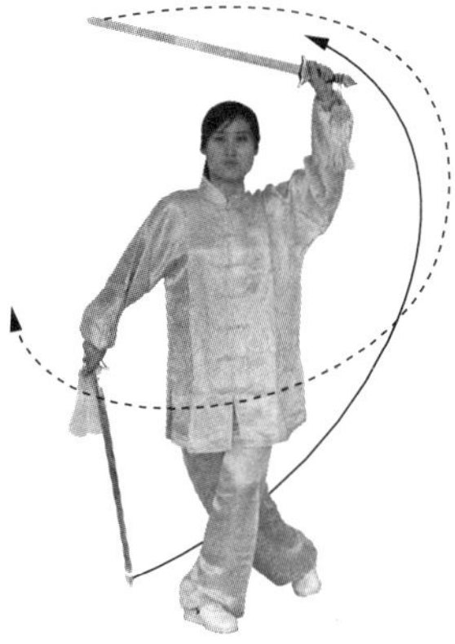

图 13—55

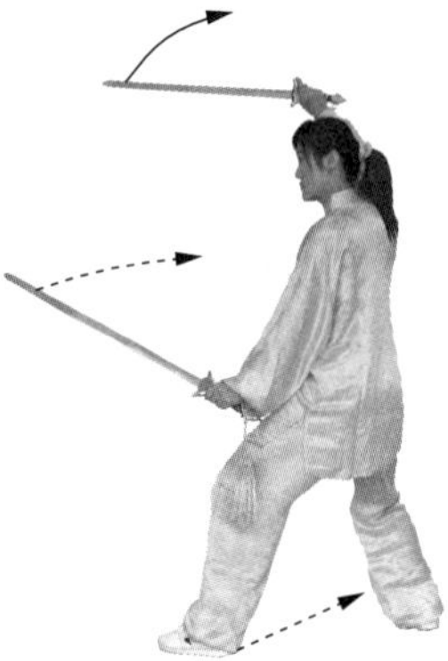

图 13—56

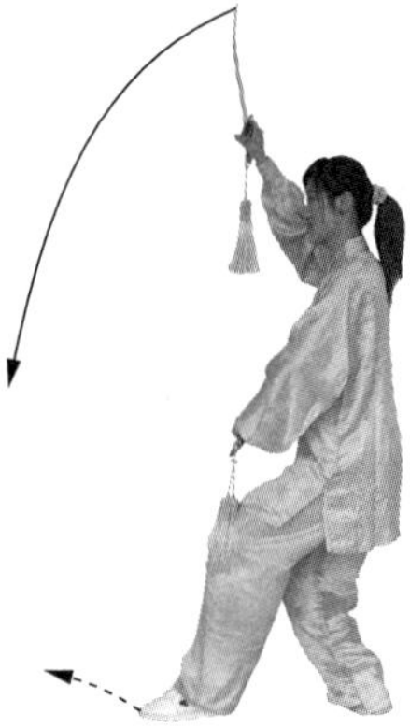

图 13—57

# 第十一式　左罗汉降龙

**动作一：**接上势。左脚向前上一步；右剑向左侧下劈，左剑压于右臂下，重心在左腿；目视右剑尖。（图 13—58）

**动作二：**上动不停。身体左转，提右脚向前迈一步；同时，右剑向左上划弧，架剑于头上；左剑随身转向左侧挂剑，重心在右；目视前方。（图 13—59）

图 13—58

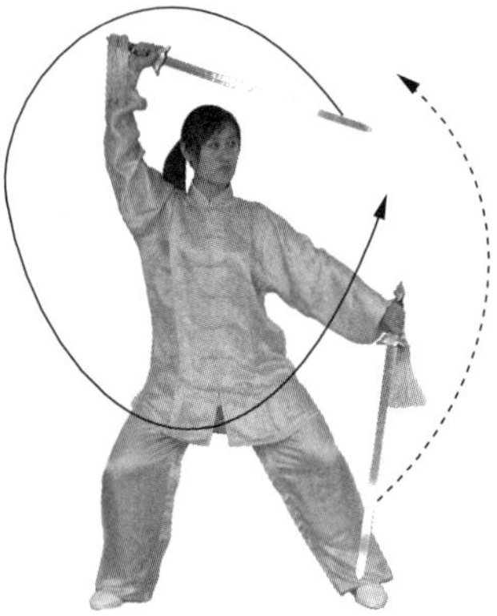

图 13—59

**动作三：**身体继续左转，重心左移，左脚尖外摆；同时，右剑在头上云剑一周，经身前合于身左侧；左剑向后上掤；目视左剑。（图 13—60）

**动作四：**身体继续左转，提右脚向前上一步；同时，两剑向下、向左犁剑后，重心移右腿；两剑旋腕上翻，向右上划弧；同时，提左脚向左开一步；接着塌腰向左转身，重心左移；两剑迅速向左平砍；目视左侧。（图 13—61~图 13—63）

**【要求】**双剑同时向左横砍时，要塌腰松胯，结合腰劲，重心左移，力达剑刃。

**【用法】**向左转身跨大步，有拦腰横斩之势。

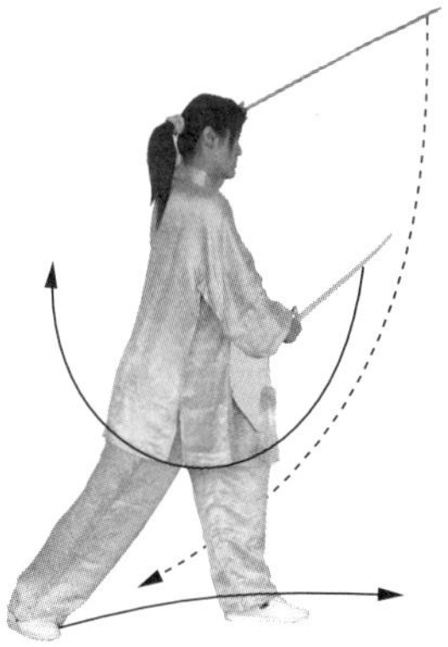

图 13—60

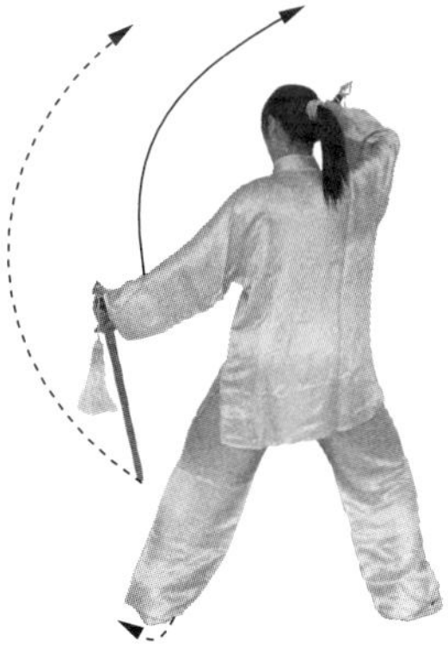

图 13—61

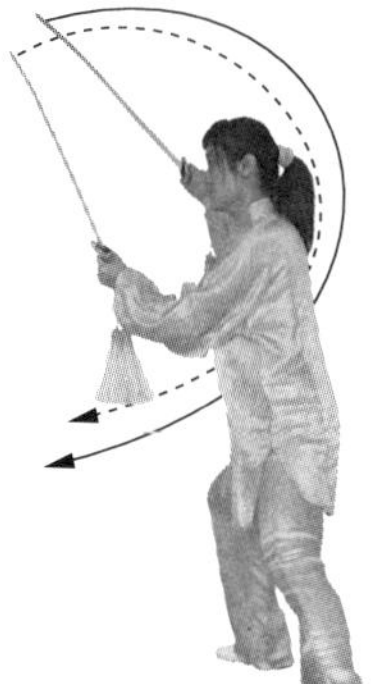

图 13—62

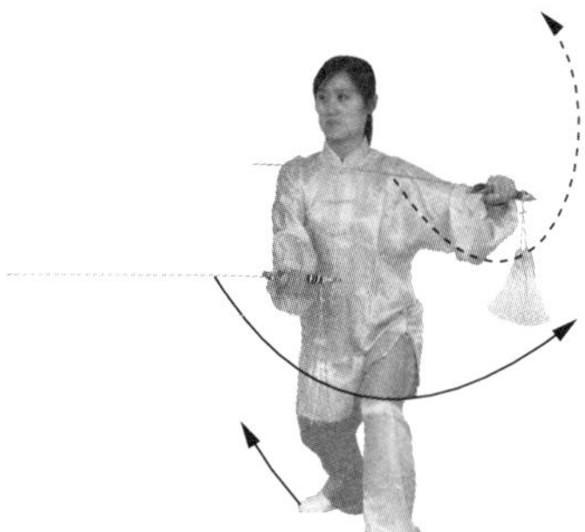

图 13—63

## 第十二式　右罗汉降龙

**动作一：**接上势。提右脚向前上步；同时，两剑向左侧上举划弧，接着左剑向右侧前下劈，右剑在左臂下；重心在右腿，目视右前方。（图 13—64、图 13—65）

**动作二：**上动不停。身体向右转，提左腿上步；同时，左剑向右划弧向上掤架于头前上方，右剑在身体右下挂剑，重心在左腿；目视右前方。（图 13—66）

图 13—64

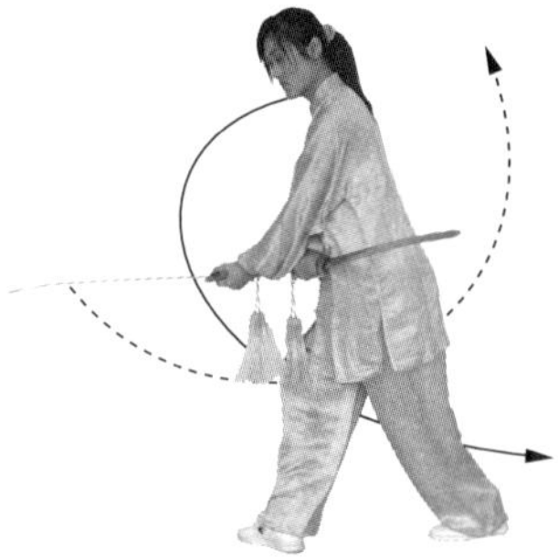

图 13—65

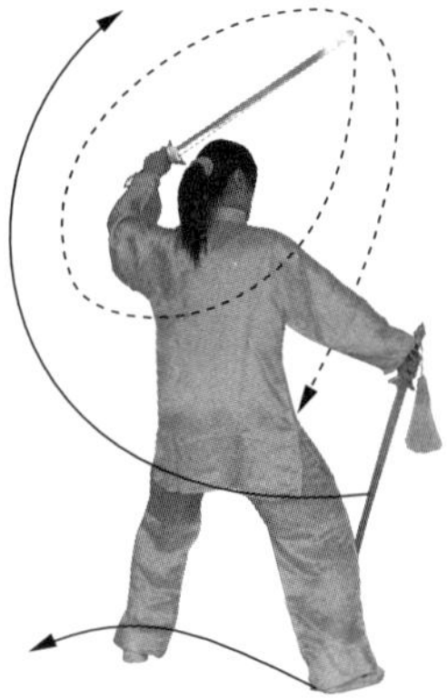

图 13—66

**动作三：**上动不停。身体继续右转，提右脚向后倒一步；同时，左剑在头上云一周，合于身体左前；右剑随倒步由身后划弧向上至头顶；重心在左腿，目视前方。（图 13—67）

**动作四：**上动不停。身体继续右转，提左脚向左前横跨一步；同时，双剑向上划弧合于身体左上侧，重心在左腿；目视右前方。（图 13—68）

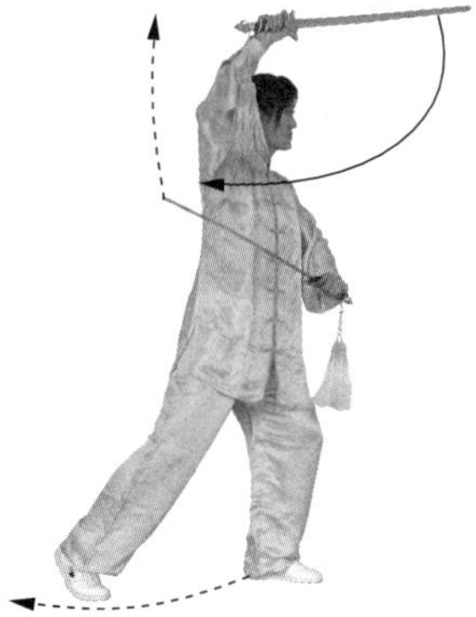

图 13—67

图 13—68

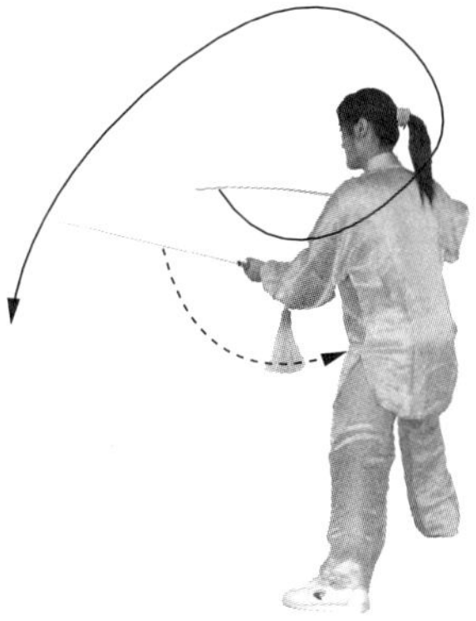

图 13—69

**动作五：** 上动不停。身体向右转，重心右移；双剑同时向右拦腰横砍；目视右侧。（图 13—69）

**【要求】** 身体向右转，松胯转腰，力达剑刃。

**【用法】** 向右拦腰横砍法。

## 第十三式　转身蝴蝶吸水

**动作一：** 接上势。重心左移，提右脚向前上步；同时右剑上举划弧，向左侧前下劈；左剑在右腋下，重心在左腿；目视前方。（图 13—70）

**动作二：** 上动不停。提左脚上步；同时，左剑由下向左侧划弧向上高于头顶，再向前下劈；右剑合于左臂下，重心在左腿；目视前下方。（图 13—71、图 13—72）

**动作三：** 上动不停。身体右转；左剑由下向右划弧，向上掤架于头前上方；右剑随身体右转向右侧挂剑；重心在左腿，目视前方。（图 13—73）

图 13—70

图 13—71

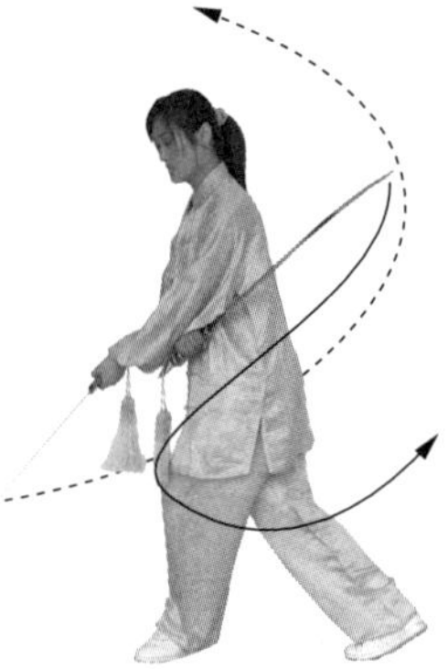

图 13—72

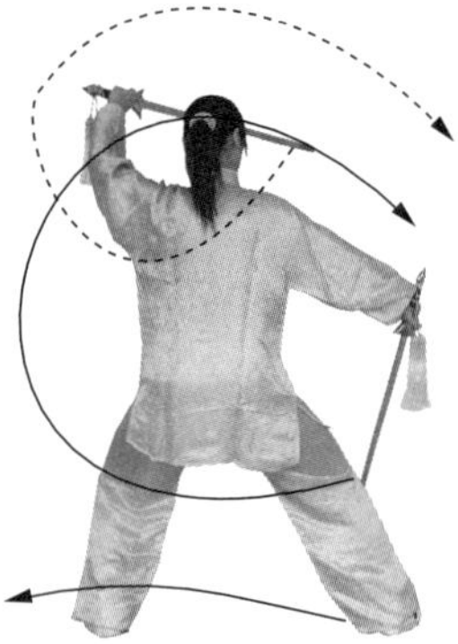

图 13—73

**动作四**：上动不停。身体继续右转 180°，右脚向左后倒插一步；同时，左剑从头上向后云剑一周，立剑于身左侧；右剑随身转，向后、向上经头上合于身体左侧；重心在左腿，目视左前方。（图 13—74）

图 13—74

**动作五**：上动不停。双剑同时随重心右移向右下划弧犁剑，然后转腕向上挑剑；重心移于左腿；此时，双剑由头上划弧，向左侧探身前刺；右脚提起，悬于裆内；目视剑尖。（图 13—75~图 13—77）

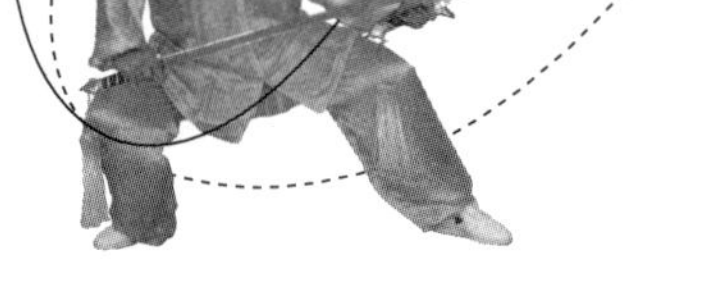

图 13—75

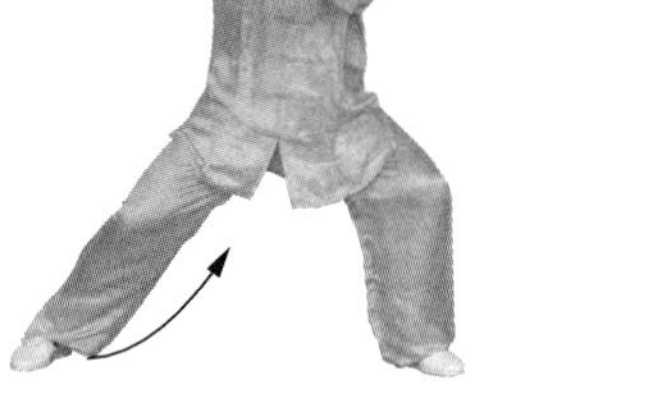

图 13—76

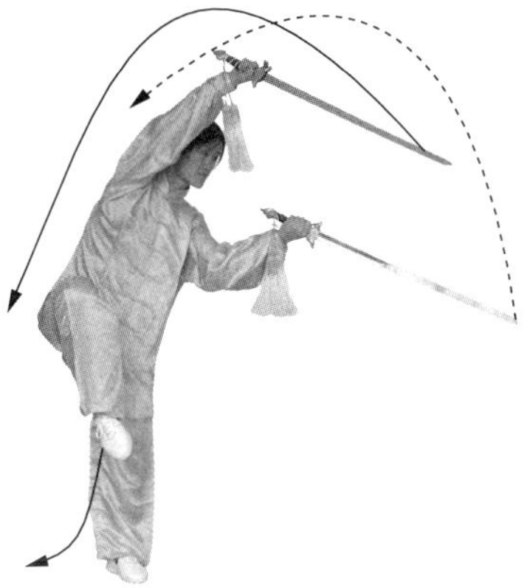

图 13—77

【要求】转体下犁、上挑、前刺，动作要连贯一致，上下相合，步法稳健。

【用法】上架前刺，居高临下，犹如双龙吸水。

## 第十四式 黑熊翻背朝阳剑

**动作一：**接上势。身体向右转，右脚向右侧开一大步；同时，双剑齐向右劈；再提左脚向右上步；左剑向右外侧下劈；重心在左腿，目视前方。(图 13—78~图 13—80)

图 13—78

图 13—79

图 13—80

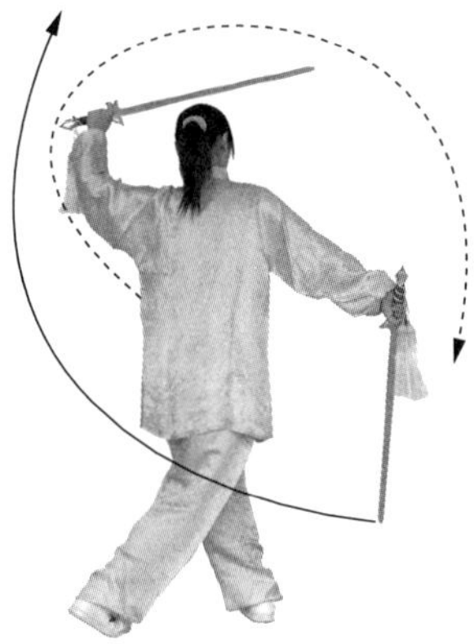

图 13—81

**动作二：**上动不停。身体继续右转，右脚向左腿后插一步；同时，左剑向右下划弧，向上掤架于头上；右剑随身体右转向右拉开；接着，身体继续右转；左剑向后云剑一周合于身前下方；右剑随身体右转向后划弧，上架于头前上方；接着重心移于右腿，左脚收回，脚尖点地；右剑上架，左剑合于右肋部；目视前方。（图 13—81~图 13—83）

**【要求】**转身抡剑，舒展大方，步法灵敏。

**【用法】**转身劈砍，防敌后侵。

图 13—82

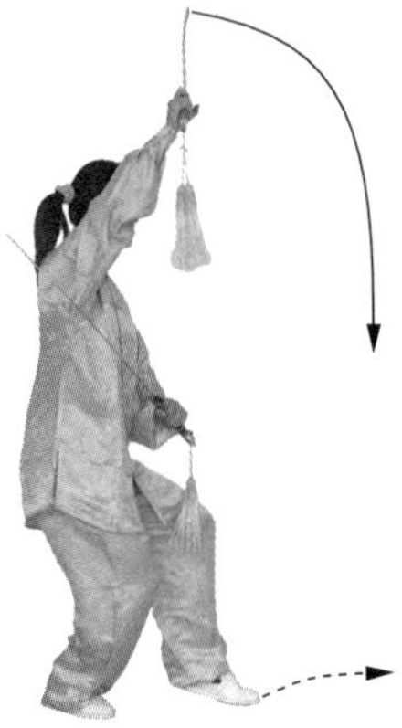

图 13—83

## 第十五式 左罗汉降龙

**动作一：** 接上势。左脚向前上步；右剑向左侧下劈；接着身体向左转，提右脚上步；同时，右剑向左、向上掤架于额前；左剑向左侧挂剑；重心在右腿，目视左前方。（图 13—84、图 13—85）

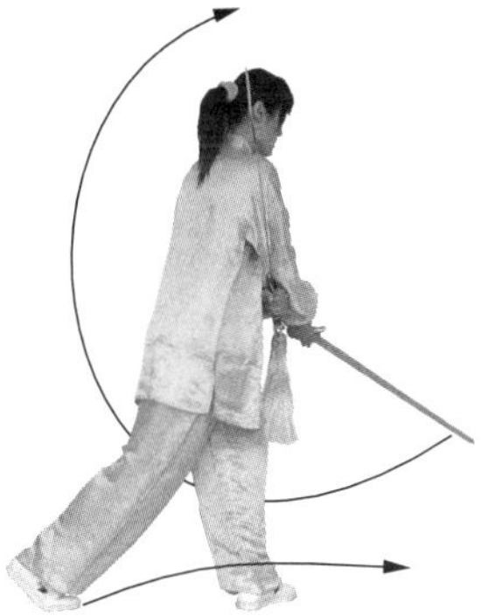

图 13—84

图 13—85

**动作二：** 上动不停。身体向左转，左脚尖外摆，重心移于左腿；同时，右剑向右上、向下划弧撩剑于左前方，左剑向左上划弧上掤；目视左前方。（图 13—86）

图 13—86

**动作三：** 上动不停。提右脚向左前方上一步；接着提左脚再向左跨半步；身体转 180°；同时两剑随身转向上划弧，合于身右侧；重心在右，目视左前方。（图 13—87）

**动作四：** 上动不停。身体向左转，重心左移；双剑同时向左侧平面横砍；目视左侧。（图 13—88）

图 13—87

图 13—88

## 第十六式　右罗汉降龙

**动作一：** 接上势。提右脚向前上步；左剑上举向右前下劈；重心在右腿，目视前方。（图 13—89、图 13—90）

**动作二：** 上动不停。身体右转，上左步；左剑由身体右侧划弧，向上掤于额前；右剑随身体右转向右拉开；重心在左，目视右前方。（图 13—91）

图 13—89

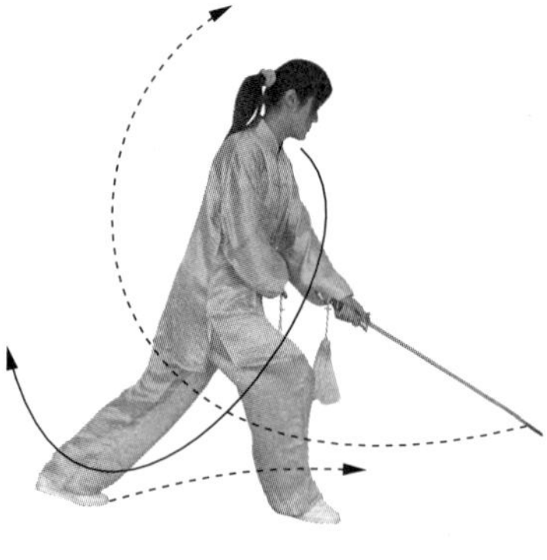

图 13—90

图 13—91

**动作三：**身体向右转，右脚尖外摆，重心右移；同时，左剑由头上向左、向下经体前合于右侧；右剑由右向后、向上划弧至额前；重心在右腿，目视前方。（图 13—92）

**动作四：**上动不停。身体继续右转，上左步于右前方；同时，两剑随身体右转，划弧合于身体右侧；重心在右，目视左侧。（图 13—93）

图 13—92

图 13—93

**动作五：**上动不停。身体向左转；同时，双剑向上、向左划弧合于身体左侧；目视右侧。接着，身体速向右转，重心右移；两剑平向右横砍；目视右前方。（图 13—94、图 13—95）

第十五、十六式动作的要求、用法与第十一、十二式相同，方向相反。

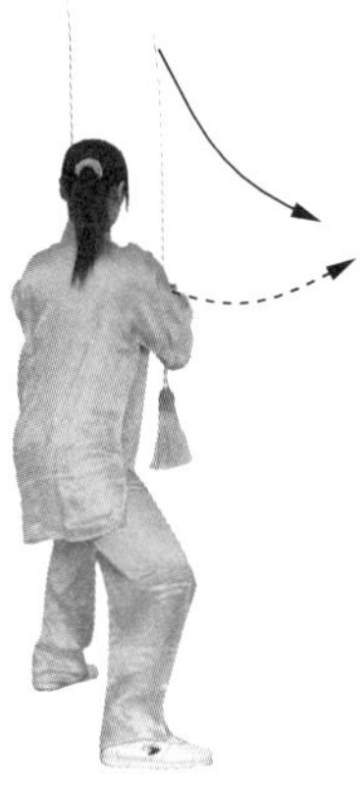
图 13—94

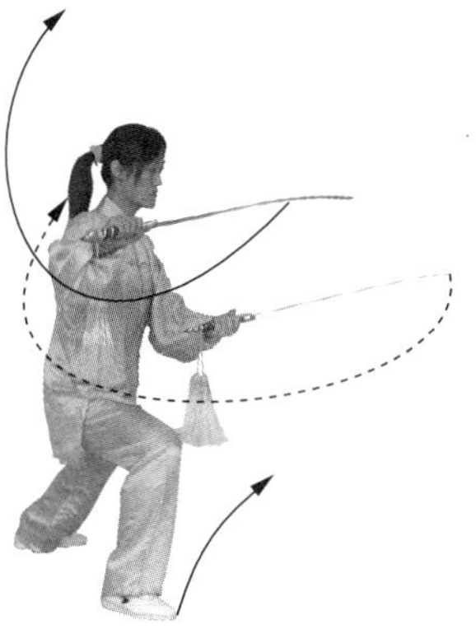
图 13—95

## 第十七式　转身二郎担山

**动作一**：接上势。重心移至左腿，提右脚上步；同时，双剑向右上举，然后右剑向左前下劈；重心在右腿，目视正前方。（图 13—96、图 13—97）

图 13—96

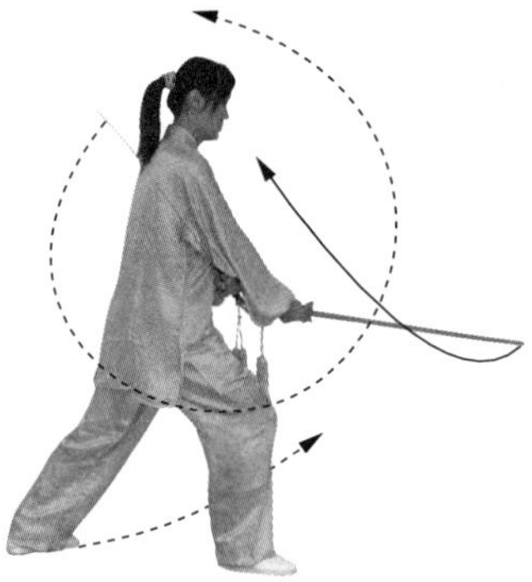

图 13—97

**动作二**：上动不停。提左脚向前上步；左剑向左划弧上举，向右前下劈；右剑合于身体左侧；目视前下方。（图 13—98、图 13—99）

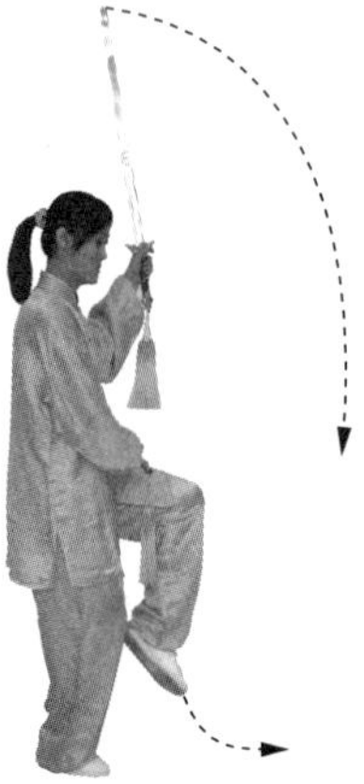

图 13—98

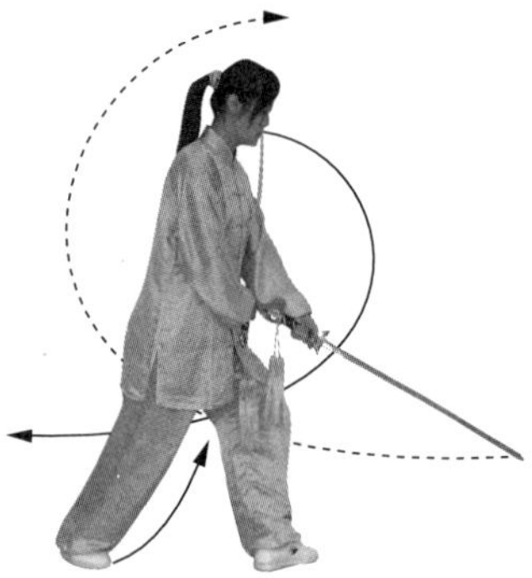

图 13—99

**动作三：**上动不停。身体向右转，右脚提起；左剑向右划弧，向上掤于头顶；右剑随身体右转，提于右腿外侧；左腿独立，目视前方。（图 13—100）

**动作四：**右脚震脚落地，左脚提起；两剑左下右上划弧交叉合于胸前，接着，进左步推出；重心在左腿，目视前方。（图 13—101、图 13—102）

**【要求】**转身合剑、震脚开步前推，要身法协调，劲力完整。

**【用法】**此势可截对方颈项。

图 13—100

图 13—101

图 13—102

## 第十八式　黑熊翻背朝阳剑

**动作一：**接上势。提右腿，身体右转；两剑随身体右转往上翻；接着右脚向右侧跨一大步；两剑同时向右侧抡劈；重心在右腿，目视右前方。（图 13—103、图 13—104）

图 13—103

图 13—104

**动作二：**上动不停。身体继续右转，提左脚向右侧上步；左剑向右侧下劈；右剑在左臂下；重心在左腿，目视前下方。（图 13—105）

**动作三：**上动不停。身体继续右转，提右脚向左腿后插一步；同时，左剑向右侧划弧，向上掤于额前；右剑随转身体向右拉开；然后重心后移于右腿；左脚收回，脚尖点地；同时，右剑由后向上划弧上掤；左剑向下划弧合于身体右侧；目视前方。（图 13—106、图 13—107）

**【要求】**用法与前面同名动作相似。

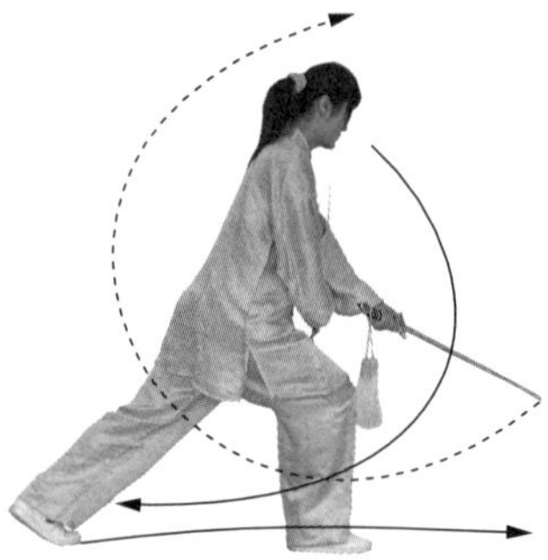

图 13—105

图 13—106

图 13—107

## 第十九式　钟馗仗剑

**动作一：**接上势。左剑向左下劈，右剑上掤；同时左脚提起，然后左脚震脚落地，右脚提起；同时，右剑向下，左剑向上合于胸前；身体向左转，目视右前方。接着右脚迅速进一大步；随进步，右剑前刺；重心在右腿，目视右前方。（图 13—108~图 13—110）

**【要求】**身法中正，成右弓步，左腿蹬，劲达右剑尖。

**【用法】**左剑避开下刺器械，提足跳步前刺。

图 13—108

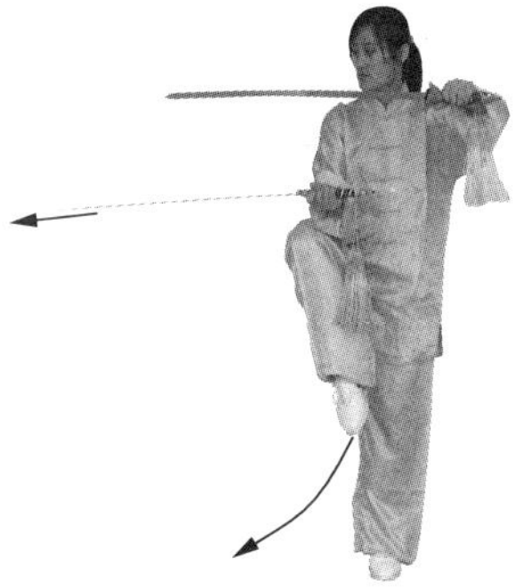

图 13—109

图 13—110

## 第二十式 古树盘根

**动作一：**接上势。身体向左转 90°，提左脚向左侧上步；右剑随转身体上举，接着向左后劈剑；左剑藏于右臂下；重心在左腿，目视左前方。（图 13—111、图 13—112）

图 13—111

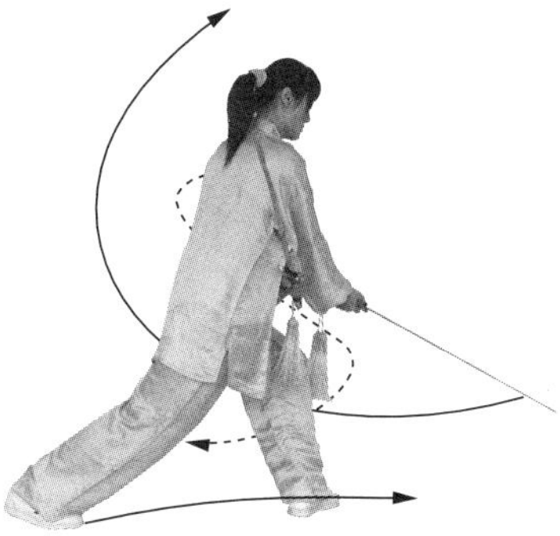

图 13—112

**动作二：**上动不停。身体继续左转 90°，右脚上步；同时，右剑向左、向上划弧上掤于额前；左剑随身体左转，向左侧挂剑；重心在右腿，目视左前方。（图 13—113）

图 13—113

图 13—114

**动作三：** 上动不停。身体继续左转，左脚尖外摆；同时，随身体左转，右剑从头顶云过，绕体前合于身体左前方；左剑由下向左后上掤；重心在左；目视前方。（图 13—114）

**动作四：** 身体继续左转 90°，上右步；同时，两剑向下、向左划弧向上；重心在右腿，目视身右侧。（图 13—115）

**动作五：** 上动不停。提左脚，向右腿后插一步，盘腿下坐；两剑同时向上划弧，再向下压剑；目视右下方。（图 13—116）

**【要求】** 盘腿下坐，步法稳定，虚实分明，两剑要合力下压。

**【用法】** 上劈下压，使对方器械抬不起，抽不回。

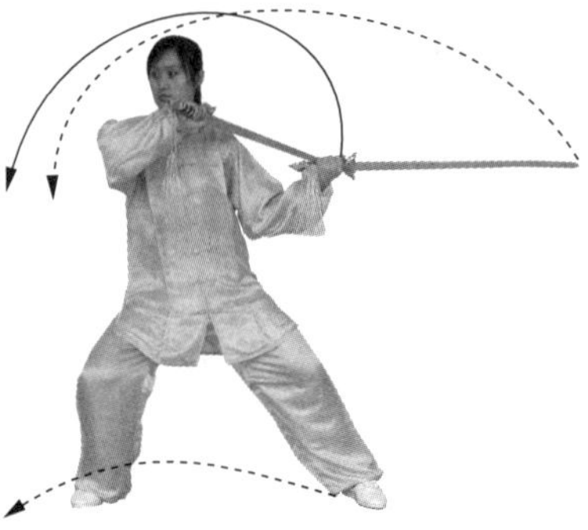

图 13—115

图 13—116

## 第二十一式　翻身下劈剑

**动作**：接上式的下压之势，突然将身体上起向左翻；两脚蹬地腾空跃起，转身360°；同时，两剑随身体旋转，上翻下劈划立圆360°。（图13—117、图13—118）

**【要求】**翻身上纵要轻灵自然，落地要沉稳有力，劈剑要力贯剑身。

**【用法】**跃身引脱对方变转身下劈。

图13—117

图13—118

## 第二十二式　黑熊翻背朝阳剑

**动作一**：接上势。身体右转，提右脚向右后跨一大步；两剑随身体右转，翻腕向上抡劈；重心在右腿，目视右前方。（图13—119、图13—120）

**动作二**：上动不停。提左脚向前上步；左剑向右侧下劈，右剑合于左臂下；重心在左腿，目视剑尖。（图13—121）

**动作三**：上动不停。提右脚向左腿后插一步，身体向右转；同时，左剑向右划弧，向上掤架于额前，右剑随身右转，挂

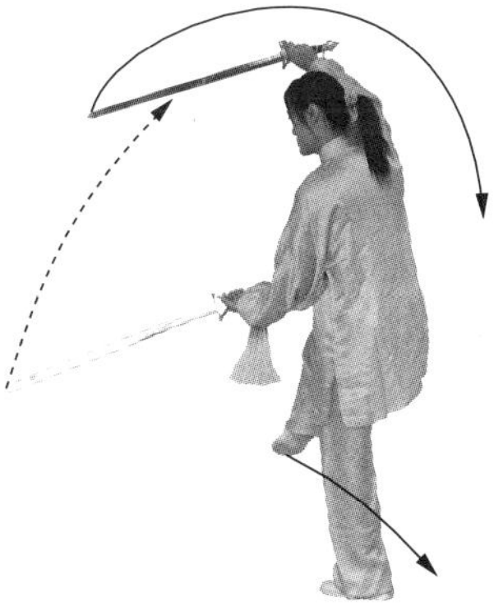

图13—119

图 13—120

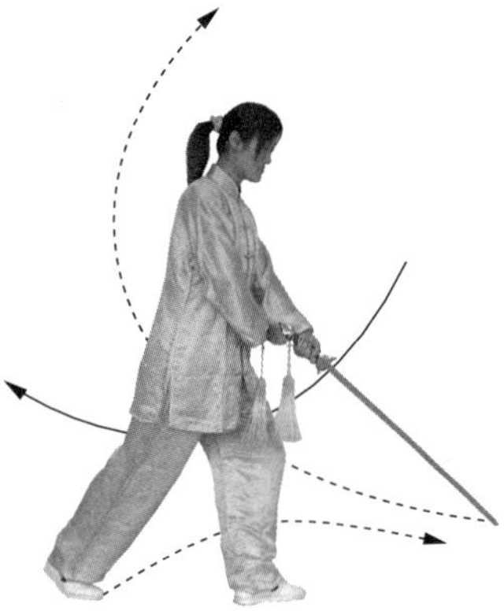

图 13—121

剑于身体右侧；然后，身体继续右转；左剑随之划弧，经体前合于右肋旁；右剑翻腕上撩划弧合于头上方；同时，重心移于右腿，左脚收回，脚尖点地；目视前方。（图 13—122~图 13—124）

要求、用法与第五式相同。

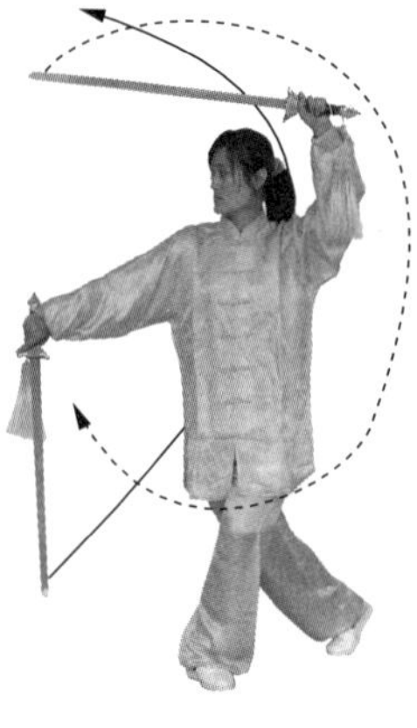

图 13—122

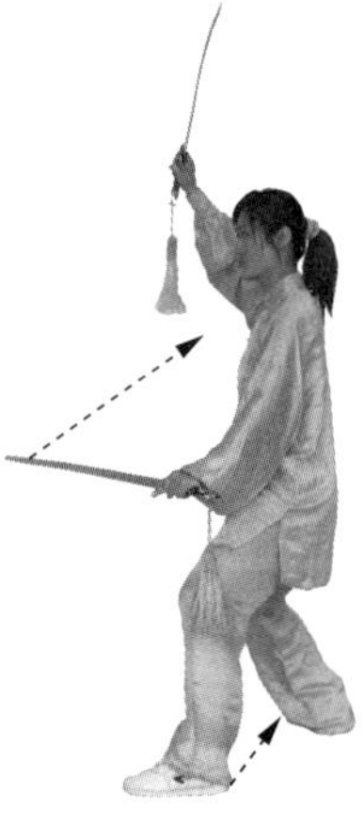

图 13—123

图 13—124

## 第二十三式　左翻身下劈剑

**动作一：**接上势。左脚向前上步；右剑向左前下劈；接着上右步，身体左转；同时，右剑向左、向上掤架于额前上方；左剑随身体转动，向左挂剑；重心在右

腿，目视右前方。（图 13—125、图 13—126）

**动作二：**上动不停。身体继续左转，左脚尖外摆，重心移左腿；同时，右剑在头上云剑而过，经身体前合于左肋部，左剑转腕向左上撩；目视左前方。（图 13—127）

**动作三：**上动不停。身体继续左转，提右脚向前上步；同时，两剑向左侧走下弧撩剑，然后转腕上翻划上弧线，随左腿插步盘腿下坐，两剑同时下劈压剑；目视剑尖。（图 13—128、图 13—129）

图 13—125

图 13—126

图 13—127

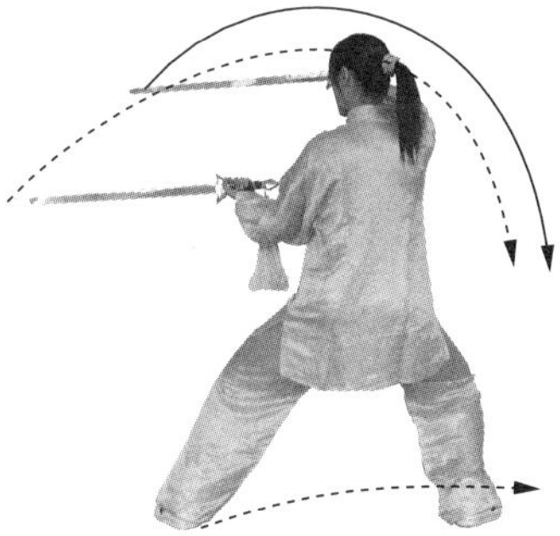

图 13—128

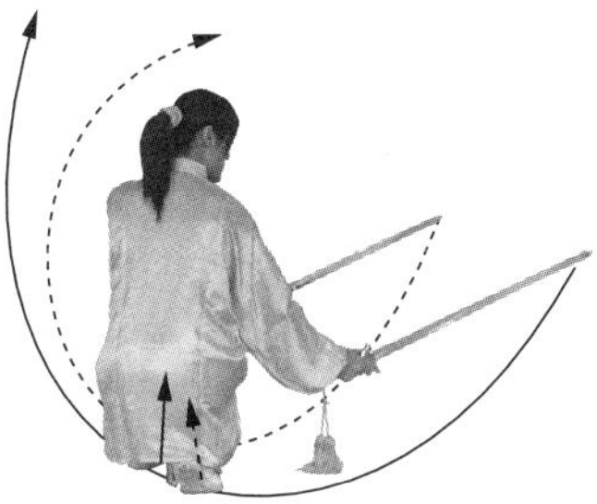

图 13—129

**动作四：**上动不停。随下压之势，身体速左转上翻，腾空而起，转身落地；两剑随身体下劈；重心略偏右，目视前下方。（图 13—130、图 13—131）

**【要求】**身法协调，转身迅速，跳跃轻灵，落地沉稳。

**【用法】**向左翻身抡劈法，力贯剑刃。

图 13—130

图 13—131

## 第二十四式　右翻身下劈剑

**动作一：**接上势。提右脚上步；同时，左剑向左划弧上举，随向右前下劈；右剑在左臂下；重心在右腿，目视前方。（图 13—132、图 13—133）

图 13—132

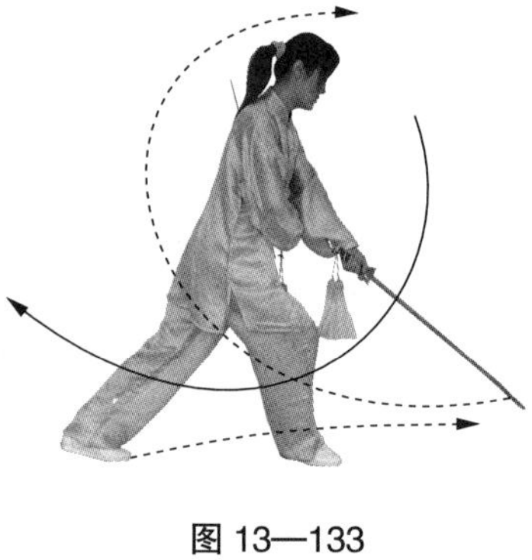

图 13—133

**动作二：**上动不停。身体继续右转，左脚向前方上一步；同时，左剑向右划弧，向上掤架于额前；右剑随身体右转向右侧挂剑；重心在左，目视右前方。（图 13—134）

图 13—134

**动作三：**上动不停。身体继续右转；左剑向后、向左划弧，经身前合于右肋旁；同时，右剑随身体右转向后、向上划弧；然后身体继续右转，重心在右，提左脚上步；同时右剑向下划弧，开于右腿外侧；左剑向左上划弧上掤；目视前方。（图 13—135、图 13—136）

图 13—135

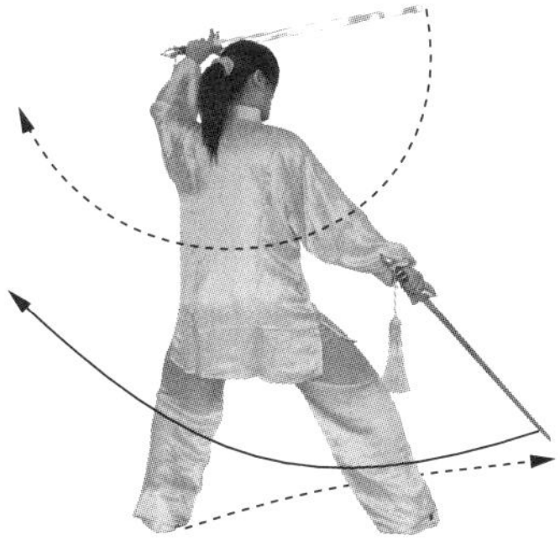

图 13—136

**动作四：**上动不停。身体继续右转，右脚尖外摆，提左脚向右前上步；两剑同时向右侧挂撩剑；重心在左，目视左前方。（图 13—137）

图 13—137

**动作五：**上动不停。右脚向左腿后插步下蹲成坐盘步；同时，两剑向上、向左划弧下劈压剑；目视剑尖。（图 13—138、图 13—139）

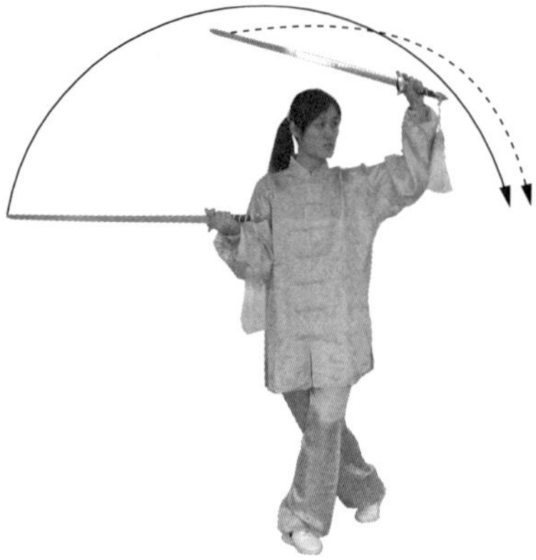

图 13—138

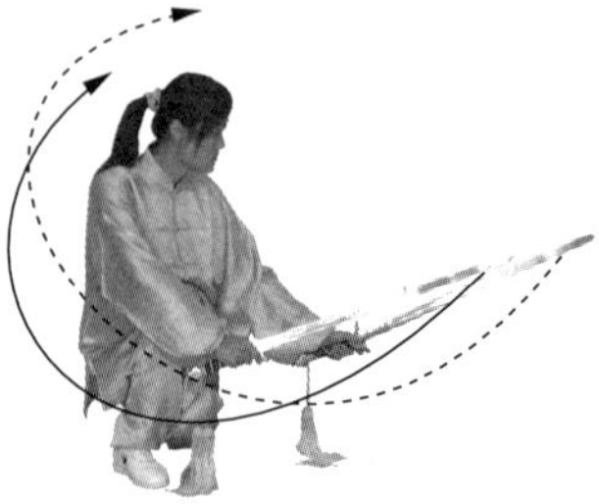

图 13—139

**动作六**：上动不停。随下压之势，身体速向右上翻，两脚蹬地，腾空跃起，旋转 360°后落地；同时，两剑随转体划立圆 360°落地下劈；重心略偏左腿，目视左前方。（图 13—140、图 13—141）

要求、用法与前势相同，唯方向相反，一右一左。

图 13—140

图 13—141

## 第二十五式　转身朝阳剑

**动作一：**接上势。提右脚上步；同时，右剑划弧上举，向左前下劈；重心在右腿，目视前方。（图 13—142、图 13—143）

图 13—142

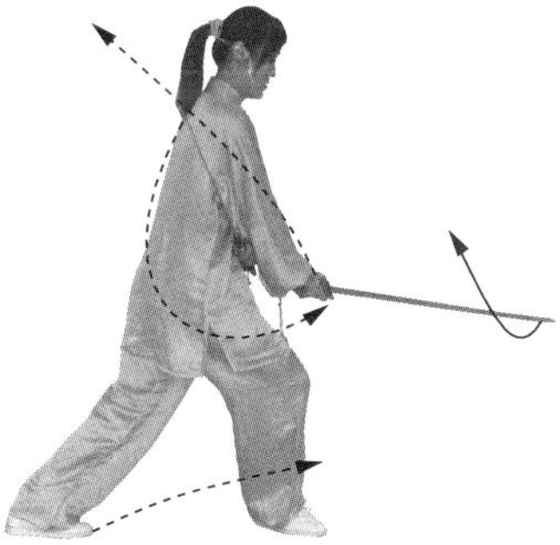

图 13—143

图 13—144

**动作二：**上动不停。提左脚上步；同时，左剑由右臂下绕上举，向右前下劈，右剑在左臂下；重心在左，目视前方。（图 13—144~图 13—146）

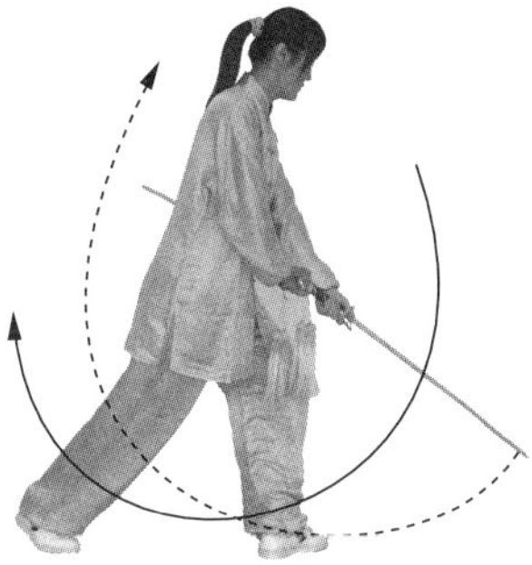

图 13—145

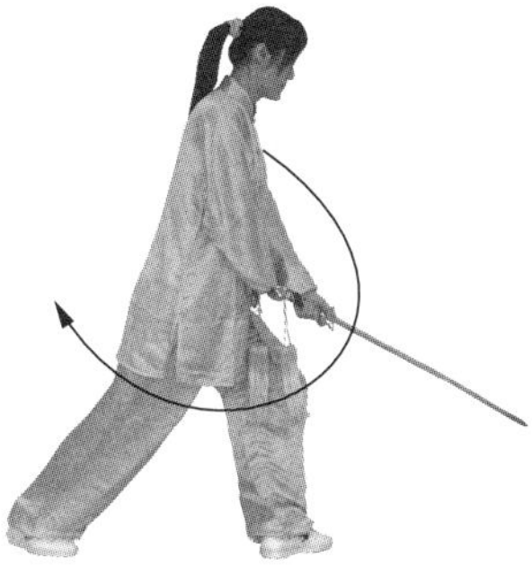

图 13—146

**动作三：**上动不停。身体继续右转，提右脚向左腿后插一步；同时，左剑向右、向上划弧上掤，右剑向右随身转挂剑；目视右前方。（图 13—147）

**动作四：**上动不停。身体继续右转，重心移于右腿，左脚收回，脚尖点地；

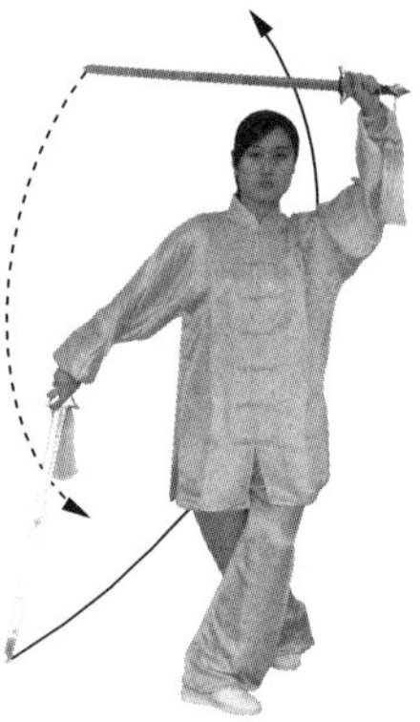

图 13—147

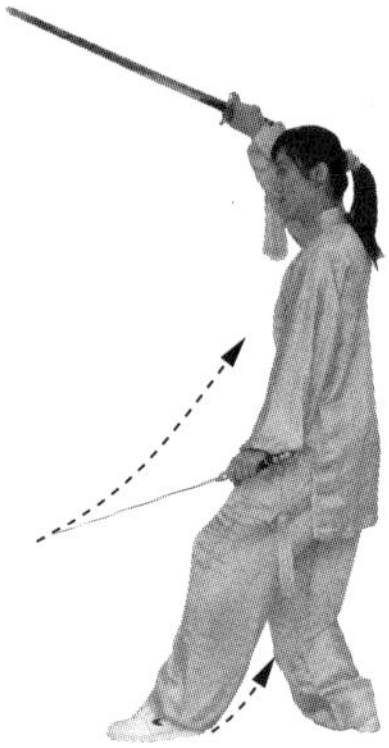

图 13—148

图 13—149

同时，左剑经身体前划弧合于右肋部；右剑向后、向上合于额前；目视前方。(图 13—148、图 13—149)

**【要求】**转身灵活，步法稳健，绕云剑要自然。

**【用法】**向前劈两剑，转身变守势，以静待动。

## 第二十六式　左右磨盘剑

**动作一：**接上势。左脚向前上步；右剑向左前下劈；接着，提右脚上步；同时，左剑由下划弧向上举，再向右前下劈；右剑在左臂下；重心在右腿，目视前下方。(图 13—150~图 13—152)

图 13—150

图 13—151

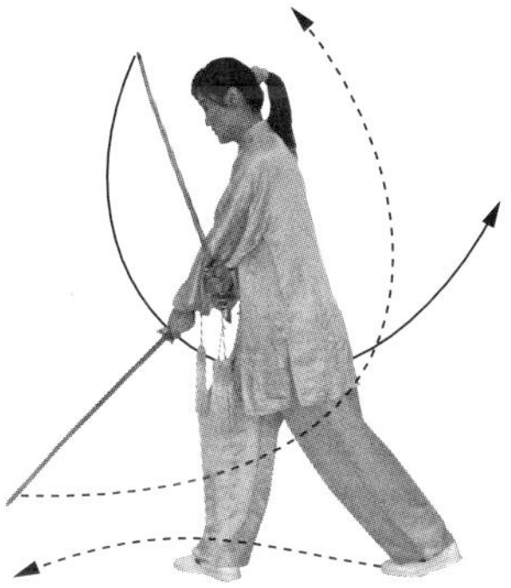

图 13—152

**动作二**：上动不停。身体继续右转，上左步，左剑向右划弧向上撩剑，右剑随身体右转向右上撩；重心在左腿，目视左前方。（图 13—153）

**动作三**：上动不停。两剑同时向上、向左、向下划弧，再向右上合于身体右侧，左剑在右臂外；同时重心移至右腿，左脚提起；目视左前方。（图 13—154、图 13—155）

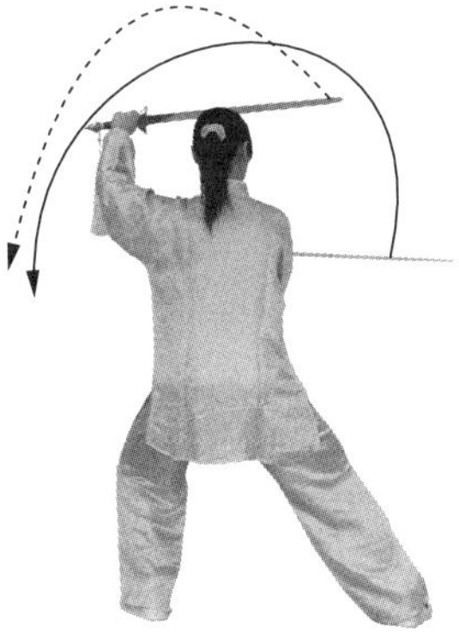

图 13—153

图 13—154

图 13—155

**动作四：**上动不停。左脚向左前划弧上步，接着右步也向左前划弧走内圆迈步，接着，左右脚再各走一步，基本形成身体转360°圆圈；目视左侧。（图13—156~图13—158）

图 13—156

图 13—157

图 13—158

**动作五：**上动不停。身体略向左转，右脚提起上步；同时，双剑向下、向左划弧，再向上翻腕撩剑，高与额平；重心在右腿，目视左前方。（图13—159、图13—160）

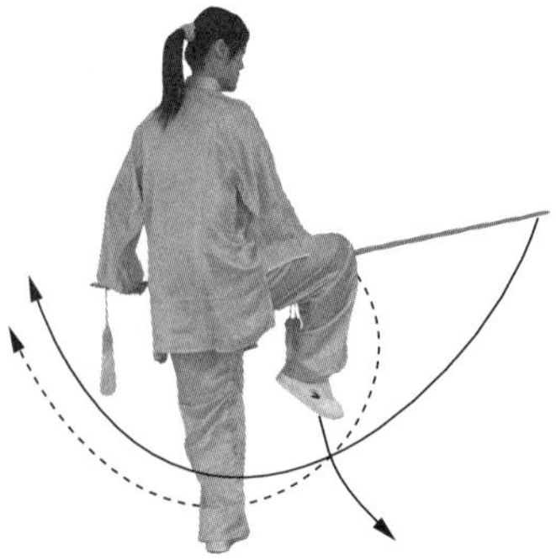

图 13—159

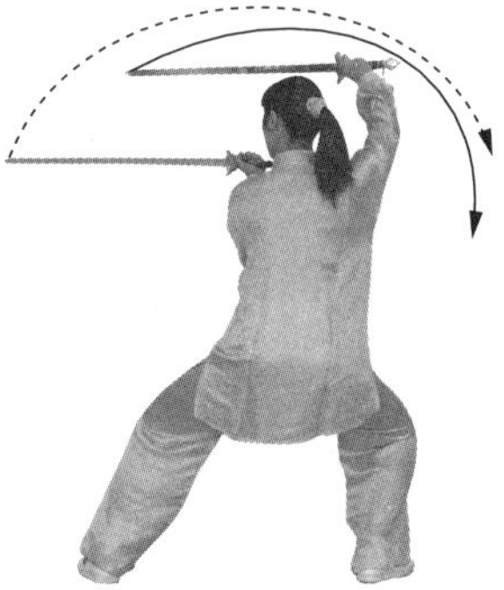

图 13—160

**动作六**：上动不停。双剑向上划弧，向右、向下、再向左上合于身体左侧，右剑在左臂外侧；同时，重心移于左腿，右脚提起；目视右前方。（图 13—161、图 13—162）

**动作七**：上动不停。右脚摆脚，向右前方划弧上步，身体向右转，然后，左脚划弧向前上步，接着，右、左脚连续再上一步，四步基本形成 360°圆圈；两剑在身体左侧随身体转一圈；目视身体右侧。（图 13—163~图 13—166）

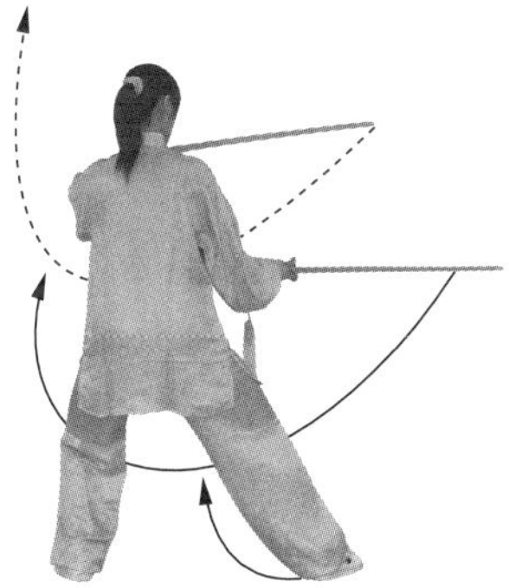

图 13—161

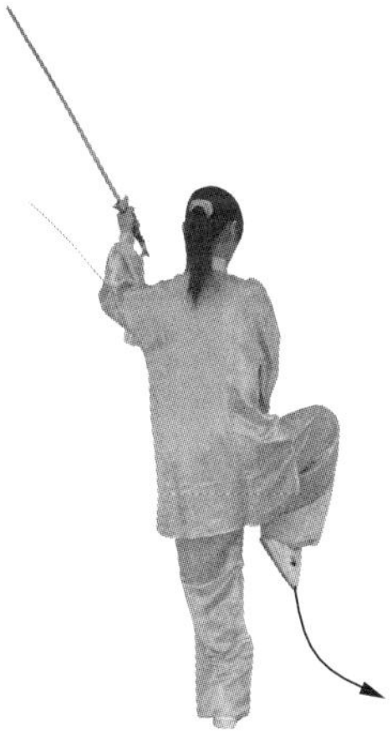

图 13—162

图 13—163

图 13—164

图 13—165

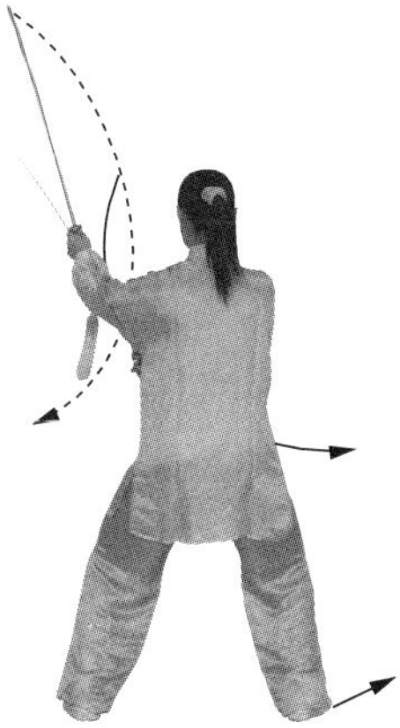

图 13—166

【要求】左右各旋转一周，步法平稳圆活，两剑掤于身体左右两侧撑圆。

【用法】两剑在身体左、右两侧随步旋转，防守外围之敌的进攻。

## 第二十七式　霸王举鼎

**动作：**接上势。右脚略向右开一步；同时两剑下分，接着两剑再向上交叉相合向上掤架，高于头顶；重心右移，左脚收回于右脚内侧，脚尖点地；目视前方。（图 13—167~图 13—169）

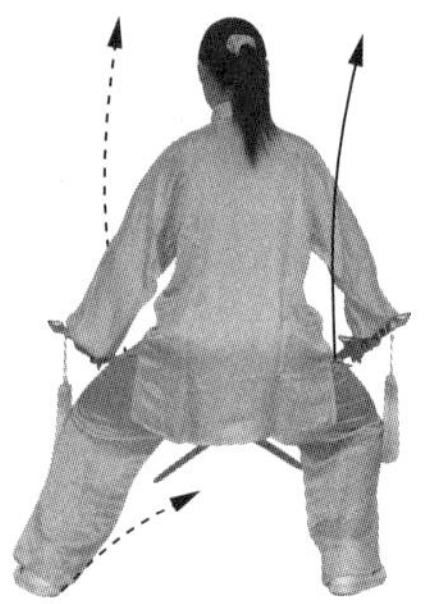
图 13—167

图 13—168

图 13—169

【要求】两剑交叉向上掤架，要屈膝松胯塌腰，两臂撑圆上掤。

【用法】两剑交叉向上掤架，保护胸、头部，架托来侵之器械。

## 第二十八式　护 膝 剑

**动作：**接上势。身体略左转；两剑同时向左滑空，向下划弧合于胸前；同时，左脚提起；目视左前方。（图 13—170、图 13—171）

【要求】两剑下沉，提左膝上下相合，独立步要稳，立身中正。

【用法】合剑提腿护膝，待机前刺。

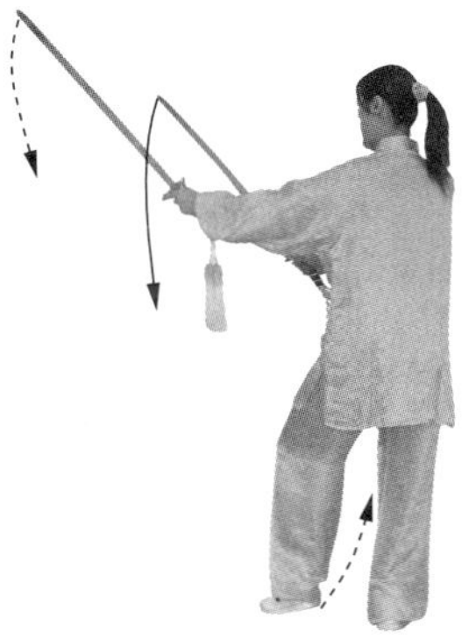

图 13—170

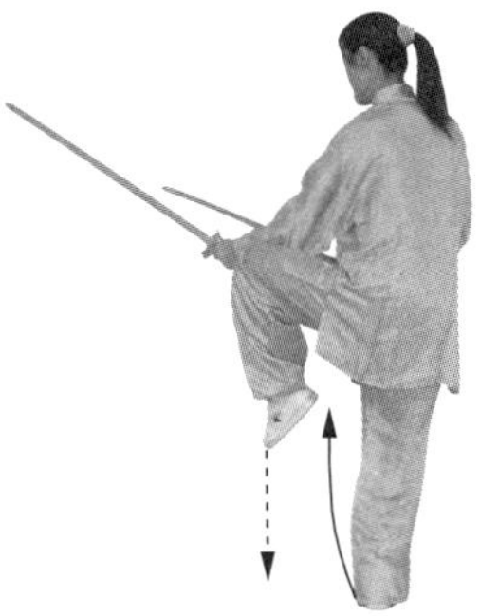

图 13—171

## 第二十九式　白蛇吐信

**动作：**接上势。左脚震脚落地，右脚提起向前上一大步，身体向左转；同时，右剑向前平刺；重心在右腿，目视右剑尖。（图 13—172、图 13—173）

**【要求】**震左脚，跨右步，迅速前刺，劲力完整，膝勿前栽，前后劲力对称。

**【用法】**震脚前刺，击敌胸、肋。

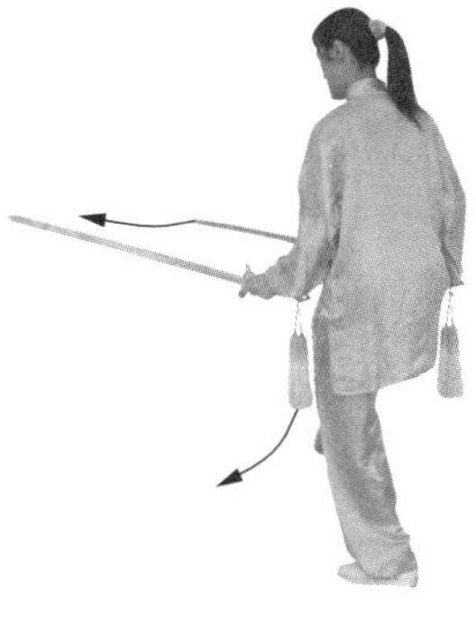

图 13—172

图 13—173

## 第三十式　左凤凰双展翅

**动作一：**接上势。身体向左转，左脚尖外摆；同时，右手持剑，转体向左侧下劈，左手握剑在右臂下；接着上右步；右剑向左、向上划弧掤于额前，左

剑随身体左转向左挂剑于身体左侧；重心在右腿，目视左前方。（图 13—174、图 13—175）

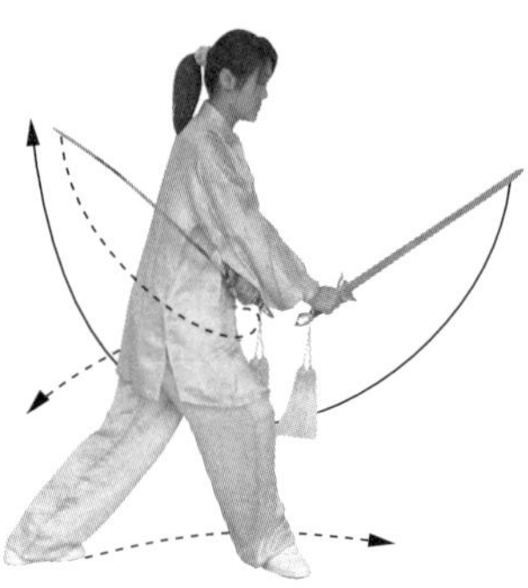

图 13—174

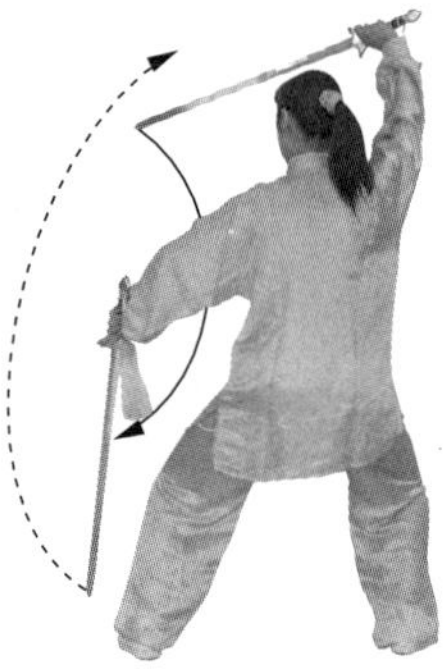

图 13—175

**动作二：**上动不停。身体继续左转，重心左移；右剑向下、向左划弧合于腹前；同时，左剑向上划弧上掤；目视左前方。（图 13—176）

**动作三：**上动不停。身体继续左转，提右脚上步；随转体，右剑向上与左剑相合；同时，左脚提起，向右腿前盖步坐盘下蹲；两剑同时向左右两侧下分；目视前方。（图 13—177、图 13—178）

**【要求】**身体向左转，坐盘步要稳，身法中正。

**【用法】**此势为坐盘分剑法，两臂撑圆，力贯两剑刃，向左右分犁。

图 13—176

图 13—177

图 13—178

## 第三十一式　右凤凰双展翅

**动作一：**接上势。起身右转；同时，左剑向右臂外侧下剜；接着身体继续右转，提左脚向右腿前上一步；左剑向右、向上掤架，右剑向右拉开；目视右前方。（图 13—179、图 13—180）

**动作二：**上动不停。左剑在头上向右、向后云剑，经背后向前掤架于头左侧；同时，右剑向身体后向上云头而过，经体前向下；同时，右脚向右侧上一步；目视右前方。（图 13—181）

图 13—179

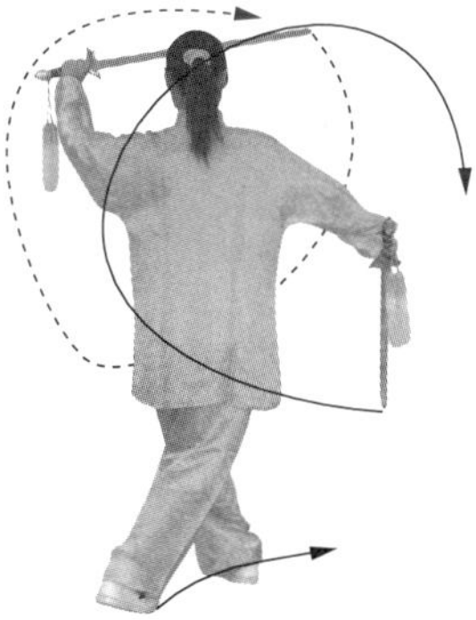

图 13—180

图 13—181

**动作三：**上动不停，接着提左脚向右前上步，身体继续右转，右脚尖外摆，左脚尖内扣；同时，左剑向下划弧，向右与右剑在胸前相合；重心在右腿，目视前方。（图 13—182、图 13—183）

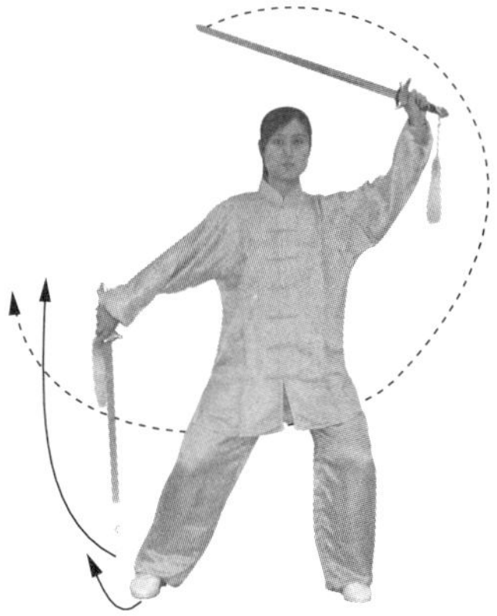

图 13—182

图 13—183

**动作四：**上动不停。身体继续右转，脚步不动，右腿在前，左腿在后，坐盘下蹲；同时，两剑随身体右转向上架剑，再向左右两侧下分；目视前方。(图 13—184、图 13—185)

要求、用法与前势相同，唯方向相反。

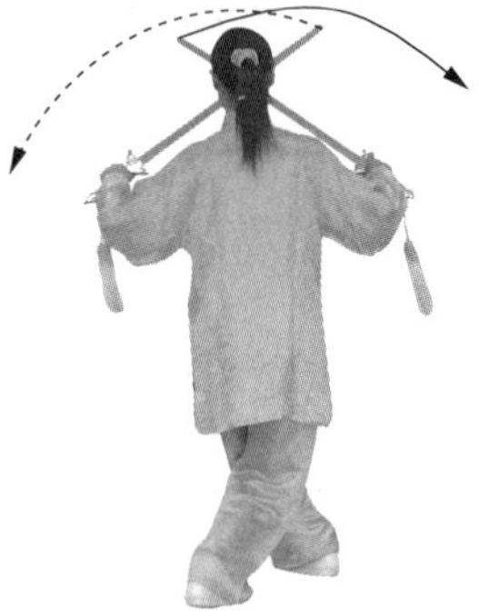

图 13—184

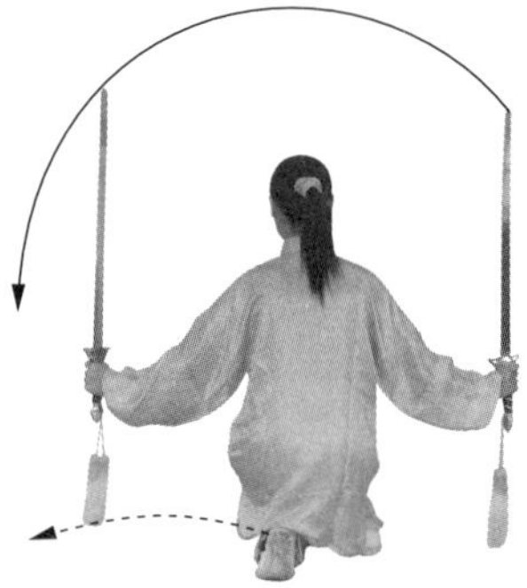

图 13—185

## 第三十二式　转身朝阳剑

**动作一：**接上势。起身左转，左脚向前迈步；同时，右剑向左前下方劈；然后提右脚上步；同时，左剑划弧上举，再向右前下劈；右剑向左压在左臂下；重心在右腿，目视前方。（图 13—186~图 13—188）

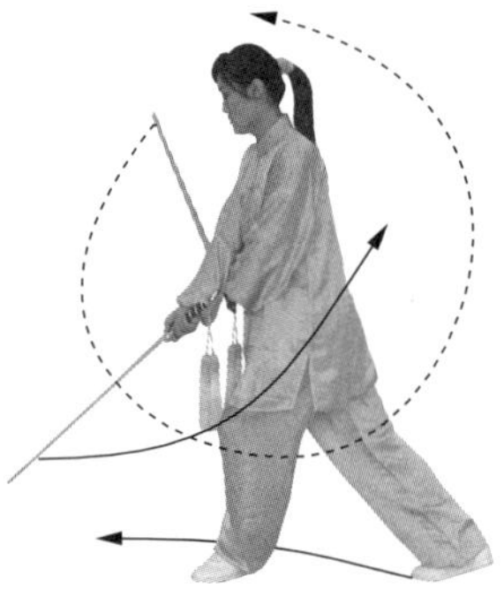

图 13—186

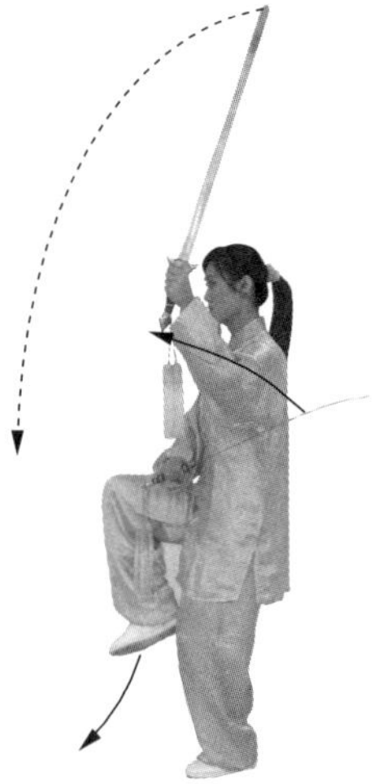

图 13—187

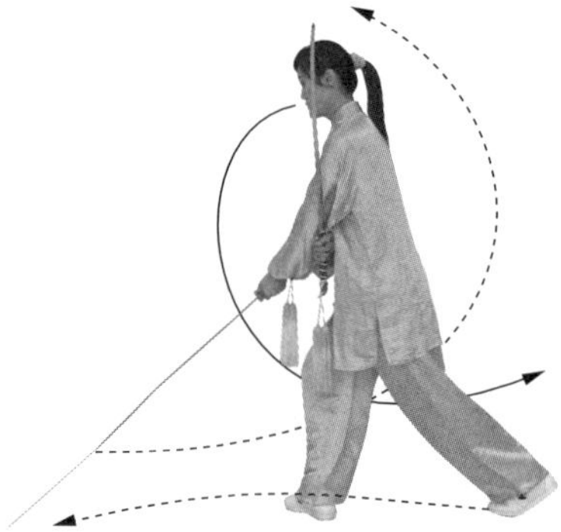

图 13—188

**动作二：**上动不停。身体向右转，上左步；同时，左剑向右划弧，向上掤架于额前上方；右剑随身体右转，向右侧挂剑；重心在左腿，目视前方。（图 13—189）

**动作三：**上动不停。身体继续右转，右脚向左后撤一步；同时，右剑向右后、向上划弧置于头顶；左剑经身体前划弧，向下、再向上合于右肋部；同时，重心移右腿，左脚收回，脚尖点地；目视前方。（图 13—190、图 13—191）

图 13—189

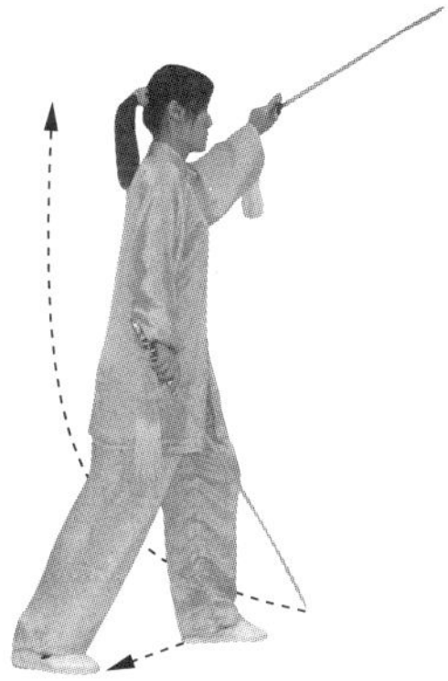
图 13—190

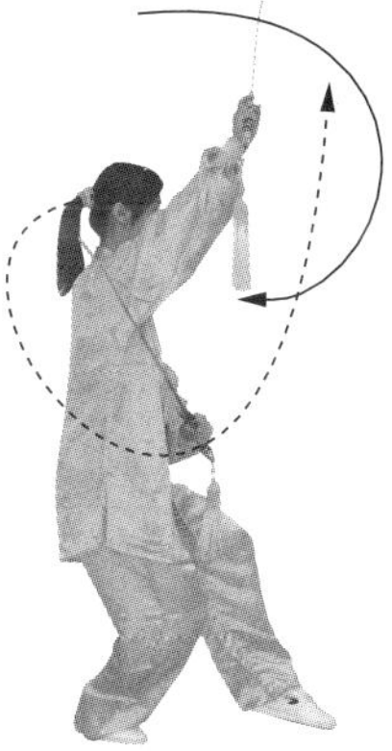
图 13—191

**【要求】**虚实分明，身法中正，两剑掤圆。

**【用法】**左右进步，各劈一剑，转身防守门户。

## 第三十三式　连环刺虎

**动作一：**接上势。右剑向右划弧，向下合于右肋部，左剑向左划弧，向上掤；同时，左脚提起，上下相合；目视左前方。（图 13—192）

**动作二：**上动不停。左脚震脚落地，身体左转，右脚提起向右侧上一步；同时，右剑随上步向前刺，左剑上架；重心在右腿，目视右前方。（图 13—193、图 13—194）

图 13—192

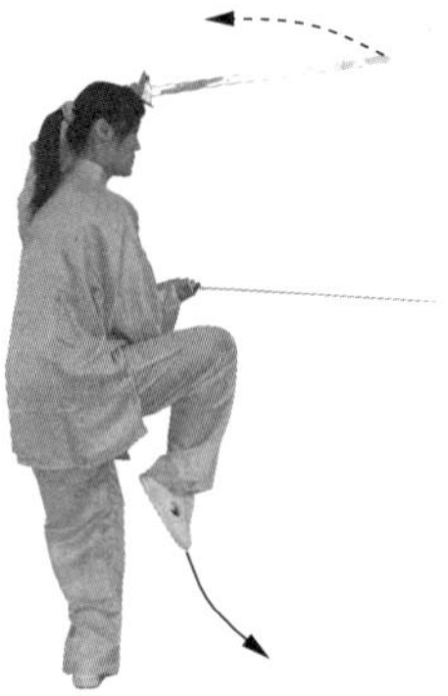

图 13—193

图 13—194

**动作三：**上动不停。随身体右转，右脚尖外摆，提左脚上步；同时，左剑随上步向前刺，右剑上掤；重心在左腿，目视前方。（图 13—195、图 13—196）

图 13—195

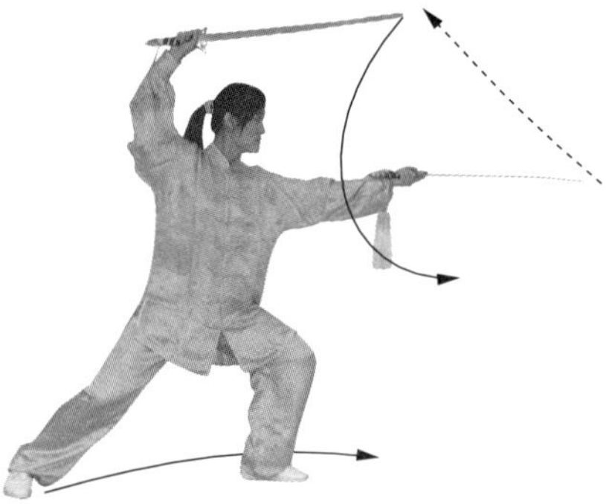

图 13—196

**动作四：**上动不停。身体左转，左脚尖外摆，提右脚上步；同时，右剑划弧下合于右肋部，然后迅速向前刺剑；左剑划弧上掤于额前；重心在右腿，目视前方。（图 13—197、图 13—198）

**【要求】**步法协调，两剑在左右两侧翻花舞动，与身法要配合一致。

**【用法】**连上三步，刺三剑，称连环步法，循环剑法，上掤前刺法。

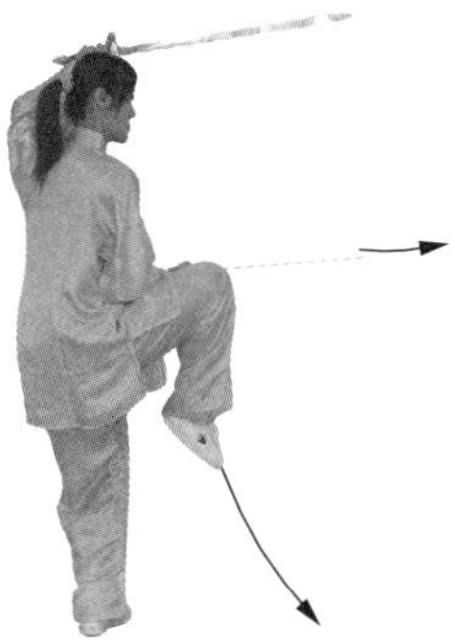

图 13—197

图 13—198

## 第三十四式 左右双舞剑

**动作一**：接上势。重心左移，右脚收回；右剑向后、向上举起，左剑划弧向下；目视前下方。（图 13—199）

**动作二**：上动不停。右剑向左侧下劈；重心移于左腿，右脚向后倒步；同时，右剑向后、向上撩剑划弧，左剑向左下划弧抡剑；重心在左腿，目视前方。（图 13—200、图 13—201）

图 13—199

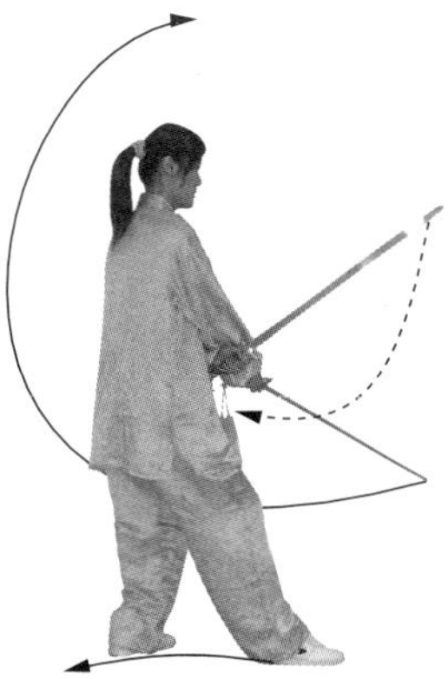

图 13—200

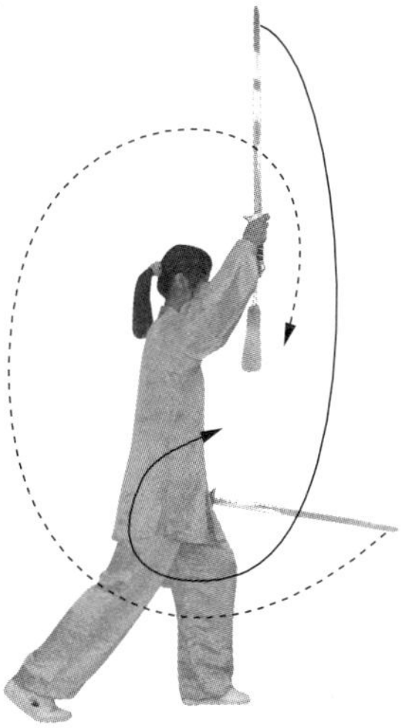

图 13—201

**动作三：**上动不停。右剑由上向前下翻腕划弧，向右后再经体前向左合于左臂下；左剑与右剑同时向左上划弧，向右前下劈；目视前方。（图 13—202）

**动作四：**动作不停。重心移于右腿，提左脚向后倒步；同时，左剑向右、向上经头上向前抡劈；右剑随倒步，向右后挂剑拉开；目视前方。（图 13—203）

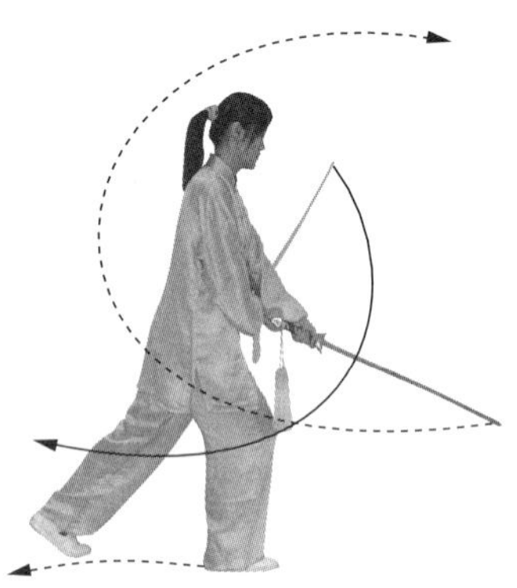
图 13—202

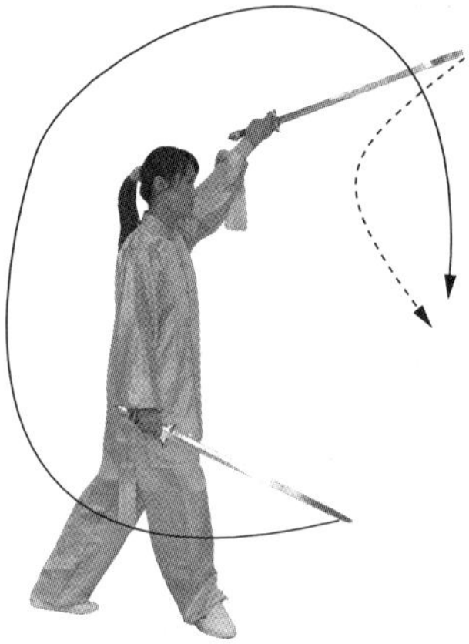
图 13—203

**动作五：**上动不停。身体微左转；右剑翻腕向上、向前划弧抡劈；同时，左剑由左上向右下划弧与右剑交叉相合；重心移于左腿，目视前方。（图 13—204）

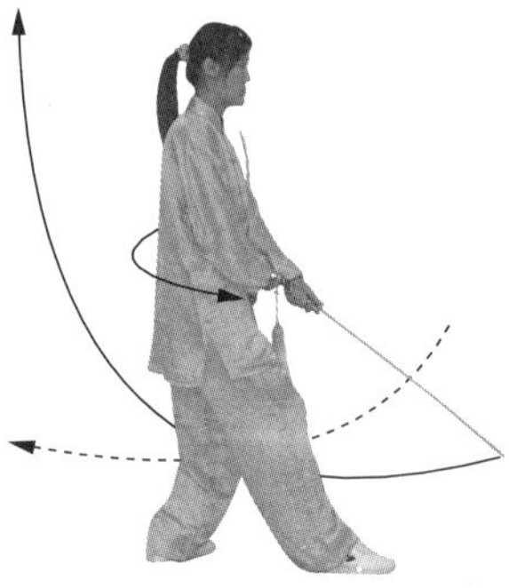
图 13—204

**【要求】**左右双舞剑，是两剑在左右两侧抡劈经身体前交叉抡舞，连绵不断。步法可进可退，进三退三，进五退五均可。身法必须与剑法协调一致。

**【用法】**双剑在身体前及左右翻花抡劈，攻防均含。

## 第三十五式　左盘龙剑

**动作一：**接上势。脚步不变，随身体左转 180°；同时，右剑随身体左转，由下向左、向上掤架；左剑随身体左转，向左侧挂剑拉开；重心在左腿，目视前方。（图 13—205）

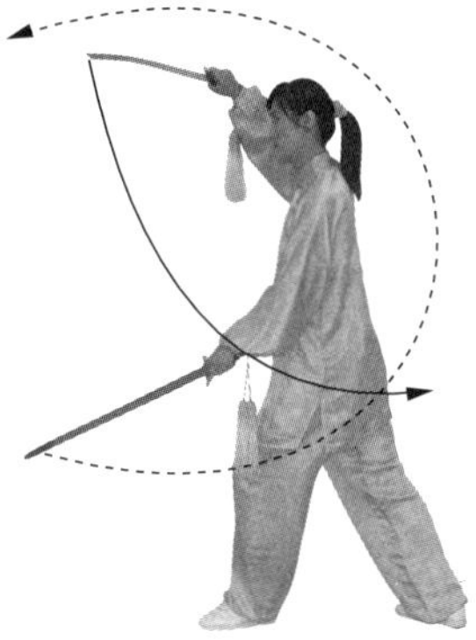

图 13—205

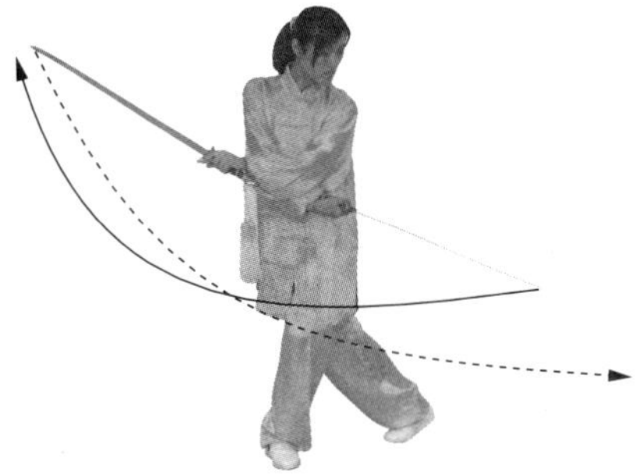

图 13—206

**动作二：**上动不停。身体继续左转，两腿交叉下蹲；同时，左剑向左、向上划弧，再向右下合；右剑向下、向左、向上划弧，形成两臂交叉；重心在左腿，目视左侧。（图 13—206）

**动作三：**上动不停。两剑同时右上左下划弧斜向拉开；身体下沉，盘腿下坐；目视左侧下方。（图 13—207）

图 13—207

**【要求】**接上势左右双舞剑之势，动作不停，盘腿交叉，缩身下势，双剑即合即开。圆转自如，开合有序，缩身要紧凑，开剑要舒展大方。

**【用法】**缩身盘腿，右上左下斜抹剑法。

## 第三十六式　右卧虎剑

**动作一：**接上势。身体上起，提右脚向前上步；同时，左剑翻腕上举，再划弧向右前下劈；右剑随身体右转，合于左肋部；重心在右腿，目视前下方。（图 13—208、图 13—209）

**动作二：**上动不停。身体向右转，提左脚向前上步；左剑向右划弧，向上掤架于额前；右剑随身体右转，向右下挂剑；重心在左，目视右前方。

图 13—208

图 13—209

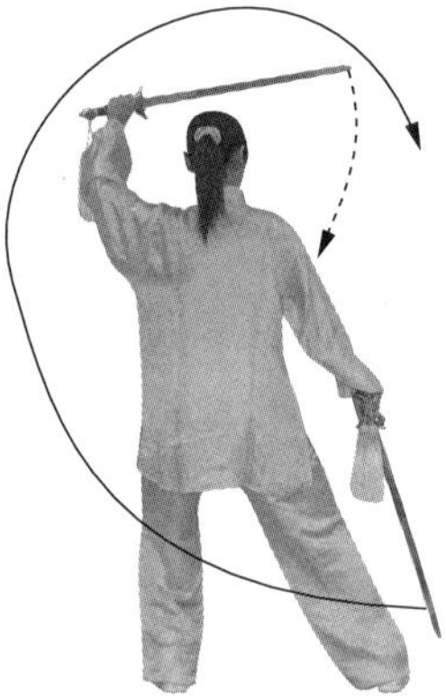

图 13—210

（图 13—210）

**动作三：**上动不停。脚步不变，身体向右转 180°，两腿右前左后盘腿下坐；同时，两剑右上左下划弧合于胸前，随即左上右下斜抹剑；重心在右腿，目视右下方。（图 13—211、图 13—212）

**【要求】**转身圆活，蓄势自然，两手心相对，斜抹拉开。

**【用法】**缩身斜抹，就下取上法。

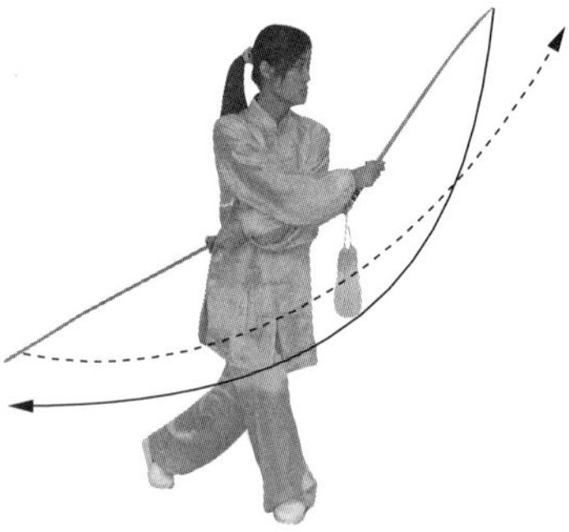

图 13—211

图 13—212

## 第三十七式 狮子滚绣球

**动作一：**接上势。身体上起左转，提左脚上步；同时，右剑向上划弧过头；左剑向下、向右合于右肋部；重心在右腿，左脚虚步；目视左侧。（图13—213）

**动作二：**上动不停，左脚向前垫步；右剑向前下划弧；左剑向上、向左划弧瞒头而过；重心在左腿，目视前方。（图13—214）

**动作三：**上动不停。提右脚划弧向左前上步；同时，右剑向后、向上划弧云剑过头；左剑经身体前划弧合于右肋部；重心在右腿，目视左前方。（图13—215）

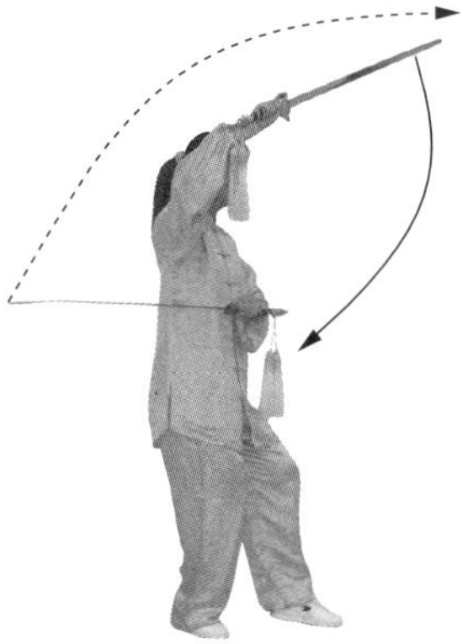
图13—213

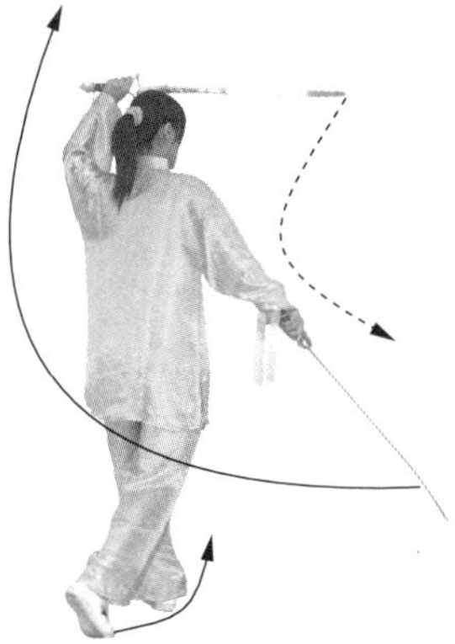
图13—214

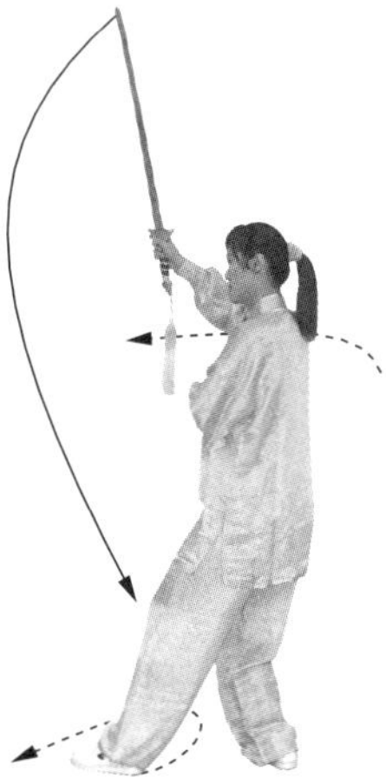
图13—215

**动作四：**上动不停。身体继续左转，提左脚向左前划弧上步；同时，左剑向上划弧过头圆转上掤，右剑向下划弧挂剑向右下方；重心在左腿，目视左前方。（图13—216）

**动作五：**上动不停。身体继续左转，提右腿向前上步，同时，右剑向后、向上随身体转掤于右侧头上；左剑向下划弧，向右合于右肋部；重心在右，目视左侧。（图13—217）

**【要求】**两剑在头上左右盘旋，与步法、身法紧密配合。

**【用法】**两剑滚翻护头。

图 13—216

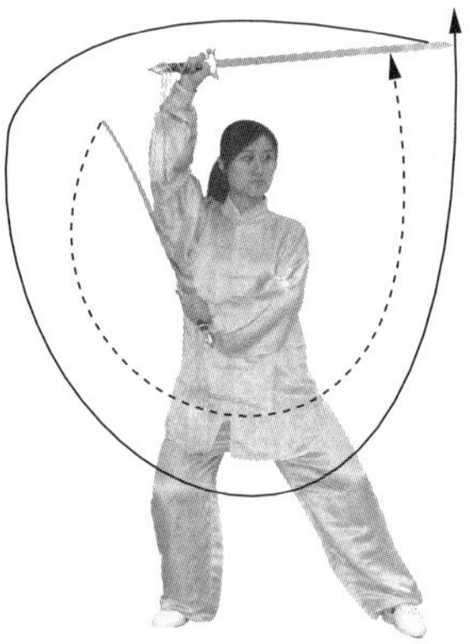

图 13—217

## 第三十八式　拨云望日

**动作一：** 接上势。两剑由身右侧向下、向左划弧，翻腕向上撩剑；同时重心由右移左再移右；目视左前方。（图 13—218）

**动作二：** 上动不停。两剑继续向右上划弧，随重心左移，两剑向下沉合于胸前；目视右上方。（图 13—219）

**动作三：** 上动不停。重心移至右腿，身体略右转；两剑同时向右上方刺剑；目视剑尖。（图 13—220）

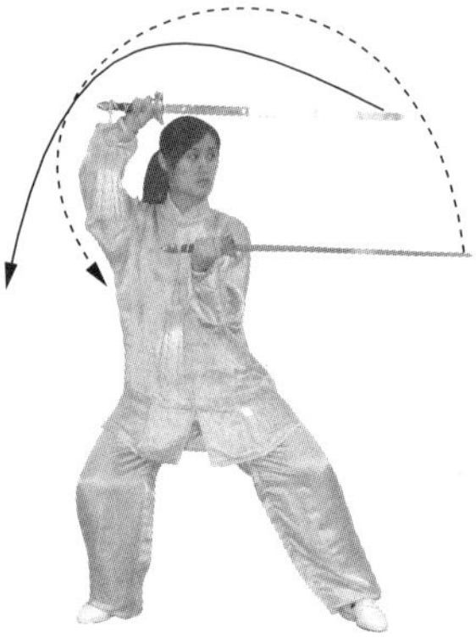

图 13—218

图 13—219

图 13—220

【要求】两剑由头上划弧拨劲，蓄发相变，力达剑尖。

【用法】拨空对方器械，向右上方斜刺。

## 第三十九式 怀中抱月

**动作一：**接上势。重心移至左腿，右脚收回并立；同时，两剑下沉合并于左手。（图 13—221）

**动作二：**上动不停。右手向右下分，再向后、向上翻，高与两肩平，手心朝下，然后放松下沉于身体两侧，双剑在左臂后直立；同时，两足并立，呼气放松；目视前方。（图 13—222~图 13—224）

【要求】套路归原，沉心静气，放松直立，气沉丹田。

图 13—221

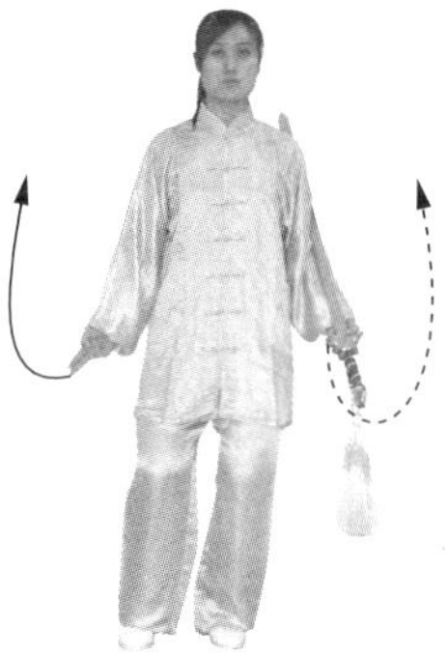

图 13—222

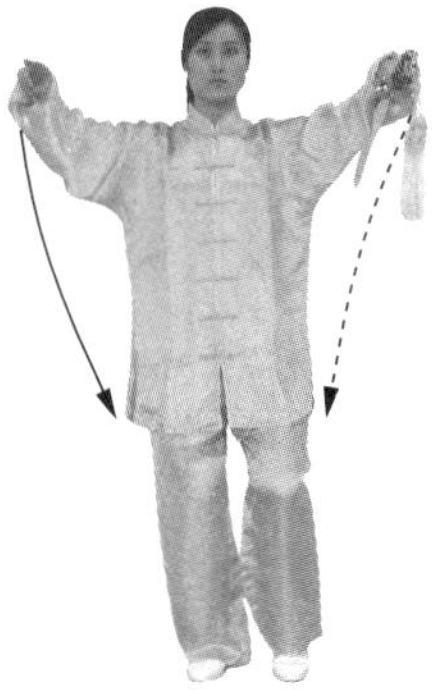

图 13—223

图 13—224

# 第十四章　陈式太极双刀

## 第一节　陈式太极双刀简介

陈式太极双刀是陈式太极器械套路中双兵器的一种。几百年来，在陈家沟广为流传，是最古老的双器械套路之一。

双刀套路共三十五式，布局合理，衔接紧凑，刀法清晰，用法逼真。它以劈、砍、撩、挂、扎、截、拦、压、推、抹、横、架及舞花等刀法，结合陈式太极拳舒展大方的身法，灵活稳健的步法，将陈式太极拳刚柔相济、快慢相间、松活弹抖的特点表现得淋漓尽致。

双刀套路练习，要求身法协调一致，刀与步法密切配合，故有“单刀看手，双刀看走”之说。这就强调了练习双刀时步法的重要性。要想练好步法，必须以拳术套路为基础。有了扎实的拳术功底，练刀时才能真正体现出刀如流水、步法如飞、缠头裹脑、快速有力、气势磅礴、刚柔相济的风格。

## 第二节　陈式太极双刀动作名称

| | | | |
|---|---|---|---|
| 第一式 | 双发起势 | 第十式 | 右插花 |
| 第二式 | 全舞花朝阳刀 | 第十一式 | 二刀朝阳 |
| 第三式 | 切三刀朝阳 | 第十二式 | 二刀蝴蝶吸水 |
| 第四式 | 一步跃刀 | 第十三式 | 一刀朝阳 |
| 第五式 | 上三刀 | 第十四式 | 左插花 |
| 第六式 | 雁别金翅 | 第十五式 | 右插花 |
| 第七式 | 孤雁出群 | 第十六式 | 二刀朝阳 |
| 第八式 | 一刀朝阳 | 第十七式 | 二刀伏虎 |
| 第九式 | 左插花 | 第十八式 | 一刀朝阳 |

第十九式　钟馗仗剑
第二十式　古树盘根
第二十一式　翻身砍
第二十二式　一刀朝阳
第二十三式　左右搅项
第二十四式　二刀朝阳
第二十五式　二刀转向
第二十六式　霸王举鼎
第二十七式　罗汉降龙
第二十八式　左右片马刀
第二十九式　二刀朝阳
第三十式　白蛇吐信
第三十一式　左扑右扑
第三十二式　上步七星
第三十三式　下步跨肱
第三十四式　一刀下势
第三十五式　收势

## 第三节　陈式太极双刀动作图解

### 第一式　双刀起势

**动作一：**站立当场，两脚并立，周身放松，沉心静气；两手钳握两刀，竖立于身体两侧；头自然正，目视前方。（图 14—1）

**动作二：**身体屈膝下沉，微向右转，重心右移，提左脚向左前方开步；同时两手抱刀，向右上划弧上掤；目视前方。（图 14—2）

**动作三：**接上势。重心移于左腿，提右脚上步；同时，两手抱刀走下弧，向前掤合于胸前；目视前方。（图 14—3）

图 14—1

图 14—2

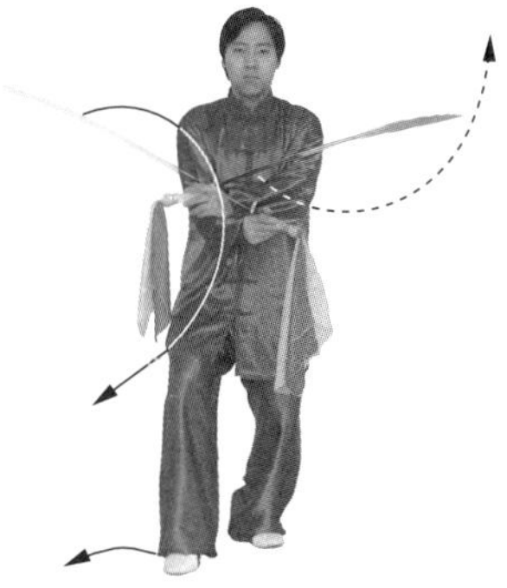
图 14—3

**动作四：**上动不停。提右脚向右跨一步；两手持刀分开，右手握刀向右下挂刀，左手握刀向左上掤；重心在左腿，目视右前方（图 14—4）。同时，身体向左转 90°，重心移于右腿，左腿屈膝收回，脚尖点地；同时，右手持刀，向右后划弧，向上架刀于额前；左手持刀，向右下划弧合于右肋下；目视前方。（图 14—5）

图 14—4

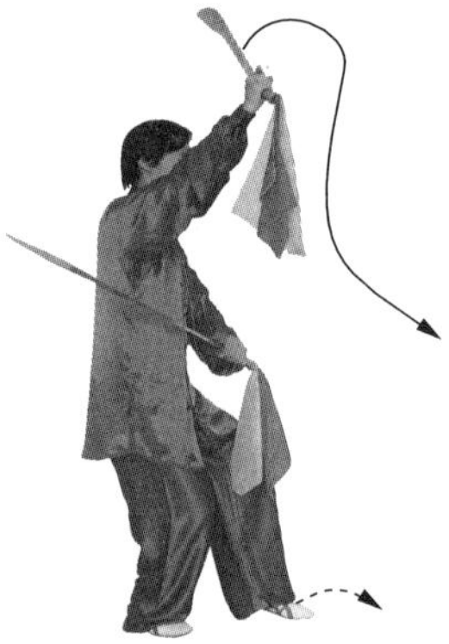

图 14—5

## 第二式　全舞花朝阳刀

**动作一：**接上势。左脚向前上一步，重心前移；右手持刀，向左腿外侧下砍；目视左前方（图 14—6）。接着上右步，身体左转 90°；同时，右手持刀向左下划弧，向上撩刀转于额前；左手持刀，随身体转向左挂刀；重心在右腿，目视前方。（图 14—7）

图 14—6

图 14—7

**动作二：**身体向左转，重心左移；同时，右刀从头上身后缠过，经胸前合于左肋下；左刀向后撩刀，从身体后头上缠过掤于面前；目视左前方。（图 14—8、图 14—9）

图 14—8

图 14—9

**动作三：**提右脚向前上一大步；同时，右手握刀，由左肋向上、向前劈刀；左手握刀，向左上架刀配合；重心在右腿，目视右前方。（图 14—10）

**动作四：**接上势。右脚尖外摆，身体右转约 180°，左脚向前上一步；同时，左手握刀，向右臂外侧砍一刀；重心在左腿，目视左前方。（图 14—11）

图 14—10

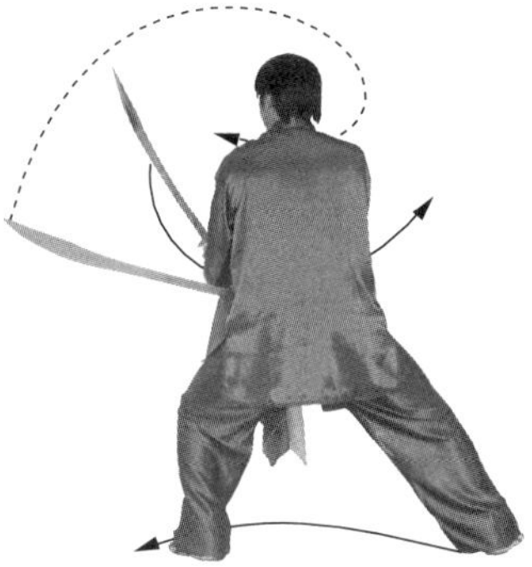

图 14—11

**动作五：**上动不停。右脚提起，向左腿后插步；同时左刀随上动砍刀不停，向右、向上从头后缠过；右刀从左肋下挂刀于身体右侧，再经上划弧合于额前；

左刀由身体前挂刀藏于右肋旁；同时左脚收回，脚尖点地；目视前方。（图14—12~图14—14）

**【要求】**全舞花一势全看身法协调，刀随步转，步随刀走，缠头裹脑，律背缠腰不露形。

**【用法】**练习身法协调，上护头顶下护身体，守中有攻之法。

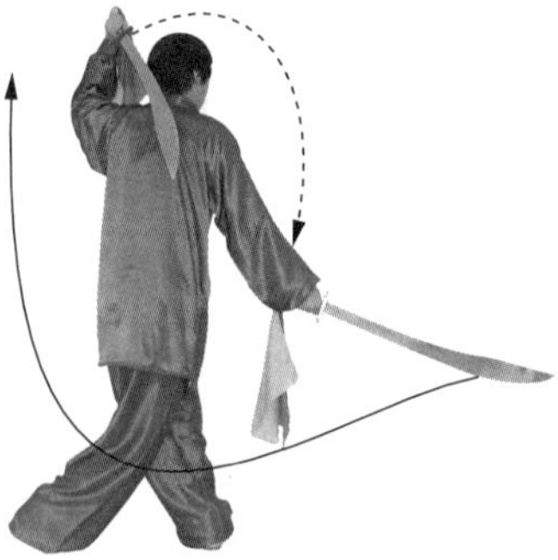

图14—12

图14—13

图14—14

## 第三式　切三刀朝阳

**动作一：**接上势。左脚向前上一步；左刀由右肋下挂刀于腹前；同时，右刀顺左刀背向右下方切刀；上右步跳步盘腿，左步在后；右刀下切，左刀上提；目视右刀。（图14—15~图14—17）

图14—15

图14—16

图14—17

**动作二**：接上势。随切刀下压，身体迅速左转 360°，跳步向前盘腿下切；目视右刀。（图 14—18~图 14—21）

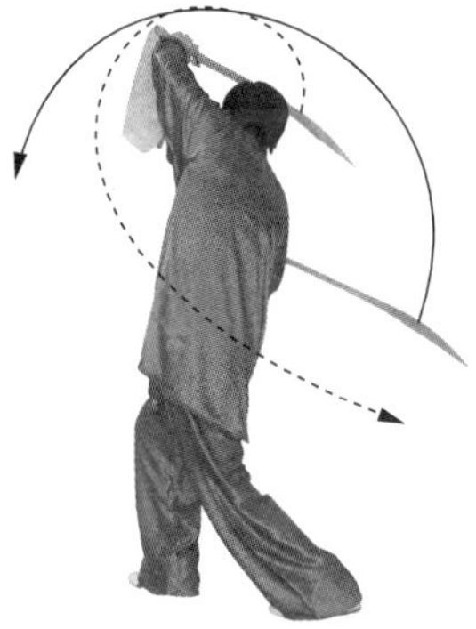

图 14—18

图 14—19

图 14—20

图 14—21

**动作三**：接上势。身体迅速左转上翻 360°，跳步向前盘腿下切刀；目视右刀。（图 14—22~图 14—24）

**动作四**：上动不停。身体迅速左转 360°，上右步；右刀向下经身体向左上捌于额前；左刀向下划弧向左；目视左前方。（图 14—25、图 14—26）

**动作五**：上动不停。身体继续左转，左脚向后撤一步；右刀随身体左转不停从头上缠过，刀藏于左肋旁，左刀架于头上；同时右脚收回，脚尖点地；目视前方。（图 14—27、图 14—28）

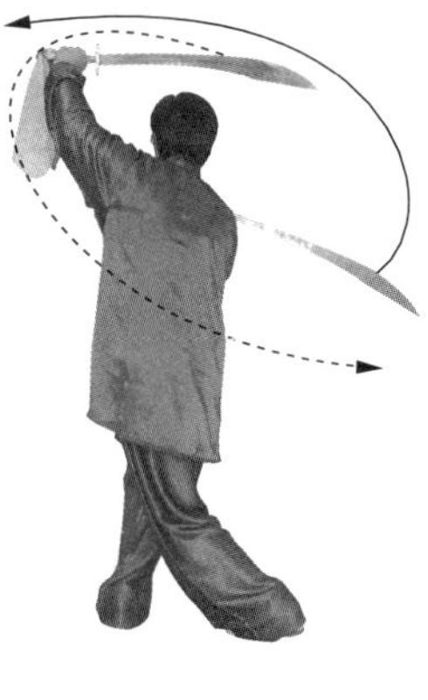

图 14—22

图 14—23

图 14—24

图 14—25

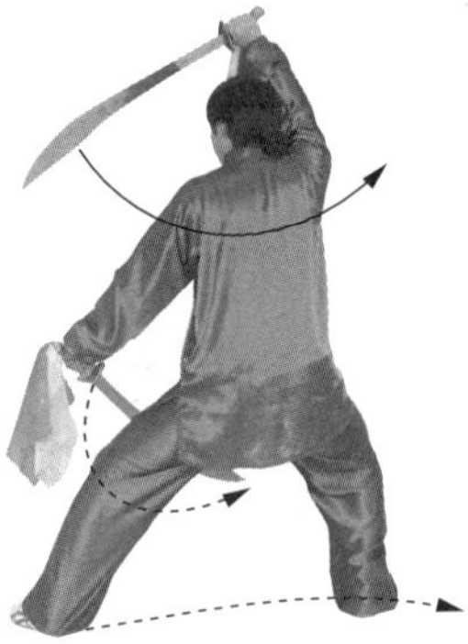

图 14—26

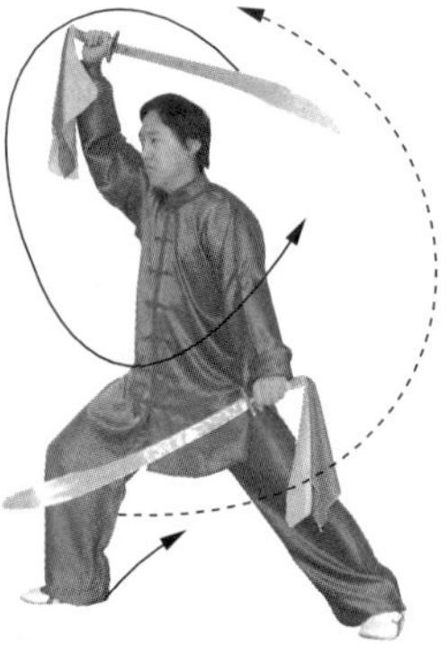

图 14—27

图 14—28

**【要求】**此动作是跃步进击法，连向前跳三步切三刀接连不断，旋转自如。最后跳一步砍刀变朝阳刀，要步法稳健，虚实分明。

**【用法】**滚身连击敌下盘动作。

## 第四式 一刀跃步

**动作一：**接上势。提右脚向前上一步；左刀向右腿外砍一刀；随上左步；同时，左刀由下向右划弧向上掤于额前；右刀走下弧挂刀于右腿外侧；重心在左腿，目视前方。（图 14—29、图 14—30）

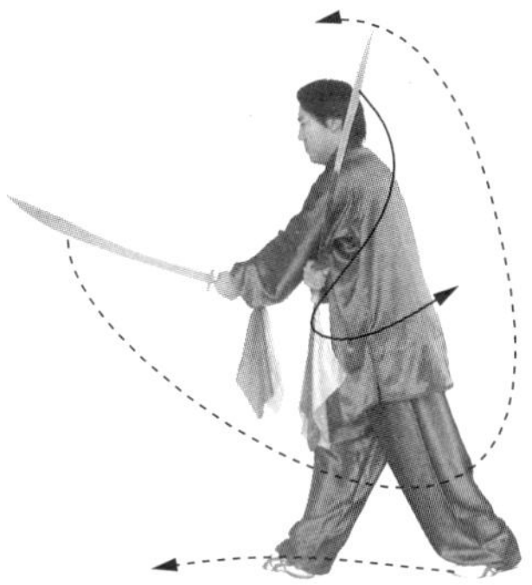

图 14—29

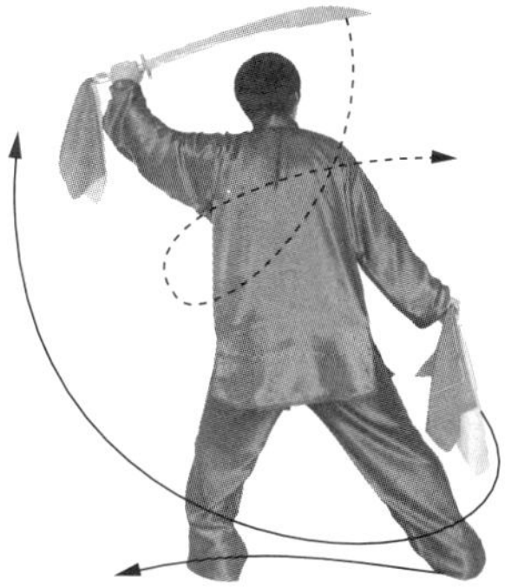

图 14—30

**动作二：**上动不停。右脚向左腿后插一步；同时，两刀不停，右刀由前向后缠头裹脑绕至胸前；左刀由后向前缠头裹脑；然后随身体右转 180°，脚步不动；两刀又从头上缠头裹脑，左刀在上，右刀在下；目视前方。（图 14—31、图 14—32）

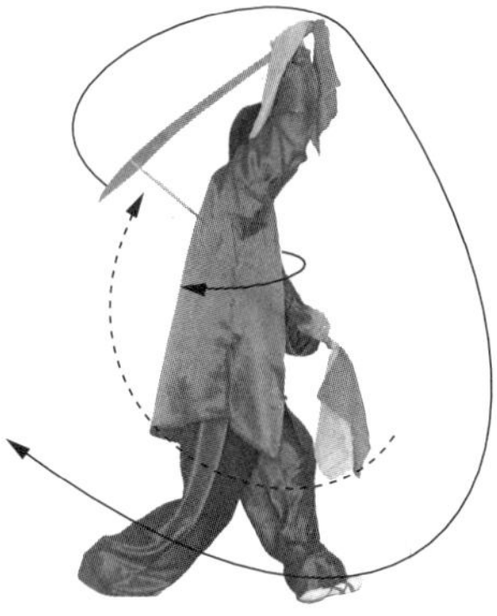

图 14—31

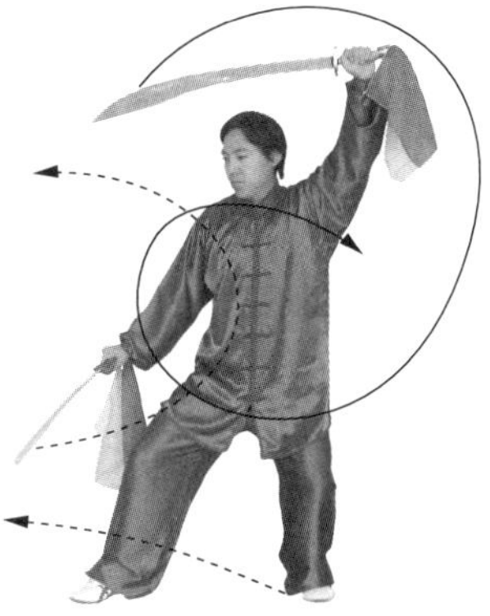

图 14—32

**动作三**：紧接着提左脚向右腿前盖步盘坐；两刀在胸前相合，再向左右两侧外分下合；目视前方。（图 14—33）

图 14—33

## 第五式　上 三 刀

**动作一**：接上势。身体起立，左脚向前垫一步；同时，左刀下沉，右刀上举；目视前方（图 14—34）。上动不停。右刀向左下砍；右脚随即上步；左手握刀在右臂下；目视前下方。（图 14—35）

图 14—34

图 14—35

**动作二**：上动不停。右刀走下弧向左上挒；左刀走下弧向左拉开；然后左刀外翻上举，右刀下沉；同时，右脚向前上步；左刀向右下方劈砍；目视右下方。

（图 14—36~图 14—38）

**动作三：**接上势。右脚上一步；同时，右刀由下缠绕向上举，再向左下劈砍；目视左前方。（图 14—39、图 14—40）

**【要求】**连续上三步砍三刀，砍刀时与身法协调一致。两刀交换下砍时要掌握好速度。

**【用法】**上步左右交换连砍刀法，是一种明显的攻击方法。

图 14—36

图 14—37

图 14—38

图 14—39

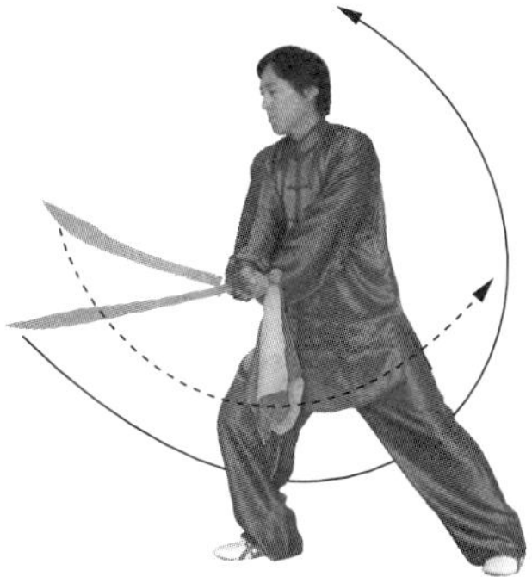

图 14—40

## 第六式　雁别金翅

**动作一：**接上势。右刀下砍后随即向下、向左后向上缠头裹脑；同时，左刀向下、向左上划弧撩刀；目视前方。(图 14—41、图 14—42)

**动作二：**上动不停。两刀同时向右前方划弧下拉合于胸前；同时右脚收回，脚尖点地；目视右前方。(图 14—43)

**【要求】**此势为蓄合势，要虚实分明，含蓄严谨。

**【用法】**虚实分明，蓄发相变，蓄要蓄得紧，开要开得尽。

图 14—41

图 14—42

图 14—43

## 第七式　孤雁出群

**动作一：**紧接上势蓄劲。提右脚向前快速进步；同时，右手持刀猛向前扎刀，左手握刀向后配合；重心在右，目视前方。(图 14—44)

**【要求】**此势进步扎刀要快速有力，力达刀尖，完整一气。

**【用法】**进步前刺对方胸部。

图 14—44

## 第八式　一刀朝阳

**动作一**：接上势。身体右转，提右脚向后倒一步，身体转 180°；同时，右手持刀外翻，向上划弧于头上；左手刀同时也向上翻，两刀均刀刃朝上；目视前左方。（图 14—45）

**动作二**：上动不停。身体继续右转，提左脚向右侧上步；两刀继续向右侧划弧下劈，身体转 180°；重心在左腿，目视左前下方。（图 14—46、图 14—47）

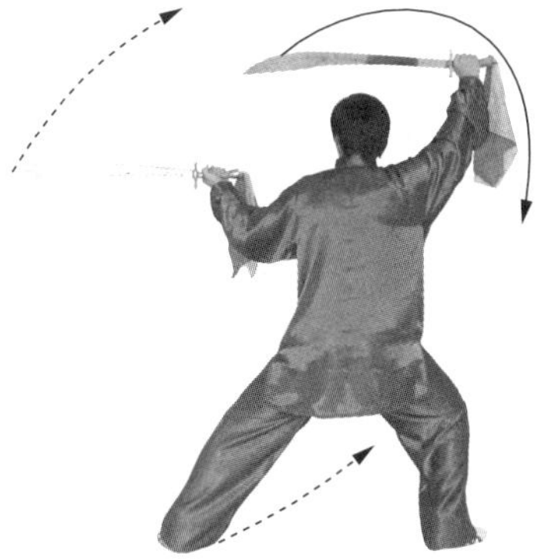

图 14—45

图 14—46

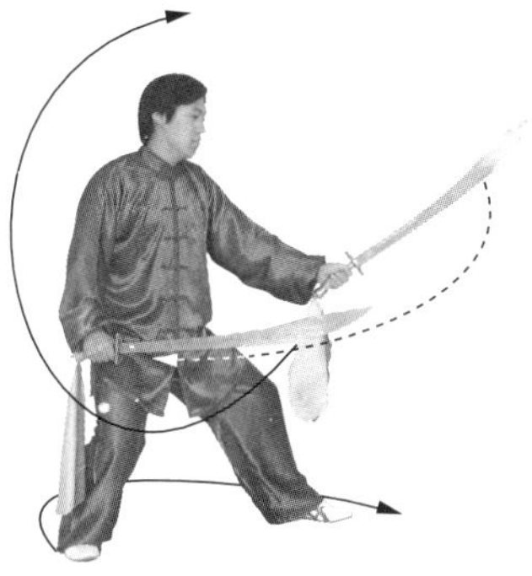

图 14—47

**动作三**：接上势。身体继续右转，右脚经左脚内侧向右后撤一步；右手持刀，向后划弧向上缠头裹脑一圈再合于额前；左刀也随之从头上缠一圈合于胸前右肋；同时，左脚收回，脚尖点地；目视前方。（图14—48~图14—51）

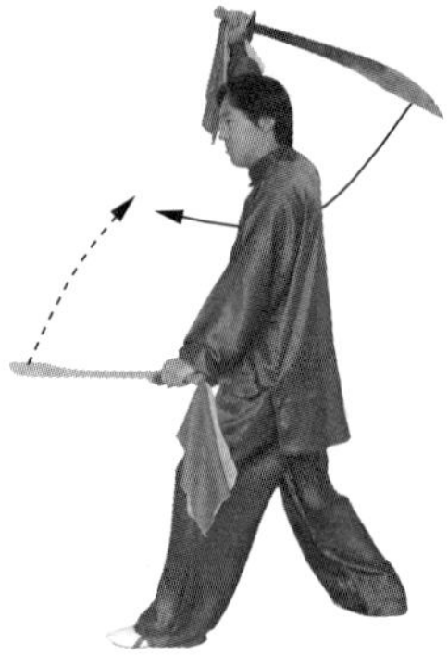

图14—48

**【要求】**此势右手刀向上后翻时要猛转身，左脚跳步移动，两臂舒展开，两刀从上抡圆，加上刀彩，如蝴蝶飞舞。动作舒展大方。

**【用法】**接上势前刺后，如后方有人偷袭，猛翻身抡劈。

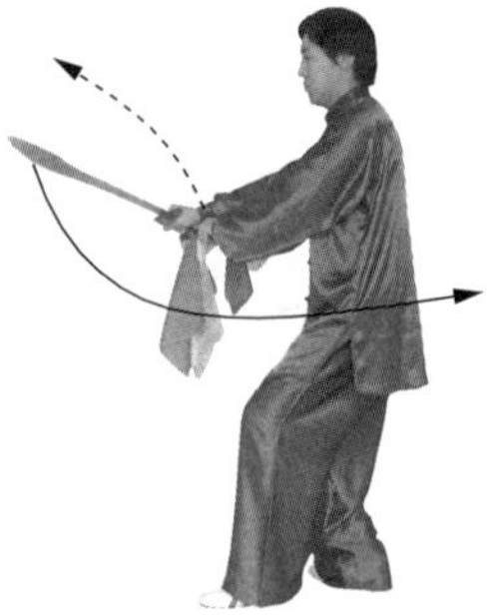

图14—49

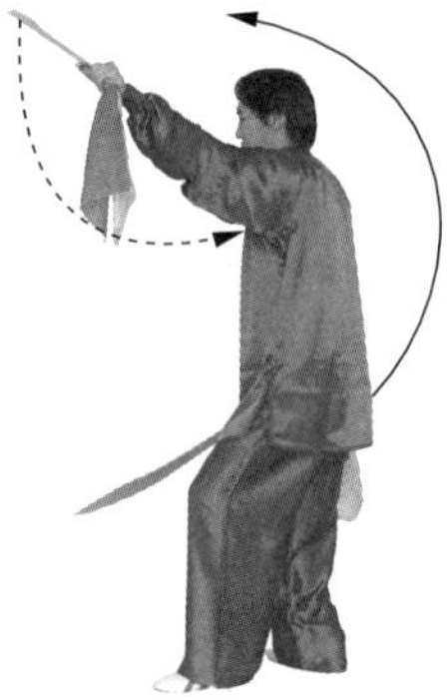

图14—50

图14—51

## 第九式 左插花

**动作一**：左脚向前上步；右刀向左下劈；接着右脚向前跳步；同时，右刀由下向左划弧向上缠头裹脑；左刀向左侧拉开；重心在右腿，目视左侧。（图14—52、图14—53）

**动作二**：上动不停。左脚后倒一大步，身体向左转180°；两刀随身转缠头，左刀合于头上，右刀合于左肋部；重心在左腿，目视右前方。（图14—54）

图14—52

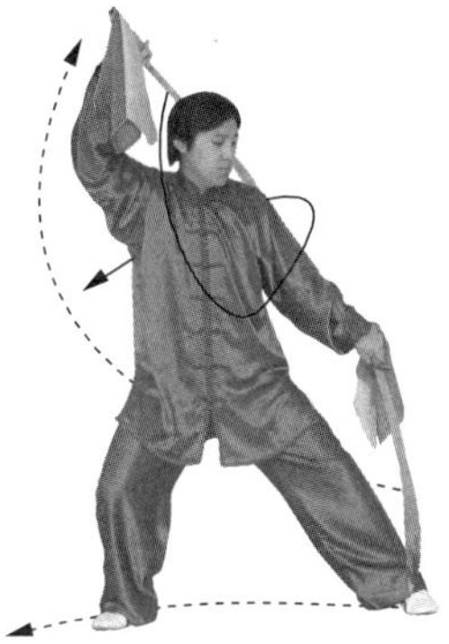
图 14—53

图 14—54

【要求】跳步转身与刀法密切配合，架刀下势要步法稳健，下势要大。
【用法】跳步砍刀，转身下势为一攻一守。

## 第十式　右插花

**动作一：**左刀向身右外侧砍一刀，随即上左步跳步转刀，缠头裹脑，倒右步，拉大步下势；右刀转向头上，左刀合于右肋；目视左前方。（图 14—55~图 14—58）

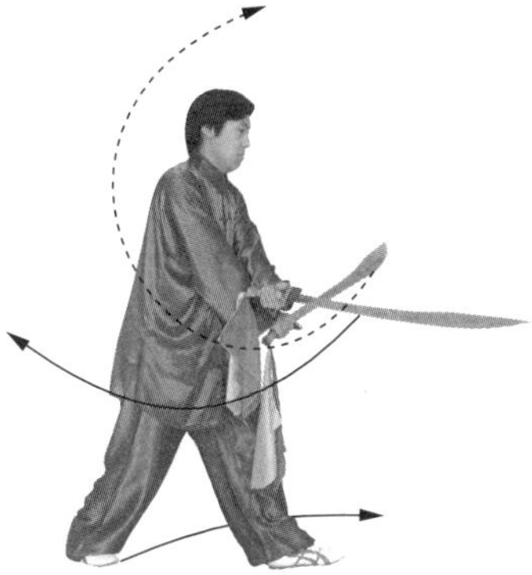
图 14—55

图 14—56

图 14—57

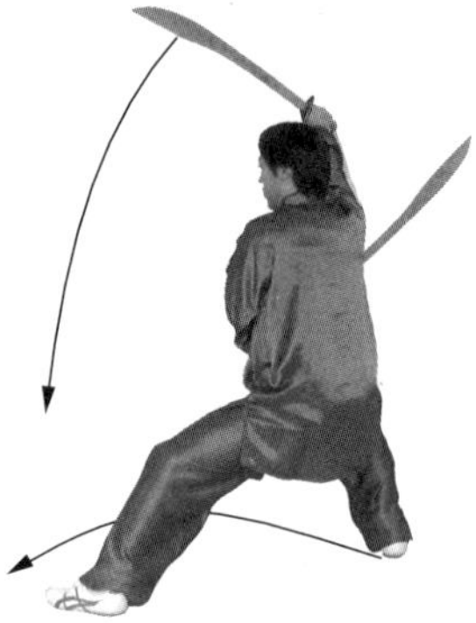

图 14—58

要求与用法同上势，唯方向相反。

## 第十一式　二刀朝阳

**动作一：**接上势。重心移至左腿，提右脚上步；同时，右刀向左外侧下砍，重心在左；目视前方。（图 14—59）

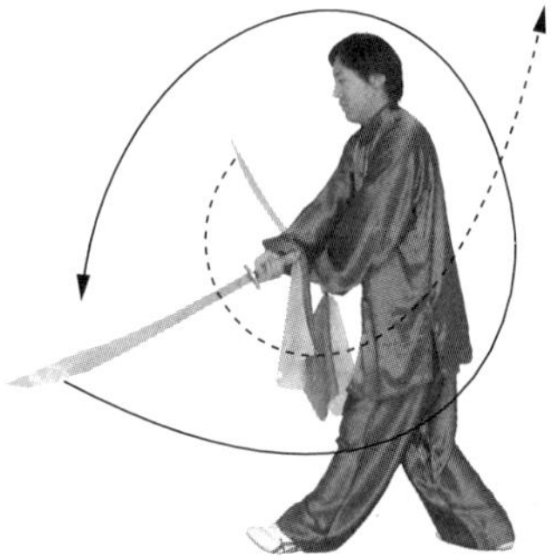

图 14—59

**动作二：**上动不停。右刀继续向后、向上缠头一圈至右腿外侧，左刀由下向左划弧向上举起；接着上左步；左刀向右外侧砍一刀；重心在左腿，目视前下方。（图 14—60、图 14—61）

图 14—60

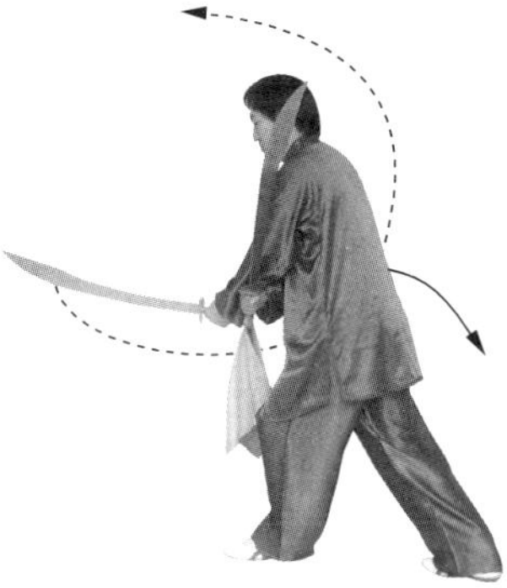

图 14—61

**动作三**：身体继续右转；左手持刀，由下向右划弧向上至头前；同时，右刀向右拉开；目视右前方。（图 14—62）

**动作四**：身体继续右转，右脚向左后倒一步；右刀由后向上缠头而过，左刀由前而下，再从后缠头而过合于右肋旁，右刀在头前上；重心移于右腿，左脚收回，虚点地面；目视前方。（图 14—63~图 14—65）

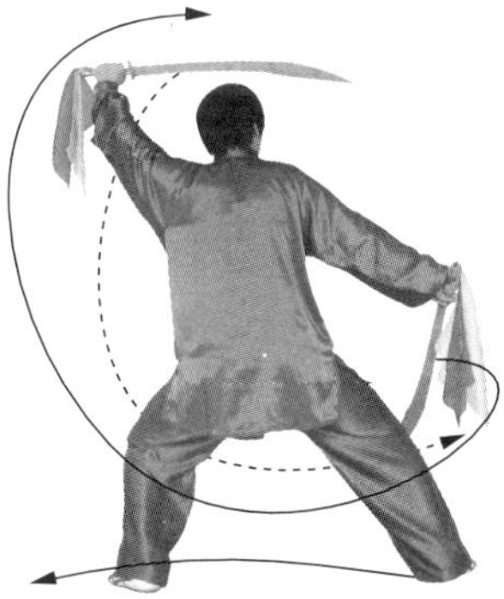

图 14—62

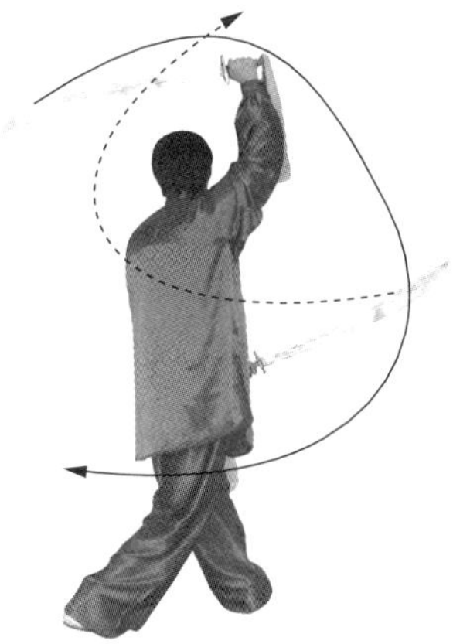

图 14—63

图 14—64

图 14—65

【要求】必须是左右砍二刀，转身变朝阳。

## 第十二式　二刀蝴蝶吸水

**动作一：**接上势。左脚向前上一步；右刀向左腿外下砍。上动不停。随之上右步；右刀向左下砍，不停划弧，从左侧划一圈经体前合于左臂下；同时，左刀向左侧划圈，由上往右下侧砍；重心在右，目视右前方。（图 14—66~图 14—68）

**动作二：**上动不停。身右转，上左步；左刀从右腿外侧向后、向上划弧上掤，同时左刀随身体右转，经右下向上撩，高与胸平，两刀均刀刃朝上；目视左侧。（图 14—69）

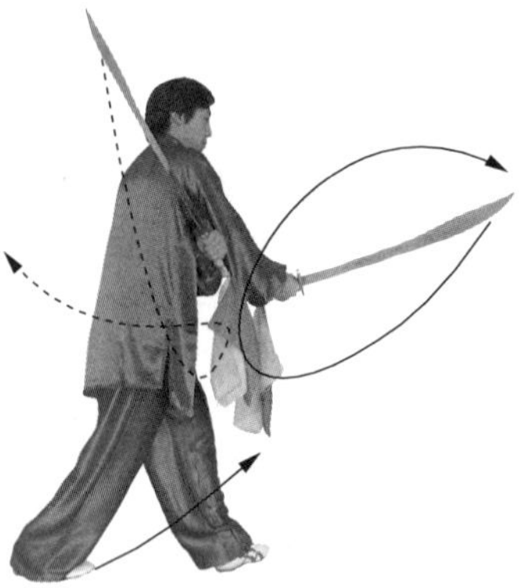

图 14—66

图 14—67

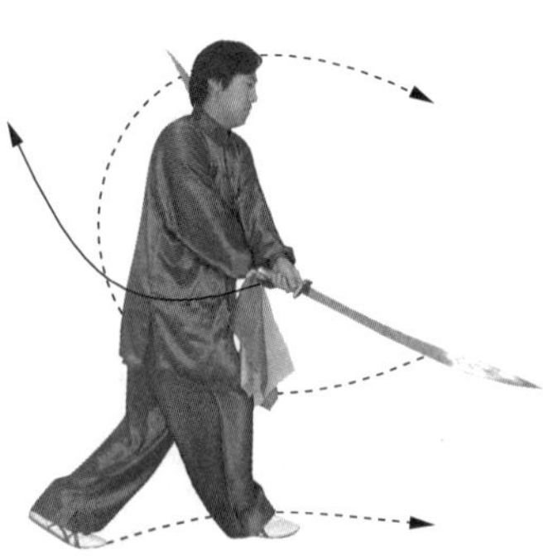

图 14—68

图 14—69

**动作三**：身体微左转；两刀同时向上划弧，再向左侧下拉；重心移于右腿；然后两刀旋转上翻，刀尖向上再重心左移，两刀同时从头上划弧，向身左侧下扎；同时，右脚提起悬于裆内；目视刀尖。（图 14—70~图 14—73）

**【要求】**砍两刀迅速有力，拉刀下合，旋转虚实分明，独立步探身扎刀要步稳劲整。

**【用法】**居高临下，探身前扎，也可上架下扎。

图 14—70

图 14—71

图 14—72

图 14—73

## 第十三式 一刀朝阳

**动作一：**接上势。右脚向右跨大步落地，随之左脚跳步，右转身；同时，两刀由上划弧，向右侧抡劈。（图 14—74、图 14—75）

图 14—74

图 14—75

**动作二：**上动不停。右脚从左脚后插一步；左刀与右刀先后从头上缠头裹脑绕过；右刀合于头上右额前，左刀合于肋部；同时左脚收回，脚尖点地；目视前方。（图 14—76~图 14—78）

**【要求】**翻身抡劈要跳步远劈，两臂舒展。

图 14—76

图 14—77

图 14—78

【用法】此势为攻前防后，转身劈砍。

## 第十四式　左插花

**动作一：**左脚上步；右刀向左腿外下砍；随之跳右步，身体左转；同时，右刀向下、向左上划弧，上架于头左侧，右刀走下弧向左拉开；眼随刀转。(图 14—79、图 14—80)

图 14—79

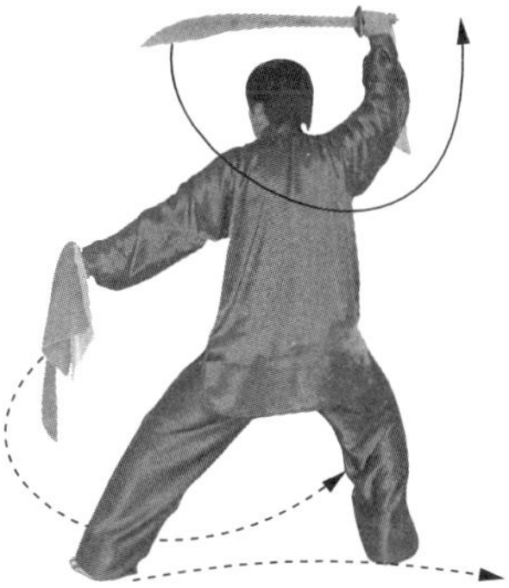

图 14—80

**动作二：**上动不停。身体继续左转，左脚由右腿后插一大步；刀由头上绕过，两刀缠头裹脑一周；左脚再后撤半步，屈膝下蹲成仆步；左刀架刀上举，右刀合于左肋旁；目视前方。（图 14—81~图 14—83）

图 14—81

图 14—82

图 14—83

## 第十五式　右插花

**动作一：**接上势。起身跳左步；左刀向身右外侧猛砍一刀；右脚随向左腿后插一大步转身；同时，两手持刀，在头上转二次缠头裹脑；后接仆步；右手持刀架于头上，左手持刀在右肋旁；目视左前方。（图14—84~图14—88）

**【要求与用法】**同第九、第十式“左插花”“右插花”，唯方向有别。

图14—84

图14—85

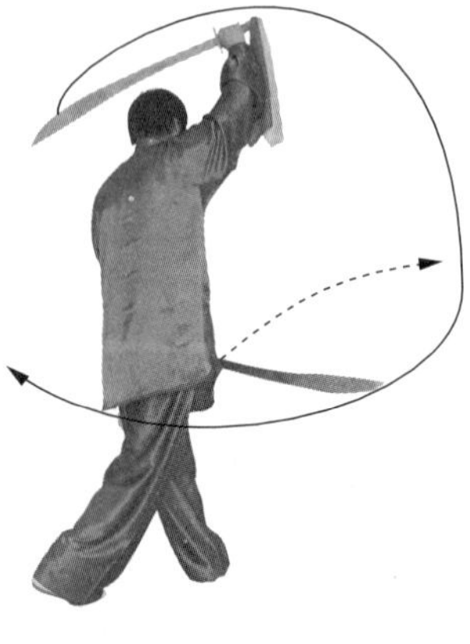

图14—86

图14—87

图14—88

## 第十六式　二刀朝阳

**动作一：**接上势。起身，重心左移；右刀向左腿外侧砍一刀；目视前方。

（图 14—89）

**动作二：**上动不停。随砍刀上右步，身体左转；右刀向左、向上掤于头左侧，同时，左刀由右臂下随身左转向左侧拉开；目视前方。（图 14—90）

**动作三：**接上势。右刀由上绕过，经体前合于身体左侧，同时左刀向上翻举；再向前上左步；左刀向左侧下砍；目视前方。（图 14—91、图 14—92）

图 14—89

图 14—90

图 14—91

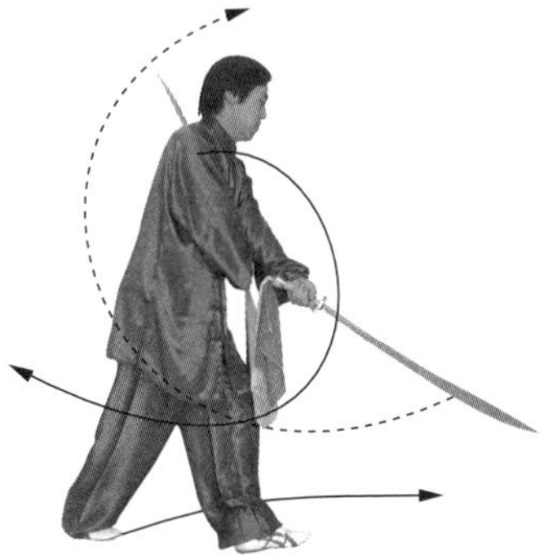
图 14—92

**动作四：**随左刀下砍，身体向右转，提右脚向左脚后插一步；同时，左刀由下向右划弧，上掤架刀于头上；右刀随身体右转拉开；身体继续右转；左刀由头上缠头裹脑，向下转经体前合于右肋下；同时，右刀随身体右转，划弧上架于头上；重心移于右脚，左脚收回，脚尖点地；目视前方。（图 14—93~图 14—95）

**【要求】**砍右刀压左刀，砍左刀压右刀，身法协调，两刀旋转自然圆活，步法虚实分明。

图 14—93

图 14—94

图 14—95

**【用法】**左来右砍，右来左砍之法，加转身定势。

## 第十七式　二刀伏虎

**动作一：**接上势。上左步；右刀向左侧外下砍；重心移于左腿，目视前下方。（图 14—96）

**动作二：**接着提右脚向前上步；同时，右手握刀，向后、向上划弧，向前绕圈合左肋下；左刀向后、向上、再向右腿外侧砍一刀；目视右前方。（图 14—97、图 14—98）

图 14—96

图 14—97

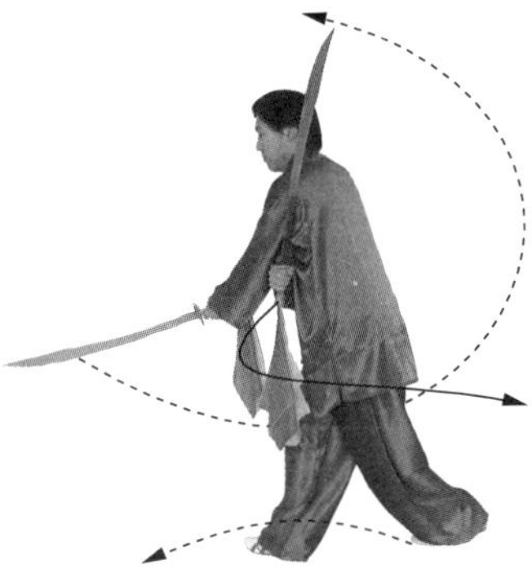

图 14—98

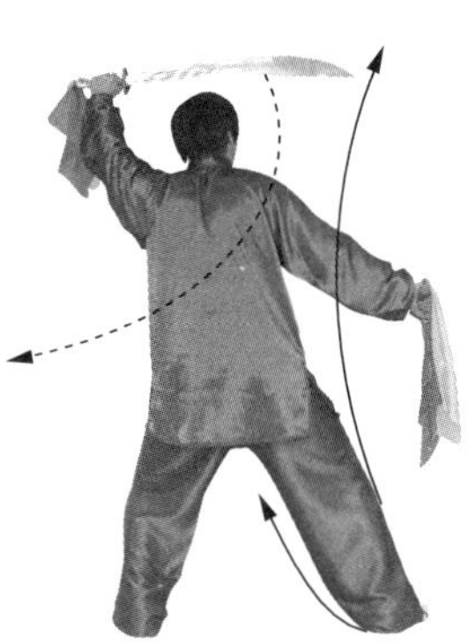

图 14—99

图 14—100

**动作三：**上左步，身体右转；左刀由下向右、向上划弧掤于额前；右手握刀，随身体右转走下弧向右拉开；紧接着左刀缠头裹脑，由后向前下划弧；右刀由下向后、向上划弧；同时身体继续右转，提右腿；目视前方。（图 14—99、图 14—100）

**动作四：**上动不停。右脚震脚落地，左脚提起；二刀交叉合于胸前，左下右上；随即左脚上一大步；两手握刀，同时向前推出，高与胸平；目视前方。（图 14—101、图 14—102）

**【要求】**转身合力，震脚，前推要圆活劲整。

**【用法】**此势是突然转身，两刀交叉前推敌方胸肋或脖颈部。

图 14—101

图 14—102

## 第十八式　一刀朝阳

**动作一：**提右腿，向右转体；两刀同时随身体右转上翻，刀刃朝上；目视右后方（图 14—103）。上动不停。右脚向前迈一大步，随即左脚前跳；同时，两刀向上划弧向右抡劈，后左刀压于右刀上；重心在左腿，目视前方。（图 14—104、图 14—105）

图 14—103

图 14—104

图 14—105

**动作二：**身体继续右转，右脚从左腿后插步；同时，左刀向下、向右划弧，向上掤架于额前；右刀随转身向右拉开；接着身体继续右转；右刀向后划弧缠头架于头顶，左刀向下经身体前合于右肋下；同时，重心移于右脚，左脚收回，脚尖点地；目视前方。（图 14—106~图 14—108）

**【要求】**跳步要远，转身要灵，砍刀要猛。

**【用法】**转身猛击身后之敌。

图 14—106

图 14—107

图 14—108

## 第十九式　钟馗仗剑

**动作一：**接上势。左腿提起；同时，左刀下砍于左腿外侧，右刀同时上架；目视前方（图 14—109）。接着，左脚震脚落地，右脚提起；同时，身体左转；左刀向上掤架；右刀划弧合于胸前；目视右前方。（图 14—110）

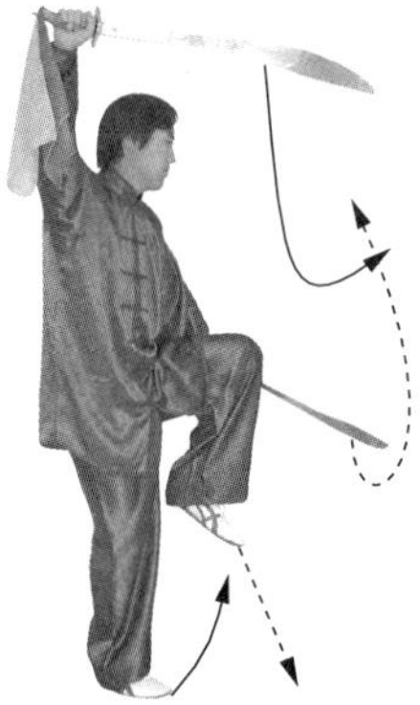

图 14—109

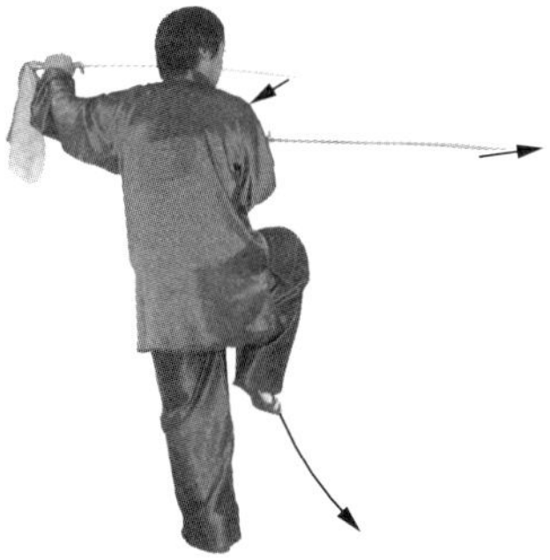

图 14—110

**动作二：**上动不停。右脚向前跨一大步；同时，右刀向右侧平扎，左刀向左后开；重心在右，目视右侧前。（图 14—111）

**【要求】**开步，扎刀同时完成。左右前后配合，劲力完整。

**【用法】**左刀上架，进右步前扎法，可扎人胸、腹。

图 14—111

## 第二十式　古树盘根

**动作一：**接上势。右手持刀向上划弧，经头上向左侧抡劈；身体随左转 90°，重心移至左腿；目视左前方。（图 14—112）

**动作二：**上动不停。身体继续左转，随提右脚向左侧上一大步；同时，右刀向下、向左划弧向上掤过头，左刀由右腋下划弧向左腿外侧拉开；目视前方。（图 14—113）

图 14—112

图 14—113

**动作三：**上动不停。右刀缠头裹脑，经体前划弧至身体左侧；同时，身体左转；左刀由左后向上掤；重心由右腿移向左腿，目视左侧。随上右脚，身体向左转90°；两刀同时向左下挂刀；目视身右侧。（图 14—114、图 14—115）

图 14—114

图 14—115

**动作四：**上动不停。随重心右移，左脚由右腿后插步下蹲成坐盘步；同时两刀下压；目视右侧下方。（图 14—116、图 14—117）

**【要求】**盘腿压刀要心气下降，如千斤巨石下坠一样合劲不散。

**【用法】**双刀合力压住对方器械，使之不能抬起。

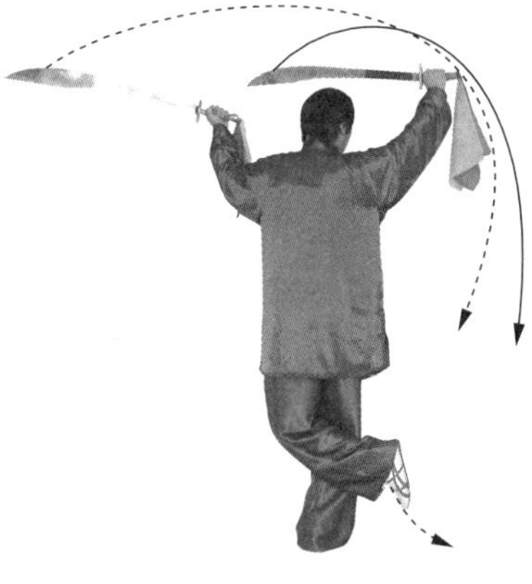

图 14—116

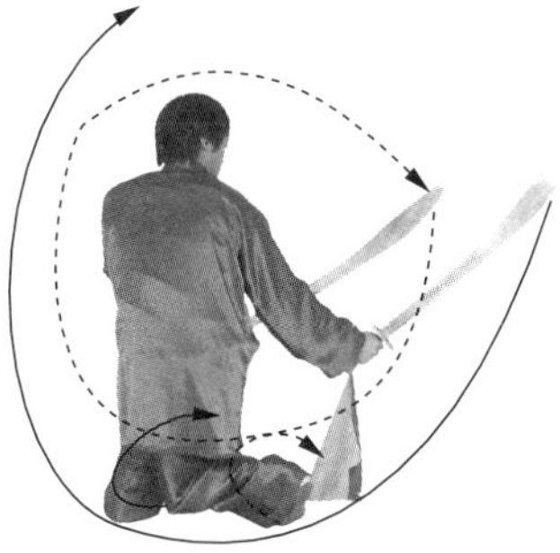

图 14—117

## 第二十一式　翻身砍

**动作一：**接上势。身体突然左转上跳，蹬双脚跃起；两刀快速划弧上翻下劈；身体左转 360°，双刀转立圆 360°；重心在右腿；目视前下方。（图 14—118~图 14—120）

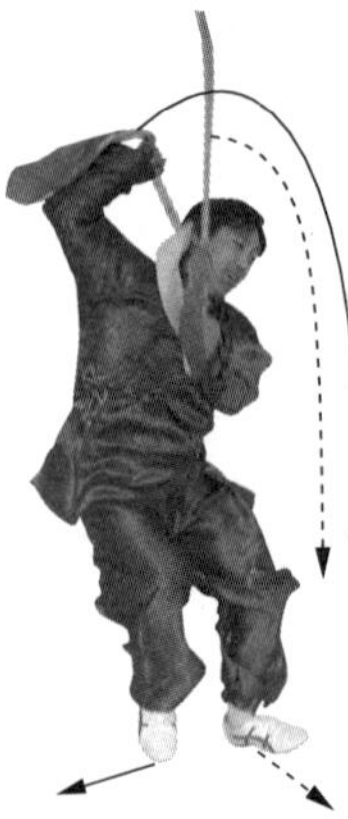

图 14—118

图 14—119

图 14—120

**【要求】**上翻下劈，速度快，劲力整，上纵高。

**【用法】**接上势的下压势，如对方用劲上抬，我突然滑空，在对方惊慌之时，我上纵翻身下劈。

## 第二十二式　一刀朝阳

**动作一：**接上势。身体右转，提右腿；右刀上翻，高于头顶，左刀翻于腰平；目视左侧。（图 14—121）

**动作二：**身体继续右转，提右脚向右侧迈大步；同时，两刀向右下抡劈；接着上左步；同时，左刀向右腿外侧砍刀，右刀掖于左肋部；目视前方。（图 14—122、图 14—123）

**动作三：**上动不停。身体继续右转；左刀砍下不停，向右、向上划弧上掤；右刀随身转向右拉开；同时，向左腿后插步。（图 14—124）

图 14—121

图 14—122

图 14—123

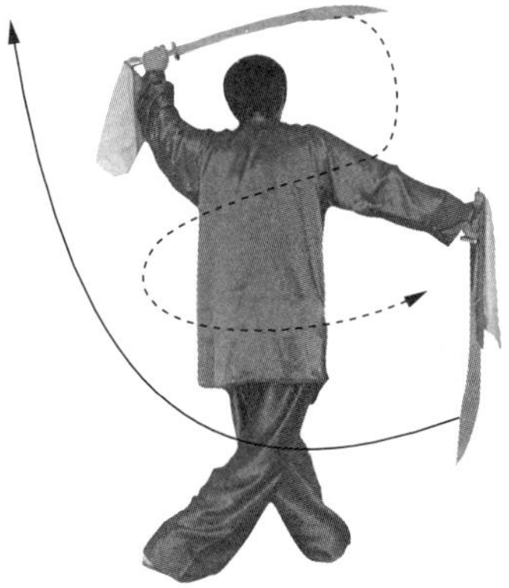

图 14—124

**动作四：**接上势。身体继续右转；左刀由头上缠头裹脑，从身体右侧向左再经体前转一周合于右肋下；同时，右手持刀，随体转向右后、向上合于头上额前；重心移于右腿，左腿收回，脚尖点地；目视前方。（图 14—125、图 14—126）

**【要求】**转身自然，跳步稳健，两刀抡劈要连贯顺随，舒展大方。

**【用法】**转身跳步劈砍，防后侵之敌。

图 14—125

图 14—126

## 第二十三式　左右揽项

**动作一：** 接上势。左脚向前上半步，脚尖外摆；同时，右刀向左侧下砍；重心移于右腿，接着上右步；右刀向下、向左、再向上掤于头上；左刀随身体左转走下弧向左拉开；重心偏右，目视左前方。（图 14—127、图 14—128）

**动作二：** 上动不停。身体继续左转，左脚尖外摆，重心移于左腿；同时，右刀缠头从身体后向右、向前；左刀由身侧向上、向前缠头裹脑。（图 14—129）

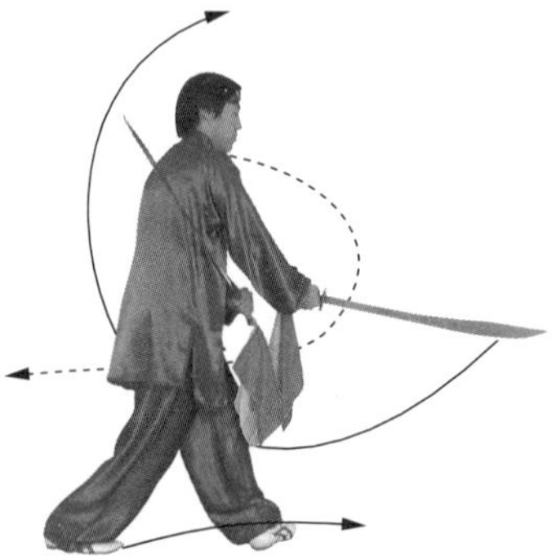

图 14—127

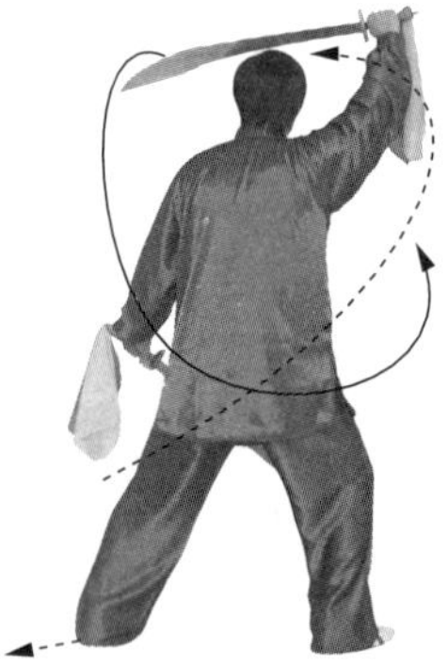

图 14—128

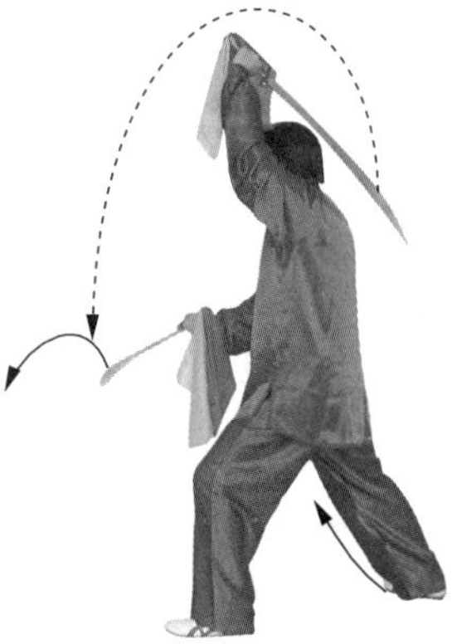

图 14—129

**动作三：**上动不停。身体继续左转；两刀在腹前相合；右脚向右侧上一大步；同时，两刀继续向右撩刀；重心在左腿，目视身右侧。（图 14—130、图 14—131）

图 14—130

图 14—131

**动作四：**上动不停。重心右移，左脚从右腿后插步坐盘下蹲；同时，两刀由头上划弧，向右侧下方压刀；目视右下方。（图 14—132）

图 14—132

**动作五：**上动不停。两刀随下压之势蓄劲下合，身体突然向左翻旋转，两脚蹬地腾空跃起，身体左转 360°；两刀由下向上翻 360°立圆下劈；两脚落地成马步；重心偏右，目视右侧。（图 14—133、图 14—134）

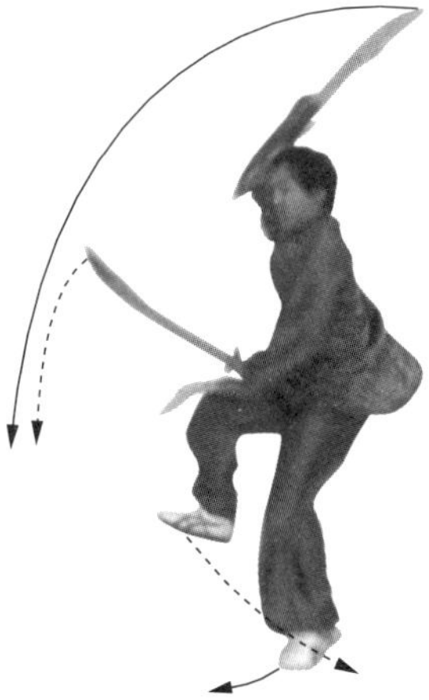

图 14—133

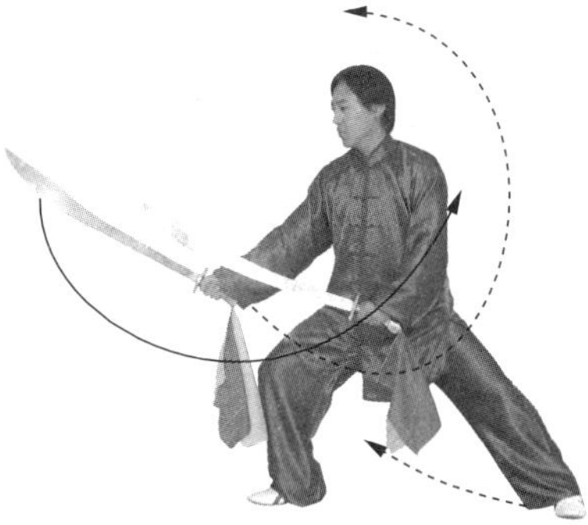

图 14—134

**动作六：**接上势。重心移于右腿，提左脚向前上步；同时，左手握刀，由后划弧上举下劈；右刀收于左肋下；重心在左腿，目视前下方。（图 14—135、图 14—136）

**动作七：**上动不停。身体继续右转；同时，左刀向右划弧，向上掤于头上；右刀随身体右转向右侧拉开；重心在左。（图 14—137）

图 14—135

图 14—136

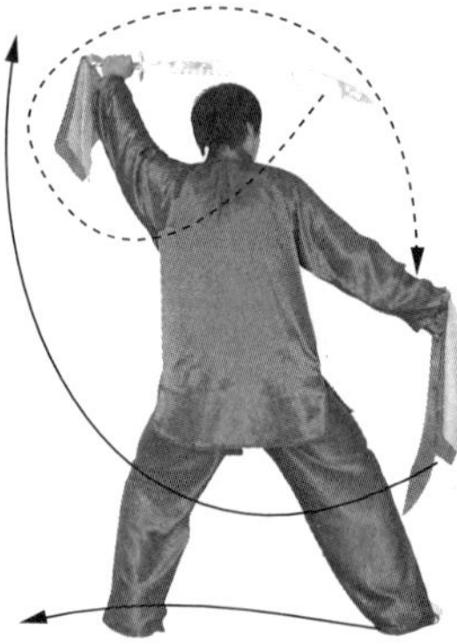

图 14—137

**动作八：**上动不停。左刀由头上缠头裹脑一周，右刀同时由后上撩；同时，右脚向左脚后插步，转体向右；两刀随右转身做缠头动作。（图 14—138、图 14—139）

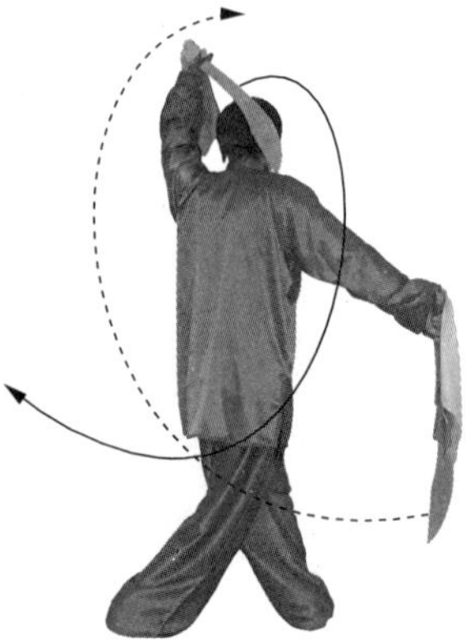

图 14—138

图 14—139

**动作九：**上动不停。两刀继续在头上缠头旋转；身体继续右转 180°；同时左脚向左侧上一大步；两刀同时合于身体右侧，刀刃向上；目视左侧。（图 14—140、图 14—141）

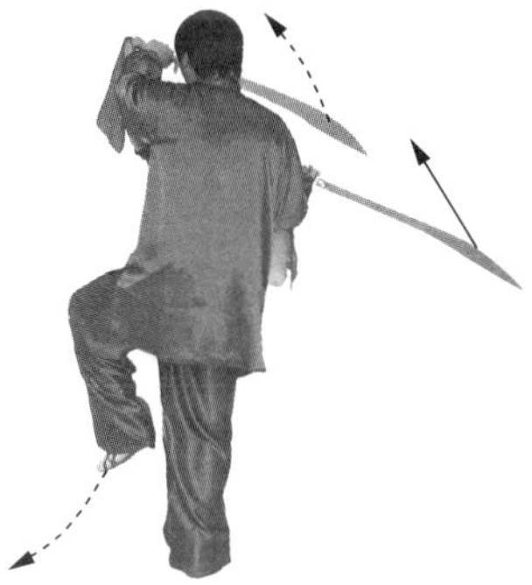

图 14—140

图 14—141

**动作十：**接上势。右脚插于左腿后盘腿下坐；同时，两刀向上、向左侧下压，蓄身合力；随之突然身体右转上翻，两脚蹬地腾空而起，旋转 360°，落地下劈，重心在左脚；目视前方。（图 14—142~图 14—144）

**【要求】**此势实乃左右两个压力翻身砍，要求缩身压实，翻身腾空下劈，立身中正，步法稳健，力合刀刃。

**【用法】**压刀转体劈砍法。

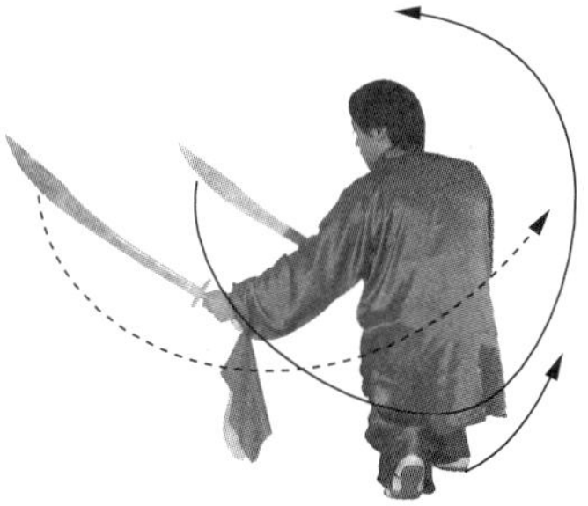

图 14—142

图 14—143

图 14—144

## 第二十四式　二刀朝阳

**动作一**：接上势。提右脚向前上一步；同时，右刀向上划弧，经头前向左下砍一刀；然后再上左步；左刀由下划弧上举向右下砍；重心在左腿，目视右前方。(图 14—145、图14—146)

**动作二**：上动不停。由左向右划弧向上掤；随身体向右转，右刀向右拉开；重心在左腿，目视右前方。(图 14—147)

图 14—145

图 14—146

图 14—147

**动作三**：接上势。左刀由头前向后缠头裹脑一周，右刀向后、向上缠绕头上；同时，右脚经左脚后倒一步，身体向右转，重心移于右腿，左脚收回，脚尖点地；目视前方。(图 14—148~图 14—150)

图 14—148

图 14—149

图 14—150

## 第二十五式　左右转向

**动作一：**接上势。左脚向前上步；右刀向左侧下砍；接着，右脚向前上步；同时，左刀由下向上划弧举起向右侧下砍；重心在右腿，目视前下方。（图 14—151~图 14—153）

图 14—151

图 14—152

图 14—153

**动作二：**上动不停。身体右转，上左步；两刀同时由左下划弧上撩，刀刃向上；重心在左，目视右前方。（图 14—154）

图 14—154

**动作三**：上动不停。两刀向上、向左继续划弧；然后重心移于右腿，左脚提起；两刀走下弧向右拉，合于身体右侧，平刀，刀尖向前；目视左前方。(图 14—155、图 14—156)

图 14—155

图 14—156

**动作四**：接上势。左脚向前划内圆迈步，脚尖外摆，再上右脚；两刀随上步身体转 360°；目视左前方。（图 14—157~图 14—159)

**动作五**：上动不停。继续上右步划圆，脚尖内扣；两刀继续随身左转，然后向上划弧，向右、再向下、向右合于身体左侧；同时重心右移再左移，提右腿，上下相合；目视右前方（图 14—160~图 14—162)

图 14—157

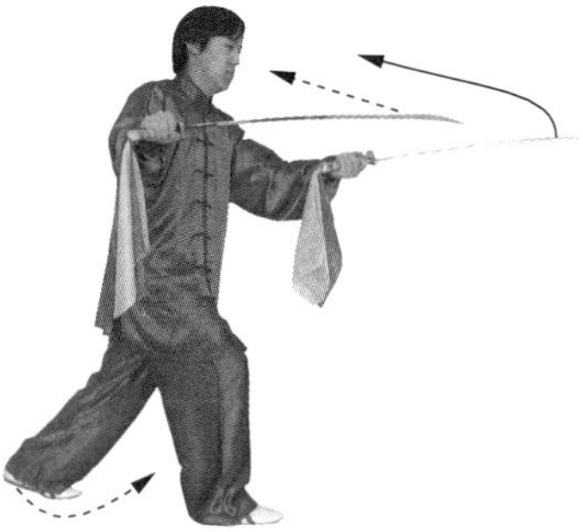

图 14—158

图 14—159

图 14—160

图 14—161

图 14—162

**动作六**：上动不停。右脚向前划内圆迈步，脚尖向外摆，接着左脚划内圆向前迈步，脚尖内扣；两手持平刀，刀尖向右前，随身体右转；目视右前方。（图 14—163、图 14—164）

图 14—163

图 14—164

**动作七**：上动不停。右脚向右前划弧迈步，脚尖外摆，接着上左脚划圆向前迈步，脚尖内扣；两刀随身平转；目视右前方。（图 14—165、图 14—166）

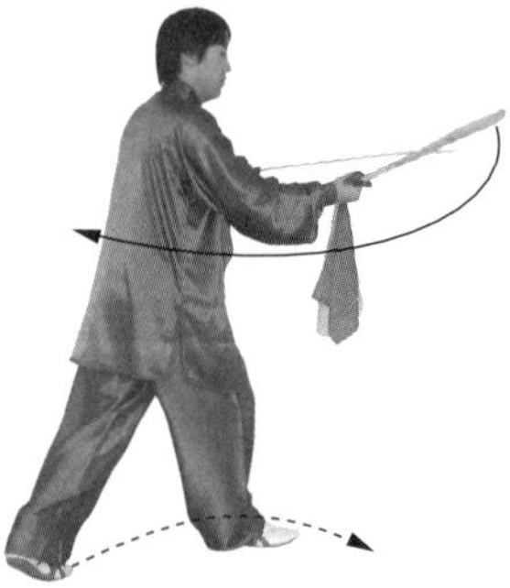

图 14—165

图 14—166

**【要求】**此势为两刀合于身体左右两侧，分别向左右各转两个 360°，步法如走八卦步相似，平稳圆转。要求塌腰松胯，步法轻灵自然。

**【用法】**此势为防守法。如被包围，持刀左右逢源，借机进击。

## 第二十六式　霸王举鼎

**动作一：**上势不停。右脚向右跨半步；同时右刀向里合，与左刀交叉合于胸前；目视右前方。（图 14—167）

**动作二：**接上势。重心移于右腿；两刀由上下分，再向上交叉合于胸前；同时，左脚收于右脚内侧，脚尖点地；接着两刀合力上架；目视前上方。（图 14—168~图 14—170）

**【要求】**上架刀时要两臂撑圆，塌腰松胯。

**【用法】**架刀上举，有力托千斤之势，护胸护头。

图 14—167

图 14—168

图 14—169

图 14—170

## 第二十七式　罗汉降龙

**动作：**接上势。两刀向左滑空上架器械，向下、向右挂刀；同时，左脚向左侧开一大步，重心左移；两刀随转腕刀尖向上，从头上划弧向左侧下扎刀；目视左侧下方。（图 14—171~图 14—174）

**【要求】**扎刀时左弓步，右腿挺直，力贯刀尖。

**【用法】**引劲落空，进左步侧身下扎。

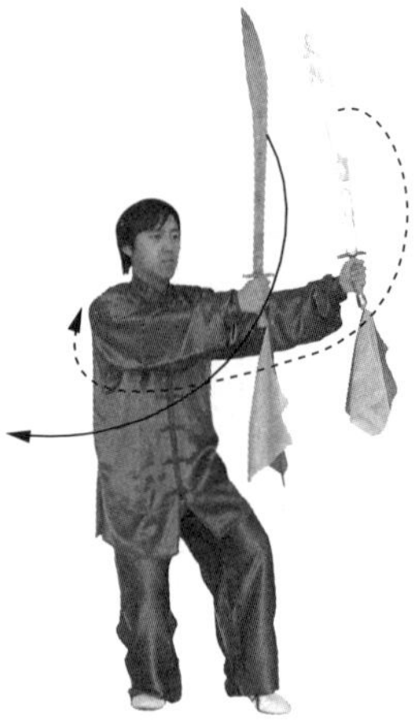

图 14—171

图 14—172

图 14—173

图 14—174

## 第二十八式　左右片马刀

**动作一：** 接上势。身体向左转，右脚向左前上步；同时，右刀由上向左侧下砍；重心在左腿，目视左前方。（图 14—175）

**动作二：** 接上势。身体继续左转，重心右移；同时，右刀向左、向上掤于头前；左刀同时随身体左转，向左挂刀于左腿外侧；接着，身体继续左转，左脚尖外摆，重心移于左腿；同时右刀由头前向后、向下、向右缠头而过；左刀向后、向上置于额前；目视前方。（图 14—176、图 14—177）

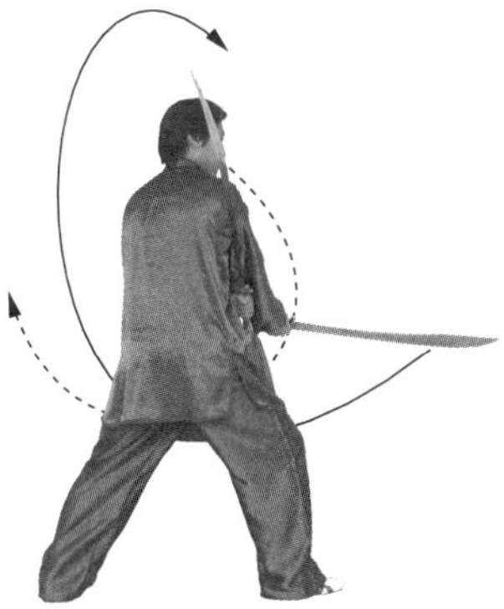

图 14—175

图 14—176

图 14—177

**动作三：** 上动不停。重心移于左腿；右刀掖于左肋下；接着右脚向前上踢脚；同时右刀向上、向前下劈于右腿内侧，左手向上架刀后开；目视前方。（图 14—178、图 14—179）

图 14—178

图 14—179

**动作四**：接上势。右脚落地，重心右移；左刀随向右外侧下砍；右刀藏于左臂下；接着身体向右转，上左步；同时左刀向下、向右上架于头前；右刀随身体右转，由下向右挂刀于右腿外侧；目视右侧。（图 14—180、图 14—181）

图 14—180

图 14—181

**动作五**：接上势。身体继续右转，重心移于右腿；同时，右刀向后划弧，向上置于头上；左刀随身体右转合于右肋旁；接着左脚上踢；左刀向前下劈刀，右刀向上后劈；目视前方。（图 14—182、图 14—183）

**【要求】**独立步要稳，前踢脚要准，下劈刀要狠。

**【用法】**左右转身，上踢下劈法。

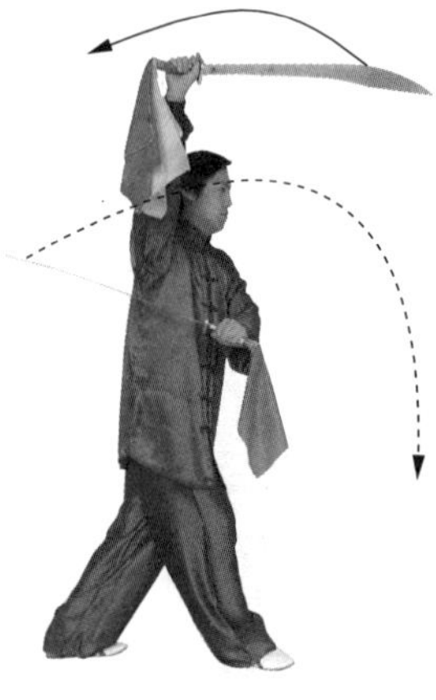

图 14—182

图 14—183

## 第二十九式　二刀朝阳

**动作一：**接上势。左脚落地；右刀向左侧下砍，接着，右刀旋转，左刀由下向上举起；同时上右步；左刀向右下砍；重心移于右腿，目视右前方。（图 14—184~图 14—186）

图 14—184

图 14—185

图 14—186

**动作二：**上动不停。身体向右转，上左步；同时，左刀向下、向右划弧，向上掤至头上额前；右刀随身体右转，开于右腿外侧；重心在左腿，目视右前方。（图 14—187）

**动作三：**上动不停。身体继续右转，右脚向左腿后插一步；同时，右刀由后上缠于头，左刀由头上向后、向左下抡刀；重心在左脚，目视左前方。（图 14—188）

图 14—187

图 14—188

**动作四：**上动不停。身体继续右转；同时，右刀由头上缠头而过，经身体前转于身体右后；左刀随身体右转向上架于额前；接着，重心移于右腿，左脚收回，脚尖点地；同时，右刀由后向上划弧上架于额前；左刀向下合于右肋旁；目视前方。（图 14—189、图 14—190）

**【要求】**连环砍二刀与上两步配合协调，转身与步法一致。

**【用法】**前砍抡挂，转身定势防守。

图 14—189

图 14—190

## 第三十式　白蛇吐信

**动作一：**接上势。右脚向前上一步；同时，左刀向前上架，右刀下合于右肋部；目视前方。（图 14—191）

**动作二：**上动不停。身体左转，右脚向前上一大步；右刀向前猛扎一刀，左刀上架配合；重心在右腿，目视右前方。（图 14—192）

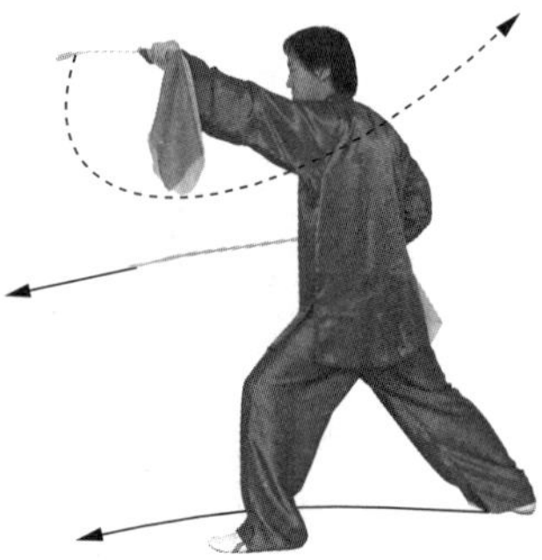

图 14—191

图 14—192

**【要求】**上步成弓步，扎刀要迅猛。

**【用法】**上挪进步前刺，如黑虎掏心势。

## 第三十一式　左扑右扑

**动作一：**接上势。身体右转，提左腿；同时，左刀下合于左肋；右刀上架于头上；接着左脚向前上一大步成弓步；随即左刀向前扎一刀，右刀上架于头上；重心在左腿，目视前方。（图 14—193、图 14—194）

图 14—193

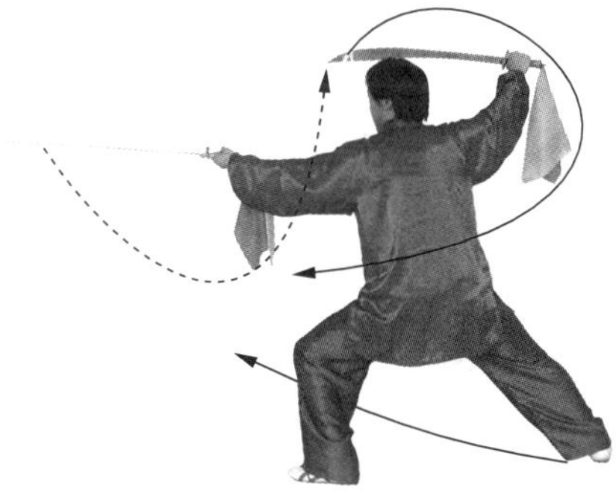

图 14—194

**动作二：**接上势。身体向左转，右脚向前上一大步；同时，右刀下合于右肋，向前猛扎；左刀上架于头上；成右弓步；目视前方。（图 14—195、图 14—196）

**【要求】**连环扎二刀，与步法身法协调一致。两手握刀在身体左右两侧如车轮翻滚。

图 14—195

图 14—196

【用法】进步连续进攻法，上掤前刺。

## 第三十二式　上步七星

**动作一：**接上势。前刺后，忽向左后转体；同时，右刀随转体突向左后砍，左刀掖于右腋下；重心在左腿，目视左前下方。（图 14—197）

**动作二：**上动不停。身体继续左转，右脚向左侧上步；同时，右刀向下、向左划弧，向上架刀于额前；左刀随身转向左侧挂刀；重心在右，目视左前方。（图 14—198）

图 14—197

图 14—198

**动作三：**上动不停。身体继续左转，左脚从右腿后插一步；同时，右刀由头上缠头而过，绕背后经身体前合于左肋旁；左刀由下经背后向上掤架于头上；同时重心移于左腿，右脚收回，脚尖点地；目视前方。（图 14—199、图 14—200）

图 14—199

图 14—200

**【要求】**身体连续左转，步法与抡劈刀紧密配合，虚实分明。

**【用法】**左转上步抡劈刀法。

## 第三十三式　下步跨肱

**动作一：**接上势。右脚向前上一步；同时，左刀向右下劈刀不停，随身体右转，左脚向前上一步；同时，左刀向右侧划弧，向上掤架于额前；右刀随身挂刀于身右侧；重心在左腿，目视前方。（图 14—201、图 14—202）

图 14—201

图 14—202

**动作二：**上动不停。右脚向左腿后插一步；随身右转，两刀也随之右转；然后重心右移，左脚收回，脚尖点地；同时，右刀由身体后向上掤架于头上；左刀经身前划弧合于右肋旁；目视前方。（图 14—203、图 14—204）

图 14—203

图 14—204

【要求】向右转进步劈刀要动作圆转，步法顺随。

【用法】右转进步劈刀法。

## 第三十四式　一刀下势

**动作一：**接上势。左脚向前上步；右刀向左侧下劈；随之身体左转，上右步；右刀向下、向左划弧，向上掤架于额前；左刀随身体左转向左挂刀；重心在右腿，目视左前方。（图 14—205、图 14—206）

图 14—205

图 14—206

**动作二：**上动不停。身体继续左转，左脚尖外摆，重心左移；同时，右刀由头上缠头而过绕于腹前；左刀由身后上转架于头上；目视前方。（图 14—207）

**动作三：**上动不停。身体继续左转，右脚上一大步；同时，右刀由背后向上经头上向前猛劈一刀；左刀由上向下、向后划弧，向上掤架；重心在右腿，目视右前方。（图 14—208、图 14—209）

【要求】转身劈刀要步大势猛，将整套精华均集中在这一刀上。

【用法】在旋转中突然进击，猛砍一刀。

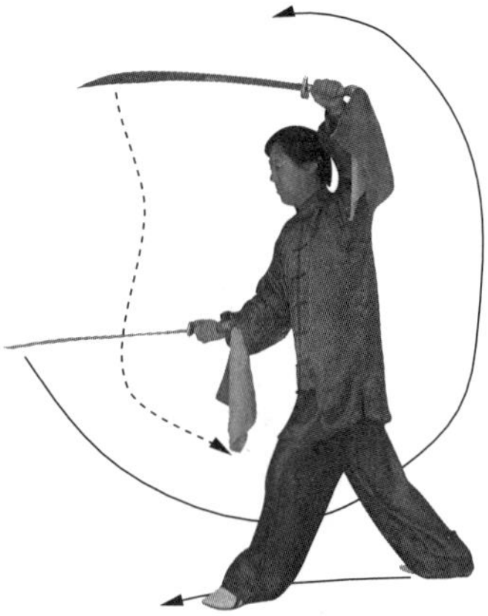

图 14—207

图 14—208

图 14—209

## 第三十五式 收 势

**动作**：接上势。砍刀过后，重心左移，右脚收回，成立正姿势；两手钳握两刀，竖于身体两侧；目视前方。（图 14—210）

**【要求】**套路归原，松胯屈膝，周身放松，心气下降，慢慢心平气和，舒展直立。

图 14—210

# 第十五章　陈式太极双锏

## 第一节　陈式太极双锏简介

陈式太极双锏是陈式太极器械套路中双器械的一种。锏起源于先秦，延用至清代，是一种古老的短兵器，现今演练者甚少。古时，将锏用铜铁制成，现多改用木制。根据使用者身高不同，一般长为70~90厘米。锏柄尾有孔，可穿绳套，用于套腕。锏身方形凹面，四边角突起成棱、无刃无尖，故又有“凹面锏”“方棱锏”之称。

双锏的练习与运用是在陈式太极拳手、眼、身法、步相结合并与内劲协调一致的基础上演练协调性和增强臂力的一种方法。结合掤、架、推、挂、截、点、压、横、拦、劈、砸、舞法等技击方法，充分体现出陈式太极拳练到一定程度时的刚劲勇猛、力大无穷的神威。

## 第二节　陈式太极双锏动作名称

第一式　双锏起势
第二式　兽头势
第三式　左右搅项
第四式　全舞花
第五式　朝阳锏
第六式　急三锏
第七式　退三锏
第八式　四门锏
第九式　霸王举鼎
第十式　罗汉降龙
第十一式　左旋滴水翻花打
第十二式　右旋滴水翻花打
第十三式　左掤右挡
第十四式　护心锏
第十五式　美女纫针
第十六式　护膝锏
第十七式　上掤下势
第十八式　收势

# 第三节　陈式太极双锏动作图解

## 第一式　双锏起势

**动作：**站立当场，两脚并立，两腿微屈，松胯；两手钳握锏柄，自然垂直于身体两侧；双目平视。（图 15—1）

**【要求】**周身放松，立身中正，头脑清静，自然正直，意念集中。

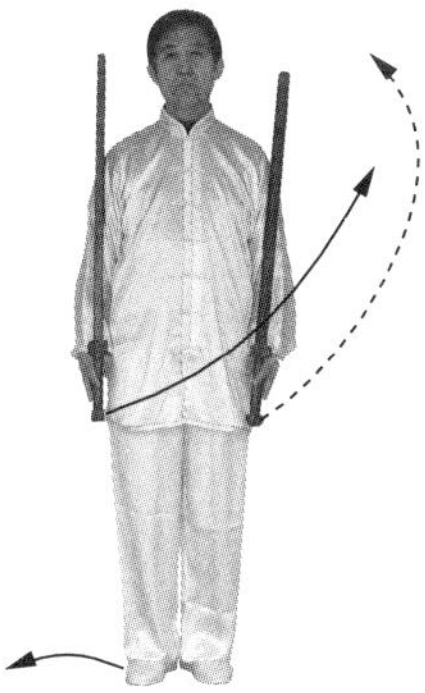

图 15—1

## 第二式　兽头势

**动作一：**身体微左转，重心移于左腿，右脚向右前方开一步；两手握锏，走下弧线向左前上方掤出；目视正前方。（图 15—2）

**动作二：**身体微右转，重心略右移；右手握锏划弧，向右下方抡挂于右腿外侧；左手握锏上掤；目视前方。（图15—3）

**动作三：**右手握锏，由身体右侧向后、向上划弧，向前合于头上方；同时，重心右移，左腿屈膝松胯，脚尖虚点地面；身体微左转，上下相合；左手执锏合于胸前；目视

图 15—2

图 15—3

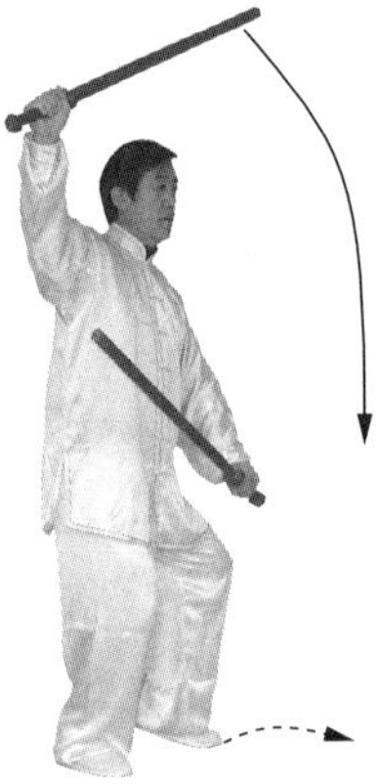

图 15—4

右前方。（图 15—4）

**【要求】**周身协调，上下相合，劲力饱满。

**【用法】**此势为蓄合势，以静制动，上护头顶下护身。

## 第三式　左右搅项

**动作一：**提左脚向前迈步；随重心前移，右手持锏，向左前外侧下打；左手持锏掖于右臂下；目视左前方。（图 15—5）

图 15—5

**动作二：**身体向左转，右脚向前上一步；同时，右手持锏，经体前向下、向左上划弧，上掤于额前；左手持锏，由体前划弧向左上撩锏，高与胸平；重心在右，目视左前方。（图 15—6）

**动作三：**两脚不动；两手握锏，经头顶由身后划弧，合于身体右侧；同时，身体先左转，后右转，松右胯；目视身左侧。（图 15—7）

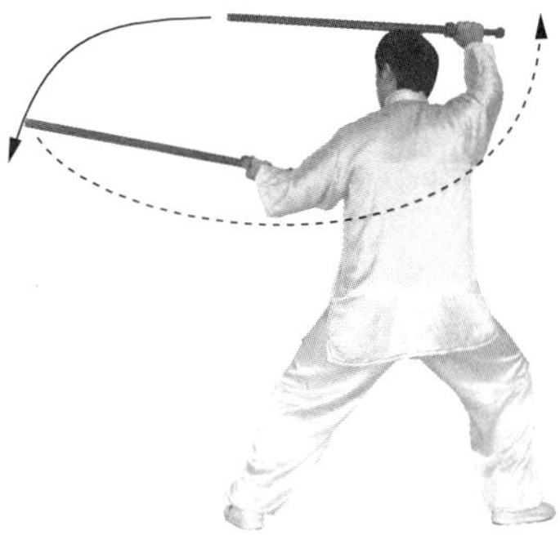

图 15—6

图 15—7

**动作四**：上动不停。身体速向左转，松胯煞腰；两手握锏，向左平扫发力；目视右前方。（图 15—8）

**动作五**：接上势。两脚不动；左手持锏，向左下划弧，向上再加速向右下砸；右手持锏掖于左臂下；目视右前方。（图 15—9）

**动作六**：上动不停。随砸锏，身体向右转，重心移于右腿，左脚向前上一步；同时，左锏向下经身体右侧向上掤于额前；右锏经身体前向下、向右上撩锏，高与胸平；目视右前方。（图 15—10）

图 15—8

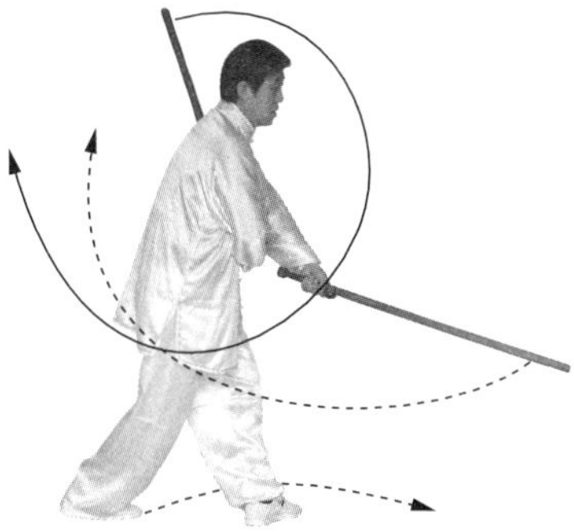

图 15—9

图 15—10

**动作七**：上动不停。两脚不动；两手持锏，经身体后过头顶划弧，合于身体左侧；目视左前方。（图 15—11）

**动作八**：上动不停。身体速向右转；同时，两手持锏，由左向右平扫发力；目视右前方。（图 15—12）

**【要求】**左右上步要协调。双锏左右平扫发力时，要结合裆、腰劲，煞腰松胯，劲力完整。

**【用法】**左右上步，横打敌方脖颈与胸部。

图 15—11

图 15—12

## 第四式　全舞花

**动作一**：身体略左转，重心左移，右脚提起向前上步；同时，右锏向下经身体右侧向上举起，随上步向左前下打；左手持锏向下划弧，向右置于右臂下；目视左前方。（图 15—13、图 15—14）

**动作二**：上动不停。接右锏下打之势，身体微左转；右锏向下、向左划弧，向上横于额前；左锏随之走下弧，向左拉开；目视左前方。（图 15—15）

**动作三**：接上势。身体向左转，左脚尖外摆，重心移于左腿，右脚向前上一大步；同时，两手持锏，随转体划弧向右前方下打；目视右前方。（图15—16~图 15—18）

图 15—13

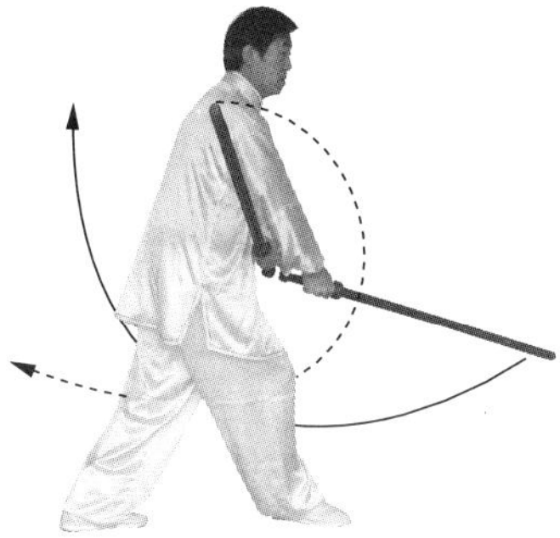

图 15—14

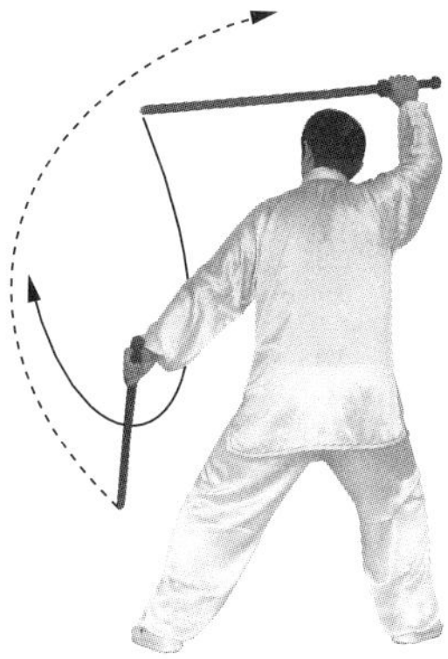

图 15—15

图 15—16

图 15—17

图 15—18

**动作四：**接上势。重心移于左腿，收回右腿提起；同时，将右锏收于身体左侧；目视右前方。（图 15—19）

**动作五：**上动不停。右脚向前迈出；左锏随之下打于右腿外侧；随之左脚向前上步，身体向右转；同时，左锏不停向下、向右划弧，向上掤起于额前；右锏随转体经身体前向右划弧拉开；目视前方。（图 15—20、图 15—21）

**【要求】**此势为全舞花，就是以左、右锏领劲向左右抡舞各转一圈。在旋转的同时，要求步法、身法与锏要协调配合，有舞花全体不露形之说。

图 15—19

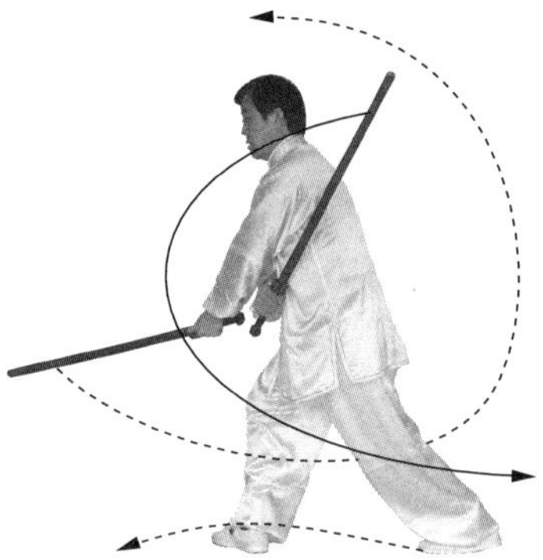

图 15—20

图 15—21

**【用法】** 主要以防守为主，乘空进击。

## 第五式　朝阳锏

**动作一：** 上动不停。随身体右转，右脚由左腿后撤一步；同时，左锏由头上背后旋转一周于体前；右锏随撤步向后划弧，向上经头上绕向前；目视右前方。(图 15—22)

**动作二：** 接上势。身体继续右转，重心右移，左脚收回，虚点地面；同时，右锏向右下方划弧挂锏，左锏向前掤出；目视前方。（图 15—23）

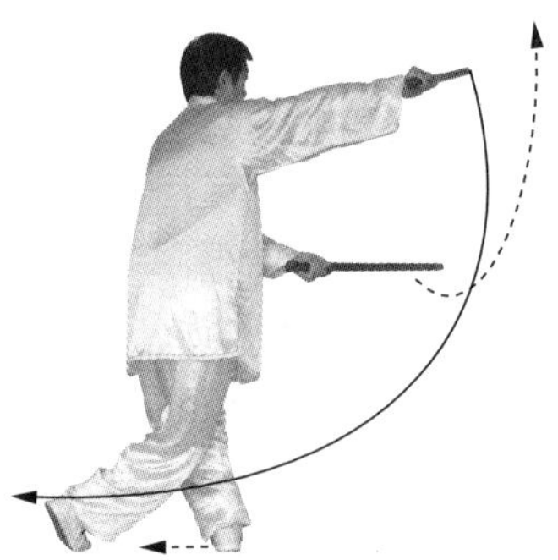

图 15—22

图 15—23

**动作三：**上动不停。右手持锏，继续向后、向上、向前合于头顶前方；同时，左手持锏向下划弧，向后置于右腋下；目视前方。（图 15—24）

**【要求】**旋转灵活自然，定势上下相合，屈膝松胯，虚实分明。

**【用法】**此势也为守法，护头护肋，以静待动。

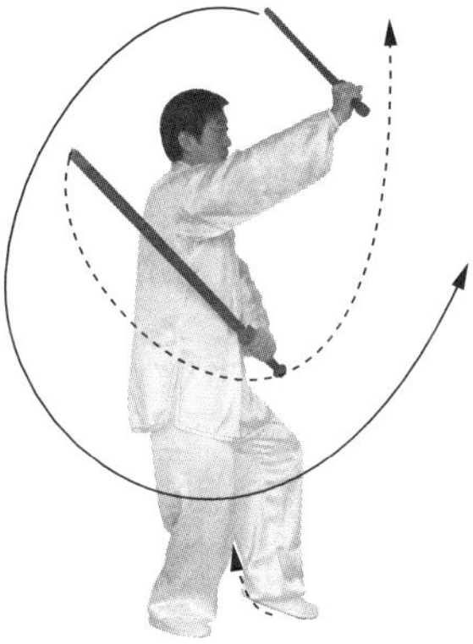

图 15—24

## 第六式　急三锏

**动作一：**接上势。两锏由上向右侧、向下划弧，向前上掤；同时，提左腿震脚落地，随之提起右腿；目视前方。（图 15—25、图 15—26）

**动作二：**上动不停。右脚向前进一步；右锏直线前戳，左锏上架；目视右前方。（图 15—27）

图 15—25

图 15—26

图 15—27

**动作三**：接上动。提左腿，身体右转；右锏划弧向上掤架；同时，左锏向下、向右划弧合于左腰间；随之左脚向前迈出；左锏同时前戳，右锏上掤；目视左前方。（图 15—28、图 15—29）

图 15—28

图 15—29

**动作四**：上动不停。身体向左转，右脚向前迈步；同时，左锏向左划弧，向上掤架；右锏向下划弧，合于腰间向前戳出；重心在右，目视右前方。（图15—30、图 15—31）

**【要求】**连环上三步，戳三锏，如车轮翻滚，连绵不断。劲到步随，力贯锏梢。

**【用法】**上掤架打，连续进击法。

图 15—30

图 15—31

## 第七式 退三锏

**动作一：**接上势。两锏同时划弧，向左前上方领劲；同时重心移于左腿，右脚提起向后退一步；两锏同向右后下方打于右腿外侧；重心在右，目视右前下方。（图 15—32、图 15—33）

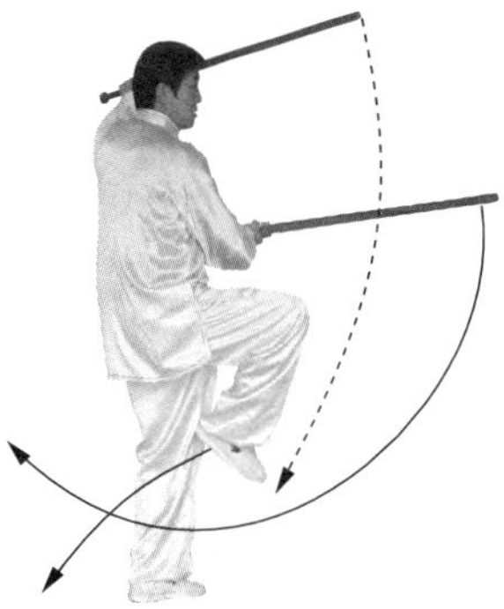

图 15—32

图 15—33

**动作二：**上动不停。两锏继续划弧，由身体右后向上于头部右侧；同时提左腿向后倒一步；两手持锏，速向身体左下方抡打；重心移于左腿，目视左前下方。（图 15—34、图 15—35）

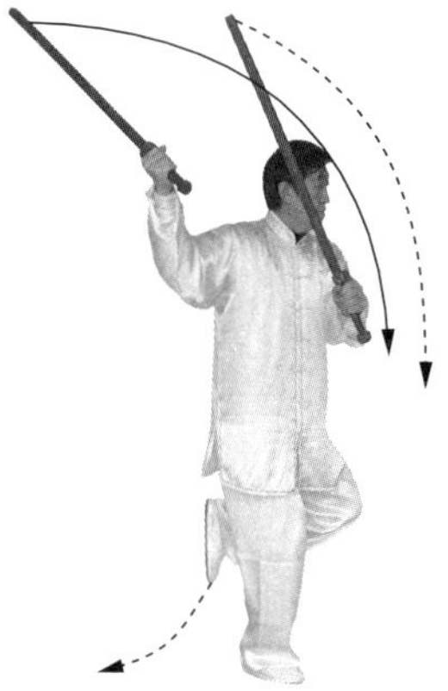

图 15—34

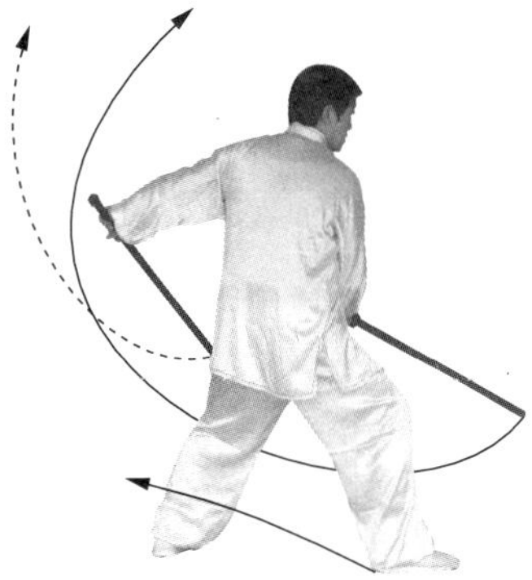

图 15—35

**动作三：**上动不停。两锏继续划弧，由身体左后向上于头部左侧，同时提左腿向后退一步；两手持锏，速向身体右下方抡打；重心移于右腿，目视右前下方。（图 15—36、图 15—37）

图 15—36

图 15—37

**【要求】**连倒三步，向后抡打三次，要动作连贯，与步法密切配合。两锏同时在身体左右两侧抡打，要突出劲别。

**【用法】**此势属退守法，在退步时左右抡打，守中有攻。也有格敌器械之用。

## 第八式　四门锏

**动作一：**接上势。重心移于左腿，右脚收于左脚内侧；同时，左锏向右划弧，向上掤，右锏向右上提；目视身体右侧。（图 15—38）

**动作二：**上动不停。右脚向正前方跨一大步；同时，右手持锏，由身体左后向上划弧，直向前下砸；重心在右腿；左手持锏上掤；目视右前方。（图 15—39、图 15—40）

**动作三：**接上势。提左腿，身体左转；右锏由身体前划弧，至身体左侧；随左脚落地，身体继续左转，右脚向身体右侧上一大步；同时，右手持锏，由左侧经头前上划弧，

图 15—38

图 15—39

图 15—40

图 15—41

向右侧下砸；左锏同时经身体前划弧上掤；重心在右腿，目视右锏。（图 15—41~图 15—43）

图 15—42

图 15—43

图 15—44

**动作四：**接上势。提左腿，身体微左转；同时，右锏由下划弧收于左肋旁；紧接着左脚落地，身体继续左转，右脚向身体右侧跨一大步；同时，右手持锏，由左肋下向上经头前上划弧，向右侧下砸；左锏同是上掤；重心在右腿，目视右锏。（图 15—44~图 15—46）

图 15—45

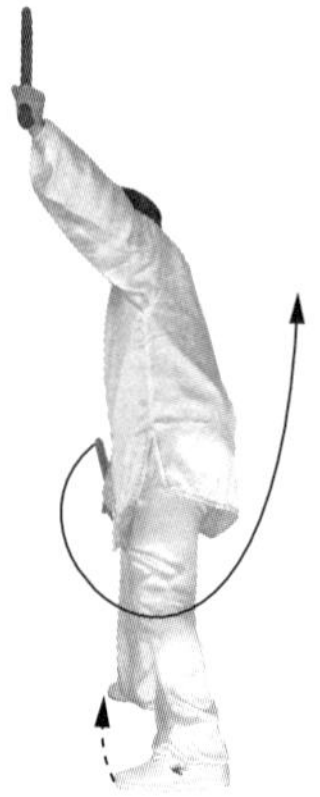

图 15—46

**动作五：**接上势。提左脚，身体微左转；同时，右锏由下划弧收于左肋旁；左锏划弧上掤；紧接着，左脚落地，身体继续左转，右脚向身体右侧跨一大步；同时，右手持锏，由左肋下向上经头前上划弧，向右侧下砸；左锏同时划弧上掤；重心在右腿，目视右锏。（图 15—47~图 15—49）

**【要求】**四门锏，也就是在 360°内，向东、西、南、北四个方向打四锏。每打一锏向左转 90°，所以每转一个方向，两步变换与身体转动的角度要适应；两锏循环变化的速度与步法要协调配合，尤其跨右步与打右锏同到劲整。

**【用法】**此势是被围打四门的方法，待机突围。

图 15—47

图 15—48

图 15—49

## 第九式 霸王举鼎

**动作一：**接上势。右锏打过，走上弧收于胸前与左锏相合；重心移于左腿，目视右前方。（图 15—50）

**动作二：**上动不停。随右脚向右侧略开一步，重心右移，左脚收回，虚点地面；同时，两锏交叉于胸前，随即两臂掤圆，两锏交叉上架，高过头顶；目视前上方。（图 15—51、图 15—52）

**【要求】**此势要腿部力量强，蓄身合力上架，两臂一定撑圆。

**【用法】**假设对方用器械从前方扎来，或由上面打来，我两手持锏迅速由胸前架住，缩身上举，有“力托千斤”之势。

图 15—50

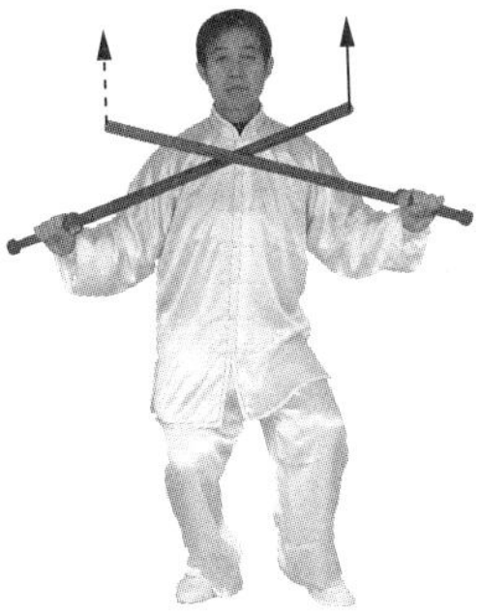

图 15—51

图 15—52

## 第十式 罗汉降龙

**动作一：**身体略向左转；两锏同时向左侧划弧下合；同时，屈膝松胯，左腿提起；目视左前方。（图 15—53）

**动作二：**上动不停。左脚向左侧进一大步；同时，两手持锏，向下、向右、向上划弧，经头上向左侧下捣锏；重心在左腿，目视左锏头。（图 15—54）

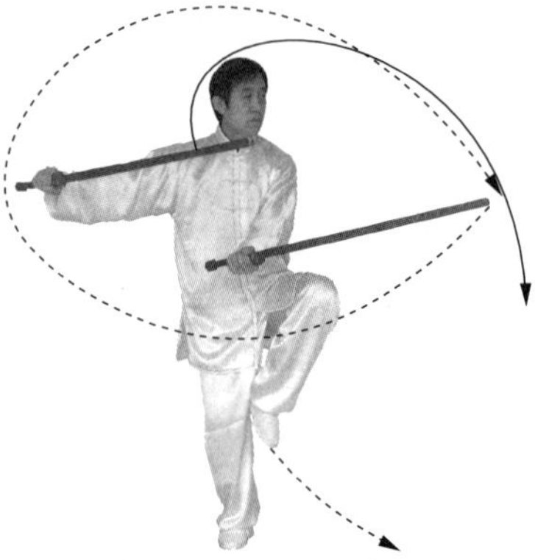

图 15—53

图 15—54

【要求】下合上提到出锏，要圆活劲整。力达锏头，侧身弓步，右腿蹬力挺直。

【用法】探身架打，有“降龙点珠”之势。

## 第十一式　左旋滴水翻花打

**动作一：**接上势。重心移于右腿，身体略右转，左脚提起；同时，两锏经体前下沉划弧合于身体右侧，高与腰平，锏头朝左；目视左前方。（图 15—55）

**动作二：**上动不停。左脚划内圆向左外侧迈一步，脚尖外摆，身体向左转 45°；同时，两锏随之平转；目视左侧方向。（图 15—56）

**动作三：**接上动不停。右脚划内圆向左前方迈一步；脚尖内扣，身体向左转 180°；同时，两锏随转体走平圆 180°；目视左前方。（图 15—57）

图 15—55

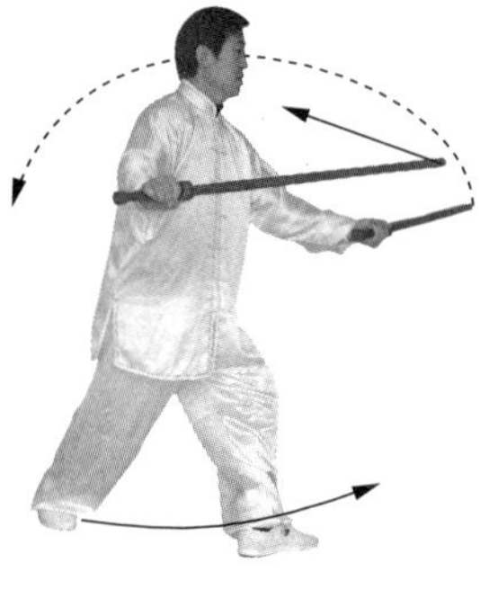

图 15—56

图 15—57

**动作四：**上动不停。左脚再划内圆向左外侧迈一步，脚尖外摆，身体向左转45°；同时，两锏随之平圆左转；重心在左腿，目视左前方。（图 15—58）

**动作五：**上动不停。身体继续左转，右脚内扣向右前方上一步；同时，两锏继续左转，略低；重心在右，目视左侧。（图 15—59）

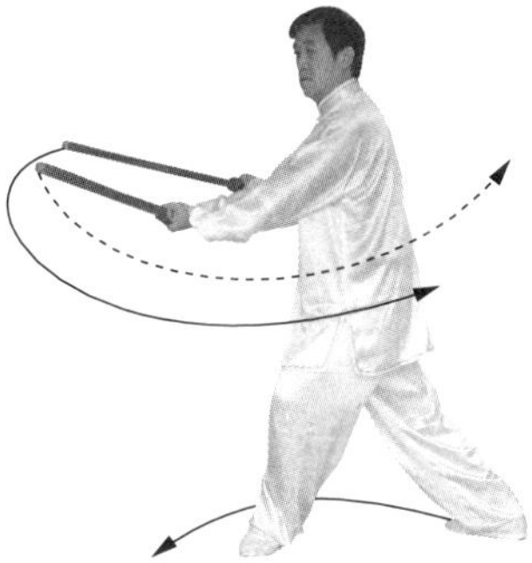

图 15—58

图 15—59

**动作六：**接上动。两锏向右下挂锏，上翻转锏向上，经头顶划弧向左前下捣锏；同时，重心左移，右脚收于左脚内侧，虚点地面；目视锏头。（图 15—60、图 15—61）

图 15—60

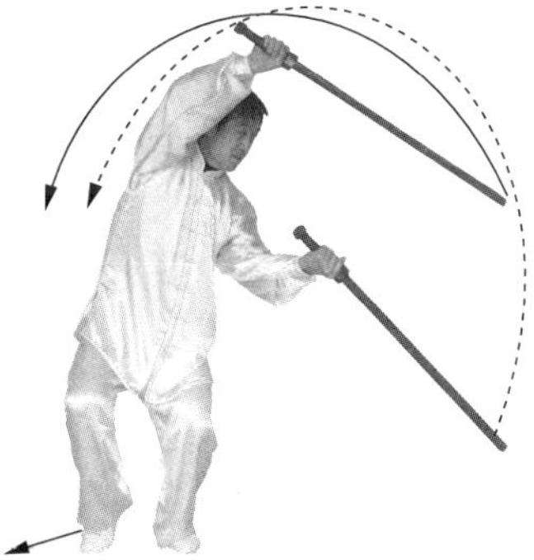

图 15—61

**动作七：**紧接着，右脚向右侧开一大步；同地，两锏向上划弧，向右侧翻打；同时，左脚插于右腿后，盘腿下坐；两锏随之同时下压；目视锏头。（图 15—62、图 15—63）

图 15—62

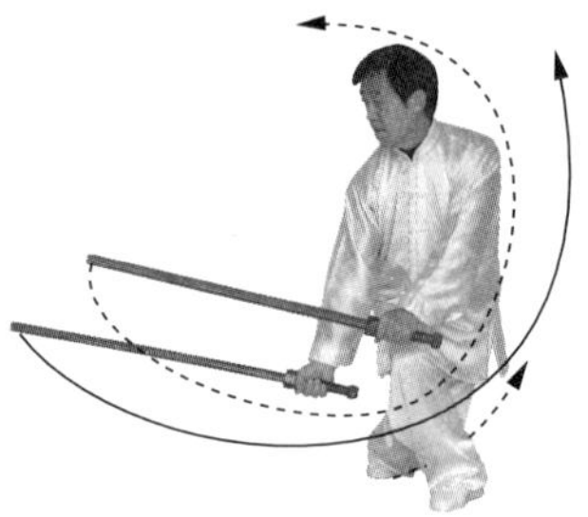

图 15—63

**动作八**：接上势。趁下压的蓄势合力，突然两脚猛蹬，身体迅速左翻上纵，腾空而起，在空中转体360°落地；同时，两锏随身体旋转360°大立圆，翻身下打；重心在右腿，目视右下方。（图15—64、图15—65）

图 15—64

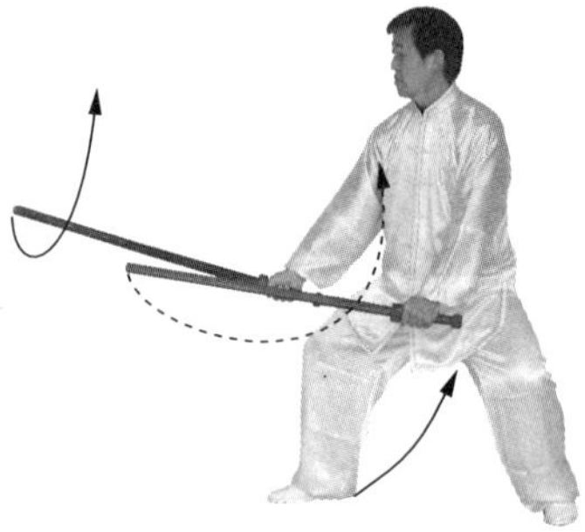

图 15—65

**【要求】**左旋时，两锏随步转360°，步法圆转轻捷、稳健，盘腿压锏要坚实，翻身跃打要迅猛。

**【用法】**此势包括三种用法：1.旋转护身；2.下引上架、点打；3.下压翻身跃打。

## 第十二式　右旋滴水翻花打

**动作一：**接上势。重心左移，右脚提起；同时，左右双锏由下划弧向左上提与胸、腰平；目视右前方。（图15—66）

**动作二：**接上动不停。右脚划内圆向右前方迈步，脚尖外摆，随之重心前移至右腿；同时，两锏随身体转动45°划平弧；目视右侧前方。（图15—67）

图15—66

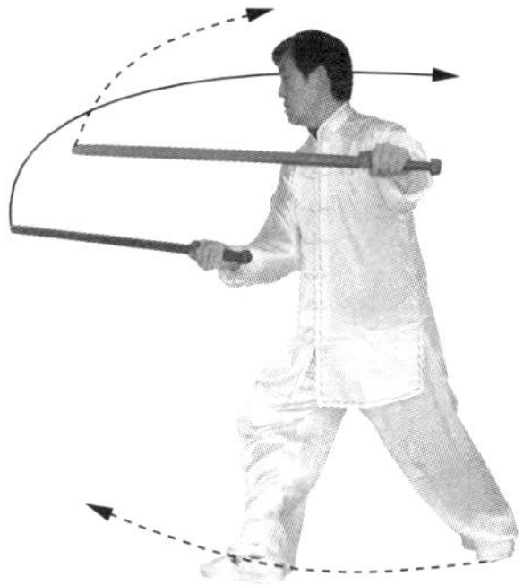

图15—67

**动作三：**上动不停。左脚划内圆向右前方迈一步，脚尖内扣；随之两锏随身体转划平圆180°。接上动不停。右脚再划圆向右前方迈一步，脚尖外摆；同时，两锏随身右转45°；目视右侧前方。（图15—68、图15—69）

**动作四：**接上势。左脚再划圆向右前方迈一步，脚尖内扣，重心左移；同时，两锏由左向右划弧，略向下沉，两锏合于体前；目视右前方。（图15—70）

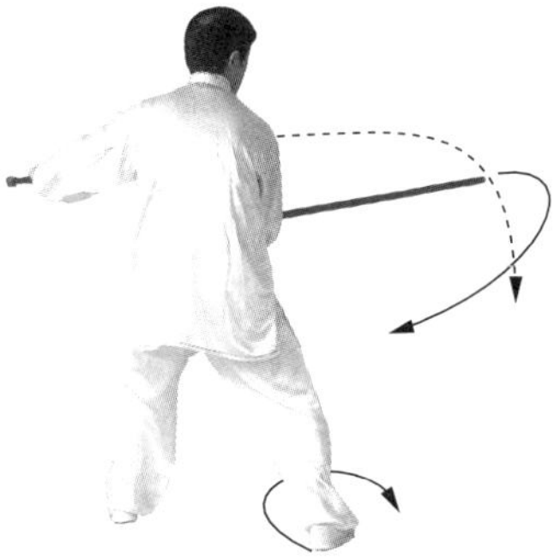

图15—68

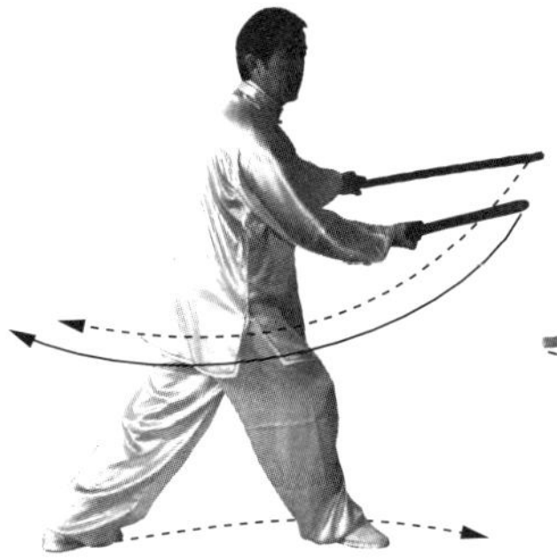

图15—69

图15—70

**动作五：**身体略左转，重心向右移；同时，两锏向左后挂转，锏头向上划弧，经头上向右侧下方捣锏；同时，左脚收于右脚内侧；目视右侧锏头。（图15—71、图15—72）

图15—71

图15—72

**动作六：**上动不停。左脚向左开一大步；同时，两锏一起向上划弧翻身下打；接着，右脚由左脚后插步盘腿下坐；两锏同时下压；目视左侧下方。（图15—73、图15—74）

图15—73

图15—74

**动作七：**承上势的下压蓄合之势，两脚猛蹬地跃起，身体迅速右翻上纵，腾空而起，转360°，左脚在前，右脚在后落地；同时，两锏随身体旋转360°大立圆，翻身下打；重心在左腿，目视左前下方。（图15—75、图15—76）

要求、用法与第十一式“左旋滴水翻身打”相同，唯左右不同。

图 15—75

图 15—76

## 第十三式　左掤右挡

**动作一：**接上势。重心左移，右脚提起；同时，两锏向上划弧，合于身体右侧；目视前方。（图 15—77）

**动作二：**上动不停。右脚向前上一步，身体速向左转；左锏由下划弧，向左上掤；右锏由腰间随身体左转略向上横打；目视右前方。（图 15—78、图 15—79）

图 15—77

图 15—78

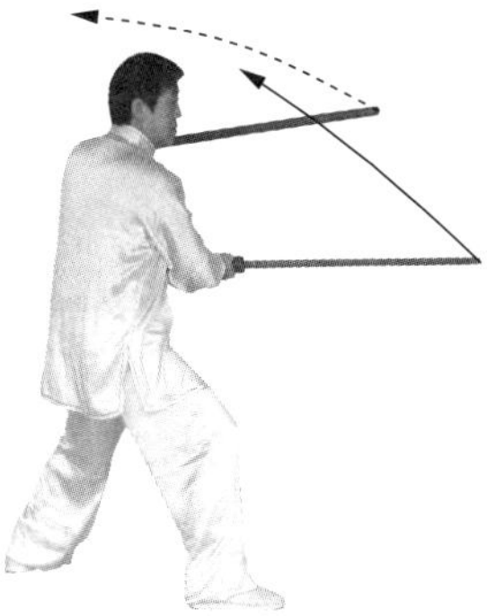

图 15—79

**动作三：**接上势。两锏向左上划弧；提左腿上步，同时，身体右转；右锏划弧上挪，左锏略向上、向右横打；重心在左腿，目视左前方。（图 15—80~图 15—82）

**【要求】**两锏要配合一致，同上步、转腰、横打相结合，步到锏随。

**【用法】**结合步法，左右掤挡横打，主要打对方肋部。

图 15—80

图 15—81

图 15—82

## 第十四式　护心锏

**动作：**承上势。身体微左转，重心继续稍前移；两手持锏上领合劲，接着向下拉立锏收于胸前；同时，重心移于右腿。左脚收回点地；目视前方。（图 15—83、图 15—84）

图 15—83

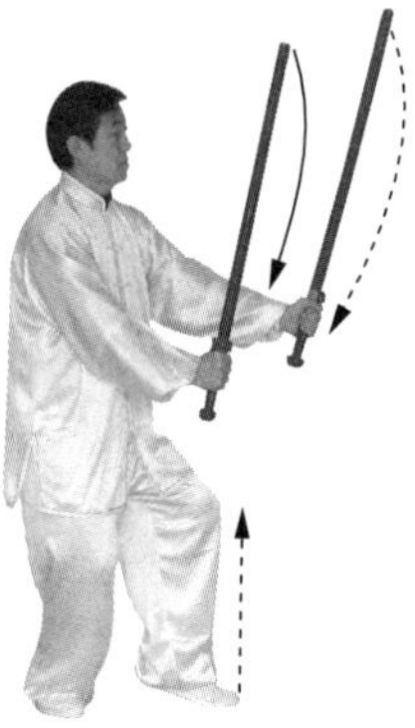

图 15—84

【要求】两锏立于胸前，左右相合，两足虚实分明，屈膝松胯。

【用法】护胸护头，以静待动。

## 第十五式 美女纫针

**动作一：**接上势。两锏划弧下沉变平锏，合于胸前；同时，左脚提起，上下相合；目视前方。（图 15—85）

**动作二：**上动不停。左脚向前垫一大步，随即右脚跟着上一大步；同时，右锏随身体左转向右侧猛捣；重心在右，目视右前方。（图 15—86、图 15—87）

【要求】此势要跃步远击，力到锏头，保持立身中正。

【用法】跃步穿击法，击人胸部。

图 15—85

图 15—86

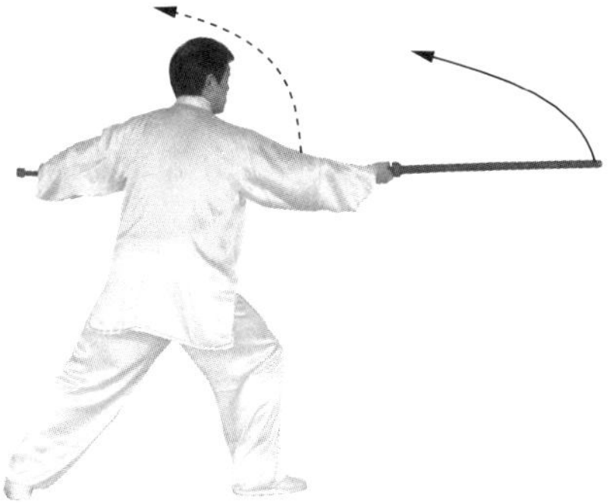

图 15—87

## 第十六式 护膝锏

**动作一：**接上势。步法不动，身体向左转；两锏同时上撩，合于身体左前上方；目视右前方（图 15—88）。接着身体先左后右转；同时两锏向后、向下，随左腿上步前撩；重心由左移于右脚，再移于左脚，身体右转 130°；目视左前方。（图 15—89）

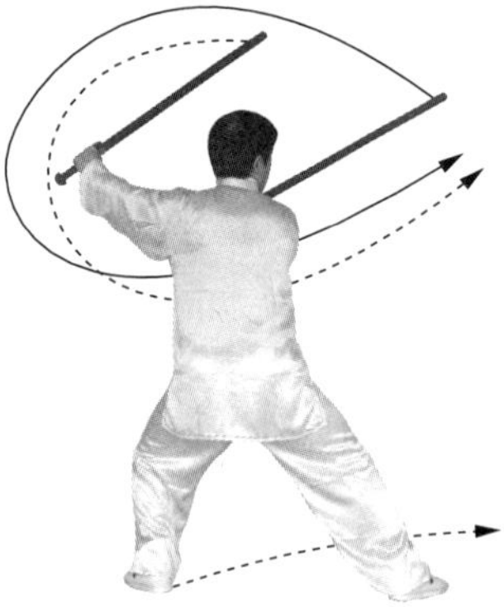

图 15—88

图 15—89

**动作二：**上势不停。随身体右转，重心移于右腿；同时，两锏向上、向右后划弧，合于身体右后侧；目视左侧（图 15—90）。接着身体先右后左转；同时，双锏向后、向下随右脚上步前撩，重心由右向左移再右移，身体左转 130°；目视右前方。（图 15—91）

**【要求】**锏随步上，身法要大，左右划弧，协调一致。

**【用法】**随脚上步进击法，上护头顶下护身。

图 15—90

图 15—91

## 第十七式　上掤下势

**动作一：** 步法不动；双锏随身体左转、重心左移的同时，向左上撩，接着两锏向下划弧，再向右上撩；身体向右转，重心右移；目视右上方。（图 15—92、图 15—93）

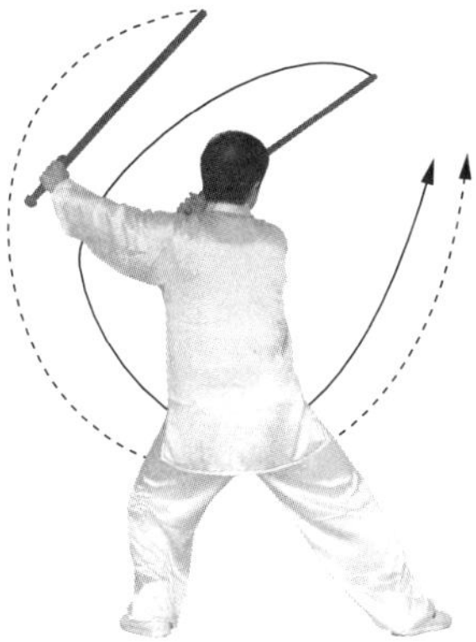

图 15—92

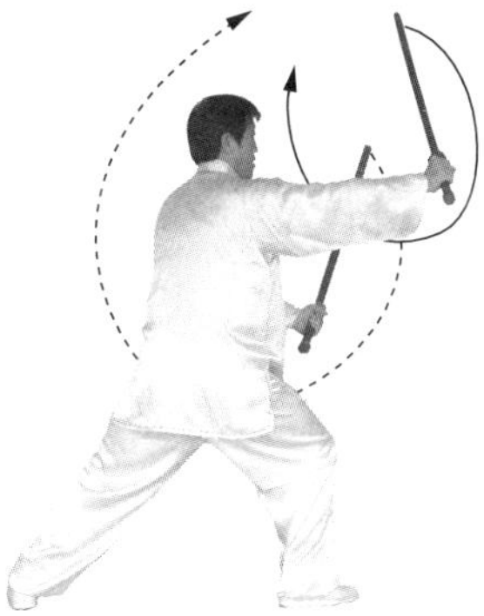

图 15—93

**动作二：** 承上势。左脚向左后略开一点，重心左移，成仆步；同时，两手持锏，随身体左转向下、向左上划弧，左锏高于头顶，右锏合于腹前；目视右前方。（图 15—94）

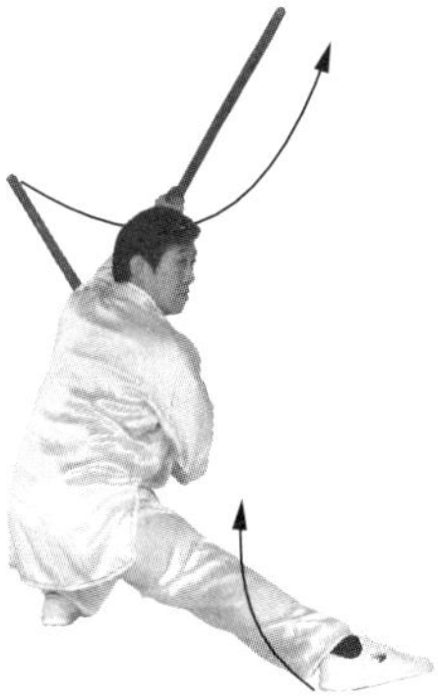

图 15—94

**动作三：**接上势。身体微起，提右腿；同时，左锏下沉，右锏外翻上掤；紧接着，右脚向右后跨一大步；右锏随翻身下砸，左锏上掤；重心在右，目视右锏。（图 15—95、图 15—96）

图 15—95

图 15—96

【要求】上掤势圆，下势低盘，转身猛打，有翻江倒海之势。

【用法】忽高忽低，上掤下伏，翻身猛打，犹如伏虎降龙、睡狮猛醒之势。

## 第十八式 收 势

**动作：**重心左移，右脚收于左脚内侧，立正站立；两锏收于左右两侧；目视前方。（图 15—97）

【要求】周身放松，沉心静气，心平气和，阴阳归原。

图 15—97

# 第十六章 陈式太极三杆、八杆对练

## 第一节 练杆说明

陈式太极三杆、八杆，是陈式太极器械套路中长器械两人对练的一种方法。杆采用3米长尾部较粗的白蜡木杆制成。此套路是陈氏九世祖陈王廷独创的一种沾杆法。

三杆、八杆，即是指两人持杆对扎，一人用杆面、背、膝（即：上、中、下）连扎三杆；另一人用披、崩、滑将杆滑空；二人交替往返对扎三下，故名“三杆”。八杆是在三杆基础上再加上架、横打、拖杆、绞杆、抖杆等杆法和灵活变换的身、步法，二人交替往返对扎八下，故名“八杆”。

太极“三杆、八杆”，套路简短，一招一势，攻防逼真，方法清晰实用，它以沾、缠、绞、拦、披、崩、抖、滑等杆法，并结合太极拳的身法、内劲、功力，才能起到良好的作用。

练习“三杆、八杆”，必须先练好太极拳的基础，加之“十三”杆的单练技法，以及掌握了粘、缠、绞、拦、披、崩、抖、挂、拖、横、扎、架等基本杆法，才能真正体现出双人沾枪的风格特点。

二人沾枪如滑杆，粘缠绞拦无断线。
只听双杆哗哗响，不见敲杆响梆梆。
此法运用太极功，身杆相随气贯通。
用到军队刺枪术，唯有此法最为精。

图中演练者，灰衣者为甲；黑衣者为乙。

## 第二节 三杆对练动作图解

**动作一：**甲乙二人站立，相距2米左右；右手钳握杆下中部立于身体右侧，沉心静气，周身放松；目视前方。（图16—1）

图16—1

**动作二：**接上势。二人同时一左一右转身相对站立，重心均在右腿，左脚虚点地面；双方同时握杆交叉于面前；目视对方。（16—2）

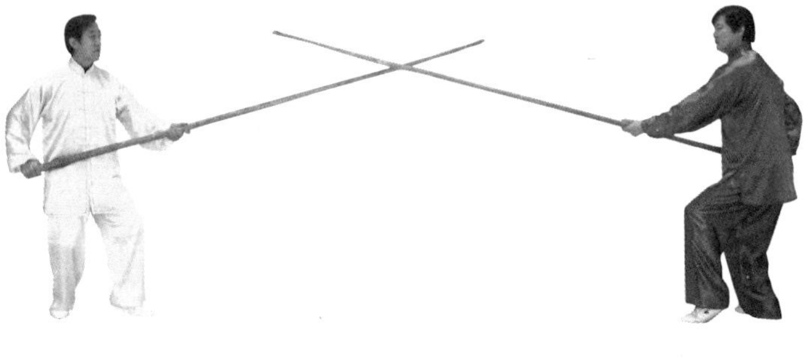

图16—2

**动作三：**接上势。甲方左脚后撤，两手持杆，用上平枪法向前扎对方咽喉；乙方左脚进步，两手握杆往里披，将甲方杆滑空，目视对方。（图 16—3）

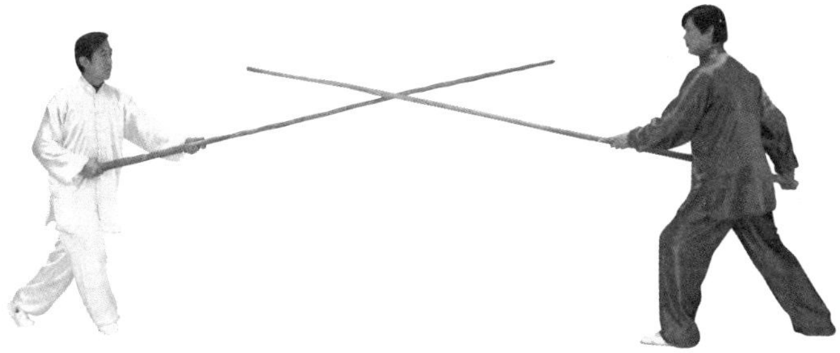

图 16—3

**动作四：**上动不停。甲方再退右步，将杆抽回，用中平枪法扎对方左肩；乙方上右步，同时，两手握杆向外崩，将对方杆滑空，目视对方。（图 16—4）

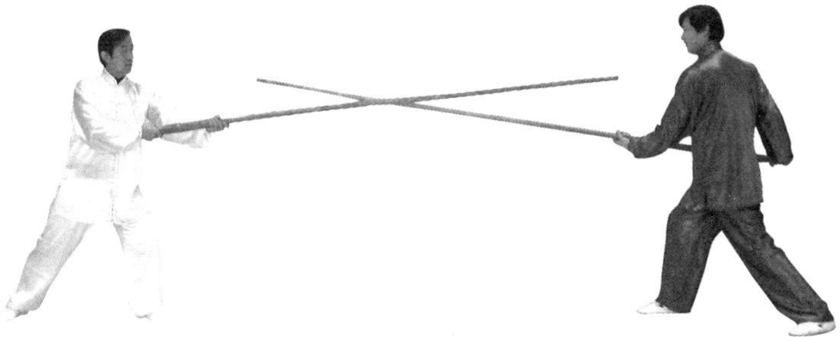

图 16—4

**动作五：**接上势。甲方退左步，将杆抽回，用滴水枪法扎对方膝部；乙方上左步，用下六分枪法往里绞，把对方杆滑空，目视前下方。（图 16—5）

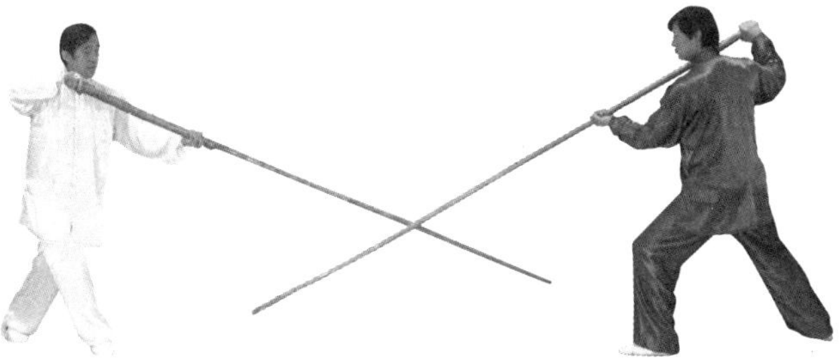

图 16—5

**动作六：** 接上势。转回来，乙方退左步，用杆扎对方咽喉；甲方进左脚，同时，两手握杆往里披，将对方杆滑空，目视对方。（图 16—6）

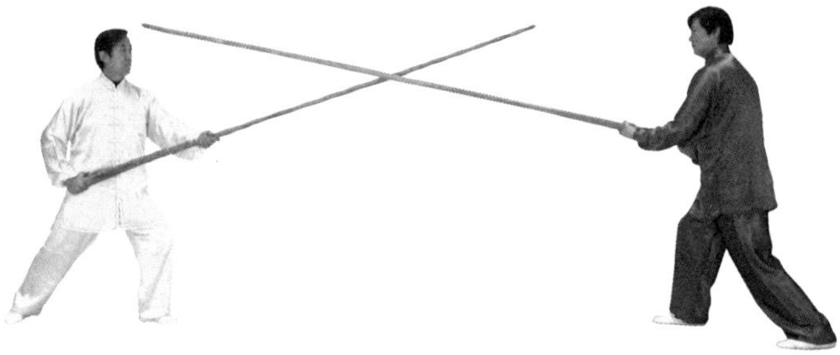

图 16—6

**动作七：** 上动不停。乙方退右步，将杆抽回，用中平枪法扎对方左肋；甲方进右脚，同时，两手握杆往外崩，将对方杆滑空，目视对方。（图 16—7）

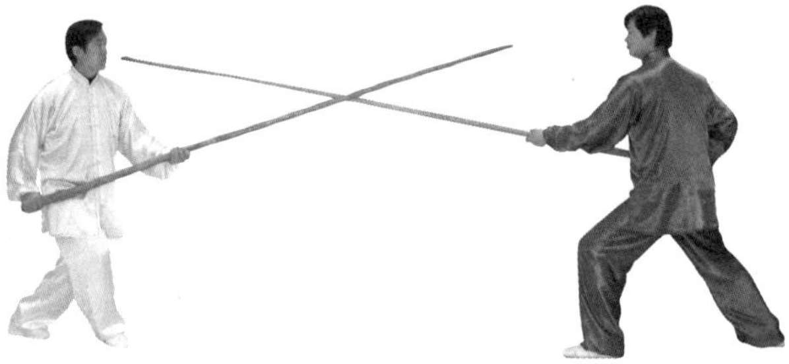

图 16—7

**动作八：** 接上势。乙方退左步，将杆抽回，用滴水枪法扎对方膝部；甲方进左脚，用下六分枪往里绞，将对方杆滑空，目视前下方。（图 16—8）

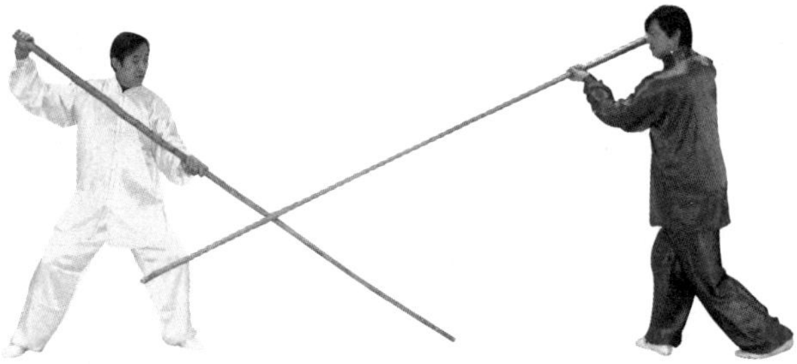

图 16—8

**【要求】**二人均右手握杆要握紧，左手托杆要灵活。不能满把紧握，要半把扣握，注意披滑打伤拇指。如此二人往返对扎，越扎越快，周身与杆协调一致。熟练时，只听披杆哗哗响，不见敲杆响邦邦，是军队练对刺的好方法。

最后，收场时，二人转身立正收势，将杆收于身右侧。（图 16—9）

图 16—9

## 第三节　八杆对练动作图解

**动作一：**甲乙二人站立，相距约 2 米；二人均用右手钳握杆下中部竖立于身体右侧；左手自然下垂于身体左侧，周身放松，沉心静气，呼吸自然；目视前方。（图 16—10）

**动作二：**接上势。甲方向左转，重心在右，左脚虚点地面；两手握杆斜竖于胸前；乙方向右转，撤右脚，屈膝松胯，重心在右，左脚虚点地面，两手握杆与甲方杆交叉斜竖于胸前；目视对方。（图 16—11）

**动作三：**接上势。甲方退左脚，两手持杆，扎对方咽喉；乙方进左脚往里披，将对方杆滑空，目视对方。（图 16—12）

图 16—10

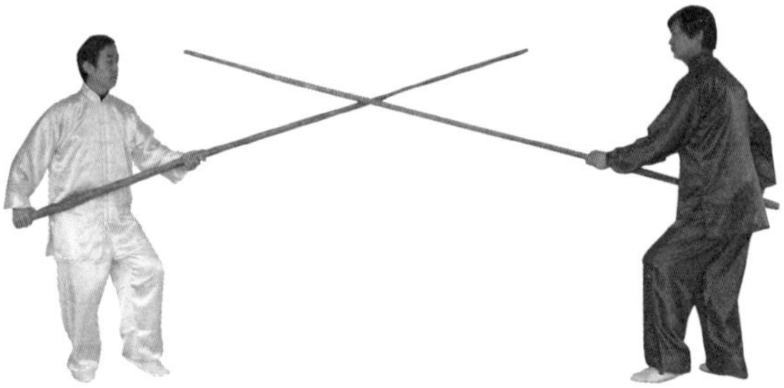

图 16—11

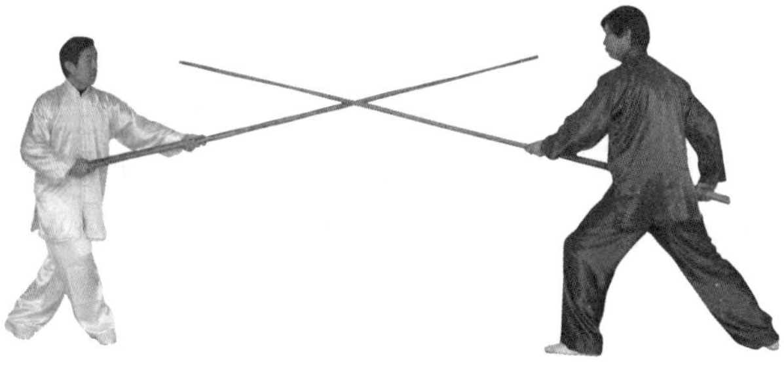

图 16—12

**动作四：**上动不停。甲方扎空后，随倒右腿抽回杆，扎对方左肋；乙方随进右脚，两手握杆往外披，身体略向左转，将对方杆滑空，目视对方。（图 16—13）

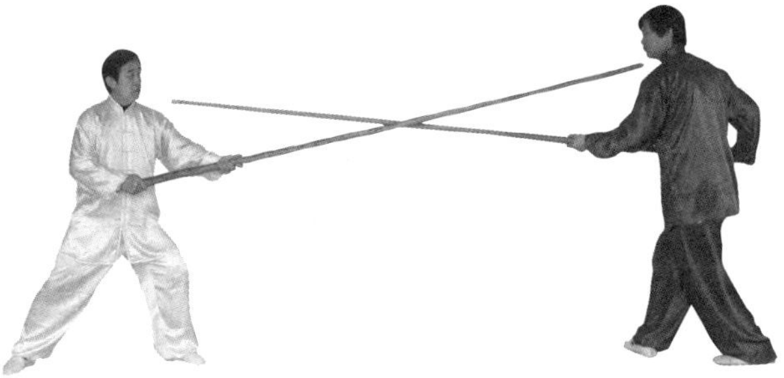

图 16—13

**动作五：**上动不停。甲方被滑空后，随之倒左脚，将杆抽回，用地蛇枪法扎对方膝部；乙方进左脚，用下六分枪法往里绞；同时，右脚悄悄从左脚后插过，随之左脚向左跨一大步，两手持杆，用绞缠法缠住对方杆，先向右、再向上划弧，向左下绞、崩、甩杆，将其杆甩落地上；甲方杆不能抽回，只好随对方杆的绞缠劲向右前下甩杆，同时，两手滑到杆尾部，身体随之下沉，目视杆梢。（图16—14~图 16—17）

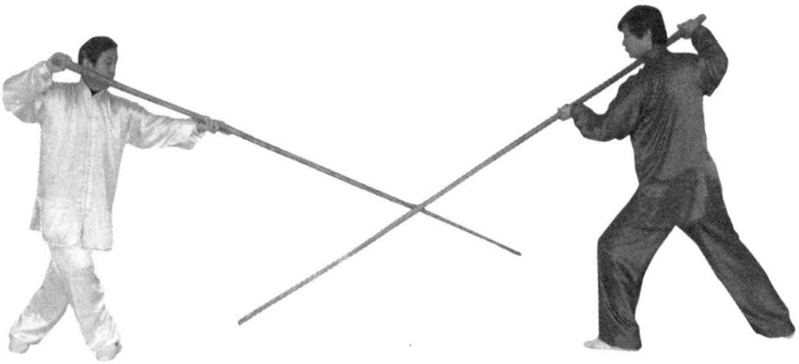

图 16—14

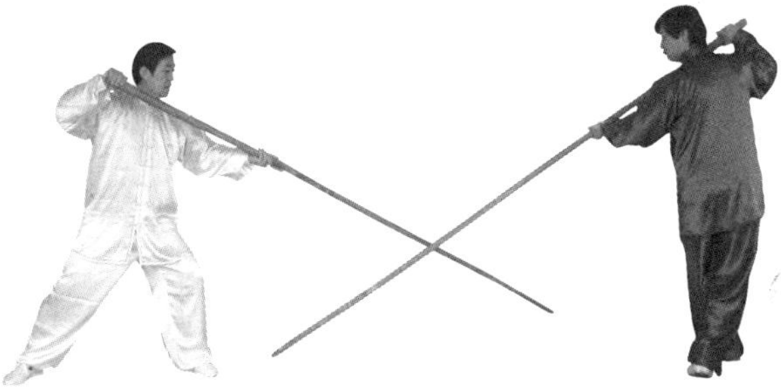

图 16—15

图 16—16

图 16—17

**动作六：**上动不停。甲方随杆甩地之时，将杆抽回，扎对方胸部；乙方速转身，持杆向里披，往下压住其杆，突然用横扫眉杆法打对方头部；甲方迅速用右手持杆尾上托斜横架于头顶，将乙方横扫杆法挡住，目视对方。(图 16—18、图 16—19)

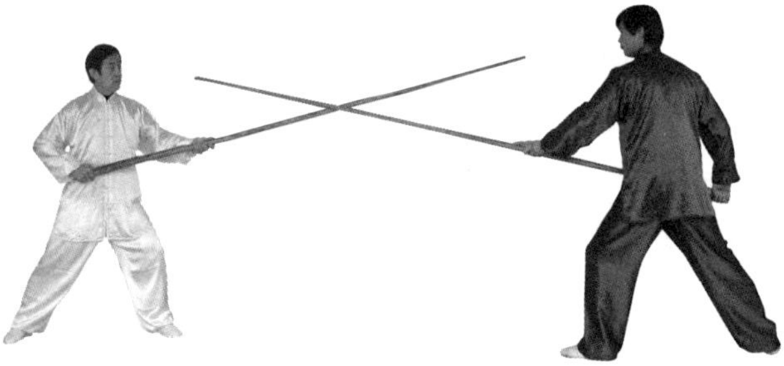

图 16—18

图 16—19

**动作七：**上动不停。甲方随之右手下沉，将对方杆滑空，抽杆扎其咽部；乙方用中平枪法往里披，将其杆滑空，目视对方。（图 16—20）

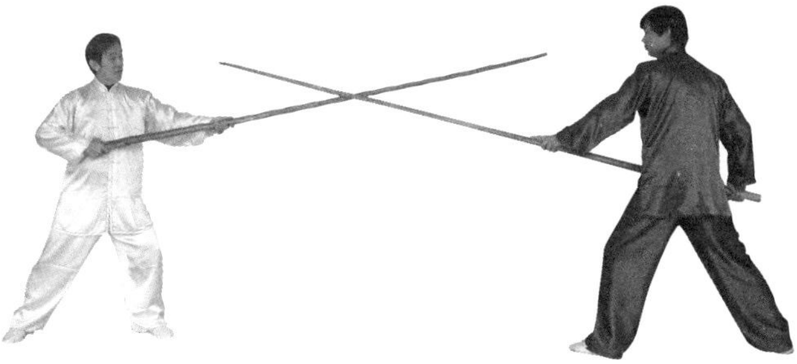

图 16—20

**动作八：**上动不停。甲方随倒左脚，将杆抽回，扎对方左肩；乙方两手握杆，身体略左转往外披，将对方杆滑空。（图 16—21）

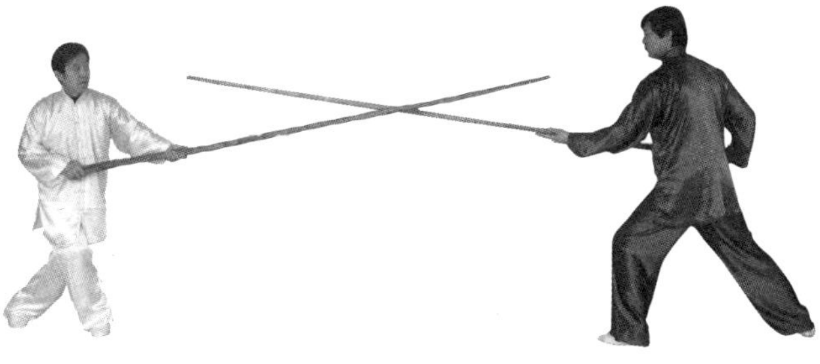

图 16—21

**动作九**：上动不停。甲方随倒右脚，将杆抽回扎对方膝部；乙方随上右步，用滴水枪法往里绞，将其杆绞空，目视前下方。（图16—22）

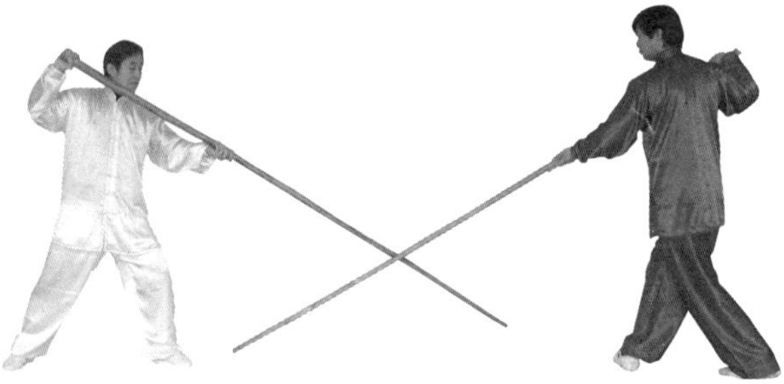

图16—22

**动作十**：上动不停。甲方倒左脚扎对方胸部；乙方随上左脚，两手用杆往里披，将甲方杆滑空，目视对方。（图16—23）

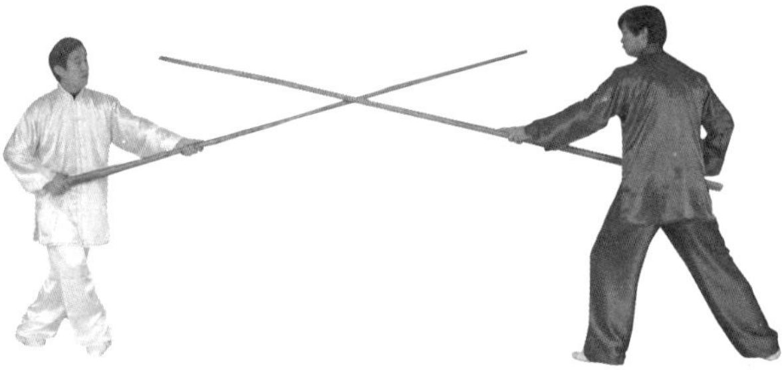

图16—23

**动作十一**：上动不停。甲方杆被滑空后，即抽回杆，进左步扎对方膝部；乙方速将身体右转，用白猿拖枪法缠住对方杆，跳步迈三步；甲方持杆上三步前追扎其膝部，双方均目视杆梢。（图16—24~图16—26）

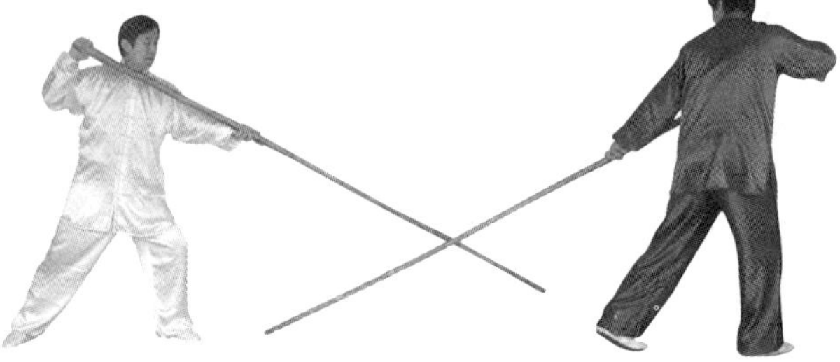

图16—24

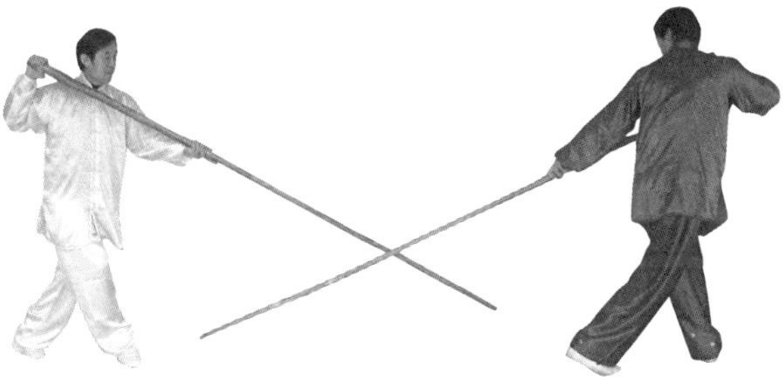

图 16—25

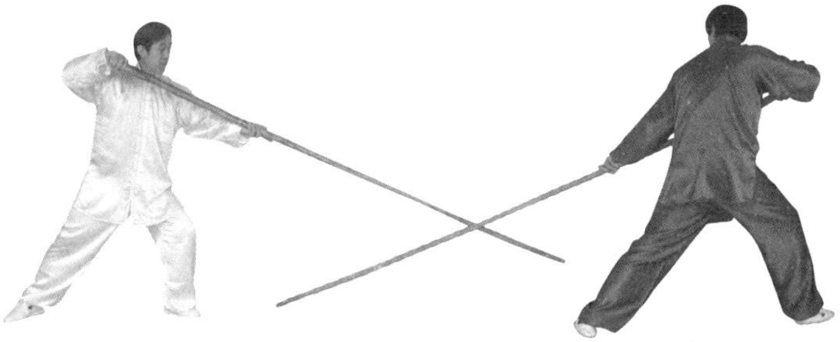

图 16—26

**动作十二：**上动不停。乙方趁对方前追之势，绞住向前引劲，右脚悄悄从左脚后插一步，然后，左脚向左横跨一大步，两手持杆绞缠住对方杆向右、向上划弧再向左下甩杆，将甲方杆甩落地上；甲方杆被缠难以抽回，只好随之甩杆，身法下沉，双方均视杆梢。（图 16—27、图 16—28）

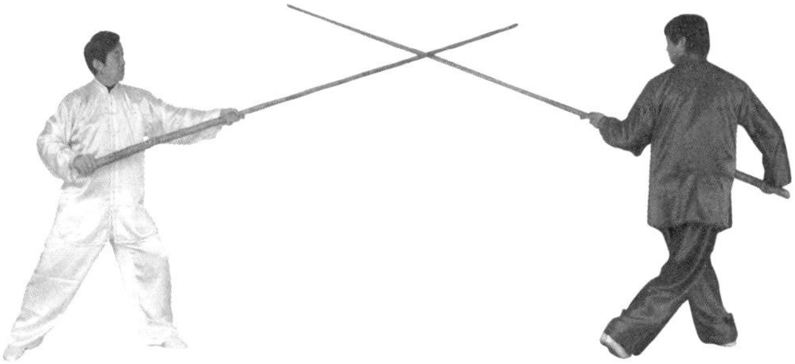

图 16—27

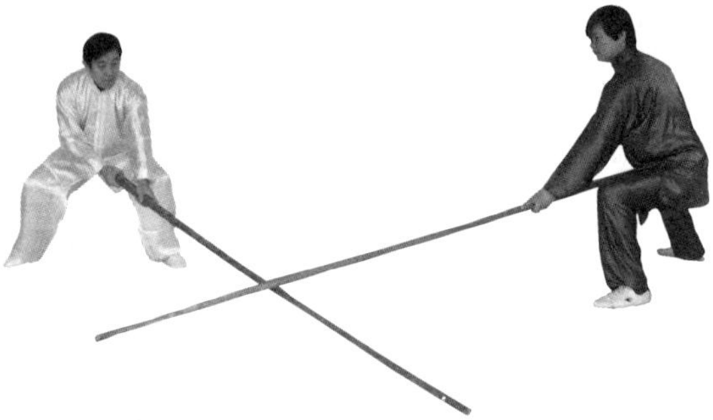

图 16—28

**动作十三：**上动不停。甲方随甩杆后，即将杆抽回，扎对方胸部；乙方迅速转身，两手持杆往里披，将杆滑空。（图 16—29）

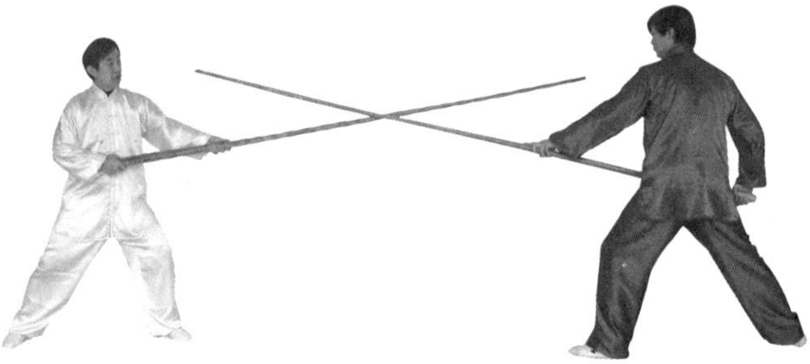

图 16—29

如此方法，二人交换。甲方用披、滑、横、打杆法将乙方扎杆滑空。这样往返不停，彼此均杆不离中门，只能滑杆，不能敲杆。不练时转身收势。（图 16—30）

图 16—30

# 第十七章　陈式太极梢、杆对练

## 第一节　梢、杆对练说明

梢、杆对练是陈式太极器械中长器械二人对打的一种练习方法。采用的杆比前边对练杆所选用的杆略短，约 2.7 米。采用的梢为长把梢，把长 2 米，下边有钻。上边用三个铁环套着梢穗，梢穗长约 40 厘米，用坚硬木质制成。

练梢、杆对打，必须是在练拳术的基础上，达到身法协调一致，手、眼、身、步法密切配合，与器械紧密相连。使杆的一方用扎、崩、披、拦、绞、缠、横、架等方法进攻对方；使梢的一方用撩、挡、绕、缠、横、扫、抡、打等方法守中有攻。待两人熟练时，可互不相让，一个似蛟龙出海，一个如猛虎下山，势不两立，越打越快，真如棋逢敌手，将遇良才。

## 第二节　梢、杆对练动作图解

**动作一：**甲乙二人相对站立；甲方右手持杆立于身体右侧，左手自然下垂；乙方右手握梢，左手自然下垂；两人均沉心静气，目视对方。（图 17—1）

**动作二：**甲方进左步，两手握杆扎对方咽喉部；乙方用梢钻往里合，将对方杆滑空；二人重心均在前腿，目视前方。（图 17—2）

**动作三：**甲方进右步，同时，两手握杆抽回转扎对方左肋；乙方退左步，用梢钻往外挡，将对方杆滑空；目视杆、梢。（图 17—3）

图 17—1

图 17—2

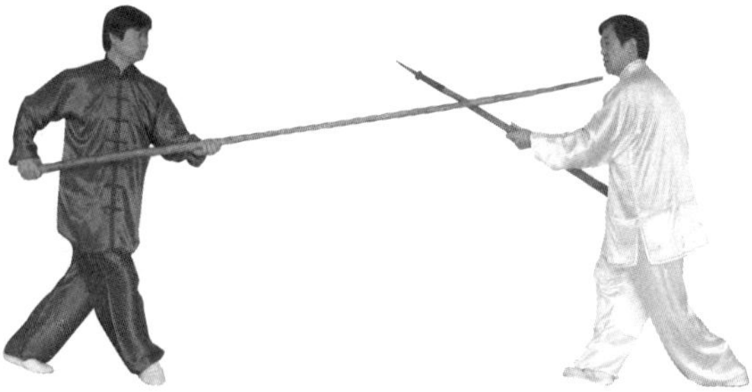

图 17—3

**动作四：** 接上动不停。甲方进左步，同时，抽回杆扎对方丹田；乙方退右步，身体向右转，用梢钻往下绞，将甲方杆滑空；目视前下方。（图 17—4）

图 17—4

**动作五：** 接上动不停。甲方将杆抽回，扎对方咽部；乙方倒左步，换把用梢穗往右侧抡打，将对方杆挡过，趁势上左步用梢钻压住对方杆，使其杆无法抽回；乙方随即身体右转，右脚撤一大步，身体继续右转，用梢穗扫蹚法抡扫对方双腿，甲方上纵跳起躲过，然后，乙方随即向左回扫，甲方又蹦起躲过。（图 17—5~图 17—9）

图 17—5

图 17—6

图 17—7

图 17—8

图 17—9

**动作六：**接上动不停。甲方连蹦两次，躲过对方连环扫蹚梢，用急三枪法连扎对方三杆，同时，跟上三步；乙方倒三步，用败三梢法往外撩打对方杆，连躲三杆，将其杆撩空。（图 17—10~图 17—12）

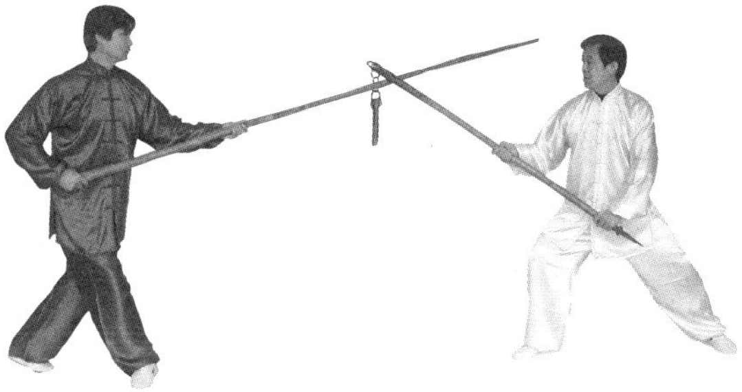

图 17—10

图 17—11

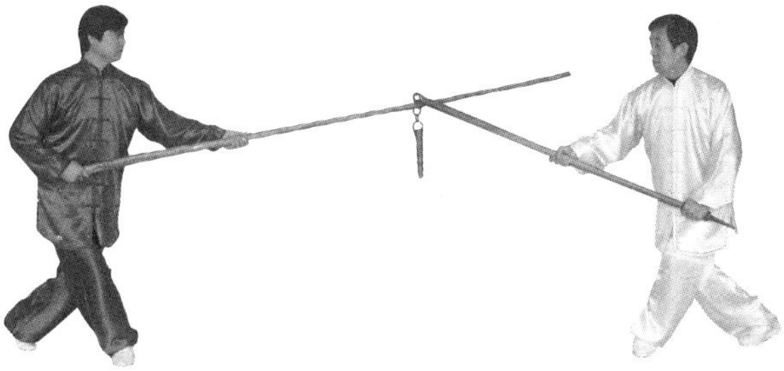

图 17—12

**动作七：**上动不停。甲方用杆扎乙方胸部；乙方用梢向左打，将其杆挡空；甲方用杆扎乙方咽喉；乙方用梢穗向右打，将甲方杆打过。（图 17—13、图 17—14）

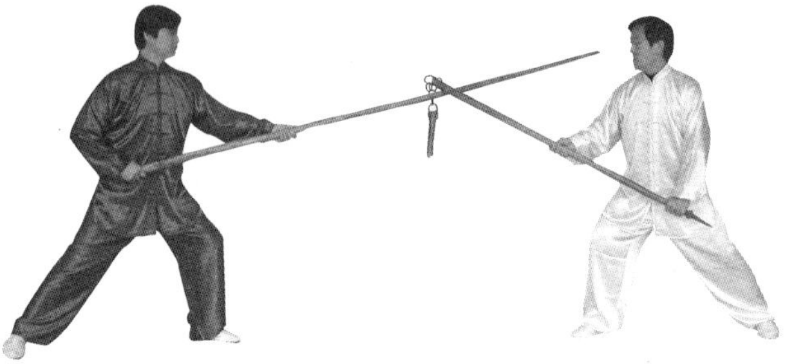

图 17—13

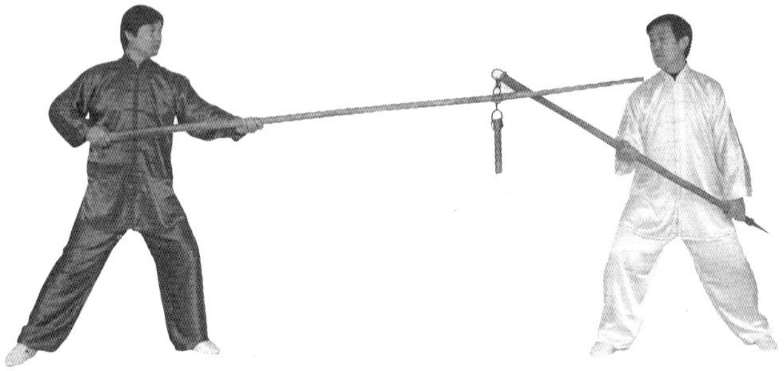

图 17—14

**动作八：**上动不停。乙方用梢向右撩挡过对方杆，趁势上左步，用梢压住其杆，倒右步，身体右转，用背扫蹚法打其双腿；甲方双脚蹦起躲过；乙方顺势又用飞扫蹚法打甲方双腿，甲方又蹦起躲过。（图 17—15~图 17—17）

图 17—15

图 17—16

图 17—17

**动作九：**接上动不停。乙方连扫对方两梢，均被对方跳起躲过；乙方两手握梢，身体向左转 360°，翻身抡打，上步连打三梢；甲方退三步连挡三杆，躲过乙方梢抡打。（图 17—18~图 17—24）

图 17—18

图 17—19

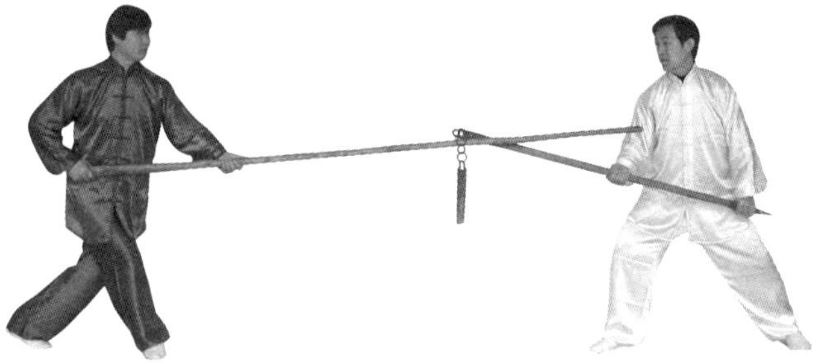

图 17—20

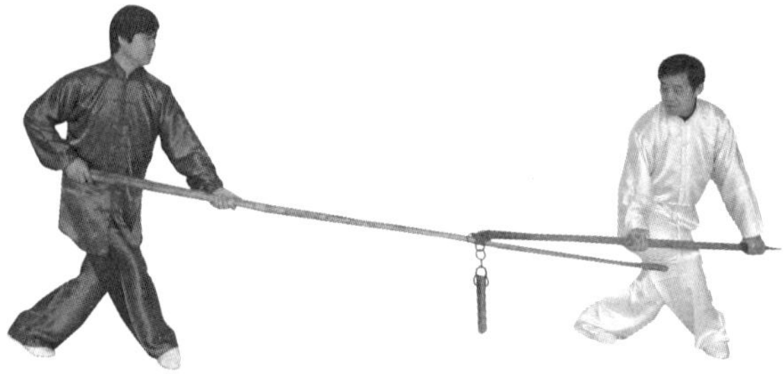

图 17—21

图 17—22

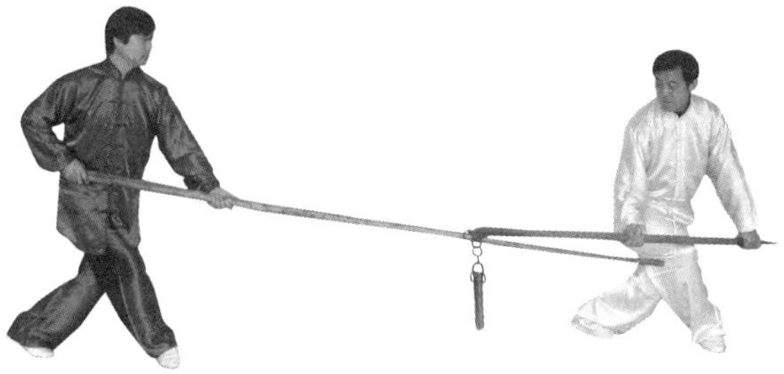

图 17—23

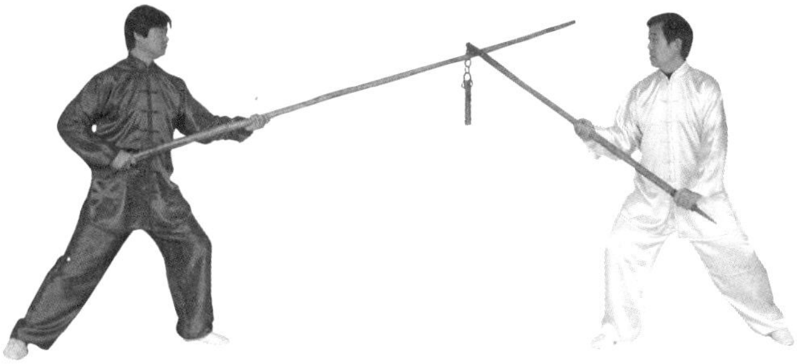

图 17—24

**动作十：**上动不停。甲躲过对方梢的抡打之后，站稳并用杆扎其咽部；乙方用梢穗往右撩挡；甲方抽杆扎其对方胸部；乙方用梢向左猛打对方其杆，将甲杆打落在地。（图 17—25、图 17—26）

图 17—25

图 17—26

**动作十一**：乙方用连环扫蹚法打甲方双腿，甲连蹦两蹦躲过；乙方用梢翻花打甲；甲趁势钻到乙右肋下，用手将乙梢打落在地（图 17—27、图 17—28）

图 17—27

图 17—28

**动作十二**：接上势。乙方上步，用左右拳连打对方三拳；甲退步，用左右肘连挡乙三拳躲过（图 17—29~图 17—31）

图 17—29

图 17—30

图 17—31

**动作十三：**接上势。甲方上步，用左右脚连踢对方三脚；乙方倒步，用左右手连拍对方三掌，躲过其三脚（图 17—32~图 17—34）

图 17—32

图 17—33

图 17—34

**动作十四：** 以上动作如二虎相斗，互不相让，拳来肘架，脚来手挡，不分胜输，握手共亲，拉兽头势收场。（图 17—35）

图 17—35

# 第十八章 陈式太极拳养生功

## 第一节 陈式太极拳养生功功理

陈式太极拳养生功（以下简称养生功），源于陈式太极拳，是陈式太极拳在健身养生及医疗保健方面的精华。它择取陈式太极拳独特的采气、集气、炼气、炼意方法，把意、气、形和呼吸有机地结合在一起，同时又舍去了陈式太极拳套路中的高难动作，因而具有得气快、气感强、祛病强身效果好而又方便易学等优点。本功法无偏差、无副作用，对高血压、冠心病、骨质增生、神经衰弱、胃肠官能症等慢性病都有较好疗效，且不受场地、时间等条件限制，男女老少皆宜。

### 一、功法特点

养生功动静结合，内外兼修，形神合一。练功时，在松静自然的前提下，贯穿一动无有不动的原则，使意识、动作、呼吸三者密切配合，人与大自然融为一体，采集天地间清灵之气营养身体，同时排出体内病、浊之气，以增进健康，益智延年。通过持久练功，元气会渐渐聚集于丹田，进而充实，饱满，壮大，自然养就至大至刚的浩然正气，以涵养道德，陶冶情操，坦荡胸怀。这种浩然正气施于自身，可收到强身及医疗保健功效；用之防身御敌，则产生强大的冲击力量，足以震伤对方的五脏六腑。本功法反应敏捷，随机应变，具有出于自然而不拘泥于拳脚的形式招数。

### 二、健身养生作用

#### 1. 保健神经系统，提高应激反应能力

正常人的一切活动，都是在神经系统的控制下进行的。身体各肌群之间，肌肉活动与内脏活动之间，各器官、系统及器官与系统之间的密切配合以及身体内

外环境的协调统一，都有赖于大脑皮质的调节作用。练功时要求清静用意，精神内守，可以增强意念控制能力，减少外界干扰，使人体感觉皮质部位的兴奋抑制过程在一定时间内能严格地、有节奏地转移，兴奋与抑制更加精确地配合，感受器能更准确地摄取外界信息。由于感官知觉功能的提高，增强了人体的积极性反应，对语言、文字等信息也更加敏锐，利于形成条件反射，第二信号系统更趋完善。这样，无论学习文化知识，还是掌握动作技术，都会迅速准确。经常练养生功的人，会感到精力充沛，头脑清晰，思维极有条理，工作热情和工作效率明显提高。

意识和动作相结合的练功方法，会增强神经系统的扩散性，使协同中枢之间的活动更加协同一致，即大脑皮质的运动中枢及第二信号系统处于高度兴奋状态，而皮质的其他部位处于保护性抑制状态，使大脑得到充分的休息，人体很快就消除了疲劳。对慢性病患者来说，由于大脑的充分休息，打破了慢性病的病理兴奋灶，消除了病灶的反馈影响，提高了健康水平，最终达到根治慢性病的目的。

我们知道，人的情感活动与健康关系密切。乐观向上的心境有益于健康，而过度的喜、怒、忧、思、悲、恐、惊等七情活动都会给健康带来危害。"七情"是使人致病的内因。如过喜伤心、怒伤肝、忧思伤脾、悲伤肺、恐伤肾、惊伤胆等。在七情过度时，外界的风、寒、暑、湿、燥、火等六淫就会乘虚而入，内外交感，造成疾病。所以《内经》特别强调恬淡虚无，精神内守，而养生功正是贯穿这些要求的。紧张、繁忙、快节奏的现代都市生活，给人们带来精神紧张、情绪烦躁、思维紊乱等负效应，甚至影响身体健康，降低工作效率。养生功要求清静无为，通过自我意念控制，使身体和精神获得最大限度的放松，以缓解精神紧张和压力，使情感活动趋于平和稳定，减少致病的内在因素，从而提高健康水平。

**2. 改善骨骼、关节和肌肉的结构，提高运动能力**

养生功以缠绕螺旋的运动方式，产生合理的生理负荷，使骨骼、关节、肌肉得到系统全面的锻炼，如使骨密质增厚，骨径变粗，骨面肌附着处突起明显，骨小梁的排列更加整齐规律等。这些变化会增强骨的新陈代谢，在形态结构上产生良好效果。随着形态结构的变化，骨变得更加坚固，从而提高了抗折、抗压、抗扭转等性能。

养生功这种放松性缠绕螺旋运动，可使关节面骨密质增厚，肌腱和韧带增粗，在骨附着处直径增大，胶原含量增加，关节软骨增厚，单位体积内细胞核数目增多，再加上肌肉力量的增强，就加大了关节的稳固性，以及关节囊周围肌腱、韧带的延展性，从而使关节活动幅度增大。因而，经常练养生功的人不仅柔韧性好，还能为进一步学习擒拿与反擒拿奠定良好基础。

螺旋式的缠绕运动，通过反复拧转绞动，配合有意识的放松放长，可使全身各部都参加活动，使肌纤维拉长到一般运动难以达到的长度。锻炼日久，肌纤维中线粒体数目增多，体积增大，肌肉中脂肪减少，结缔组织增多，参与活动的肌纤维和毛细血管数量增加。因而，经常练养生功的人皮肤会逐渐变得细腻光泽，肌肉弹性好，健美有力。过瘦、过胖的人练习养生功后，体型都会有明显改善。

大脑放松入静与身体放松运动相结合，改善了神经控制过程，同时也减少了运动过程中的能量损耗，使 ATP 储存于肌肉中。由于肌肉中 ATP 含量的增加，加快了在神经冲动作用下 ATP 的分解和再合成速度，因而加强了人体的快速反应、快速运动能力，能较快地掌握动作要领，提高运动技术水平。

### 3. 锻炼消化系统，增强呼吸机能

消化系统由消化道和消化腺组成，它的基本功能是摄取食物、消化食物、吸收营养物质和排泄残渣。人体健康与否，与消化系统各器官的功能关系密切。养生功动作柔和缓慢，随着动作导引，内气贯通五脏六腑。深长的腹式呼吸，也使膈肌大幅度地上下移动和腹肌大量活动，形成了对肠胃器官的良性按摩。此时，消化腺分泌的消化液增多，缩短了消化时间，使营养物质的吸收更加顺畅。所以练习养生功能够增强食欲，提高消化能力，有助于消化不良、胃肠官能症及溃疡等疾病的治疗。

养生功要求动作与呼吸密切配合，气贯四梢，必然使呼吸由快变慢，逐渐深长，使膈肌的收缩和舒张能力提高，胸廓间的牵张力加大，肺泡与毛细血管壁的接触面积增加，肺活量逐渐增大。持久练习，肺通气量和最大吸气量都会明显增加，呼吸与动作配合更加协调。这样，在定量工作时，能保持较长时间连续工作而工作能力不致下降。所以，练养生功不仅能防治慢性肺病，还能大大提高工作实效。

### 4. 增强心脏功能，改善脉管系统的工作能力

通过持久的养生功锻炼，可使心肌纤维增粗，心壁增厚，心脏收缩力增强，心脏的容量及每搏输出量增加。此外，还能改善动脉壁的弹性和韧性，使冠状动脉口径变粗。这些变化使脉管系统更加完善，使消化器官吸收的营养物质、肺吸进的氧和内分泌器官分泌的激素更加顺利地运送到各器官和组织，进行新

陈代谢，有利于内环境的稳定。一个久练养生功的人，心脏储备力量很强，具体表现为安静时心率低，一般运动时心率升高少，剧烈运动时心率升高很多但恢复较快。

### 5. 鼓荡内气，畅通经络

经络是人体气血运行的通道，与人的生理病理关系密切。经络畅通则身体健康，经络不通则生疾病。所以《灵枢·经别》篇："夫十二经脉者，人之所以生，病之所以成，人之所以治，病之所以起，学之所始，工之所止也。"又云"所以决生死，去百病，调虚实，不可不通"。气功锻炼的方式、途径虽不尽相同，但根本目的都在于练就充足的内气，并运用内气贯通十二经脉、奇经八脉，通大小周天，从而达到防病治病、强健身体、益智延年的目的。

内气是人体内的生命能量流，其强弱决定人体的健康程度。虽然内气与生俱来，但其盛衰却离不开后天的培养，只要锻炼方法科学、合理，就能使内气汇聚和增强，进而利用这充沛强大的内气增强体质，防身御敌。这里养生功以它特有的方式，在安逸清静的意识支配下，通过合理的姿势导引使人体自身具有的先天之气在短时间内汇聚、饱满、充实、壮大、鼓荡，渐渐贯通十二正经、奇经八脉，充实全身。在意识的引导下，内气行于心，则心火不亢，肾水不寒；内气行于肺，则升降自如，肺气下纳于肾，气沉丹田，运动而不气喘；内气行于肝，则肝火得平，脑清目明；内气行于脾，则运化得健，后天之本生机旺盛，肌肤健美光泽；内气行于血脉之间，则营、卫无滞；内气行于肌肤毫毛，则感觉灵敏，梢节充足。正如养生家言："以我之心，使我之气，适我之体，攻我之疾，何往而不愈焉?"

## 三、练功要领及具体要求

### 1. 松静安逸，自然顺遂

松，指形体而言，不但肌肉要放松，连同骨骼、内脏、皮肤、毛发都要松，全身各处无丝毫紧张感。静，指意念而言，思想清静集中，排除一切杂念，专心练功。练功时一定要放下任何杂念，一心一意，才会取得良好功效。自然，这里也指练功时不憋气，不用僵力，动作与呼吸配合听任自然，毫不勉强。

### 2. 意气相随，形神合一

以意导气，动作与呼吸密切配合，意到、气到、劲到。动功中动作与呼吸配合的一般规律是：合吸开呼，引吸放呼；上升吸气，下降呼气；蓄劲吸气，发劲呼气等等。总之，要任其自然，不可为了配合动作故意拉长呼吸，导致呼吸不畅，神气呆滞。

### 3. 立身中正，分清虚实

不论练动功还是练静功，都要求立身中正，不偏不倚。不可左右摇晃，东倒西歪。具体做法是：头自然正，颈项松，松肩，沉肘，含胸，塌腰。身体移动和旋转时，头、颈部与身躯四肢要上下一致，两眼平视，百会穴与长强穴相互贯注。在练功过程中，要仔细体会重心的转移，分清阴阳虚实，认真体会劲路是否畅通，动作是否顺遂，不符合要求时立即调整。练功时要贯穿“一动无有不动”的练功原则，注意整体配合，做到手、眼、身法、步协调一致，精、气、神、力、功专注一方，循规蹈矩，一丝不苟。

### 4. 练功时间及运动量

练功时间每次 20 分钟至 1 小时，逐渐增加。运动量要根据个人身体素质灵活安排，健康者以练完后身体稍感疲劳但精神舒畅为适宜。体弱者可侧重练静功，练动功时架式适当放高，待身体强壮再慢慢降低身法；体质强壮者可侧重动功练习，身法下低。

注意：

病患者练功不宜过于疲劳，一感到疲劳，就应立即休息，待体力恢复后再继续练，以免加重病情。

## 第二节　基本功训练

### 一、关节活动操

在人体中，血属阴，气属阳，血为气之母，气为血之帅，血随气行。通过肩、臂、腰、胯、膝、肘、腕、踝等关节活动，使肌肉、筋腱松弛，关节舒展，血脉畅通，促进气血运行。关节活动操作为正式练功前的准备活动，可以振奋精神，强化练功效果；若单独操练，可舒筋活络，防治关节炎。

准备活动不宜过多，以身体微微出汗而不气喘为宜。

1. 旋转头颈

两脚自然开立，约与肩同宽；双手叉腰，拇指在后，其余四指在前。以颈项为轴，头向左→向后→向右→向前→向左旋转为 1 圈，共转 8 圈，再反方向旋转 8 圈。（图 18—1~图 18—3）

图 18—1

图 18—2

图 18—3

2. 活动腕关节

两脚自然开立，约与肩同宽；两手十指环扣交叉于胸前；以腕关节为轴旋转，动作尽量轻柔，幅度要大，次数不限，以舒适为度。（图 18—4）

图 18—4

3. 活动肘关节

两脚自然开立，约与肩同宽；两手臂自然垂于体侧；以身体带动手臂，先逆缠进而变顺缠，走外前上弧形合于腹前（图 18—5）。上动不停。双手变逆缠走里下弧，循腰两侧外开至两胯侧（图 18—6）。反复练习。

图 18—5

图 18—6

4. 活动肩关节

两脚自然开立，约与肩同宽；双手成勾手，勾尖置于肩前；以肩关节为轴，两肘向前→向上→向后→向下旋转为 1 圈，共转 8 圈（图 18—7~18—9），再反方向旋转 8 圈。反复练习。

图 18—7

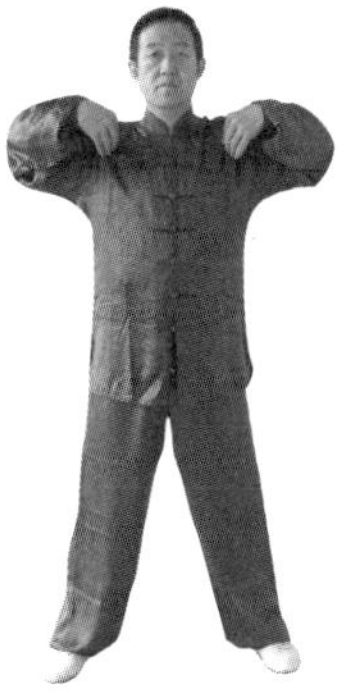

图 18—8

图 18—9

5. 扩胸

两脚自然开立，约与肩同宽；双手平抬于胸前，掌心向下，指尖相对；两脚不动，两肘外张扩胸（图 18—10）；随两臂回弹，两臂成侧平举扩胸，掌心朝上（图 18—11）。反复练习。

图 18—10

图 18—11

6. 振臂

两脚自然开立，约与肩同宽；左手上举于头部左侧，臂伸直，掌心朝前，右臂垂于右侧，两臂同时后振 4 次（图 18—12），再交换两手上下位置，后振 4 次（图 18—13）。反复练习。

图 18—12

图 18—13

7. 抡臂拍打

两脚自然开立，约与肩同宽；松肩、松臂、松胯、屈膝，脚不动；随着身体左转，带动两臂甩开拍打身体；右臂拍打左前胸、腹、肋、肩，左手背及前臂拍打右背；眼随身体向左后方看（图 18—14）。再向右转，动作相同，方向相反（图 18—15）。如此自下而上、自上而下随意拍打，次数不限，以轻松舒适为度。

图 18—14

图 18—15

8. 转腰

两脚自然开立，约与肩同宽；双手轻握拳，平抬与胸平，拳面相对；脚不动，向左转腰 90°两次（图 18—16），随即向右转腰 90°两次（图 18—17）。反复练习。

图 18—16

图 18—17

### 9. 活动髋关节

两脚自然开立，约与肩同宽；两手虎口叉腰（图 18—18），拇指在前，其余 4 指按于肾俞穴上；腰不动，以髋关节为轴，按左→后→右→前的方向旋转 8 圈（图 18—19、18—20），再反方向旋转 8 圈。反复练习。

图 18—18

图 18—19

图 18—20

### 10. 活动膝关节

两脚自然开立，约与肩同宽；两手掌按在膝盖上，以膝关节为轴，同时向里、向外各旋转 8 圈（图 18—21）；两脚并拢，手势不变，以膝关节为轴，向左、向右各旋转 8 圈（图 18—22）。反复练习。

图 18—21

图 18—22

11. 活动踝关节

两脚自然站立；双手叉腰，拇指在后，其余 4 指在前，重心在右腿，左脚点地，右脚不动，以左脚尖为支点，以左踝关节为轴旋转（图 18—23），再以右脚尖点地，旋转右踝关节（图 18—24）。反复练习。

图 18—23

图 18—24

12. 弹抖放松

立正，左脚提起，右腿支撑体重，松胯屈膝；两臂放松收缩，身体略右转（图 18—25）；放松弹踢左脚，同时向右前下甩两手臂，全身各个关节都有一种放松舒展的感觉（图 18—26）；换提右脚弹抖放松，动作相同，方向相反。（图18—27、图 18—28）

图 18—25

图 18—26

图 18—27

图 18—28

## 二、缠丝劲训练

### 1. 单云手

(1) 左单云手

**动作一：**两脚开步成左弓步；左手上掤至左膝上方，高与肩平；右手叉腰，拇指在后，其余4指在前；目视左手，重心在左。（图18—29）

**动作二：**接上势。身体向右转，重心移至右腿；同时，左手划弧下沉，里合于小腹前，为顺缠丝劲。（图18—30）

图18—29

图18—30

**动作三：**接上势。身体继续右转；同时，左手向右上穿掌外翻至右胸前，为逆缠丝劲；目视身体右侧前方。（图18—31）

**动作四：**接上势。松左胯，身体左转；左手逆缠外开至左膝上方，高与肩平；目视左手。（图18—32）

图18—31

图18—32

如此整个左单云手动作完成。一开一合为1拍，一般在每个动作单练时，练够两个8拍为1节。初学者先搞清楚动作的路线，熟练后，再体会重心移动的盘旋路线，以及腰左右旋转和手臂顺逆缠丝的转换速度。只有这样，才能由生到熟，由熟到顺，逐步达到周身相随，连绵不断。动作特别熟练后，再配合呼吸。开劲逆缠时呼气，内气由丹田催达手指；合劲顺缠时吸气，采自然界清灵之气由掌心顺缠收于丹田之内，充实丹田。

(2) 右单云手

动作要领与左单云手相同，方向相反。（图18—33~图18—36）

图18—33

图18—34

图18—35

图18—36

2. 双云手

**动作一：** 由左单云手（如图18—32）起势，身体微左转；右手由右腰间顺缠划弧下沉于小腹前；左手变逆缠上掤；目视右前方。（图18—37）

图 18—37

图 18—38

**动作二**：接上势。身体先左后右转，重心由左腿移至右腿；同时，右手向左、向上，变逆缠向右上掤；左手划弧顺缠里合于小腹前；目视左前方（图 18—38）。这样反复循环运转，练习旋转腰，两臂左右缠丝，周身协调一致。

3. 侧面缠丝

**动作一**：两脚横开成左弓步；左手掤至左膝上，高与肩平；右手叉腰，拇指在后，其余 4 指在前；重心在左，眼看左手。（图 18—39）

**动作二**：接上势。身体左转；左手逆缠划弧外开至身体左侧后方；眼看左手。（图 18—40）

**动作三**：身体右转，重心移至右腿；左手顺缠里合于左膝上方；眼顺左手看左前下方。（图 18—41）

图 18—39

图 18—40

图 18—41

**动作四：**身体略左转；左手逆缠上掤至左膝上方（图 18—42）。一开一合为 1 拍，共练两个 8 拍。再换右手练习，动作要领相同，唯左右互换。（图 18—43~图 18—46）

图 18—42

图 18—43

图 18—44

图 18—45

图 18—46

4. 左右后搌

**动作一：**两腿成右弓步；左手置于胸前，高与肩平；右手合于右腰间；目视前方。（图 18—47）

**动作二：**接上势。身体微左转，重心移至左腿；同时，左手逆缠下搌至腰间，右手先逆缠后搌变顺缠上翻至身体右前方；目视前方（图 18—48）。

图 18—47

图 18—48

这样循环往返，反复练习，以身领手，以腰催肩，以肩催肘，再达手，练习周身结合的后搌劲。注意：在后搌转折上翻时，切勿挑肩。

### 5. 前后双手缠丝

**动作一：** 先立正成预备姿势，然后提左腿向前上步；两手左顺右逆缠丝，向前划弧上掤后搌；目视前方。（图 18—49）

**动作二：** 接上势。身体右转；两手后搌；重心左移。（图 18—50）

图 18—49

图 18—50

**动作三：** 接上势。身体左转；两手走下弧左逆右顺缠向前掤；重心在左腿。（图 18—51）

**动作四：** 接上势。身体右转；两手右逆左顺缠向后上搌。（图 18—52）

图 18—51

图 18—52

反复练习以上动作，也可右腿在前，左腿在后，左右调换。以裆、腰为轴旋转，带动两臂缠丝，以身领手，以意导气。

## 三、步法训练

### 1. 前进步

**动作一：**立正，周身放松，意守丹田；目视前方。（图 18—53）

**动作二：**接上势。重心移至右腿，左脚向左前方上步；两手同时自下而上左顺右逆向前上划弧后搌；目视前方。（图 18—54）

**动作三：**接上势。重心移至左腿，右脚跟步，与左脚并齐；同时，双手变左逆右顺缠走下弧向前掤；目视前方（图 18—55）。然后再上步后搌，如图 18—54 所示，以练习手脚配合，周身相随。这样反复练习若干次后，换右脚上步，左脚跟步练习，要领同上。

图 18—53

图 18—54

图 18—55

### 2. 后退步

**动作一：**两脚并立，目视前方；右手合于右腰间，左手手心朝前推出，沉肘松肩。（图 18—56）

**动作二：**接上势。重心移至右腿，提左腿，脚尖着地，向内划弧后退；同时，左手逆缠，向下划弧随左腿后搌；右手由后上翻前推。（图 18—57）

**动作三：**接上势。重心移至左腿，提右腿，脚尖着地，向内侧划弧后退；同时，右手逆缠，向下划弧

图 18—56

图 18—57

图 18—58

随右腿后搌；左手由后上翻前推。（图 18—58）

此动作是练习退步时上下配合的方法，可反复练习，练习次数根据场地灵活掌握。

### 3. 左右开步

**动作一：**身体立正站立；右手叉腰，左手向左侧展开，掌心向左；松肩沉肘，目视前方。（图 18—59）

**动作二：**接上势。身体微右转，重心移至右腿，提左脚向左侧开步；同时，左手顺缠走下弧里合；目视左前方。（图 18—60）

**动作三：**接上势。身体微左转，重心移至左腿，提右脚收于左脚内侧成并步；同时，左手里合，向上外翻，逆缠向左开；目视左前方。（图 18—61）

图 18—59

图 18—60

图 18—61

此势主要是练习手合脚开、手开脚合及上引下进的方法，可根据场地反复练习。练毕左开步，练右开步，动作要领相同。（图 18—62~图 18—64）

图 18—62

图 18—63

图 18—64

4. 并步云手

**动作一：**立正；两手自然下垂于体侧，全身放松，眼平视前方；松右胯，身体微右转，重心移至右腿，提左脚向左开步，脚跟着地，脚尖上翘；同时，右手先顺后逆缠走右上弧外掤；左手顺缠里合于腹前；目视左前方。（图 18—65）

**动作二：**接上势。身体微左转，重心移至左腿，右脚并步于左脚内侧；同时，左手逆缠划弧外翻上掤；右手变顺缠走下弧合于腹前；眼看左前方（图 18—66）。如此开一步并一步，配合双手顺逆缠丝，练习周身上下相随的能力。步法要求轻灵自然，左右方向反复练习。

图 18—65

图 18—66

5. 插步云手

**动作一：**立正；两手自然下垂于体侧，全身放松，眼平视前方；松右胯，身体右转，重心移至右腿，提左脚向左开步，脚跟着地，脚尖上翘；同时，右手先顺后逆缠丝，走右上弧外掤；左手顺缠里合于腹前；目视左前方。（图 18—67）

**动作二：**接上势。右手顺缠里合于腹前，掌心朝左；左手逆缠外掤于左肩前，掌心朝外；同时，右脚向左脚后插步；目视右前方。（图 18—68）

图 18—67

图 18—68

**动作三：**身体微右转；右手由顺缠变逆缠外翻上掤；左手顺缠走下弧，里合于腹前；同时，重心移至右腿，提左脚向左开步，脚跟着地，脚尖上翘；目视身体左前方，恢复到如图 18—67 所示姿势。如此开一步，插一步，反复练习。

## 第三节 太极培元养气法

太极培元养气法包括静坐养气法、桩功聚气法及卧功（卧功暂不介绍）。无论哪种方法，都是通过放松肢体、凝神固志等方法，来挖掘人体潜能，降低基础代谢，调和七情，使气血和顺，经络畅通，达到修养身心、益智延年的目的。

### 一、静坐养气法

1. 静坐前的准备

入坐前先宽松衣带，再活动关节片刻，使肌肉筋膜关节得以舒展，便于气血畅通。静坐时，背部不能靠墙或倚靠在其他物件上，同时要注意使空气流通，避免风吹，避免别人骚扰。

### 2. 静坐的姿势

（1）自由盘坐

坐于宽凳或硬板床上，两小腿自由交叉，两膝离开坐面；面南背北，两手臂放松，成圆弧形，手掌相叠于腹前，右掌在上，左掌在下，掌心均朝上。（图 18—69）

图 18—69

（2）平坐

臀部平坐于宽凳或木板床上，两脚掌平踏地，约与肩同宽，大腿与小腿约成直角；两手掌平放于大腿上，掌心朝上、朝下均可。眼可微闭，也可不闭。静坐时姿势要求头自然端正，颈部放松，不可僵硬。躯干正直稳固，不可前俯后仰，东倒西歪。下颏微向内收，唇齿微合，舌尖轻抵上腭，眼微闭，面容轻松自然。肩、臂、肘、腕皆要放松，胸微合，背舒展放松，腹部宽松镇定，会阴穴微微上提。（图 18—70、图 18—71）。

图 18—70

图 18—71

### 3. 练功要领

（1）自然呼吸，轻守意念

意念与呼吸姿势调整好后，随着腹部轻微的一起一伏，伴以均匀、柔和的自然呼吸。初练时，为了快速聚气，可采用下沉法引导，即自然吸气，不加意念；两耳静听自己呼气，不使之发出粗糙的声音，随呼气意念从心窝松到小腹，使心气下沉于丹田。如此持久练习，丹田会渐渐发热，待丹田发热较明显时，停止引气下沉，使恬淡的意念，绵绵的呼吸轻轻止于丹田，养气。

练功时，思想集中在丹田（泛指小腹），意念要轻，不可紧张死守，意识越清静、越恬淡，体内真气越容易在丹田汇聚和在经络中流通。而思想紧张，急于求成，反而影响真气的正常运行。《内经》云“恬淡虚无，真气从之”即是此意。身体越放松，思想越清静，内气就越旺盛，内气运行也越顺畅。

⑵ 持之以恒，循序渐进

初练静坐，自然呼吸即可。随着练功的深入，逐渐过渡到均匀、柔和、深长缓慢的腹式内呼吸。腹式内呼吸是按照正确的练功方法，通过持之以恒的练功后自然形成的，并非初学者可以一下子做到的。因此初学者不可为了使呼吸达到深长匀细而故意憋气，拉长呼吸，失去自然规律。初练者一般每分钟呼吸 12~14 次，功深者每分钟呼吸 2~3 次即足以保证需要。

⑶ 排除杂念，消除紧张

杂念的出现是练功初期的必然现象，会影响功效。但不必因此紧张，因为杂念是可以排除的。随着功夫的加深，杂念会渐渐减少，直至消失。

下面介绍几种简单有效的方法：

①数息法

练功时默数自己呼吸次数，一呼一吸为一次，从 1 往后数。这是以一念代万念之法。

②规劝法

练功中出现生活琐事等杂念时，劝告自己：“现在应专心练功，其他事待练功结束再做，现在多想也没用，安心练功吧。”如此劝告自己几遍，杂念会渐渐减少。

③慧剑斩心魔

闭目练功时，杂念过重，难以消除，或出现幻景，沉湎其中难以自拔时，立即睁开双眼，这时一切杂念及幻景立即消失。因魔由心起，故名之“慧剑斩心魔”。待杂念消失后再继续练功。

#### 4. 听其自然，守住丹田

经过一段时间静坐练功，机体内部或体表将产生这样或那样的感觉，如冷、暖、轻、重、沉、凉、麻、胀、痒等现象。起初，一般以四肢末梢感觉最明显，渐有肠鸣咕咕之声，进而全身或局部清凉、温暖、肌肉跳动、麻胀等现象，因个人体质不同而各异。这些感觉是练功的正常反应，称之为“得气”。有时还会出现山、水、人物等幻景，都不必紧张害怕，更不能追求，以免“着相”。这些东西都是虚幻不实的，是大脑对客观世界的歪曲反映。对所有的幻觉都不动心，不予理睬，只管轻轻守住丹田，幻景自会消失。见怪不怪，其怪自败。各种动象都将随着功夫的加深逐渐平静下来，恢复到安静、虚无、平和的状态。这时心如止水，杂念不起，呼吸绵绵，意念似有似无，若隐若现，真正体会到恬淡虚无的境界，呼吸方式也就自然过渡到腹式内呼吸了。

#### 4. 收功

两手覆于丹田上，以丹田为中心，顺时针揉 36 圈，面积扩大到胸腹；再反方向揉 24 圈，圈渐渐缩小，止于丹田。揉毕搓热双掌，擦脸 12 次（健脾），双手拇指背搓热，擦眼眶 12 次（明目），两手掌将耳翼向前压，紧贴耳孔，以食、中二指敲击风府穴 36 次，然后按摩双腿、双脚片刻，慢慢起身，练功结束。

注意：

要本着执著、严肃、谨慎、真诚的练功精神刻苦练功，但不可执著功效。古人云："不可用心守，不可无意求，用心着相，无意落空，似守非守，绵绵若存。"总体原则是：求放心，不动心，勿忘勿助，有意练功，无意成功。

### 二、桩功聚气法

#### 1. 采气法

**动作一**：两脚开立，与肩同宽，屈膝松胯，立身中正，全身放松；两臂自然下垂于体侧；头自然正，二目微闭，内视丹田，唇齿微合，舌尖轻抵上腭，自然呼吸。（图 18—72）

**动作二**：接上势。两臂慢慢自然顺缠外翻，向左右两侧上升，与头顶相平，吸气。（图 18—73）

图 18—72

图 18—73

**动作三：**上动不停。两手继续上升逆缠里合于头上额前，掌心朝下，吸气尽。（图 18—74）

**动作四：**呼气；两掌随身体下沉经胸前下沉，经丹田时稍停（图 18—75），然后继续放松下沉，意念气沉脚底，呼气尽。（图 18—76）

图 18—74

图 18—75

图 18—76

**动作五：**还原，再上升吸气，下沉呼气，反复练习，使身体内部有上下贯通之气感。

**【要求】**在练习时，呼吸要深长、匀细。初学者不易做到，不必强为，随呼吸自然动作。吸气时采天地清灵之气，由百会贯于丹田，充实全身，行于涌泉，循环不已，体内浊气、病气自然排出体外。

### 2. 抓气法

**动作一：**立正，屈膝松胯，含胸塌腰，头自然正，颈部放松，唇齿微合，舌尖轻抵上腭；眼平视前方（图 18—77）。自然呼吸。

**动作二：**接上势。左脚向前开步成左弓步；两手走上弧向前推出；目视前方，呼气。（图 18—78）

**动作三：**上动不停。重心走弧线后移；两掌变拳，抓气下沉，收于丹田；目视前方（图 18—79、

图 18—77

图 18—78

图 18—80)。此动吸气。

**动作四：**接上势。随呼气双拳变掌，由丹田走上弧前推。(图 18—81)

**【要求】**上述动作反复练习，左右均可，使虚实转换圆转自如，丹田与命门相吸相通。

图 18—79

图 18—80

图 18—81

3. 丹田内转运气法

**动作一：**两脚开立，比肩略宽，屈膝松胯；二目微闭内视，唇齿微合，舌尖轻抵上腭，呼吸自然；左手心覆盖于脐上，右手掌盖在左手背上。(图 18—82)

**动作二：**结合身法，虚实转换，两手顺时针以肚脐为中心，由小到大转 36 圈，直到上胸下腹，配合自然呼吸；再换右手在下、左手在上，逆时针方向，由大到小转 24 圈收于肚脐。(图 18—83、图 18—84)

**注意：**女士先逆转 36 圈，再顺转 24 圈，双手上下位置与男子相反。

图 18—82

图 18—83

图 18—84

4. 浑元桩

两脚开立，比肩略宽，屈膝松胯，含胸塌腰，立身中正，全身放松；头正，微上顶，颈部放松，唇齿微合，舌尖轻抵上腭；两臂弧形环抱于胸前，手心朝里，指尖相对，肩松肘沉；裆要开圆，脚踏实地，脚趾、脚外侧、脚跟皆抓地，涌泉穴要虚；重心在两腿之间。（图18—85、图18—85附图）

图18—85

图18—85附图

【要求】思想清静而集中，全身放松，任大气自然流行。

5. 收功

收功方法与静坐养气法收功相同，不再述。

# 第十九章　陈式太极拳十三式

## 第一节　陈式太极拳十三式说明

一、为了表述清楚，图像和文字对动作作了分解说明，打拳时应力求连贯衔接。

二、在文字说明中，除特殊注明外，不论先写或后写身体的某一部分，各运动部位都要同时协调活动，不要先后割裂。

三、方向转变以人体为准标明前、后、左、右。

四、图上的线条是表明从这一动作到下一动作经过的路线和部位。左手左脚为虚线（- - - -►），右手右脚为实线（——►）。个别动作的线条受角度、方向等限制，可能不够详尽，应以文字说明为准。

五、某些背向、侧向动作，增加了附图，以便对照。

## 第二节　陈式太极拳十三式动作名称

第一式　太极起势
第二式　金刚捣碓
第三式　懒扎衣
第四式　六封四闭
第五式　单鞭
第六式　白鹅亮翅
第七式　斜形
第 八 式　搂膝拗步
第 九 式　掩手肱拳
第 十 式　倒卷肱
第十一式　转身摆莲
第十二式　当头炮
第十三式　金刚捣碓

## 第三节　陈式太极拳十三式动作图解

### 第一式　太极起势

**动作一**：两脚并立，成立正姿势；两臂下垂于身体两侧，手心向内；头正，唇齿微合，舌尖轻抵上腭，下颌内收；两目平视。（图 19—1）

**动作二**：屈膝松胯，放松下沉，重心略右移，提左脚向左横开半步，比肩略宽，脚尖微外摆，脚趾、脚掌外缘和脚后跟皆抓地，涌泉穴要虚；含胸塌腰，立身中正，虚领顶劲；两目平视。（图 19—2）

**动作三**：两手缓缓上升，高与肩平，手心向下，松肩沉肘；身体慢慢下降；两手下按至腹前；两目平视。（图 18—3、图 18—4）

**【要点】**心静体松，身法中正。身体下沉时犹如坐凳子，切忌弯腰凸臀。

图 19—1

图 19—2

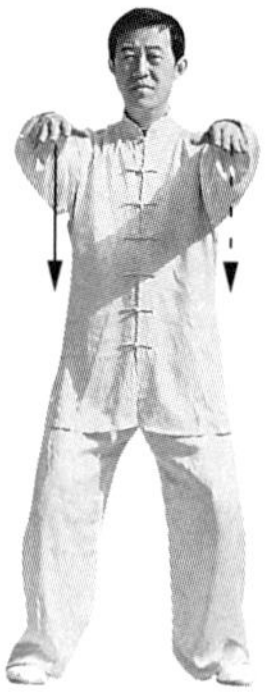

图 19—3

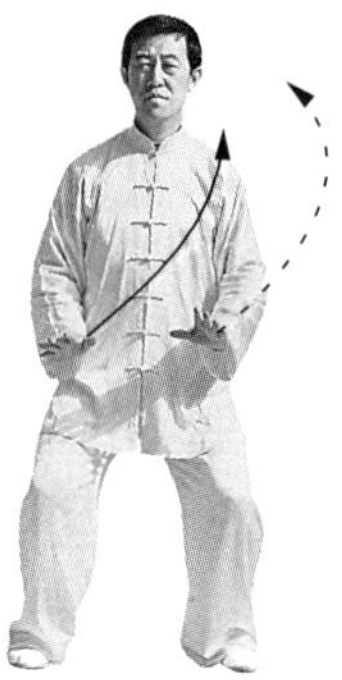

图 19—4

## 第二式 金刚捣碓

**动作一：**身体微左转，重心右移；两手左逆右顺缠丝，走弧形向左前上方掤出，左手掤至左膝上方，高与眼平，手心向外；右手掤至胸前中线，手心向上；接着身体右转 90°，重心移至左腿，右脚尖外摆；同时，两手右逆左顺向右后搬；目视右前方。（图 19—5、图 19—6）。

图 19—5

图 19—6

**动作二：**重心右移，身体微右转下沉，左腿里合提起；同时，两手上掤，掤劲不丢；左脚跟内侧向左前方铲出；目视左前方。（图 19—7、图 19—8）

**动作三：**重心左移，左脚尖外摆踏实，身体左转约 45°；同时，两手左逆右顺缠丝，走下弧向前掤出，左手掤至胸前；右手下沉至右膝关节内侧上方。（图 19—9）

图 19—7

图 19—8

图 19—9

**动作四**：左手向前撩掌，向上、向里环绕合于胸前，手心朝下；右手弧形向前上托掌至右胸前，与左手相合，左手位于右前臂内侧；同时，右脚经左脚内侧向前上步，脚尖点地，重心在左腿；目视前方。（图 19—10）

**动作五**：左手顺缠外翻下沉至腹前，手心朝上；同时，右手握拳，下沉落于左掌心上。（图 19—11）

图 19—10

图 19—11

**动作六**：右拳逆缠向上提起，高与肩平；同时，右腿屈膝提起，右脚悬于裆内，脚尖自然下垂。（图 19—12）

**动作七**：右脚震脚落地，两脚距离与肩同宽；同时，右拳下沉落于左掌心上，两臂撑圆；目视前方。（图 19—13）

**【要点】**向前出左腿时，双手掤劲不丢，向右后偏上引带，上下协调自然，体现出上引下进的技击特点。定势时要双臂撑圆，不可贴紧身体。

图 19—12

图 19—13

## 第三式　懒扎衣

**动作一：**身体微左转，重心右移；同时，右拳变掌，逆缠上掤于右额前，手心向外；左手逆缠，下按于左胯旁，手心向下。（图 19—14）

**动作二：**右手顺缠划弧下沉；左手顺缠弧形向上，双手交叉合于胸前，左手在内，手心朝外；右手在外，手心朝上；同时，重心左移，提起右腿向右横开一步，脚跟内侧着地铲出，脚尖上翘里合；目视右前方。（图 19—15）

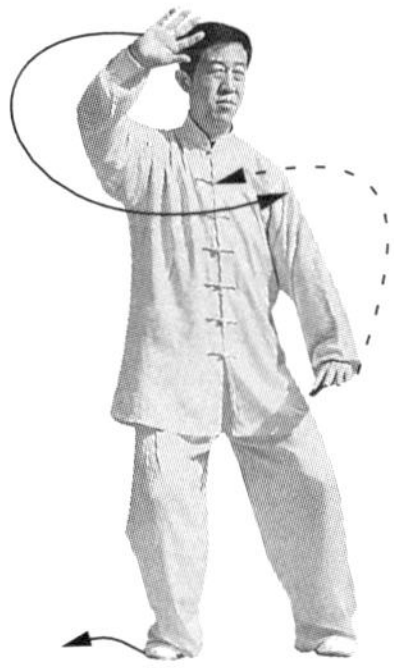

图 19—14

图 19—15

**动作三：**身体微左转，重心右移；同时，右手微顺缠上掤。（图 19—16）

**动作四：**身体右转，重心微向右移；同时，右手逆缠向右开至右膝上方；左手逆缠至身体左侧，拇指在体后叉腰；眼随右手转视前方。（图 19—17）

**【要点】**开右手时，以腰带动，以腰催肩，以肩催肘，节节贯穿，贯注于指端。定势时要松肩沉肘，含胸塌腰，松胯圆裆，形成整体的松沉劲。

图 19—16

图 19—17

## 第四式　六封四闭

**动作一：**身体略右转，重心微向右移；同时，左手从左腰间走上弧与右手相合，两手心均向外。（图 19—18）

**动作二：**身体略左转，重心左移；同时，两手左逆右顺缠丝，自右向左下搌；目视右前方。（图 19—19）

图 19—18

图 19—19

**动作三：**身体继续左转，重心右移；同时，两手左顺右逆缠丝，向左侧上方搌带，合于左肩前。（图 19—20）

**动作四：**身体略右转下沉；两手合力走弧形，向右前下方按出；同时，左脚收于右脚内侧约距 20 厘米，脚尖点地；目视右前下方。（图 19—21）

**【要点】**搌带时掤劲不丢走弧形。下按走弧形要松肩沉肘，塌腰松胯，身体下沉，两手合住劲下按。

图 19—20

图 19—21

## 第五式　单　鞭

**动作一：**身体微右转；同时，两手双顺缠丝，左前右后旋转，手心向上。(图 19—22)

**动作二：**身体微左转；同时，右手逆缠，五指合拢变勾手弧形向上，腕部领劲上提，高与肩平；左手心朝上，随身体转动下沉于腹前；目视右手。（图 18—23）

图 19—22

图 19—23

**动作三：**身体略右转，重心移至右腿；同时，左腿屈膝松胯提起。（图 19—24）

**动作四：**左脚跟内侧着地向左铲地滑出，脚尖上翘里合；目视左侧偏前。(图 19—25)

图 19—24

图 19—25

**动作五**：身体微右转，重心左移；同时，左手向右引劲，穿掌上掤外翻。（图 19—26）

**动作六**：身体微左转；同时，左手逆缠外开至左腿上方，再变顺缠放松下沉；目光随左手向左平视，定势时目视前方。（图 19—27）

图 19—26

图 19—27

**【要点】** 定势时要调整身法，在做到外三合（肩与胯合、肘与膝合、手与脚合）的同时，也必须注意内三合的练习和体会（心与意合、气与力合、筋与骨合）。

## 第六式　白鹅亮翅

**动作一**：身体左转约 90°，重心右移，左脚尖外摆；同时，双手以掌顺缠，左上右下相合于胸腹前，左手心向右，右手心向左上。（图 19—28）

**动作二**：重心左移；同时，提右脚，向右前方约 45°上步；目视右前方。（图19—29）

图 19—28

图 19—29

**动作三：**身体微左转，重心右移；同时，双手合住劲向左引劲。（图 19—30、图19—30 附图）

图 19—30

图 19—30 附图

**动作四：**身体右转，脚收至右脚内侧偏前，脚尖点地；同时，双手逆缠分开，左手下按于左胯旁，右手上掤于右上方；目视前方。（图 19—31、图 19—31 附图）

图 19—31

图 19—31 附图

**【要点】**以腰带动，手合脚分，手分脚合，舒缓沉稳，协调自然。

## 第七式 斜 形

**动作一：**身体微左转，再右转约 90°，重心移至右脚；同时，双手左逆右顺，以右手向上领劲，随着转体左手顺缠至面前立掌，略高于肩；右手逆缠下按于右

胯旁；目视前方。（图 19—32、图 19—33）

**动作二：**双手向右上加掤劲推出；同时，提起左腿，重心在右腿，屈膝支撑。（图 19—34）

图 19—32

图 19—33

图 19—34

**动作三：**左腿向左前方约 45°上步，重心仍在右腿；同时，双手掤劲不丢；目视左前方。（图 19—35）。

**动作四：**重心左移，身体左转；同时，左手逆缠，随转体走下弧至左膝外侧；右手顺缠至右胸前。（图 19—36）

图 19—35

图 19—36

**动作五：**端正身体；同时，左手变勾手上提至与肩平；右手立掌合于胸前；接着身体右转；右手逆缠，弧形向右展开；目视前方。（图 19—37、图 19—38）

**【要点】**动作四不能用弯腰低头来完成，应屈膝松胯，放松下沉。同时顶劲领起，使下盘稳固，上肢轻灵。定势时右手微顺缠下沉（谓之坐腕），劲贯梢节，虚领顶劲，身体中正，八面支撑。

图 19—37

图 19—38

## 第八式　搂膝拗步

**动作一：**身体下沉；同时，双手顺缠，向下合于左膝上。（图 19—39）

**动作二：**双手领劲上掤，左手在前，右手在后，立掌于胸前；同时，重心移至右腿，左脚收至右脚左前方，脚尖点地；目视前方。（图 19—40）

**动作三：**身体微右转；双手逆缠向右下攦；同时，左腿屈膝松胯提起。（图 19—41）

图 19—39

图 19—40

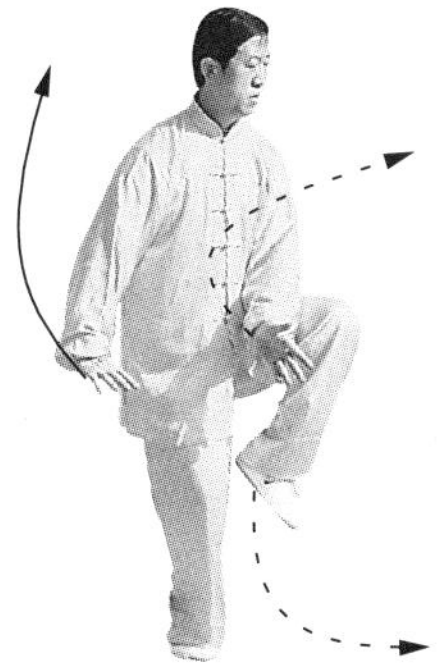

图 19—41

**动作四：**身体微左转，左腿向左上一步，脚跟着地，脚尖上翘；同时，两手左逆右顺缠丝，向上、向前掤出；目视左侧。（图 19—42）

**动作五：**身体左转；重心移至左腿，提起右腿向前上步；同时，左手逆缠向后下按；右手逆缠向前掤推；目视前方。（图 19—43）

图 19—42

图 19—43

**动作六：**身体右转，重心移至右腿，右脚尖外摆踏实，提左腿向左前方上步；同时，右手逆缠下沉；左手先顺后逆走上弧，与右手交叉相合于胸前；目视前方。（图 19—44）

图 19—44

**【要点】**拗步动作连上三步，要求轻灵、稳健、顺遂、协调。上步时应先稳定重心，身体下沉，以膝领劲提起虚腿，弧形向实腿靠拢，再弧形向前以脚跟着地。提腿时胸膝相合，切忌身体上拔后仰。

## 第九式　掩手肱拳

**动作一：**身体略右转，重心左移；同时，双手逆缠，向下左右分开（图 19—45）

**动作二：**身体右转，重心右移；同时，左手微顺缠向前立掌，合于胸前；右

手顺缠上翻变拳，收于右腰间，拳心向上；目视前方。（图 19—46）

**动作三：**蹬右腿，松左胯，身体迅速左转，重心左移；同时，右拳逆缠螺旋前冲发劲；左肘向后放劲；目视右拳。（图 19—47）

图 19—45

图 19—46

图 19—47

**【要点】**发劲时蹬腿、扣裆、拧腰，劲起于脚，主宰于腰，通肩、肘而达于手指，节节贯穿，完整一气。

## 第十式　倒卷肱

**动作一：**身体右转，重心右移；同时，左掌先逆后微顺缠向前推出；右拳变掌，先顺后逆缠弧形向后搌；目视前方。（图19—48）

**动作二：**身体微左转，重心右移，右膝里合，脚尖内扣；同时，右手顺缠，向上合于右耳旁。（图 19—49）

图 19—48

图 19—49

**动作三：**左脚经右脚内侧弧形向左后方退步，重心在右腿；同时，左手顺缠再变逆缠，随退步向后下搬；右手前推在胸前，与左手相合，再微顺缠继续前推；目视前方。（图 19—50）

**动作四：**动作运行同动作二、动作三，唯方向相反（图 19—51、图19—52）

图 19—50

图 19—51

图 19—52

**动作五：**动作运行同动作二、动作三。（图 19—53、图 19—54）

**【要点】**退步时要轻灵、协调，要稳定重心，身体下沉，虚腿先弧形向实腿靠拢，再弧形向后退。

图 19—53

图 19—54

## 第十一式　转身摆莲

**动作一：**重心右移，身体右转约 90°，右脚尖外摆；左腿抬起向前上步；同

时，左手顺缠向前；右手逆缠向右，双手合住劲；目视右侧。（图 19–55）

**动作二：**重心右移，身体右转约 90°，右脚尖外摆，随转体屈膝松胯提起左腿；同时，双手合住劲向右后搬。（图 19—56）

**动作三：**左脚以脚跟内侧着地向前铲地滑出；同时，双手向右后加掤劲；目视前方。（图 19—57）

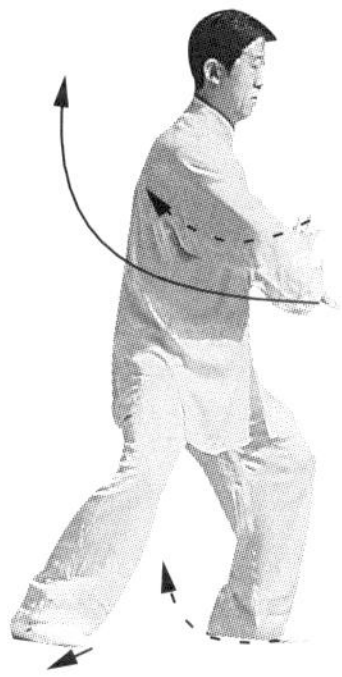

图 19—55

图 19—56

图 19—57

**动作四：**身体微右转，重心移至左脚；同时，双手左逆右顺下沉。（图19—58）

**动作五：**提起右腿向左走下弧，向上、向右摆动；同时，双手左先右后依次向前迎击右脚面；目视前方。（图 19—59、图 19—60）

**【要点】**重心稳定，放松下沉，身体不得在拍击摆脚时上拔而左脚跟离地。右脚外摆双手迎击，声音清脆连响。

图 19—58

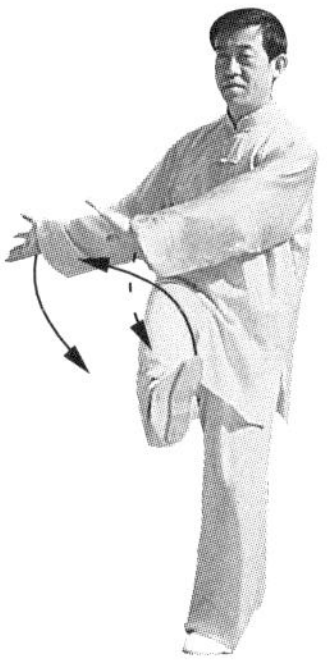

图 19—59

图 19—60

## 第十二式　当头炮

**动作一：**右腿顺势落于右后方，重心在左腿；同时，双手顺势前掤。（图19—61）

**动作二：**身体微右转，重心移于右脚；同时，双掌变拳，随重心后移弧形后摄，双拳合于右腰侧；目视前方。（图19—62）

**动作三：**右脚蹬地，重心迅速左移，身体左转；同时，双拳合力向前冲拳发劲；目视前方。（图19—63）

图19—61

图19—62

图19—63

**【要点】**右脚蹬地，屈膝沉胯，迅速转腰，心意一动，猝然抖发。

## 第十三式　金刚捣碓

**动作一：**身体略右转，重心右移；同时，双拳变掌，左顺右逆缠丝，向右后上方弧形摄带；目视前方。（图19—64）

**动作二：**重心左移;同时，两手左逆右顺缠丝，走下弧向前掤出，左手掤至胸前；右手下沉至右膝关节内侧上方。（图19—65）

**动作三：**右脚经左脚内侧向前上步，脚尖点地，重心在左腿；同时，左手向前撩掌，向上、向里环绕合于胸前，手心朝下；右手弧形向前上托掌于右胸前，与左手相合，左手位于右前臂内侧；目视前方。（图19—66）

图 19—64

图 19—65

图 19—66

**动作四：**左手顺缠，外翻下沉至腹前，手心朝上；同时，右手握拳，下沉落于左掌心上。（图 19—67）

**动作五：**右拳逆缠向上提起，高与肩平；同时，右腿屈膝提起，右脚悬于裆内，脚尖自然下垂。（图 19—68）。

**动作六：**右脚震脚落地，与肩同宽；同时，右拳下沉落于左掌心，两臂撑圆；目视前方。（图 19—69）

图 19—67

图 19—68

图 19—69

**【要点】**右拳、右腿提起时上下协调自然。定势时双臂撑圆，不可贴紧身体。

**动作七：**右拳变掌，双手向左右下分，再微顺缠向上；目视前方。（图 19—70、图 19—71）。

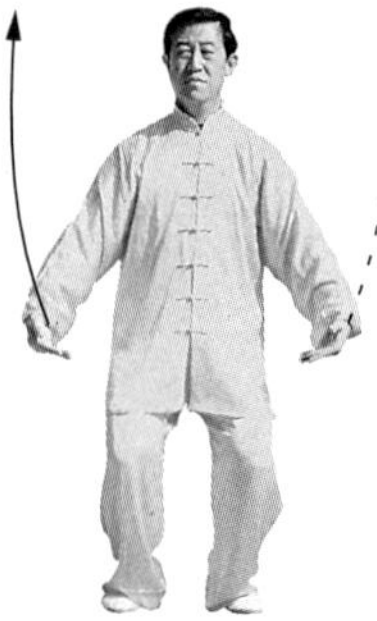

图 19—70

图 19—71

**动作八**：两掌在体前上方合住劲向下按，缓缓落于大腿外侧；目视前方。（图 19—72、图 19—73）

**动作九**：身体慢慢恢复成自然站立，同时，左脚收于右脚内侧，成立正姿势；目视前方。（图 19-74）

**【要点】** 动作七至九为收势动作，应周身放松，意形归原。如拳谱云：“开合刚柔顺自然，一扬一抑理循环。一足收势气归原，动静形消太极拳。”

图 19—72

图 19—73

图 19—74

# 第二十章　陈式太极拳精要十八式

## 第一节　陈式太极拳精要十八式动作名称

第一式　太极起势
第二式　金刚捣碓
第三式　懒扎衣
第四式　六封四闭
第五式　单鞭
第六式　白鹅亮翅
第七式　斜行
第八式　搂膝
第九式　拗步
第 十 式　掩手肱拳
第十一式　高探马
第十二式　左蹬一跟
第十三式　玉女穿梭
第十四式　云手
第十五式　转身双摆莲
第十六式　当头炮
第十七式　金刚捣碓
第十八式　收势

## 第二节　陈式太极拳精要十八式动作图解

### 第一式　太极起势

**动作一：**两脚并立，成立正姿势；两臂下垂于身体两侧，手心向内；头自然正，唇齿微合，舌尖轻抵上腭，二目平视。（图 20—1）

**动作二：**接上势。屈膝松胯，放松下沉，提左脚向左横开一步，比两肩略宽，脚尖微外摆，脚趾、脚掌外缘、脚后跟皆要抓地，涌泉穴要虚；含胸塌腰，松肩沉肘，立身中正，头自然正直，虚领顶劲，二目平视。（图 20—2）

**【要求】**横开步时，重心先移到右腿，提左脚开步，脚尖先着地，慢慢踏平。周身放松，气沉丹田，降于涌泉，屈膝松胯，下沉时呼气。

此时脑空心静，思想高度集中，心中无一所念，浑然如一片无极景象。

图 20—1

图 20—2

**动作三：**接上势。两手缓缓上升，高与肩平，手心向下，松肩沉肘；随两手上升，身体慢慢下降，屈膝松胯，两脚踏实；二目平视。（图 20—3）

**【要求】**当两手上升、身体下降时，胸、背、肋、腹各部肌肉均要松弛下沉，促使心气下降，切忌肩上耸，横气填胸。此动吸气。

**动作四：**接上势。身体继续下沉，屈膝松胯；两手随身体下按至腹前，手心向下：二目平视。（图 20—4）

图 20—3

图 20—4

**【要求】**两手下按时，要立身中正，切忌弯腰凸臀，裆部要松、虚、活。下蹲时，如坐凳子一样。此动呼气。

## 第二式　金刚捣碓

**动作一：**接上势。身体微向左转，重心右移；两手左逆缠右顺缠，走弧线向

左前上方掤出，左手掤至左膝上方与肩平，手心朝外；右手掤至胸前中线，手心朝上；目视左前方。（图 20—5）

**【要求】**上掤转体时，要结合裆、腰劲，松胯塌腰，劲贯手掌。此动吸气。

**动作二：**接上势。身体右转 90°，重心由右移到左腿，右脚尖外摆；两手左顺右逆缠，向右后掤；目视左前方（图 20—6）。此动呼气。

图 20—5

图 20—6

**动作三：**接上势。重心移至右腿，左腿提起，里合扣裆，屈膝松胯，身体下沉且微向右转；两手上掤；目视左前方。（图 20—7）

**【要求】**左腿上提，身体下沉，上下相合。切忌弯腰凸臀。此动吸气。

**动作四：**接上势。左脚跟内侧着地，向左前方铲地滑出，脚尖上翘里合，重心在右腿；两手继续向右后上方加掤劲；目视左前方。（图 20—8）

**【要求】**向前开步时，身法要端正，左脚向左前开步，两手向右上掤，形成对称。此动呼气。

图 20—7

图 20—8

**动作五**：接上势。重心由右腿移到左腿，左脚尖外摆踏平，身体随重心移动，向左转 45°；两手左逆右顺缠，走下弧向前掤，左手掤至胸前，手心朝下；右手下沉至右膝内上方，手心朝外，指尖朝后；目视前方。（图 20—9）

【**要求**】转身，移重心，手前掤要协调一致。塌腰旋裆，裆走下弧向前。左臂保持半圆，掤劲不丢；右臂切勿夹肘，与身体要有一定距离。左膝与左脚跟上下对照，右腿屈膝松胯，保持裆劲圆活。此动先吸气后呼气。

**动作六**：接上势。左手向前撩掌，向上、再向内环绕合于胸前右前臂内侧；右手领右脚弧线向前上托掌于右胸前与左手相合，左手心朝下；右脚经左脚内侧向前上步，脚尖点地；重心在左腿，目视前方。（图 20—10）

【**要求**】上步时，要屈膝松胯，轻灵自然，稳重。两手与身体有上下相合之意。此动吸气。

**动作七**：接上势。左手顺缠外翻下沉于腹前，手心朝上；右手握拳下沉落于左掌心内，拳心朝上；目视前方。（图 20—11）

图 20—9

图 20—10

图 20—11

【**要求**】两手与身体间距 8~10 厘米，有圆掤之感；随落拳腰劲下沉。此动呼气。

**动作八**：接上势。右拳逆缠向上提起，与右肩平，左腿屈膝松胯，提起右腿旋于裆内，脚尖自然下垂；目视前方。（图 20—12）

【**要求**】提腿时，身体要下沉，有上下相合之意；提拳时要松肩沉肘，促使内气下降，支撑要稳。此动吸气。

**动作九**：接上势。右脚震脚落地，脚掌踏平，两脚间距约与肩同宽；右拳顺缠下落于左掌心，两臂撑圆；目视前方。（图 20—13）

图 20—12

图 20—13

**【要求】**右拳、右脚同时下沉，震脚发劲，屈膝松胯，气沉丹田。此动呼气。

## 第三式 懒扎衣

**动作一：**身体微左转，重心右移；右拳变掌，逆缠上掤于头右侧；左手逆缠下按至左胯侧；目视左前方。（图 20—14）

**【要求】**右拳变掌上掤时，先塌腰旋转，以身催手，弧线上掤，与左手下按配合，形成开劲。此动吸气。

**动作二：**接上势。两手由双逆缠变双顺缠划弧交叉于胸前，左手合于右臂内，手心朝外，右手心朝上；重心移至左腿，提右脚向右侧横开一大步，脚跟内侧着地，脚尖上翘里合；目视身体右方。（图 20—15）

**【要求】**手合脚开同时进行并协同一致，手到脚到，开步要轻灵自然。此动呼气。

图 20—14

图 20—15

**动作三：**接上势。身体左转，重心右移；右手顺缠上掤；目视右前方。（图20—16）

**【要求】**移重心时，裆走后圆弧。左肘掤劲不丢，右腋不能夹死，有圆虚之感。此动吸气。

**动作四：**接上势。身体向右转；右手逆缠，外开至右膝上方，松肩沉肘，略变顺缠，指尖高与眼平；左手顺缠，经腹前至身体左侧，变逆缠叉腰，四指在前，拇指在后；重心在右腿，眼随右手转视前方。（图 20—17）

图 20—16

图 20—17

**【要求】**开右手时，以腰催肩，劲到松肩，以肩催肘，劲到沉肘，略坐腕，劲贯于指尖。松胯塌腰，开裆要圆，右实左虚，右膝与脚跟上下对照，不能前倾、后倒、外撇；左腿挺而不直，膝微屈，脚尖内扣。立身中正，舒展大方。此势继续呼气。

## 第四式　六封四闭

**动作一：**接上势。身体右转，重心略右移；左手从腰间走上弧与右手相合；右手略前引下沉；目视右手中指端。（图 20—18）

**【要求】**左手与右手相合时，与身体右转、重心右移相结合，两手坐腕接劲。此动吸气。

**动作二：**接上势。身体左转，重心左移；两手左逆右顺缠，自右而向左搌；目视右前方。（图 20—19）

**【要求】**下搌时，重心下沉，塌腰，两手合劲不丢，加外掤劲。此动呼气。

**动作三：**接上势。身体继续左转；两手继续左逆右顺缠，向左后上方搌；重心右移，目视左前方。（图 20—20）

图 20—18

图 20—19

图 20—20

**【要求】** 搬时，两手不能偏后，右臂掤劲不能丢。此动吸气。

**动作四：** 上动不停。重心继续右移；两手变左顺右逆缠向上划弧，合于左肩时，身体略右转；目视右前方。（图 20—21）

**【要求】** 在由搬变按时，两手下搬上合，均由裆、腰左移右旋，松肩沉肘，旋腕转膀，使劲不丢不顶，圆转自如，转折顺遂。此动继续吸气。

**动作五：** 接上势。重心不变，身体微右转下沉；两手合力走弧线向右前下方按；左脚收于右脚内侧 20 厘米处，脚尖点地；目视右前下方。（图 20—22）

图 20—21

图 20—22

**【要求】** 双手下按时，要松胯塌腰，松肩沉肘。两手合力随身体下沉前要协调一致。此动呼气。

## 第五式　单　鞭

**动作一：** 接上势。身体微右转；两手双顺缠，左前右后旋转，手心朝上；重

心在右，左腿以脚尖为轴，膝随身转里合；目视两手。（图 20—23）

**【要求】**两手旋转时要圆活，不能有抽扯之形。此动吸气。

**动作二：**接上势。身体左转，重心在右，左腿以前脚掌着地，膝随身转外摆；右手逆缠，五指合拢，走弧线，腕向上提与肩平；左手心朝上，随身转下沉于腹前，左肘掤劲不丢；目视右手。（图 20—24）

**【要求】**右手变勾手上提时，随身体旋转，塌腰，松肩，沉肘，以腰为轴，节节贯穿。此动为开，呼气。

**动作三：**接上势。身体右转，重心全移于右腿，左腿屈膝提起，左膝内扣；右手腕领劲，左手不动，松肩沉肘，上下相合；目视左前方。（图 20—25）

图 20—23

图 20—24

图 19—25

**【要求】**右腿支撑重心，上下相合，切忌弯腰凸臀。此动为合，吸气。

**动作四：**接上势。右腿支撑重心，左脚跟内侧着地，向左铲地滑出，脚尖上翘里合；右手腕领劲，左手下沉合劲；目视左前方。（图 20—26）

**【要求】**立身中正，掤劲不丢。此动为开，呼气。

**动作五：**接上势。身体微右转，重心左移，成左弓步；左手穿掌上掤逆缠外翻至右胸前；目视前方，瞟视左手。（图 20—27）

**【要求】**移重心时，裆走外下弧线，旋转移动，左膝不能超出左脚尖。左手外翻时，不能挑肩架肘。此动吸气。

**动作六：**接上势。身体微左转；左手逆缠，外开至左膝上变顺缠放松下沉；目随左手送至体侧后，再转视正前方。（图 20—28）

**【要求】**左脚尖外摆，右脚尖内扣，松胯屈膝，立身中正，虚领顶劲，松肩沉肘，两臂与两腿有上下相合之意。此动为外或内合，呼气。

图 19—26

图 20—27

图 20—28

## 第六式 白鹅亮翅

**动作一：**接上势。身体左转，左脚尖外摆；右手勾手变掌，双手顺缠交叉合于胸前；左手手指朝上，手心朝右；右手手心朝上，指尖朝前上；目视右前方。（图 20—29）

**动作二：**接上势。身体左转，重心移到左腿，上右步；右手微顺缠加外掤劲。（图 20—30）

图 20—29

图 20—30

**动作三：**接上势。身体右转，重心右移；两手同时逆缠外开，左手下按至左膝上方与胯平，手心朝下；右手上掤，手心朝外，两臂成半圆弧形；左脚上步，收至右脚左前方，脚尖点地；目视前方。（图 20—31、图 20—31 附图）

图 20—31

图 20—31 附图

## 第七式　斜　行

**动作一：** 接上势。脚步不动，身体左转；左手逆缠后摆；右手顺缠，向左前划弧摆动，松肩沉肘；目视左前方。（图 20—32）。

**【要求】** 以身带手，催动两臂转动，如风摆杨柳一样。此动吸气。

**动作二：** 接上势。身体右转，左脚踏实，右脚尖右摆，左膝里合；左手随转身由左后向右上划弧，合于鼻前中线，立掌，掌心朝右；右手逆缠划弧，下按于右腿外侧，手心朝下；目视左前方。（图 20—33）

**【要求】** 两手转动时，以腰为轴，顶劲领起。此动呼气。

**动作三：** 接上势。重心移至右腿，左腿屈膝提起；两手向右上掤；目视身体左前方。（图 20—34）

图 20—32

图 20—33

图 20—34

**【要求】** 两手上掤，身体下沉，右腿支撑体重，屈膝松胯，上下相合。此动吸气。

**动作四：** 接上势。身体下沉，左脚跟内侧着地向左前方开步，脚尖上翘；两手继续上掤；目视身体左前方。（图 20—35）

**【要求】** 开步时，两手上掤，腰劲下塌，上下对称。此动呼气。

**动作五：** 接上势。身体左转，重心左移；左手逆缠，随身体左转走下弧至左膝下；右手顺缠，向后环绕变逆缠合于右耳下；目视左前方。（图 20—36）

图 20—35

图 20—36

**【要求】** 转体与移重心要协调一致。

**动作六：** 接上势。身体继续左转，重心在左；左手五指合拢变勾手，弧线上提至肩平；右手立掌合于胸前；目视前方。（图 20—37）

**【要求】** 左手上提，手腕放松领劲。

**动作七：** 接上势。身体右转；右手逆缠划弧向右拉开，松肩沉肘，含胸塌腰，松胯屈膝；目视前方。（图 20—38）

图 20—37

图 20—38

【要求】此势两手两足位四隅角，要立身中正，舒展大方，开裆贵圆，虚领顶劲，上下四傍，八面支撑，谓之“中定身法”。此动呼气。

## 第八式　搂　膝

**动作一：**接上势。身体下沉，松胯屈膝下蹲；两手先逆后顺略上领，再变顺缠下合于左膝上方；重心在左腿，目视前下方。（图 20—39）

【要求】两手下合时，要身法正直，随身下沉，两手如捧水一样合劲不丢。此动先吸气后呼气。

**动作二：**接上势。两手领劲上掤，左手在前，右手在后，立掌于胸前中线；随手上领，重心移至右腿；左脚收回至右脚左前方，脚尖点地，屈膝松胯；目视前方。（图 20—40）

图 20—39

图 20—40

【要求】重心走下弧后移至右腿，左腿收回要自然。此动吸气。

## 第九式　拗　步

**动作一：**接上势。身体微右转；两手右逆缠左顺缠后下捋；左腿屈膝提起，重心在右腿；目视前方。（图 20—41）

【要求】下捋时掤劲不丢，提腿上下相合，右腿要稳。此动呼气。

**动作二：**接上势。身体微左转，右脚向前上步，脚跟着地，脚尖上翘，重心在右腿；同时两手左逆右顺缠，向上、向前掤；目视前方。（图 20—42）

【要求】向前迈步要自然，两手划弧上掤下捋，要与身法自然结合。两手上翻时吸气，下沉时呼气。

图 20—41

图 20—42

**动作三**：接上势。身体左转，重心移至左腿；左手逆缠下按，右手逆缠向前推出；右腿屈膝提起；目视前方。（图 20—43）

**【要求】**步法稳重，上步轻灵自然。此动先呼气后吸气。

**动作四**：接上势。右脚向前上步，脚跟着地，脚尖上翘，重心在左腿，身体微左转；左手下沉，右手前推；目视前方。（图 20—44）

**【要求】**上步如猫行，轻灵自然。

**动作五**：接上势。右脚尖外摆，重心移至右腿，提左脚向左前方上一步，身体随上步自左向右转体 90°；右手顺缠下沉，左手逆缠上翻，划弧经左耳变顺缠，与右手交叉相合于胸前；重心偏右腿，目视前方。（图 20—45）

图 20—43

图 20—44

图 20—45

**【要求】**移重心上步时，身体不能上提，两手交叉，掤劲撑圆，立身中正。此动接上势，先吸气后呼气。

## 第十式　掩手肱拳

**动作一：**接上势。身体略左转，重心左移；两手逆缠，自下向左右分开；目视前方。（图 20—46）

**【要求】**两手分时，以身带手，沉稳圆活。此动接上势，继续吸气。

**动作二：**接上势。重心右移，身体略右转；右手顺缠，上翻变拳合于右腰间，拳心向上；左手由逆缠变顺缠，立掌合于胸前正中线；目视前方。（图 20—47）

**【要求】**握拳合劲时身体中正下沉，松胯屈膝，劲合于右腿，蓄劲待发。此动吸气。

**动作三：**接上势。右腿蹬地里合，身体迅速左转，松左胯；右拳逆缠螺旋前冲，左肘向后发劲；目视右拳前方。（图 20—48）。

图 20—46

图 20—47

图 20—48

**【要求】**发劲时，拧腰转裆，将右拳突然冲出，前拳后肘，对称发力，完整一气。

## 第十一式　高探马

**动作一：**接上势。重心不变，身体右转；两拳变掌，左手逆缠前掤，右手逆缠下分；目视前方。（图 20—49）

**【要求】**手臂分开时，随裆腰旋转，身法中正，两臂掤劲不丢，有支撑八面之势。呼气。

**动作二：**接上势。身体左转，重心右移，右脚尖内扣；右手顺缠，外翻至身体右侧，高与肩平，再变逆缠合于右肩前；左手顺缠里合；目随右手旋转，再视左前方。（图 20—50）

图 20—49

图 20—50

**【要求】**右手外翻上掤旋转时，要开胸松胯，有开中寓合之势，此动吸气。

**动作三：**接上势。身体左转，重心在右腿，左脚向左后划弧，收于右脚内侧，脚尖点地；同时，右臂松肩沉肘，顺缠向右侧推；左手顺缠收至腹前，高与脐平，手心向上；目视右前方。（图20—51、图 20—51 附图）

图 20—51

图 20—51 附图

**【要求】**推右掌要随转体，周身一致。此动呼气。

## 第十二式　左蹬一跟

**动作一：**接上势。左手逆缠外掤，右手先顺缠略里合再逆缠，与左手同时外

捌，两手心均朝外；同时，重心移至左腿，右脚向右横开一步。（图 20—52）

**动作二：**接上势。两手轻握拳，顺缠里合于腹前，拳心向里；同时，左腿屈膝提起，脚尖放松，悬于裆内；目视左前方。（图 20—53、图 120—53 附图）

图 20—52

图 20—53

图 20—53 附图

**【要求】**身体下沉，提腿，屈膝松胯，上下相合，两肘外掤，蓄而待发。此动吸气。

**动作三：**接上势。右腿支撑体重，身体略右倾，左脚用腰、裆弹力向左侧平蹬，高与腰平；两拳分别向左右冲击，力贯拳面。（图 20—54）

图 20—54

**【要求】**右腿支撑要稳，左脚和左右拳要同时发劲，要“缩身如猬形，吐气贯长虹”。此动呼气。

## 第十三式 玉女穿梭

**动作一：**接上势。左脚落地；两拳变掌，顺缠合于腹前。（图 20—55）

**动作二：**接上势。重心左移，身体右转；两手随之右转掤于胸前，立掌，右手在前，左手在后；同时，右脚以脚尖为轴，右膝外摆，左脚尖内扣，随身右转；目视前方。（图 20—56）

图 20—55

图 20—56

**【要求】**转身时要以腰催肩，以肩催肘，掤于手。此动先吸气后呼气。

**动作三：**接上势。屈膝松胯，身体下沉；两手双逆缠下按；目视前方。（图 20–57）

**【要求】**随身体下沉，两手下按，切勿弯腰。此动接上势下沉呼气。

**动作四：**接上势。两手顺缠，迅速向上领起；双脚随之上纵离地；目视前方。（图 20—58）

图 20—57

图 20—58

**【要求】**以手领劲，周身一致，上纵轻灵。此动吸气。

**动作五：**接上势。双震脚落地；双手逆缠随之下按；目视前方。（图 20—59）

**【要求】**震脚落地、两手下按要沉重有力，完整一气，立身中正。此动呼气。

**动作六：**接上势。两手顺缠上掤；右腿随之屈膝提起；目视前方。（图 20—60）

**【要求】**手掤提腿，立身稳重，周身合一，内劲团聚不散。此动吸气。

**动作七：**接上势。重心在左腿，身体迅速左转，右腿里合外蹬；右掌逆缠前推，左手逆缠，向左后发肘劲；目视右前方。（图 20—61）

图 20—59

图 20—60

图 20—61

**【要求】**将周身团聚之劲迅速贯于右脚、右手和左肘，左腿独立稳重。此动呼气。

**动作八：**接上势。右脚跨步落地，重心移至右腿，身体微右转；左掌略下沉；目视前方。（图 20—62）

**【要求】**此势为窜跳的过渡动作，右脚落地即起，用右脚前掌弹地蹬起前跃。此动先吸气后呼气。

**动作九：**接上势。右脚蹬地弹起前纵，身体在空中向右旋转 180°；左手逆缠，向左猛推，右掌向右开；左脚先落地，右脚从左脚后插过，脚尖着地；目视左侧。（图 20—63）

**【要求】**此势为下势过渡动作，练习时可以不停，落地轻稳，身法中正。

**动作十：**接上势。身体右转 180°，重心移至右腿，左腿随转身里合；同时，两手随转体左顺右逆由左向右后转搌；目视左前方。（图 20—64）

**【要求】**转身时，身法下沉，两手掤劲不丢。此动吸气。

图 20—62

图 20—63

图 20—64

## 第十四式　云　手

**动作一：**接上势。右手顺缠里合于腹前，掌心向左；左手逆缠里合外掤于左肩前，掌心向外；同时，右脚向左后插步，脚尖点地。（图 20—65）

**动作二：**接上势。身体微右转，重心移至右腿，右脚踏实，左脚向左前方横开一步，脚跟着地，脚尖上翘；同时，右手逆缠外翻上掤；左手顺缠走下弧，里合于腹前；目视左前方。（图 20—66）

**动作三：**接上势。身体微右转；左手由顺缠变逆缠，划弧外翻上掤；右手变顺缠里合于腹前；同时，重心移至左腿，右脚插步于左脚左后方；目视左前方。（图 20—67）

**【要求】**云手以腰为轴，两手在体前分别向左右两侧划弧，如车轮滚翻，上下往返。开一插一为一步，共 4 步，也可根据场地灵活掌握。

图 20—65

图 20—66

图 20—67

## 第十五式　转身双摆莲

**动作一**：接上势。两手左顺右逆缠向右后方攦；身体先以左脚跟为轴，再以右脚跟为轴，向右后旋转 180°；右手位于胸前中线，掌心朝右上方；左手位于左肩前，掌心向上；目视左前方。（图 20—68）

**动作二**：接上势。重心右移，身体微右转，左腿屈膝提起，向左前方开步；两手向右后方掤；目视前方。（图 20—69）

**动作三**：接上势。身体向右转，重心左移；两手由后攦转为走下弧向前合劲，合于右腰侧；目视前方。（图 20—70）

图 20—68

图 20—69

图 20—70

**动作四**：接上势。重心在左腿，提右腿向左走下弧向上，再向右摆击；两手掌向前与右脚外侧拍击相合；目视前方。（图 20—71~图 20—74）

图 20—71

图 20—72

图 20—73

图 20—74

【要求】摆脚与手合击的速度要快，劲力完整一气。此动先吸气后呼气。

## 第十六式 当头炮

**动作一：**接上势。拍脚后，右腿向右后撤一步；两手逆缠向左上掤；重心在左腿，目视前方。（图 20—75）

【要求】拍脚后步要稳，上引下进协调一致。此动吸气。

**动作二：**接上势。身体微右转，重心移至右腿；同时，两手左顺右逆缠，随重心后移下搬，再变拳合于右胸侧；目视左前方。（图 20—76）

【要求】两手下搬，随重心移动转身一致，切勿弯腰。此动先呼气后吸气。

**动作三：**接上势。右脚蹬地，重心迅速由右腿移至左腿，身体随之左转；同时，两拳合力向前发劲，拳眼向上，拳心相对；目视前方。（图 20—77）

图 20—75

图 20—76

图 20—77

【要求】心意一动，猝然抖发，如金狮抖毛、猛虎下山，完全是腰、裆的弹抖劲，力贯拳顶。此动呼气。

## 第十七式　金刚捣碓

**动作一：**接上势。两拳变掌左顺右逆，向右后上方搬带；同时重心由左向右移；目视左前方。（图 20—78）

**动作二：**接上势。重心由右腿移至左腿，左脚尖外摆踏实，身体随重心移动向左转 45°；两手左逆右顺缠走下弧向前掤，左手掤至胸前，手心朝下；右手下沉至右膝内上方，手心朝外，指尖朝后；目视前方。（图 20—79、图 20—80）

图 20—78

图 20—79

图 20—80

**动作三：**接上势。左手向前撩掌，向上、再向内环绕，合于胸前右前臂内侧；同时，右手领右脚弧线向前上托掌，合于右胸前与左手相合，右手心朝上，左手心朝下；右脚经左脚内侧向前上步，脚尖点地；重心在左腿，目视前方。（图 20—81）

**动作四：**接上势。左手顺缠，外翻下沉于腹前，手心朝上；右手握拳，下沉落于左掌心内，拳心朝上；目视前方。（图 20—82）

**动作五：**接上势。右拳逆缠，向上提起与肩平；右腿屈膝松胯提起，右脚悬于裆内，脚尖自然下垂；目视前方。（图 20—83）

**动作六：**接上势。右脚震脚落地，脚掌踏平，两脚间距同肩宽；右拳顺缠，下沉落于左掌心内，两臂撑圆；目视前方。（图 20—84）

图 20—81

图 20—82

图 20—83

图 20—84

## 第十八式　收　势

**动作一：**接上势。右拳变掌，两手向左右下分；身微下沉，屈膝松胯；目视前方。（图 20—85）

**【要求】**两手分，身下沉，切勿弯腰。此动先吸气后呼气。

**动作二：**两手同时各向左右划外弧合于两肩前；目视前方。（图 20—86）

**【要求】**两手上升，松肩沉肘，胸、腹、背各部肌肉均松弛下沉。此动吸气。

**动作三：**接上势。两手顺身体两侧缓缓下按于两大腿外侧；目视前方。（图 20—87）

**【要求】**两手下按，呼气，周身放松，气归丹田，意形归原。一套拳练完，心平气和，自始至终，一气贯通。

**动作四：**接上势。身体慢慢立起，恢复到自然站立姿势；目视前方。（图20—88）

图 20—85

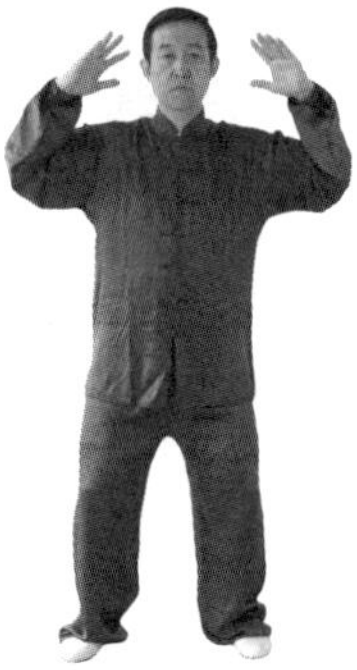

图 20—86

图 20—87

图 20—88

# 第二十一章　陈式太极拳散手用法

## 第一节　陈式太极拳散手概述

陈式太极拳的主要内容有基本功、拳架、推手和散手。基本功和拳架是筑基功，推手和散手是对抗性功夫。

陈式太极拳散手是在练好拳架的基础上，对推手的深刻理解和灵活运用，即所谓散推手。当推手的五种方法都练至纯熟阶段，逐渐产生了可粘可脱、粘脱自如、身手脱而意仍接的方法，这就是太极拳的散手技击法，散手也可以说是推手的高级阶段。只有在推手中将粘黏连随的功夫练得纯熟，打散手时方能“因敌变化示神奇”。散手技击是太极拳运动的最高境界，也是太极拳流传300余年誉满武林的精华所在。

陈式太极拳散手有别于其他拳种的散手。它以杠杆、螺旋的缠丝劲原理，依靠充盈的内劲将人抛击跌出，擒拿掷打随心所欲。温和时可以使人毫无痛楚而跌出，猛烈时可以使人如受巨浪冲击，五脏俱裂。

本篇介绍的散手技击实用法属陈式太极拳散手的一部分，旨在使初学者增加兴趣，起引导和启蒙作用。但太极拳练的是大道，求整体功力，学者切勿违背拳术本意，舍本求末，局限于一招一势的应用而徘徊于太极拳殿堂之外。

## 第二节　陈式太极拳散手用法举例

### 金刚捣碓

1. 甲方（左侧深衣者）自然站立，乙方（右侧浅衣者）伺机进攻（图21—1）。乙左拳一晃，垫步进身，以右拳击甲胸（面）部。甲方身体微向右转，重心右移，左脚向左前方上步；同时双手自下弧形而上，右手粘住乙右腕，左手粘于乙右肘处，双手合住劲向右后上方攦带。甲紧接着松右胯，身体略下沉右转，双

手掤劲不丢，在身法带动下将乙向后方抛掷出去。（图 21—2、图 21—3）

**【要点】**牵动重心，方能成功。

图 21—1

图 21—2

图 21—3

图 21—4

2. 如果乙方受牵失重欲回抽，甲可提起左腿蹬乙在前的左膝，使乙受挫后跌。（图 21—4、图 21—5）

3. 乙方受牵后采取松沉走化之法，甲方可粘住乙方右臂，随其松沉之势向前走下弧，接着重心前移，身体略向左转，将乙方挤出（图 21—6、图 21—7）

**【要点】**前发后塌，前臂要横。

图 21—5

图 21—6

图 21—7

图 21—8

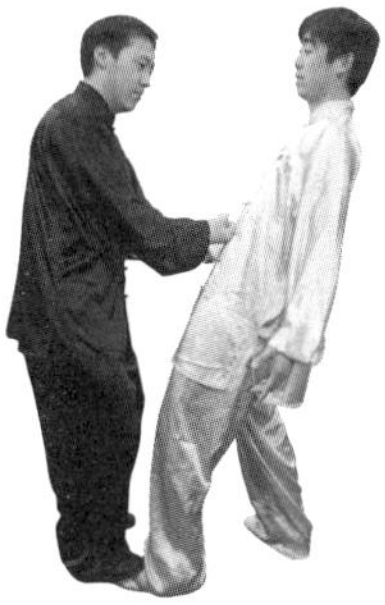

图 21—9

4. 甲也可随乙方的后抽劲向前上步，提起右腿向前用膝撞击乙方裆部；同时，上右拳击其下颏。乙方此时必身体后仰，甲方侧趁势右脚落地踩击乙方脚面，同时右手下沉前送。（图 21—8、图 21—9）

**【要点】**审时度势，灵活运用。

## 懒 扎 衣

乙左手顺步攻击甲。甲出左手粘乙左手腕，向左后方引空，侧身上右步于乙方左腿后。紧接着，重心右移，身体右转，右臂顺缠发劲，将乙向右后方跌出。甲也可以用右肘击乙左肋，或者用靠劲将乙击出。（图 21—10、图 21—11）

**【要点】**以腰为轴，身法中正。

图 21—10

图 21—11

## 六封四闭

乙方左手顺步击甲方胸部。甲出左手粘乙左手腕，右手随之搭于乙方左肘外侧，双手合住劲向前下搬；同时甲方上右步于乙方左脚里侧，紧接着，左手采住乙方左手腕部，双手形成合劲，重心左移，身体略下沉左转，将乙搬仆于地。（图 21—12~图 21—14）

**【要点】**松胯拧腰，掤劲不丢。

图 21—12

图 21—13

图 21—14

## 单 鞭

1. 乙方左手顺步击甲。甲左手接住乙左手腕，右手随之搭于乙左前臂，双手在向前滚动加掤劲的同时，左手向下拿住乙掌，右手向上粘住乙肘关节，双手突然向前下略偏内合劲，使乙方左臂突然受制，以致身体前倾。（图 21—15、图 21—16）

图 21—15

图 21—16

乙方如挣扎向上，欲解受制的左臂，甲可趁势以右腕部或拳击乙方下颏。（图 21—17）

**【要点】**腰脊为轴，惊弹发力；随人而动，不丢不顶。

图 21—17

2. 此时甲方左侧露空，又有人趁机袭击。甲方屈膝松胯，身体下沉，提起左脚可蹬其在前的膝部（图 21—18）。也可在避开乙方攻击的同时，左脚上至对方的右腿外侧（如乙方是左腿在前，可直插其裆内），左手穿于其右腋下，重心左移，身向左转将乙发出。（图 21—19、图 21—20）

【要点】用肘用靠，全赖腰功。

图 21—18

图 21—19

图 21—20

## 白鹅亮翅

乙方双拳交替向甲方进攻。甲卸步，伺机用右手小指侧面将乙的左手向右上方掤开，用左手将乙的右手按于左下方。（图 21—21）

【要点】门户大开，攻守由我。

图 21—21

## 搂 膝

1. 甲乙双方对峙。乙方突然向下抱住甲方左腿欲摔。甲趁势向下压按乙头，使之与膝相撞（图 21—22）。乙受挫后欲松手起身，甲拉其右手向后引带，同时起左膝撞其胸部。（图 21—23）

**【要点】**上下相合，协调自然。

图 21—22

图 21—23

2. 乙方身向前倾，欲后抽找重心维持平衡。甲方双手随之向前送乙，并出左脚蹬之。（图 21—24）

**【要点】**劲发连环，来迎去送。

图 21—24

## 拗 步

乙方顺步，用左手击甲方胸部。甲方身体略向右转，同时出右手由内向外搬带，用小指侧面将乙方左手攻势化解。随即甲方上左步，出左掌推击乙方胸部（图 21—25）。如果乙方顺步用右手击甲方胸部，甲方化解和攻击动作与以上动作相同，唯方向相反。（图 21—26）

**【要点】**上步占势，化打合一。

图 21—25

图 21—26

## 白蛇吐信

乙方拗步，右手拳击甲面部。甲侧身上左步的同时，双手由下弧形向右上接住乙的右腕、肘，双手合住劲向右上搬带。乙恐失重，急松肩沉肘化过，甲随乙的松沉之势，左手塌住乙右前臂逆缠向下，同时松左胯，身向左转，重心左移，出右掌取乙咽喉（图 21—27、图 21—28）。也可插击其双目，或以拳击其面部。

**【要点】** 蹬腿拧腰，勿使前倾。

图 21—27

图 21—28

## 缠腕跌法

甲出右拳被乙右手拿住，甲急出左手搭于乙右手之上，紧接着，松右胯，身体右转下沉，右手变掌，搭于乙前臂外侧，微逆缠，随着转身下沉，将乙拿跌于面前。（图 21—29、图 21—30）

**【要点】** 拿彼右手，力点固定；杠杆原理，掤劲贯注。

图 21—29

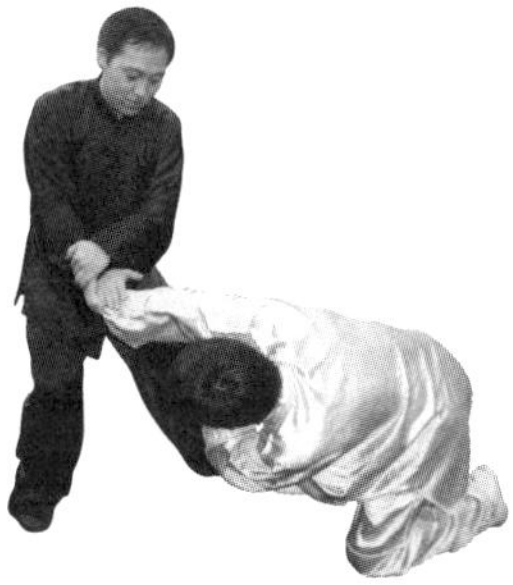

图 21—30

## 小 擒 打

乙右手顺步击甲。甲左手逆缠上掤，上左步套住乙方右脚，用右掌击乙胸部，使之向后跌出。（图 21—31、图 21—32）

**【要点】**上掤下打，一气呵成。

图 21—31

图 21—32

## 迎 门 靠

乙以双拳从左右合击甲方头部。甲出双手将乙合击之势走化，左手向前上提，右手向右下按。双手掤劲不丢，下抵身法，进右步钻进乙方裆内，身体突然左转，用右肩击乙胸部使彼后跌。（图 21—33、图 21—34）

图 21—33

图 21—34

【要点】迎门靠法，身法中正。

## 侧肩靠

乙拗步，右手击甲。甲重心左移，略侧身上右步，双手由下弧形向上持乙右臂向右后搬带，将乙劲走空。如果乙身体继续前倾，甲可身体右转下沉，向右后下方搬带，使乙前仆跌出。如乙失重欲往回抽身，甲右手抓乙右前臂向右下带，趁势重心右移，身体略向左转，用右肩撞击乙胸，使乙向后跌出。（图 21—35、图 21—36）

【要点】进步侧身，身向前拥。

图 21—35

图 21—36

## 采挒劲

乙顺步出右手抓住甲衣领。甲随即后撤右步，同时右手塌住乙方右手，左掌抚于乙右肘处。甲屈膝松胯，含胸下沉，向下采折乙之右腕。乙受挫必下蹲前倾，甲趁势突然松右胯，身体下沉右转，双手合住劲将乙向右挒出。（图 21—37、图 21—38）

【要点】采势要实，挒劲要惊。

图 21—37

图 21—38

## 左蹬跟

甲乙对峙。甲方左手一晃，欲出右手击乙，乙身体略向后仰，甲见乙已出拳或掌攻击范围，速提起左脚猛蹬乙胯部，使乙向后跌出。（图 21—39~图 21—42）

**【要点】**近用手、肘，远则用足。

图 21—39

图 21—40

图 21—41

图 21—42

## 闪空劲

乙从甲背后用双掌推甲。甲身体突然左转，右手、右臂向前下伸，左手、左臂向后上领，将乙前推之力闪空，乙向前推空必向前栽仆。（图 21—43、图 21—44）

**【要点】**以腰为轴，斜中求正。

图 21—43

图 21—44

# 第二十二章　太极拳内气浅论与经络学说

## 第一节　太极拳内气与经络的关系

### 一、太极图解

太极图（图22—1）中的黑白两路分为“阴仪”和“阳仪”。造化之机，乃为阳极生阴，阴极生阳，阴阳二气，气机生息不止，变化不息。中国古代哲学家认为，“阴阳二气是物质世界的本源”。万物皆由“气”构成。然而气分阴阳，物质世界以及万物的形成，则是阴阳二气相互作用的结果。中医学的唯物观则进一步认为，“万物是由天地之间阴阳二气相互交感运动变化的结果”。正如《素问·六元纪大论》中说：“在天为气，在地成形，形神相感，而化生万物矣。”《类经》中也指出：“生化之道，以气为本，天地万物，莫不由之。”所谓“形神相感”和“生化之道”，是指天地间阴阳二气的相互作用，这就说明天地之间所以有万物，都是物质世界本身的产物，是物质的“气”运动变化的结果。

图22—1

### 二、太极八卦图解

中国古代朴素的唯物观承认世界的物质性，认为“气”是构成物质世界的本源。《易经》认为，“万物始生于太极”。太极乃为原始混沌之气，这就从根本上触及到“气”是物质世界的本源。所谓“太极生两仪”，两仪生四象，四象生八卦（万物）等（图22—2），这正是由于太极阴阳二气的不停运动和变化，而产生五彩缤纷的物质世界。这种朴素的唯物观和方法论，从中揭示了“运动”是物质的根本属性，“静止”不过是物质运动的相对状态。

“太极生两仪”，两仪即是指阴阳。意思是指阴阳两性有别，但同处于一个整

图 22—2

体中，以此说明万事万物皆有阴阳。阴阳之间既相互对立，又相互统一，相互依存，相互制约，消长与共，阴阳互根。《易经》以“—”作为阳的符号，以“- -”作为阴的符号，分别表示事物的阳性和阴性。这两个符号在八卦中，分别称之为“阳爻”和“阴爻”，并以一定的方位或增或减，用来说明万事万物发展变化的规律。它是我国古代的一种朴素的宇宙观和方法论，具有对立统一的内涵。阴阳两仪是对自然界相互关联的某些事物或现象的对立双方的高度概括，是代表着两个相互关联的事物或势力，代表着同一事物内部所存在着的相互对立的两个方面。它是我国古代唯物主义哲学领域的一种重要范畴，具有矛盾的对立统一性。

“两仪生四象”，四象是指太阴、太阳、少阴、少阳。太阴是由“⚏”组成，表示事物的阴性占主导地位；太阳是由“⚌”组成，表示事物的阳性大盛；少阴是由“⚍”组成，阴爻在上，阳爻在下，表示事物的阴性初生未充，或是在分化减少；少阳是由“⚎”之爻组成，阳在上，阴在下，表示事物阳性初生未充，或者是在分化减少。所谓两仪生四象，就是指阴阳二气相互作用，由量变到质变的相互转变过程。

“四象生八卦”，八卦是指乾、坎、艮、震、巽、离、坤、兑。由于气的运动变化而生阴阳，由于阴阳二气的交感而化生四象，因而出现了天（乾）、地（坤）、风（巽）、雷（震）、水（坎）、火（离）、山（艮）、泽（兑）八种自然现象，从中可以揭示出生化之道是由天地间阴阳二气相互作用的结果。故物质世界四象八卦本身的产物，都是物质的气运动变化的结果。

## 三、太极与十二经脉图解

《易经》中的“太极生两仪”（阴阳），“两仪生四象”（太阴、太阳、少阴、少阳），《素问·热论》在六经的基础上，结合自然界存在着的“风、火、湿、燥、寒、暑”六气的变化，《易经》四象学说增加了“阳明”、“厥阴”二名，与六气相契，并分别命名为“厥阴风木”“少阴君火”“少阳相火”“太阴湿土”“阳明燥金”“太阳寒水”。古人在天人合一的基础上，又将六经概括为十二经脉（图 22—3），分手足三阴、三阳，三三合一，共称六经，用以说明人体阴阳气血变化的规律。这正是根据《易经》阴阳两仪理论，把三阳经归属太极的阳端，把三阴经归属太极的阴端，形成一个整体，并把人体的十二经脉，纳入六经之中，构成一个人体与大气相合的循环模式。

图 22—3

## 四、阴阳二气与经脉的关系

阴阳二气和三阴三阳经的关系，正如《十四经发挥》注释所说：“三阴即太阴、少阴、厥阴，三阳即太阳、少阳、阳明，这是从各经气血阴阳多少而命名的。”《素问·至真要大论》说：“气有多少，巽用也。”太是大的意思，阴气大盛则称太阴，阳气大盛则称太阳。少是初生来未充之意，阴气初生，则为少阴，阳气初生则为少阳。阳明是两阳合明、阳气盛极之意。厥阴是两阴交尽、阴气消尽的意思。所以说阴阳之气，离则为三阴三阳，合则为一阴一阳。十二经脉的三阴三阳不过是代表经络气血本身气血阴阳的多少而已。例如，胃为水谷之海，多阳多气之经，故称之为足阳明胃经。其他经脉则依次类推。

# 第二节　太极拳内气的练习方法

## 一、无极图、太极图

无极为一无所有，太初浑穆之象。意为打拳上场，端然恭立，合目息气，两手自然下垂，身桩端正，两脚并立于同一横线上，脚尖微外撇，心中一无所有。一念无所思，为太极浑穆之象。（图 22-4）

太极生于无极，太极无有形声，但已蕴初兆。如硕果之核，生机在将动未动之时。待等生机充足，方破壳而出。此期阴阳虽未分而分之机已动，一到于分，清气上升为天（阳气），浊气下降为地（阴气）。但此时清气尚未上升，浊气尚未下降，故称此为太极。这里比喻上场打拳前，手足尚未运动，而在端然恭正之中，其阴阳开合之机，消息盈虚之数已寓于心腹之内。此时一志凝神，专注于

图 22—4 无极图

图 22—5 太极图

静，阴阳开合，消息盈虚，此未动于形，曰之太极（图 22–5）。言此之意，以示学拳之人，初上场时，要洗心涤滤，去其妄念，平心静气，以待其动，如此后方可学拳。

## 二、太极拳内气概述

陈式太极拳中所说的内气，是功能与物质的综合体。它不是指狭义的肺部吸进的氧气和人体固有的力气，而是一方面概括了中医学中的“正气”“元气”“经络之气”“真气”等物质的气，另一方面还包含有武术、气功中所说的“内劲”“内功”等功能的气。这两种气的相互促进，相互为用，共同组成了陈式太极拳中所说的太极内气。

陈式太极拳练习，要以意念、动作、呼吸三者密切配合。意念是练拳的中心，练拳时要将意念揉入动作之内，一意凝神。并同时将呼吸配合于架式之中。虚实开合，螺旋缠丝，节节贯串等特殊的运动方式要密切配合，久而久之，太极拳内气自然充盛，即可产生防病、御敌及技击防身的生理效应。

## 三、太极拳内气的练习方法

太极拳内气的练习，遵照以下三个阶段，方可使内气一气贯通。在这三个阶段内，练习者本人除了勤学苦练，细心体会外，还需必要的指导，以去其丢、顶等毛病，方可度过难关，达至成功。

第一阶段：此阶段的练习目的主要是熟练套路和纠正架式。首先要清心涤虑，以除去影响练拳的各种因素，专心一意。以后再按拳谱要求，在立身中正的前提下，虚领顶劲，沉肘松肩，含胸塌腰，屈膝圆裆，注意头、手、身、脚、步等各部位的要求，一招一势认真练习，不可间断。除去焦躁情绪，循序渐进，万不可急于求成。每天练习 5~10 遍，约半年至 1 年时间，即可将套路练熟。随着熟练程度的提高，逐渐可以觉察到，体内产生内气鼓荡，气到之处，有酸、麻、沉、胀（仅表现在某一部位，最常见于上肢、手指等处）的感觉。此阶段太极拳架式的招招式式，具有断劲不圆的缺陷。

第二阶段：经过 1 年左右的练习后，练习者已具有了一定的基础，开始进入第二阶段的练习。在这一阶段的练习中，要逐步达到通运任督诸脉，遂之使十二经脉也相继打通。此阶段练习的重点是在注意第一阶段要求的前提下，注重虚实开合及缠丝劲的练习。开合练习是内气鼓荡得以调整的基础，是太极阴阳二气对立统一的活动形式。开合分为内合和外合。外合即是手与足相合，肘与膝相合，肩与髋相合；左手与右足合，左肘与右膝合（右边也如此）；手与身相合，手与头相合，身与步相合。内合即筋与骨相合，气与力相合，心与意相合，肝与筋相合，脾与肉相合，肺与身（皮毛）相合，肾与骨相合。心意一合，周身一起合住，心意一开，内外俱开。同时开中寓合，合中寓开。一开一合，阴阳二气递相承。此乃为："阴中有阳，阳中有阴，阴得阳助则生化无穷，阳得阴助则化源不竭。"陈式太极拳中的缠丝劲，是区别于其他拳种运动形式的独特之处。缠丝劲练习得好坏，关系着太极拳内劲走、化、粘、发的质量标准。缠丝劲是以它独特的螺旋缠绕的运动形式，使清气上升，浊气下降，使内气得以通运诸经。《太极拳论》中说："缠丝劲，发源于肾，处处有之，无时不然。"练习者要严格掌握它的练习方法和运动特点。

练习缠丝劲，要求沉肘松肩，含胸塌腰，开髋屈膝，动作以腰为轴，一动全动。掌心内外翻转，手往外转，以腰催肩，以肩催肘，以肘催手。表现在上肢为旋腕转膀，表现在下肢为旋踝转腿，表现在身躯为旋腰转脊。三者合一，形成一条其根在脚、主宰于腰、行于手指的空间曲线。练习时如觉得有不适之处，可随缠丝劲的劲别方向调整身躯的重心，以使顺随。

手足缠丝劲路线示意图如下。两腿之劲皆由足趾领起，上缠过踝，过膝上行至大腿根部，直达裆内任脉会阴穴。运动足跟踏地，渐至足趾，至太阴脾经的隐白穴（足大趾尖处），充实于足掌至足心足少阴肾经的涌泉穴（图 22—6）。

倒缠法是由手指缠至肩。此法内劲由指腹收于肘肩（图 22—7）。

手臂缠丝劲由心发，行于肩，过肘至指，是属于顺缠法。此法由骨至肌肤，

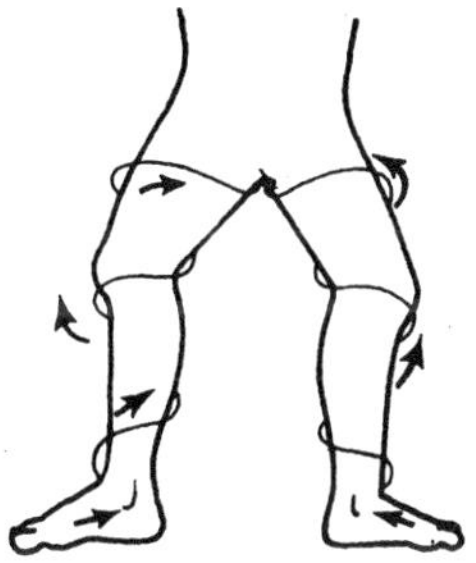

图 22—6

图 22—7

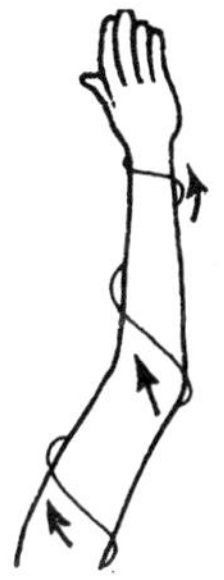

图 22—8

由肩至指，内劲由肩臂行于指尖（图 22—8）。

图中的箭头方向为缠丝劲的运行方向。缠丝劲路是采用力学理论中的螺旋原理，利用曲率半径的变化，迫使任一外加压力着于这个螺旋半径面上，无论压力的大小，均会自然将压力化去。因此可以说，缠丝劲是自然化劲的方式，也是引进落空的必备手法。练习缠丝劲，可先练习掤劲和捋劲（即顺缠丝劲和逆缠丝劲），此顺、逆缠丝劲也可按“云手”动作的要求进行练习。顺、逆缠丝是两种不同劲别的运动方式，它贯串于陈式太极拳整套架式的始终。太极拳的每一个架式，都是由这些不同大小、不同方位的顺、逆缠丝劲别组成（每式最少有两对以上缠丝劲）的。每对缠丝劲的练习，要注意在没有直线，没有平面，没有凹凸之处，一环套一环，开合虚实，节节贯串的前提下进行。这样方可使太极拳功底增厚，内气鼓荡，循行无滞。

第三阶段：历经前两个阶段的架式和开合缠丝劲的练习后，已具有了一定的基础。这一阶段的练习，突出重点是个“意”字。《太极拳论》中曰：“以意行气，以气运身”，“全身意在神，不在气，在气则滞。”关于“意”的解释，《灵枢·本神篇》说：“心有所忆为之意。”明代医学家张景岳在《类经》一书中，进一步解释说：“心有所想，而无动作为之意。”《甲乙经·精神五脏论》一书中也说：“思发于脾而成于心为之意。”总之，意念的产生，是在心主神明的作用下所进行的精神意识思维活动。因此在这一阶段练习的主要目的，是将精神意识思维活动与套路架式密切配合，真正做到“形在意之内，意在形之中”，动作与内气一致。意不动，内气不动，外形亦然不动。意欲动，内气动，外形随之而动。静则心无所思，意无所欲，形专于静，静如山岳。动则意动，内气鼓荡，形如闪电。在这个阶段，练习者可以自己觉察到，体内有内气鼓荡，练拳时气到之处，有酸、胀、热、沉等感觉。练习套路架式时可以感觉到有许多不适之处。如感觉架子别扭，运劲不那么顺随，总觉得练习水平比以前下降，在发劲时“呼呼”带风，震脚“咚咚”作响，可是推手时就是不顺手，好像不得诀窍。有些人在此阶段，由于练习时气沉不下，发生胸闷、胀憋，吃不进饭等现象，《太极拳论》中称之为“横气填胸”；或因不能以气运身，使浊气上逆，而感到头昏脑胀。在出现上述情况时，不可急躁和泄气，可请教拳师校正，除去弊端后，上述情况也自然会好转或消失。第三阶段是学太极拳能否取得成功的关键阶段，因在此阶段容易产生灰心泄气情绪，不能正常坚持。产生灰心有两种情况：一种是练拳和推手结合不好，用不顺手，怀疑教师藏技不传，为此易间断；另一种是本人意志力不够，练拳之事常被其他杂事所误，自己也曾下决心要坚持不懈，但总是受客观因素的干扰。要克服这些情况，方法有两点：第一要有毅力和决心，排除一切干扰因素，每天无论工作多忙，都要挤出一定时间进行练习，要记住“决心是打开前进之门，毅力是取得成功之母。”第二，要在老师的指导下，循规蹈矩一招一势，认真练习每个动作，要细心体会，久而久之，自然会水到渠成，胜利度过难关。

经过以上三个阶段的练习，太极拳套路已熟练顺随，动作架式能够与呼吸自然配合，练习者已具有一定的功底，内气已基本通运诸经，且已具备自我纠正练拳所出现毛病的能力。但是，此时内气尚不充盛，还必须循规蹈矩，承上启下，一招一势认真练习，持之以恒，这样自然会心领神会，以后无师也会大成。

## 第三节 经络学说

中医经络学说是研究人体经络系统的生理功能、病理变化以及经络与脏腑之间的相互关系的学说，是中医学理论的重要组成部分，也是陈式太极拳内气理论的重要组成部分。

### 一、经络概述

经络，是经脉和络脉的合称，是人体运行气血的通路。太极拳重在养气、运气，练拳不明经络，犹如治水不懂江河湖海水流分布、大小，盲目妄行，定出差错。所以，练拳者明了经络是十分必要的。

“经”有路径之意，“络”有网络之称。“经”贯通上下，沟通内外，是经络系统的主干；“络”是经的分支，较经脉细小，别出于经，纵横交错，遍布周身。《灵枢·脉度篇》说：“经脉为里，支而横者为络，络之别者为孙。”经络内属脏腑，外络肢节，将人体联系成为一个有机的整体，使机体各组织器官保持协调平衡。在生理方面，经络有运行气血、协调阴阳的功能；在病理方面，经络有抗御病邪，反映症候的功能；在防治疾病方面，经络有传导感应，调整虚实的功能。

经络包括经脉和络脉，经脉包括十二经脉和奇经八脉，以及附属于十二经脉的十二经别，十二经筋，十二皮部。络脉包括十五络脉，浮络和孙络。十二经脉即是手三阴经（手太阴肺经，手厥阴心包经，手少阴心经），手三阳经（手阳明大肠经，手少阳三焦经，手太阳小肠经），足三阴经（足太阴脾经，足厥阴肝经，足少阴肾经），足三阳经（足阳明胃经，足少阳胆经，足太阳膀胱经）的总称，是经络系统的主体，故称“十二正经”。奇经八脉包括任脉、督脉、冲脉、带脉、阴维脉、阳维脉，阴跻脉、阳跻脉八条经脉。因其分布和作用有异于十二经脉，是十二经脉之余，又无络属脏腑的表里配偶关系，故称奇经。奇经八脉对其余经络起统率、联络和调节盛衰的作用。十二经别，是十二经脉在胸、腹及头部的重要支脉，起沟通脏腑、加强表里经联系的作用。十五络脉，是十二经脉在四肢及躯干前、后、侧三部的重要支脉，起沟通表里和渗灌气血的作用。十二经筋是十二经脉之气结聚于筋内关节的体系，是十二经脉的外周连属部分，其作用是约束骨骼，利于关节活动。十二皮部是十二经脉功能活动在体表部位的反映，也是经脉之气散布之所在，起卫外屏障作用。经络系统的组成见表 22—1。

**表 22—1　经络系统简表**

- 经络
  - 经脉
    - 十二经脉
      - 手三阴经
        - 手太阴肺经
        - 手厥阴心包经
        - 手少阴心经
      - 手三阳经
        - 手阳明大肠经
        - 手少阳三焦经
        - 手太阳小肠经
      - 足三阴经
        - 足太阴脾经
        - 足厥阴肝经
        - 足少阴肾经
      - 足三阳经
        - 足阳明胃经
        - 足少阳胆经
        - 足太阳膀胱经
      - 二十经别
      - 二十经筋
      - 十二皮部
    - 奇经八脉
      - 任脉
      - 冲脉
      - 督脉
      - 带脉
      - 阴维脉
      - 阳维脉
      - 阴跻脉
      - 阳跻脉
  - 络脉
    - 十五络脉
    - 浮络
    - 孙络

十二经脉的走行规律是“手之三阴，从藏走手；手之三阳，从手走头；足之三阳，从头走足；足之三阴，从足走腹”。手足各经脉相互连接，阴经上升，阳经下降，这说明气血运行是“阴阳相贯，如环无端”的。

十二经脉的流注关系见表 22—2。

十二经脉经气盛衰与十二时辰是相应的，习拳者可根据自身体质情况选择最佳练拳时间，以便更有针对性。现将经气最旺的时辰与十二经对应关系分列如下：

足少阳胆经——子时（23时~1时）；
足厥阴肝经——丑时（1时~3时）；
手太阴肺经——寅时（3时~5时）；
手阳明大肠经——卯时（5时~7时）；
足阳明胃经——辰时（7时~9时）；
足太阴脾经——巳时（9时~11时）；
手少阴心经——午时（11时~13时）；
手太阳小肠经——未时（13时~15时）；
足太阳膀胱经——申时（15时~17时）；
足少阴肾经——酉时（17时~19时）；
手厥阴心包经——戌时（19时~21时）；
手少阳三焦经——亥时（21时~23时）。

表22—2　十二（四）经脉流注表

| | | | |
|---|---|---|---|
| ┌→ | ①手太阴、肺 | → | ②手阳明、大肠 |
| │ | | | ↓ |
| ⑭ | ④足太阴、脾 | ← | ③足阳明、胃 |
| 任 | ↓ | | |
| 脉 | ⑤手少阴、心 | → | ⑥手太阳、小肠 |
| ↑ | | | ↓ |
| 督 | ⑧足少阴、肾 | ← | ⑦足太阳、膀胱 |
| 脉 | ↓ | | |
| ⑬ | ⑨手厥阴、心包 | → | ⑩手少阳、三焦 |
| ↑ | | | ↓ |
| └─ | ⑫足厥阴、肝 | ← | ⑪足少阳、胆 |

## 二、十四经脉循行

### 1. 手太阴肺经循行

《灵枢·经脉》：肺手太阴之脉，起于中焦，下络大肠，还循胃口，上膈属肺。从肺系，横出腋下，下循臑内，行少阴、心主之前，下肘中，循臂内上骨下廉，入寸口，上鱼，循鱼际，出拇指之端（图22—9）。图中虚线为经脉内行线，无穴通路，实线为外行线，为有穴通路。

其支者：从腕后，直出次指内廉，出其端。

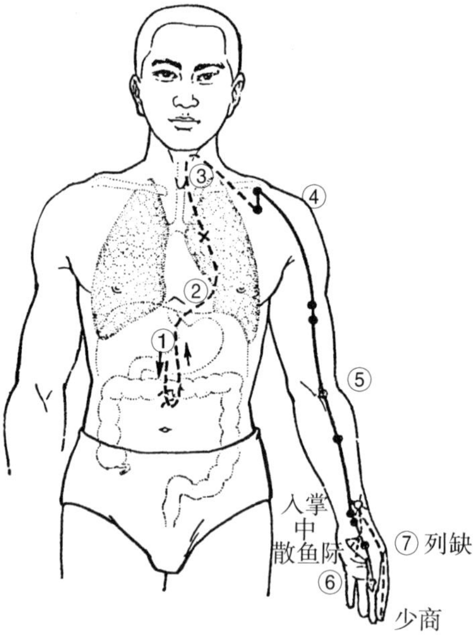


图 22—9

2. 手阳明大肠经循行

《灵枢·经脉》：大肠手阳明之脉，起于拇指次指[①]之端，循指上廉，出合谷两骨之间，上入两筋之中，循臂上廉，入肘外廉，上臑外前廉，上肩，出髃骨[②]之前廉，上出子柱骨之会上[③]，下入缺盆，络肺，下膈，属大肠（图 22—10）。

其支者：从缺盆上颈，贯颊，入下齿中；还出挟口，交人中——左之右，右之左，上挟鼻孔。

注释：

① 拇指次指——指食指。

② 髃骨——指肩峰部。

③ 柱骨之会上——指锁骨。

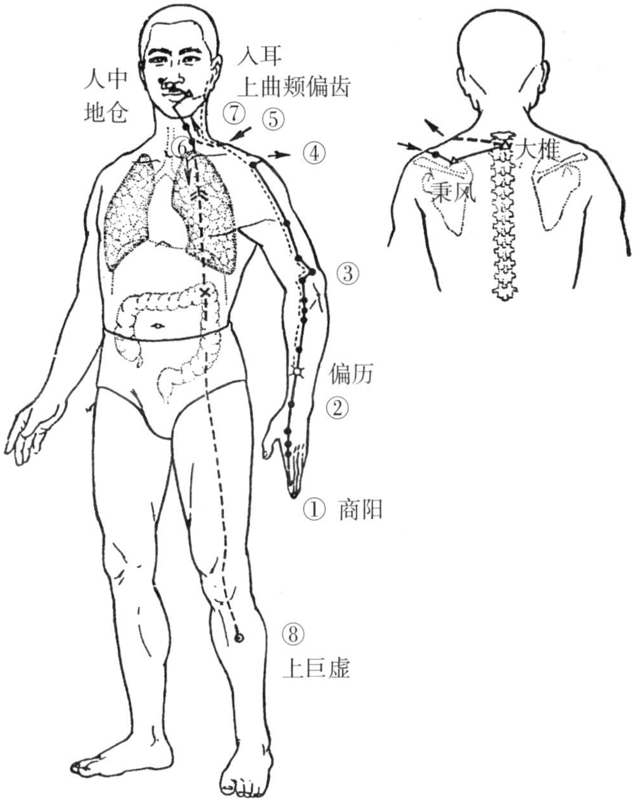


图 22—10

### 3. 足阳明胃经循行

《灵枢·经脉》：胃足阳明之脉，起于鼻，交频[①]中，旁约太阳之脉，下循鼻外，入上齿中，还出挟口，环唇，下交承浆，却循颐[②]后下廉，出大迎，循颊车，上耳前，过客主人[③]，循发际，至额颅（图 22—11）。

其支者：从大迎前，下人迎，循喉咙，入缺盆，下膈，属胃，络脾。

其直者：入缺盆下乳内廉，下挟脐，入气街中。

其支者：起于胃口[④]，下循腹里，下至气街中而合——以下髀关，抵伏兔，下膝髌中，下循胫外廉，下足跗[⑤]，入中指内间。

其支者：下膝三寸（10 厘米）而别，下入中指外间。

其支者：别跗上，入大指间，出其端。

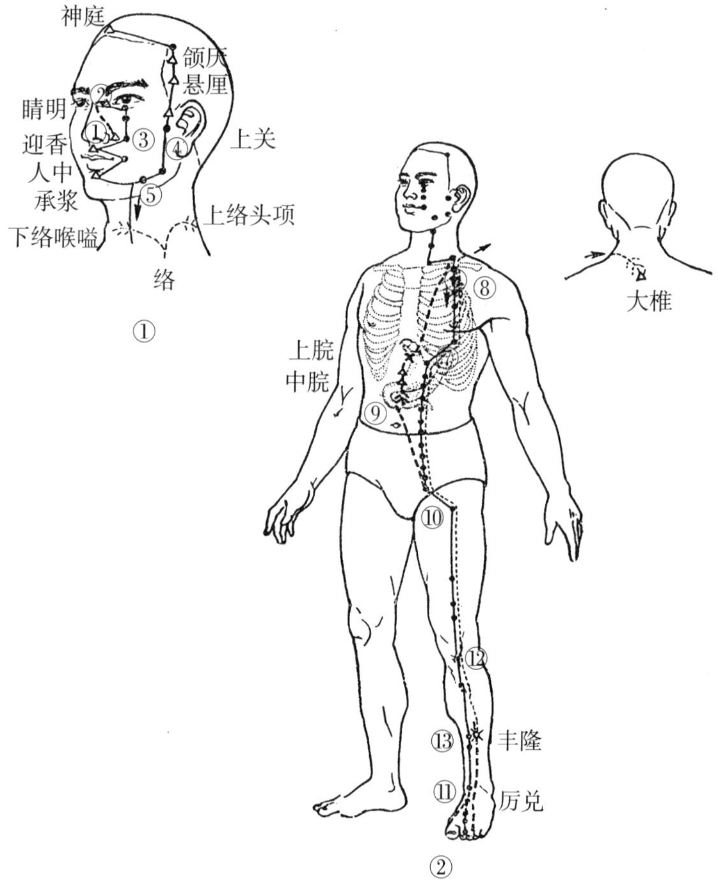


图 22—11

注释：

① 频——鼻根部。

② 颐——口角后，下颌部。

③ 客主人——指上关穴。

④ 胃口——指胃的下口，即幽门部。

⑤ 足跗——足背。

4. 足太阴脾经循行

《灵枢·经脉》：脾足太阴之脉，起于大指①之端，循指内侧白肉际，过核骨后②，上内踝前廉，上踹[3]内，循胫骨后，交出厥阴之前，上膝股内前廉，入腹，属脾，络胃，上膈，挟咽，连舌本[4]，散舌下（图 2—12）。

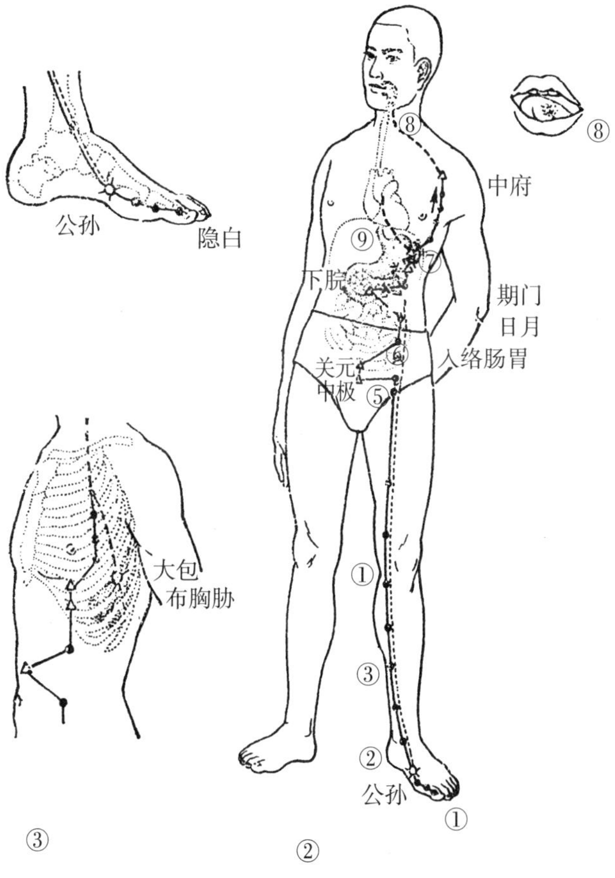


图 22—12

其支者：复从胃，别上膈，注心中（脾之大络，名曰大包，出渊腋下三寸，布胸胁）。

注释：

① 指——通“趾”。

② 核骨——第 1蹠骨的头部突起。

③ 踹——腓肠肌部。

④ 舌本——舌根部。

### 5. 手少阴心经循行

《灵枢·经脉》：心手少阴之脉，起于心中，出属心系，下膈，络小肠（图22—13）。

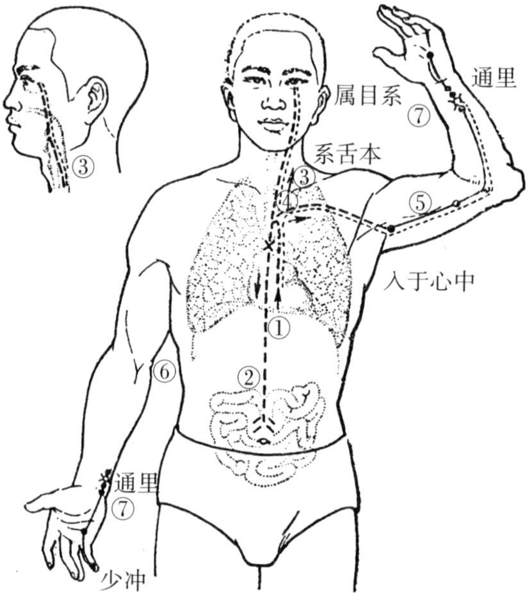


图 22—13

其支者：从心系，上挟咽，系目系①。

其直者：复从心系，却上肺，下出腋下，下循臑内后廉，行太阴、心主之后，下肘内，循臂内后廉，抵掌后锐骨②之端，入掌内后廉，循小指之内，出其端。

注释：

① 目系——指眼后与脑相连的组织。

② 掌后锐骨——指腕骨之豌豆骨。

### 6. 手太阳小肠经循行

《灵枢·经脉》：小肠手太阳之脉，起于小指之端，循手外侧上腕，出踝①中，直上循臂骨下廉，出肘内侧两骨②之间，上循臑外后廉，出肩解③，绕肩胛，交肩上，入缺盆，络心，循咽下膈，抵胃，属小肠（图 22—14）。

其支者：从缺盆循颈、上颊，至目锐眦，却入耳中。

其支者：别颊上䪼[④]，抵鼻，至目内眦（斜络于颧）。

注释：

① 踝——手腕后方小指内侧的高骨。

② 两骨——尺骨鹰嘴和肱骨内上髁。

③ 肩解——指肩关节缝。

④ 䪼——眼眶下方，包括颧骨内连及上牙床的部位。

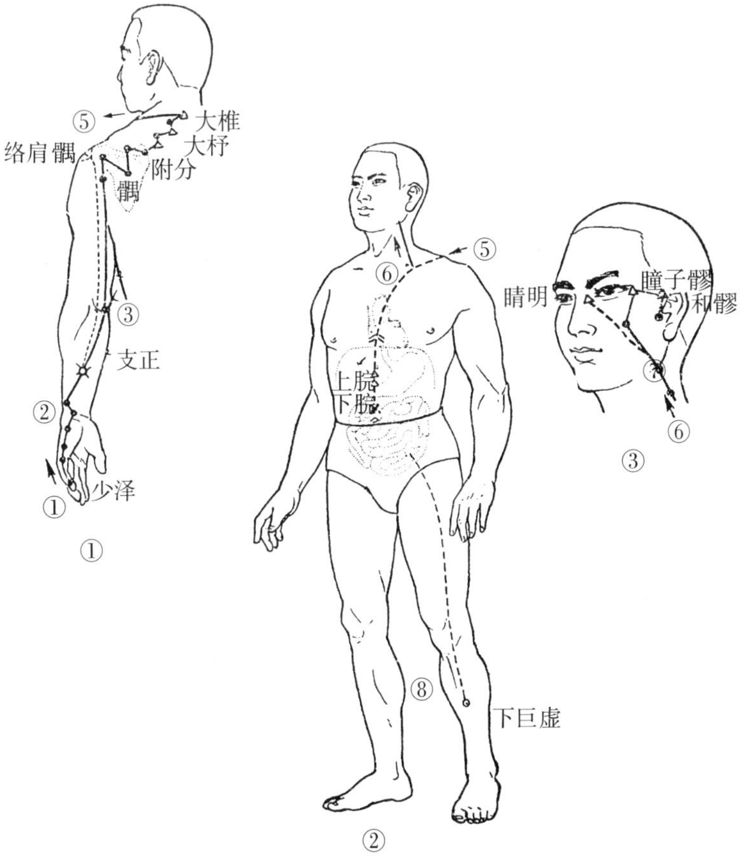


图 22—14

### 7. 足太阳膀胱经循行

《灵枢·经脉》：膀胱足太阳之脉，起于目内眦，上额，交巅[1]（图22—15）。

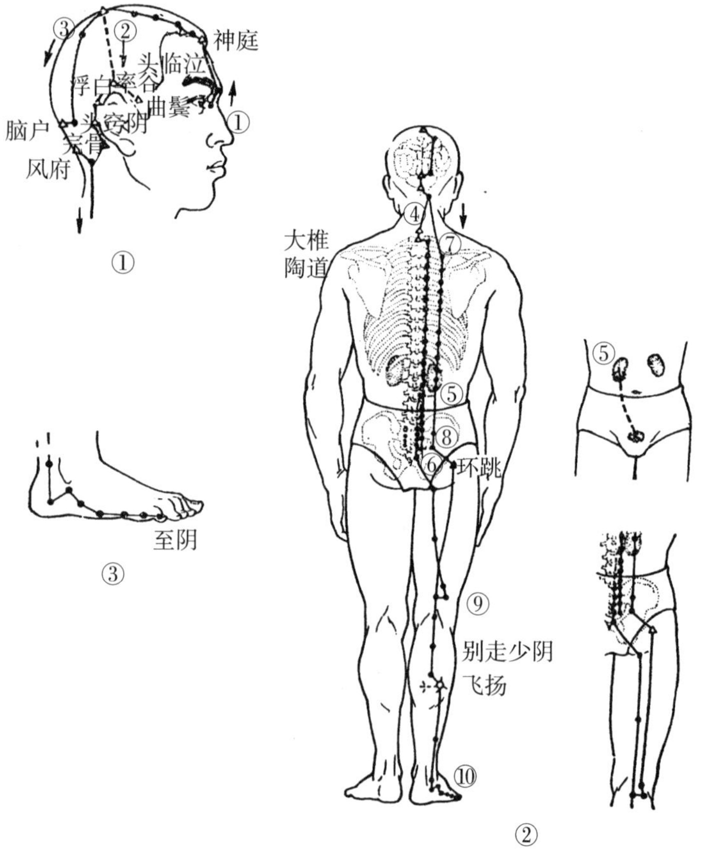


图 22—15

其支者：从巅至耳上角。

其直者：从巅入络脑，还出别下项，循肩髆内，挟脊[2]抵腰中，入循膂[3]，络肾，属膀胱。

其支者：从腰中，下挟脊，贯臀，入腘中。

其支者：从髆内左右别下贯胛，挟脊内，过髀枢[4]，循髀外后廉下合腘中——以下贯踹内，出外踝之后，循京骨至小指外侧。

注释：

① 巅——百会穴处。

② 挟脊——挟行脊柱两旁。

③ 膂——挟脊两旁的肌肉。

④ 髀枢——当股骨大转子部，环跳穴处。

8. 足少阴肾经循行

《灵枢·经脉》：肾足少阴之脉，起于小指（趾）之下，邪[1]走足心，出于然谷[2]之下，循内踝之后，别入跟中，以上踹内，出腘内廉，上股内后廉，贯脊属肾，络膀胱（如图 22—16）。

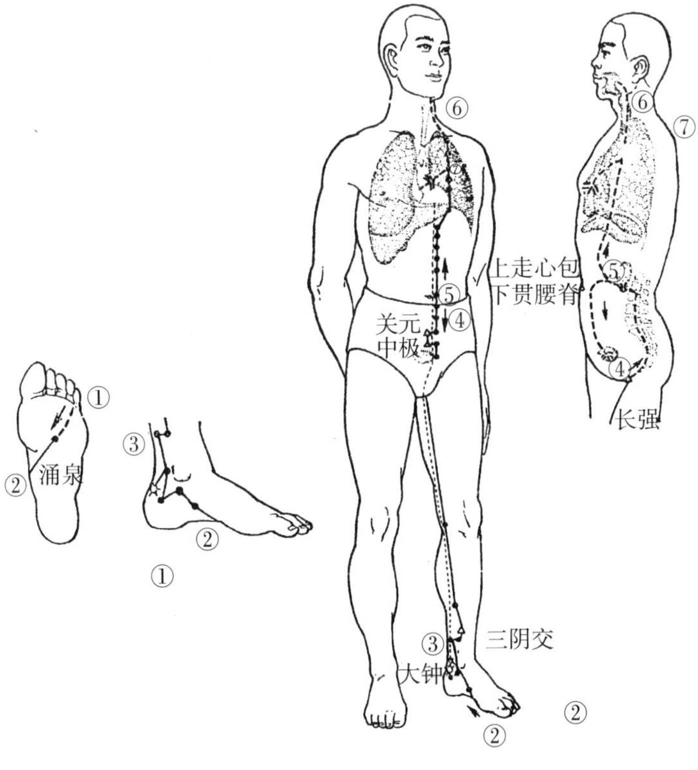


图 22—16

其直者：从肾上贯肝、膈，入肺中，循喉咙，挟舌本。

其支者：从肺出，络心，注胸中。

注释：

① 邪——通“斜”。

② 然谷——舟骨粗隆。

### 9. 手厥阴心包经循行

《灵枢·经脉》：心主手厥阴心包络之脉，起于胸中，出属心包络，下膈，历络三焦[①]。

其支者：循胸出胁[②]，下腋三寸（10厘米），上抵腋下，循臑内，行太阴、少阴之间，入肘中，下臂，行两筋之间，入掌中，循中指，出其端（图22—17）。

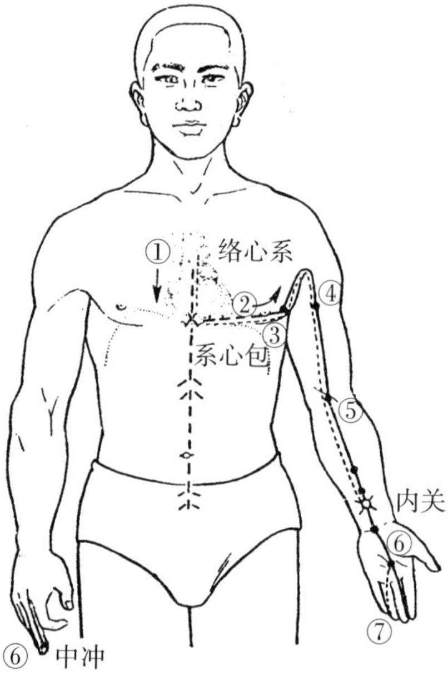


图 22—17

其支者：别掌中，循小指次指[③]出其端。

注释：

① 历络三焦——指自胸至腹依次联络上、中、下三焦。

② 胁——乳下旁肋部。

③ 小指次指——指无名指。

### 10. 手少阳三焦经循行

《灵枢·经脉》：三焦手少阳之脉，起于小指次指之端，上出两指之间[①]，循手表腕[②]，出臂外两骨[③]之间，上贯肘，循臑外上肩，而交出足少阳之后，入缺盆，布膻中，散络心包，下膈，遍属三焦（图 22—18）。

其支者：从膻中，上出缺盆，上项，系耳后，直上出耳上角，以屈下颊至頔。

其支者：从耳后入耳中，出走耳前，过客主人，前交颊，至目锐眦。

注释：

① 两指之间——指第四、第五掌骨间。

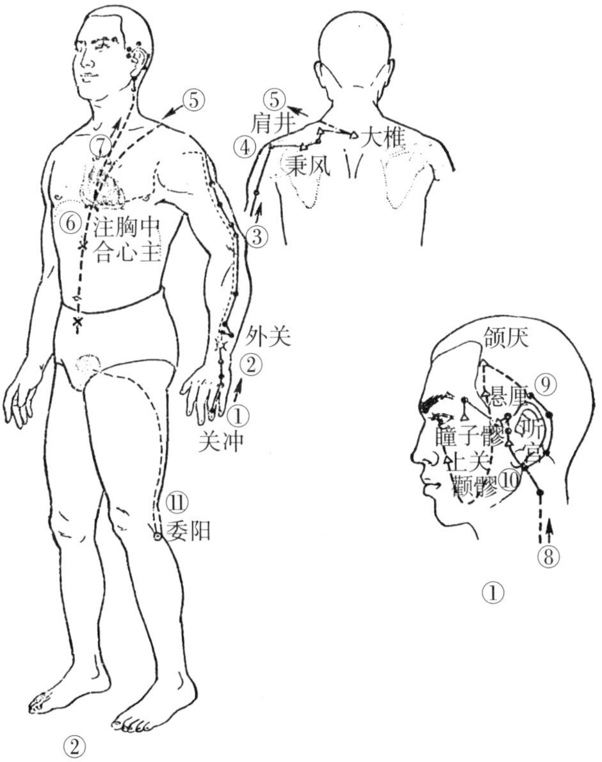


图 22—18

② 手表腕——指手背腕关节中。

③ 臂外两骨——指前臂伸侧尺、桡两骨间。

### 11. 足少阳胆经循行

《灵枢·经脉》：胆足少阳之脉，起于目锐眦，上抵头角[①]，下耳后，循颈，行手少阳之前，至肩上，却交出手少阳之后，入缺盆（图 22—19）。

其支者：从耳后入耳中，出走耳前，至目锐眦后。

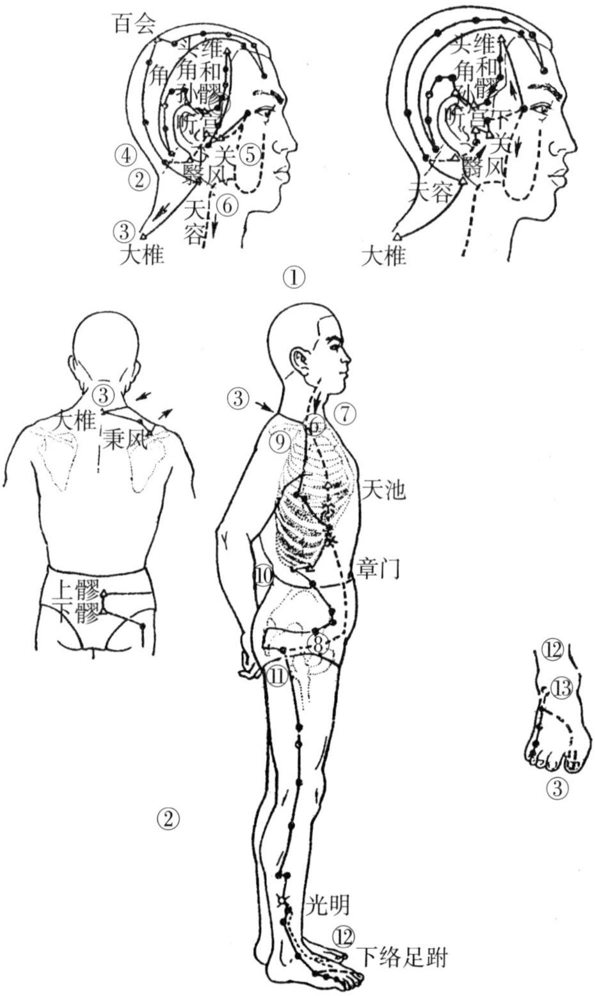


图 22—19

其支者：别锐眦，下大迎，合于手少阳，抵于顺，下加颊车，下颈，合缺盆——以下胸中，贯膈，络肝，属胆，循胁里，出气街，绕毛际②，横入髀厌③中。

其直者：从缺盆下腋，循胸，过季胁，下合髀厌中——以下循髀阳④，出膝外廉，下外辅骨⑤之前，直下抵绝骨之端，下出外踝之前，循足跗上，入小指次指之间。

其支者：别附上，入大指之间，循大指岐骨内⑥，出其端，还贯爪甲、出三毛⑦。

注释：

① 头角——额结节部。

② 毛际——指耻骨阴毛处。

③ 髀厌——髀枢，环跳穴部。

④ 髀阳——大腿外侧。

⑤ 外辅骨——指腓骨。

⑥ 大指岐骨——指第一、第二跖骨。

⑦ 三毛——足趾背短毛。

### 12. 足厥阴肝经循行

《灵枢·经脉》：肝足厥阴之脉，起于大指丛毛之际，上循足跗上廉，去内踝一寸（约 3.3 厘米），上踝八寸（约 27 厘米），交出太阴之后，上腘内廉，循股阴①，入毛中，环阴器，抵小腹，挟胃，属肝，络胆，上贯膈，布胁肋，循喉咙之后，上入颃颡②，连目系，上出额，与督脉会于巅（图 22—20）。

其支者：从目系下颊里，环唇内。

其支者：复从肝别贯膈，上注肺。

注释：

① 股阴——大腿内侧。

② 颃颡——指喉头和鼻咽部。

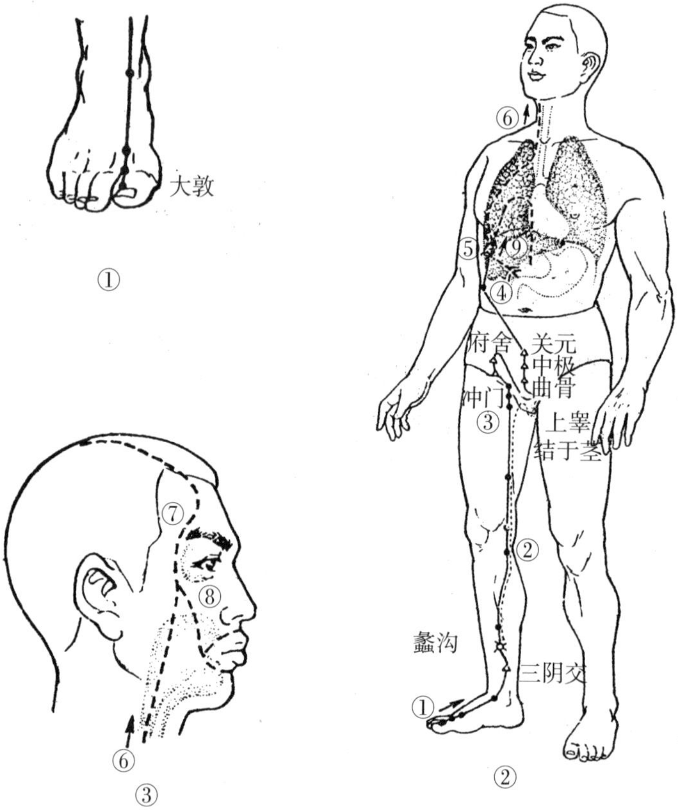


图 22—20

13. 督脉循行分布

《奇经八脉考》：其脉起于肾下胞中，至于少腹，乃下行于腰横骨围之中央，系溺孔之端。男子循茎下至篡，女子络阴器，合篡间，具绕篡后屏翳，别绕臀，至少阴与太阳中络者合少阴上股内廉，由会阳贯脊，会于长强穴。在骶骨端与少阴会，并脊里上行，历腰俞、阳关、命门……大椎，与手足三阳会合，上哑门，上至风府，上巅，历百会至神庭，循额中，至鼻柱，经素髎、水沟，会于手足阳明至兑端龈交，与任脉足阳明交会而终（图 22—21）。

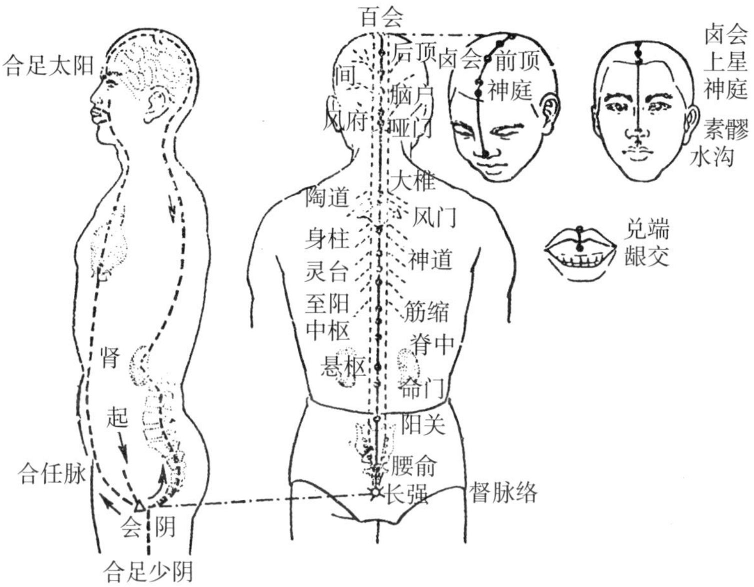


图 22—21

14. 任脉循行分布

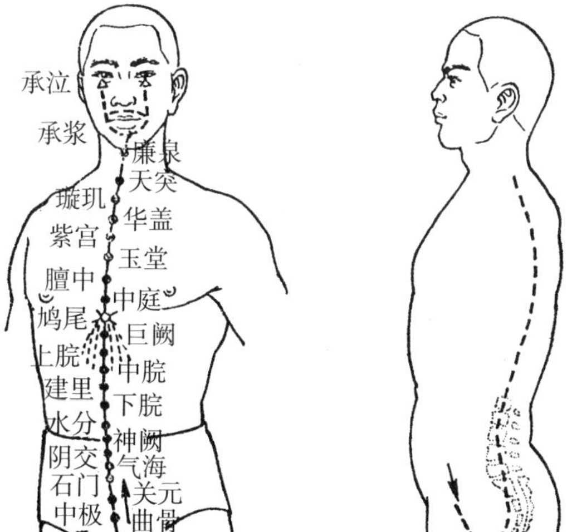


图 22—22

《素问·骨空论》：任脉者，起于中极之下，以上毛际，循腹里，上关元，至咽喉，上颐循面入目。

《灵枢·五音五味》：冲脉、任脉皆起于胞中，上循背里，为经络之海；其浮而外者，循腹（右）上行，会于咽喉，别而络唇口。

《灵枢·经脉》：任脉之别，名曰尾翳，下鸠尾，散于腹（图 20—22）。

## 第四节 常用腧穴

### 一、百会

定位：在头部，当前发际正中直上约 17 厘米，后发际正中直上约 23 厘米，两耳尖连线的中点处。

功能：本穴属督脉，督脉为阳脉之海，连系手足各阳经，具有统调全身阳气作用。百会穴为督脉、手足三阳经交会穴，能贯通诸条阳经，具有升阳益气作用。

主治：气虚下陷的病症和精血不能上充于脑、气随血脱、血随气脱引起的病症。

### 二、气海（下丹田）

定位：在脐下 5 厘米，腹中线上，深部为小肠。

功能：本穴为任脉经穴，可大补元气。或针、或灸、或周围按摩、或意守之，功似人参、黄芪、杜仲等。

主治：一切真气不足，脏器虚惫。

### 三、膻中（中丹田）

定位：在胸部，前正中线上，平第 4 肋间，两乳头连线的中点。

功能：泻膻中能宽胸利膈，理气通络，清肺降逆，化痰。练拳时，“心气下降”可平“横气填胸”之弊。

主治：咳喘、胸闷、胸痹、胸阳不足、乳汁缺乏。

## 四、肾俞

定位：第二腰椎棘突下，旁开 5 厘米。深部为肾脏。

功能：益肾壮阳，纳气利水。本穴为肾脏之气输注之处。

主治：因肾虚引起的多种病，如遗精、阳痿、月经不调、腰膝酸软、耳鸣耳聋等。

太极拳家认为肾为内气之源，故有“出肾入肾是真诀”之说。

## 五、少商

定位：在拇桡侧，距指甲角外上方 0.33 厘米处。

功能：本穴为肺经井穴，所出为井，言其脉气外发，点刺放血可清热凉血，利咽开窍。

主治：肺卫病、神志病、咽喉病。

## 六、命门

定位：在第二腰椎棘突下凹陷中。

功能：命门穴为督脉腧穴，为元气之本，生命之门户，故称命门。命门之火起温煦脏腑作用，故本穴有温肾壮阳之功。

主治：肾阳不足所引起的阳痿、尿频、腰痛等病症。

## 七、神阙（脐）

定位：脐中央。

功能：回阳固脱，健运脾阳。

主治：脱症（四肢不温、阳气衰败）、泄泻、荨麻疹。多用灸法。

## 八、关元

定位：位于脐下三寸（10 厘米），腹中线上，穴下是小肠、膀胱和子宫底部。

功能：温肾、散寒、益气。

主治：中风脱证、遗尿、阳痿、水肿等。

经常艾灸关元能够强壮身体，预防疾病。

## 九、人中（水沟）

定位：在面部，当人中沟上三分之一与中三分之一交点处。

功能：本穴属督脉腧穴，具有醒脑开窍、回阳救逆功效。

主治：昏迷、晕厥、癫痫、小儿惊风等。

## 十、内关

定位：在前臂掌侧，腕横纹上约7厘米，掌长肌腱与桡侧腕屈肌腱之间。

功能：本穴为八脉交会穴，善治内脏疾患。针刺或指压本穴可开窍醒神，理气强心，和胃止呕。

主治：癫痫、癔病、厥脱。可改善心脏功能，调整脑循环，调整血压。

# 第二十三章　陈式太极拳拳论

## 拳经总歌

陈王廷

纵放屈伸人莫知，诸靠缠绕我皆依。
劈打推压得进步，搬撂横采也难敌。
钩掤逼揽人人晓，闪惊巧取有谁知。
佯输诈走虽云败，引诱回冲致胜归。
滚拴搭扫灵微妙，横直劈砍奇更奇。
截进遮拦穿心肘，迎风接步红炮捶。
二换扫压挂面脚，左右边簪桩根腿。
截前压后无缝锁，声东击西要熟识。
上笼下提君须记，进攻退闪莫迟迟。
藏头盖面天下有，攒心剁肋世间稀。
教师不识此中理，难将武艺论高低。

## 太极拳经谱

陈　鑫

太极两仪，天地阴阳，阖辟动静，惟柔与刚，屈伸往来，进退存亡，一开一合，有变有常。虚实兼到，忽见忽藏，健顺参半，引进精详，或收或放，忽弛忽张，错综变化，欲抑先扬，必先有事，勿助勿忘，日就月将，质而弥光。盈虚有象，出入无方，神以知来，智以藏往，宾主分明，中道皇皇，经权互用，补短截长。神龙变化，俦测汪洋，沿路缠绵，静运无慌，肌肤骨节，处处开张，不先不后，迎送相当。前后左右，上下四旁，转接灵敏，缓急异常，高擎低取，如愿相偿，不滞于迹，不涉于虚，至诚运动，擒纵由余，天机活泼，浩气流行。虚中有实，制胜权衡，顺来逆往，令彼莫测。因时制宜，中藏妙诀，外引（外面引诱）内击（以内精进而击之即半引半进也），中行无偏，声东击西，由来皆然，寒往暑来，谁识其端，千古一日，至理循环。上下相随，不可空谈，循序渐进，仔细研究，果能攻苦，终跻浑然，至疾至迅，缠绕回旋，离形得似，何非月圆，精练至极小亦圈。日中则昃，月满则亏，敌如诈诱，不可紧追，若逾界限，灾难转回。况一失势，虽悔何追，我守我疆，不卑不亢。九折羊肠，不可稍让，若让他人，魂飞魄丧。急与争锋，能上能下，多占一分，我据形势，一夫当关，万夫失勇。粘连黏随，会神聚精，运我虚灵，弥加慎重。细腻熨贴，中权后劲，虚笼诈诱，只为一转。来脉得势，转关何难？实中有虚，预防中变，虚中有实，孰策机关。不遮不架，不顶不延（迟也），不软不硬，不脱不粘，突如其来，人莫知其所以然，只觉如风吹倒，灵敏难言。试一形容，有经有权，宜轻则轻，斟酌无偏。宜重则重，如虎下山，引视彼来，进由我去。来宜听真，进贵神速，先窥其势，继窥其隙，其隙可乘，即时而入，失此机会，恐难再得。一点灵境，为君指出。至于身法，原无一定，无定有定，在人自用。横竖颠倒，立坐卧伏，中心莫乱，自有妙术。前俯后仰，左倚右侧，中气贯通，无不皆得。变象无穷，难尽其形，气不离理，一言可罄，开合虚实，即为拳经。用力日久，豁然贯通，默会融贯，渐臻神圣，浑然无迹，妙手空空，若有鬼神，助我虚灵，惟有此心，默持以敬。

## 太极拳拳谱

陈　鑫

中气（即太和之元气）贯足，精神百倍。临阵交战，切勿先进，如不得已，浅尝带引。静以待动，坚持壁垒，堂堂之阵，整整之旗，有备无患，常守其真。一引一进，奇正相生，佯输诈败，反败为攻。一引即进，转（转者方引而忽转之）进如风，进至七分，即速停顿。兵行诡计，严防后侵，前后左右，俱要留心。进步莫迟，不直不遂，足随手运，圆转如神。忽上（手足向上）忽下（手足向下），或顺（用顺缠法）或逆（用倒缠法），日光普照，不落边际。我之进取，须令不防，人若能防，必非妙方。大将临敌，无处不慎，四面旋绕，一齐并进（言被围也），斩将夺旗，绝妙入神（言破敌也）。太极至理，一言难尽，阴阳变化，存乎其人，稍涉虚伪，妙理难寻。

# 太极拳十大要论

陈长兴

## 一、理

夫物散必有统，分必有合，天地间四面八方，纷纷者各有所属，千头万绪，攘攘者自有其源。盖一本可散为万殊，而万殊咸归与一本，拳术之学亦不外此公例。夫太极拳者，千变万化，无往非劲，势虽不侔，而劲归于一；夫所谓一者，自顶至足，内有脏腑筋骨，外有肌肤皮肉，四肢百骸相联而为一也。破之而不开，撞之而不散，上欲动而下自随之，下欲动而上自领之，上下动而中部应之，中部动而上下和之，内外相连，前后相需，所谓一以贯之者，其斯之谓欤，而要非勉强以致之，袭焉而为之也。当时而动，如龙如虎，出乎尔而，急如电闪。当时而静，寂然湛然，居其所而稳如山岳。静无不静，表里上下全无参差牵挂之意。动无不动，前后左右均无犹豫抽扯之形，洵乎若水之就下，沛然莫能御之也。若火机之内攻，发之而不及掩耳。不假思索，不烦拟议，诚不期然而已然。盖劲以积日而有益，功以久练而后成，观圣门一贯之学，必俟多闻强识格物致知方能有功；是知事无难易，功惟自进，不可躐等，不可急就按步就序，循序渐进，夫而后百骸筋节，自相贯通，上下表里不难联络，庶手散者统之，分者合之，四肢百骸总归于一气矣。

## 二、气

天地间未有一往而不返者，亦未常有直而无曲者矣，盖物有对待，势有回还，古今不易之理也。常有世之论捶者，而兼论气者矣。夫主于一何分为二；报谓二者即呼吸也，呼吸即阴阳也。捶不能无动静，气不能无呼吸，呼则为阳，吸则为阴，上升为阳，下降为阴，阳气上升而为阳，阳气下行而为阴，阴气上升即为阳，阴气下降仍为阴，此阴阳之所以分也。何为清浊，升而上者为清，降而下者为浊。清者为阳，浊者为阴，然分而言之为阴阳，浑而言之统为气；气不能无阴阳，即所谓人不能无动静，鼻不能无呼吸，口不能无出入，而所以为对待回还之理也。然则气分为二，而贯于一，有志于是途者，其勿以是为拘拘焉耳。

### 三、三节

夫气本诸身，而身节部甚繁，若逐节论之，则又远手拳术之宗旨，惟分为三节而论，可为得其截法；三节上、中、下或根、中、梢也。以一身言之，头为上节，胸为中节，腿为下节。以头面言之，额为上节，鼻为中节，口为下节。以中身言之，胸为上节，腹为中节，丹田为下节。以腿言之，胯为根节，膝为中节，足为梢节。以臂言之，膊为根节，肘为中节，手为梢节。以手言之，腕为根节，掌为中节，指为梢节。观于此，而足不必论矣。然则至经至足，莫不各有三节也；要之，既莫非三节之所，既莫非着意之处。盖上节不明，无依无宗；中节不明，满腔是空；下节不明，颠覆必生。由此观之，身三节部，岂可忽也。至于气之发动，要从梢节起，中节随，根节催之而已。此固分而言之。若合而言之，则上自头顶，下至足底，四肢百骸，总为一节，夫何为三节有哉；又何三节之中各有三节云乎哉!

### 四、四梢

试于论身之外，而进论四梢。夫四梢者，身之余绪也；言身者初不及此，言气者亦所罕闻，然捶以由内而发外，气本诸身而发梢，气之为用，不本诸身，则虚而不实；不行于梢，则实而仍虚；梢亦可弗讲乎！若手指足特论身之梢耳？而未及梢之梢也。四梢惟何，发其一也，夫发之所系，不列于五行，无关于四体，是无足论矣；然发为血之梢，血为气之海，纵不本诸发而论气，要不可离乎血以生气，不离乎血，即不得不兼乎发，发欲冲冠，血梢足矣。抑舌为肉之梢，而肉为气之囊；气不能行诸肉之梢，即气无以充其气之量；故必舌欲催齿，而肉梢足矣。至于骨梢者，齿也，筋梢者，指甲也，气生于骨而联于筋，不及乎齿，即不及乎骨之梢，不及乎指甲，即不及乎筋之梢，而欲足尔者，要非齿欲断筋，甲欲透骨不能也。果能如此，则四梢足矣。四梢足，而气自足，岂复有虚而不实，实而仍虚之弊乎!

### 五、五脏

夫捶以言势。势以言气，人得五脏以成形，即由五脏而生气，五脏实为性命之源，生气之本，而各为心、肝、脾、肺、肾也。心属火，而有炎上之象。肝属木，而有曲直之形，脾属土，而有敦厚之势。肺属金，而有从革之能。肾属水，而有润下之功。此乃五脏之意而犹准之于气，皆有所配合焉。凡世之讲拳术者，要不能离乎斯也。其在于内胸廓为肺经之位，而肺为五脏之华盖，故肺经动，而诸脏不能不动也。两乳之中为心，而肺抱护之。肺之下，膈之上，心经之位也。心为君，心火动，而相火无不奉命焉，而两乳之下，右为肝，左为脾，背之十四节骨节为肾，至于腰为两肾之本位，而为先天之第一，又为诸脏之根源；故肾足，则金、木、水、火、土，无不各显生机焉。此论五脏之部位也。然五脏之存乎内者，各有定位，而见于身者，亦有专属，但地位甚多，难以尽述，大约身之所系中者属心，窝者属肺，骨之露处属肾，筋之联处属肝，肉之厚处属脾。想其意，心如猛虎，肝如箭，脾之力大甚无穷，肺经之位最灵变，肾气之动快如风，是在当局者自为体验，而非笔墨所能尽罄者也。

## 六、三合

五脏即明，再论三合，夫所谓三合者，心与意合，气与力合，筋与骨合，内三合也。手与足合，肘与膝合，肩与胯合，外三合也。若以左手与右足相合，左肘与右膝相合，左肩与右胯相合，右三与左三亦然。以头与手合，手与身合，身与步合，孰非外合。心与目合，肝与筋合，脾与肉合，肺与身合，肾与骨合，孰非内合。然此特从变而言之也。总之，一动而无不动；一合而无不合，五脏百骸悉在其中矣。

## 七、六进

既知三合，犹有六进。夫六进者何也？头为六阳之首，而为周身之主，五官百骸莫不体此为向背，头不可不进也。手为先锋，根基在脚，脚不进，则手却不前矣，是脚亦不可不进也。气聚于腕，机关在腰，腰不进则气馁，而不实矣，此所以腰贵于进者也。意贯周身，运动在步，步不进而意则索然无能为矣，此所以必取其进也。以及上左必进右，上右必进左。共为六进。此六进者，孰非着力之地欤，要之，未及其进，合周身毫无关动之意，一言其进，统全体全无抽扯之形，六进之道如是已。

## 八、身法

夫发手击敌，全赖身法之助，身法维何？纵、横、高、低、进、退、反、侧而已。纵，则放其势，一往而不返。横，则理其力，开拓而莫阻。高，则扬其身，而身有增长之意。低，则抑其身，而身有攒足之形。当进则进，殚其力而往直前。当退则退，速其气而回转扶势。至于反身顾后，后即前也。侧顾左右，左右恶敢当我哉。而要非拘拘焉而为之也。察夫人之强弱，运乎已之机关，有忽纵而忽横，纵横因势而变迁，不可一概而推。有忽高而忽低，高低随时以转移，岂可熟一而论。时而宜进不可退，退以馁其气。时而宜退，即以退，退以鼓其进。是进固进也，即退以实以助其进。若反身顾后，而后不觉其为后。侧顾左右，而左右不觉其为左右。总之，观在眼，变化在心，而握其要者，则本诸身。身而前，则四体不命而行矣。身而怯，则百骸莫不冥然而处矣。身法固可置而不论乎。

### 九、步法

今夫四肢百骸主于动，而实运以步；步者乃一身之根基，运动之枢纽也。以敌应战、对战，本诸身。而所以为身之砥柱者，莫非步。随机应变在于手。而所以为手之转移者，又在于步。进退反侧，非步何以作鼓动之机，抑扬伸缩，非步何以示变化之妙。即为观察在眼，变化在心，而转弯抹角，千变万化，不至穷迫者，何莫非步之司命，而要非勉强可致之也。动作出于无心，鼓舞出于不觉，身欲动而以之周旋，手将动而步亦早为之催迫，不期然而已然，莫之驱而若驱，所谓上欲动而下自随之，其斯之谓欤！且步分前后，有定位者，步也。无定位者，亦步也。如前步进，而后步亦随之，前后自有定位也。若前步作后步，后步作前步，更以前步作后步之前步，后步作前步之后步，前后亦自有定位矣。总之，捶以论势，而握要者步也。活与不活在于步，灵与不灵亦在于步也。步之为用大矣哉！

### 十、刚柔

夫拳术之为用，气与势而已矣。然而气有强弱，势分刚柔，气强者，取手势之刚，气弱者，取手势之柔。刚者，以千钧之力而扼百钧；柔者，以百钧之力而破千钧。尚力尚巧，刚柔之所以分也。然刚柔既分，而发用亦自有别，四肢发动，气行诸外，而内持静重，刚势也。气屯于内，而外现轻和，柔势也。用刚不可无柔，无柔则环绕不速。用柔不可无刚，无刚则催逼不捷。刚柔相济。则粘、游、连、随、腾、闪、折、空、掤、攦、挤、捺，无不得其自然矣。则刚不可偏用，用武岂可忽耶。

## 用武要言和战斗篇

陈长兴

“要诀云：捶自心出。拳随意发，总要知己知彼，随机应变。”

“心气一发，四肢皆动，足起有地，动转有位，或粘而游，或连而随，或腾而闪，或折而空，或掤而攌，或挤而按。”

“拳打五尺以内，三尺以外，远不发肘，近不发手，无论前后左右，一步一捶，遇敌以得人为准，以不见形为妙。”

“拳术如战术，击其无备，袭其不意，乘机而袭，乘袭而击，虚而实之，实而虚之，避实击虚，取本求末，出遇众围，如生龙活虎之状，逢击单敌，似巨炮直轰之势。”

“上中下一气把定，身手足规矩绳束，手不向空起，亦不向空落，精敏神巧全在活。”

“古人云：能去、能就、能刚、能柔、能进、能退，不动如山岳，难知如阴阳，无穷如大地，充实如太仓，浩渺如四海，眩耀如三光，察来势之机会，揣敌人之短长，静以待动，动以处静，然后可言拳术也。”

“要诀云：借法容易，上法难，还是上法最为先。”

“战斗篇云：击手勇猛，不当击梢，迎面取中堂，抢上抢下势如虎，类似鹰鹞下鸡场；翻江拨海不须忙，丹凤朝阳最为强；云背日月天交地，武艺相争见短长。”

“要诀云：发步进入须进身，身手齐到是为真，法中有诀从何取，解开其理妙如神。”

“古有闪进打顾之法：何为闪，何为进，进即闪，闪即进，不必远求。何为打，何为顾，顾即打，打即顾，发手便是。”

“古人云：心如火药，手如弹。灵机一动鸟难逃，身似弓弦，手似箭，弦响鸟落显奇神。起手如闪电，电闪不及合眸。击敌如速雷，雷发不及掩耳。左过右来，右过左来。手从心内发，落向前落。力从足上起，足起犹火作。”

“上左须进右，上右须进左，发步时足跟先着地，十趾要抓地，步要稳当，身要庄重，去时撒手，着人成拳，上下气要均停，出入以身为主宰；不贪，不欠，不即，不离。拳由心发，以身催手，一肢动百骸皆随；一屈，统身皆屈；一伸，统身皆伸，伸要伸得尽，屈要屈得紧。如卷炮卷得紧，崩得有力。”

“战斗篇云：不拘提打，按打，击打，冲打，膊打，肘打，胯打，腿打，头打，手打，高打，低打，顺打，横打，进步打，退步打，截气打，借气打以及上下百般打法，总要一气相贯。”

“出身先占巧地，是为战斗要诀。骨节要对，不对则无力，手把要灵，不灵则生变。发手要快，不快则迟误。打手要狠，不狠则不济。脚手要活，不活则担险。存心要精，不精则受愚。”

“发身：要鹰扬勇猛，泼皮胆大，机智连环。勿畏惧迟疑，如关临白马，赵临长坂，神威凛凛，波开浪裂，静如山岳，动如雷发。”

“要诀云：人之来势，务要审察，足踢头前，拳打膊乍，侧身进步，伏身起发。”

“足来提膝，拳来肘拨，顺来横击，横来捧压，左来右接，右来左迎，远便上手，近便用肘，远便脚踢，近便加膝。”

“拳打上风，审顾地形，手要急，足要轻，察势如猫行，心要整，目要清，身手齐到始成功，手到身不到，击敌不得妙，手到身亦到，破敌如催草。”

“战斗篇云：善击者，先看部位，后下手势。上打咽喉，下打阴，左右两肋并中心。前打一丈不为远，近打只在一寸间。”

“要诀云：操演时面前如有人，对敌时有人如无人。面前手来不见手，胸前肘来不见肘。手起足要落，足落手要起。”

“心要占先，意要胜人，身要攻人，步要过人，头须仰起，胸须现起，腰须竖起，丹田须运起，自项自足，一气相贯。”

“战斗篇云：胆战心寒者，必不能取胜。不能察形势者，必不能防人。”

“先动为师，后动为弟，能教一思进，莫教一思退。胆欲大而心欲小，运用之妙，存乎一心而已，一而运乎二气，行乎三节，现乎四梢，统乎五行。时时操演，朝朝运化，始而勉强，久而自然。拳术之道学，终于此而已矣。”

## 太极拳论分类语录

陈长兴　陈　鑫

### 一、心静身正　以意运动

“学者上场打拳，端然恭立，合目息气，两手下垂，身桩端正，两足并齐，心中一物无所著，一念无所思，穆穆皇皇，浑然如大混沌无极景象，故其形无可名，名之曰无极，象形也。”

“太极者，生于无极也。阴阳由微至著，循环无端，即其生生之机也……打拳上场手足虽未运动，而端然恭正之中，其阴阳开合之际，消息盈虚之数，已俱寓于心腹之内。此时一志凝神，专著于敬，而阴阳开合，消息盈虚，持未形耳。时无可名，亦名之曰太极。言此以学者初上场时，先洗心涤虑，去其妄念，平心静气，以待其动。如此而后可以学拳。”

“拳名太极，实天机自然之运行，阴阳自然之开合也。一丝不假强为，强为者非太极自然之理，不得名为太极拳。”

“精神贵乎蕴蓄，不可外露圭角。”

“静以待动。”

“太和元气到静时，不静不见动之奇。”

“不矜不张，局度雍容，虽曰习武，文在其中矣。”

“身必以端正为本。”

“身法端凝莫测，收敛精神，别无他诀，心平气和则得。”

“身法正者，身桩端正，无所偏倚，虚灵内含，故不惧他人推倒。”

“不偏不倚，无过不及。”

“不偏不倚，非形迹之谓，乃神自然得中之谓也。”

“若兼带俯仰伸缩法，规矩方为完全合一。久练纯熟则起落进退，旋转自由，而轻重虚实，刚柔齐发。”

“打拳原是备身法，身法有正有邪，有直有曲，有顺有逆；有偏前，有偏后，有偏左，有偏右；有偏上，有偏下；有在地上坐，有在空中飞；有束住，有散开。种种身法，不可枚举，皆由中气以贯之。此临时以意会之自知。”

“身虽有时歪斜，而歪斜之中，自寓中正不可拘泥。”

“间架即有时身法歪斜，是亦中正之偏，偏中有正，具有真意，有真意其一片，缠绵意致，非同生硬挺霸，流于硬派。”

“以心中浩然之气，运于全体，虽有时形体斜倚，而斜倚之中，自有中正之气以宰之。”

“至于身法，原无一定，无定有定，在人自用，横竖颠倒，立坐卧挺，前俯后仰，奇正相生，回旋倚侧，攒跃皆中，千变万化，难绘其形。”

“身法不论大身法转关，或小身法过角，以灵动敏捷为尚。”

“能会此身转移法，神机变化在其中。”

“打拳心是主。”

“以心为主，而五官百骸无不听命。”

“天君有宰，百骸听命。”

“运用在心，此是真诀。”

“中和元气，随意所之，意之所向，全神贯注。

“动静缓急，运转随心。”

“运化全在一心中。”

“四体从心而运，官骸皆悦以顺从，而要皆以乾坤正气行之也。”

“心中一物无有，极其虚灵，一有所着，则不虚不灵，惟静以持之，养其诚以至动静咸宜，变化不测。”

“妙机本是从心发。”

“问：运行之主宰？曰：主宰于心。心欲左右更迭运行，则左右手足更迭运行；心欲用缠丝劲顺转圈，则左右手用缠丝劲顺转圈；心欲沉肘压肩，肘即沉，肩即压；心欲胸腹前合，腰劲塌下，裆口开圆，而胸向前合，腰劲塌下，裆即开圆，无不如意；心欲屈两膝，两膝即屈，右足随右手运行，左足随左手运行，而膝与左右足皆随之，不然多生疵累，此官骸之所以不得不从乎心也。吾故曰：心为一身运行之主宰。”

“或曰：拳之大概即闻命矣，而要打不出神情，何也？曰：此在平居去其欲速之心，如孟子所言，必有事焉而勿正，心勿忘，勿助长焉。临场先去其轻浮慌张之气，清心寡欲，平心静气，着着循规蹈矩，积久功熟，然后此中层累曲折，历尽难境，苦去甘来，机去横生，浡不可遏，心中有情有景自然打出神情来。要之此皆人力所能为者，至于无心成化，是在涵养，日久优游，以俟其自至则得矣。”

“一片灵机写太和，全凭方寸变来多，有心运到无心处，秋水澄清出太阿。”

“拳虽小技，皆本太极正理。”

“拳虽武艺，得其正道，无往不宜。”

## 二、开合虚实　呼吸自然

“开合虚实，即为拳经。”

“以吾身本有之元气，运于吾身，其屈伸往来，收放擒纵，不过一开一合与一虚一实焉已耳。”

“一开一合，拳术尽矣。”

“动静循环，岂有间哉！吾所谓：一动一静，一开一合，足尽拳中之妙。”

“一开一合妙如微，上下四旁浊化机，纵使六子俱巧舌，也难描写雪花飞。”

“开合原无定，屈伸势相连。太极分阴阳，神龙变无方。”

“盖辟刚柔顺自然，一扬一抑理循环。”

“一开一合，有变有常，虚实兼到，忽现忽藏。”

“开中有合，合中有开，虚中有实，实中有虚。”

“实中有虚，虚中有实，太极自然之妙用，至结果之时，始悟其理之精妙。”

“周身一齐合到一块，神气不散，方能一气流通，卫护周身。”

“打拳以调养血气，呼吸顺气自然。调息绵绵，操固内守，注意玄关……轻轻运行，默默停止，惟以意思运行。”

“头直眼平视，肩与肩合，肘与肘合，手与手合，大腿根与大腿合，膝与膝合，足与足合，平心静气，说合上下一齐合住，气归丹田，合法皆用倒（逆）缠法。”

“开则俱开，合则俱合。”

“至合之时，气必归于丹田。”

“一开一合，莫非自然。”

“非但合之以势，宜先合之以神。”

“合者合其全体之神，不单合其四肢。”

“一开一合阴阳备，四体殷勤骨节张。”

“每日细玩太极图，一开一合在吾身。”

“心要虚，心虚则四体皆虚，丹田与腰劲足底要实，三处一实则四体之虚者皆实，此之为虚而实。”

“天地阴阳之理，不过消息盈虚而已，故孔子尚消息盈虚，打太极拳亦是消息盈虚。息者，喘息也，呼吸之气也，生长也，故人之子谓之息，以其所生也，因气微，故谓之息。消者，减也，退也，盈也，中间充满也。虚者，中间空也。”

### 三、轻灵圆转　中气贯足

“能静能敬，自保虚灵。”

“心身不可使气，轻轻运动。”

“以灵动敏捷为尚。”

“且心一虚，则全体皆虚，惟虚则灵，灵足以应敌。”

“打拳者，手极虚极灵，物有挨着即知，即能随机应之，不惟手，即背面全身尽是虚灵。”

“往来屈伸，如风吹杨柳，天机动荡，活泼泼地毫无滞机。”

“以虚灵之心，养刚中之气。”

“至于手足运动，不外一圈，绝无直来直去。”

“所画之圈有正斜，无非一圈一太极。”

“沿路缠绵，静运无慌。”

“足随手运，圆转如神。”

“离形得似，何非月圆，精练已极，极小亦圈。”

“圈是周身转，不但手足，而手足在外易见，故以手转言之。”

“越小小到没圈时，方归太极真神妙。”

“打拳中气所在，人孰能禁。”

“以浩然之气行之，无往不宜。”

“心劲一发，而周身之筋脉骨节，无不随之，外之所形，皆由中之所发，故曰内劲。”

“内劲何发何行？发于一心，而行于四肢之骨髓，充于四肢之肌肤。”

“不滞不息，不乖不离，不偏不倚，即是中气。”

“中气得十分满足，气势盛足。”

“拳以中气运行，人乃心腹，斯即化成天下。”

“以引足为止，学者多性躁，未下功夫，先好打人，不知侵到何处，即以何处引击，不拘定格。”

“中气贯足，物来顺应，物莫能违。”

“拳家手成，能平其志，自无横气。”

“中气运到手指头方为运足。”

“足大趾待手气走足后，乃与手一起合住，此时方可踏实。”

“其劲皆发于心内，入于骨缝，外达于肌表，是一股劲，非有几股劲，即气之发于心者。得其中正即为中气，养之即为浩然之气。”

“中气贯脊中。”

“若问此中真消息，须寻脊背骨节中。”

“中气上自百会穴，下贯长强穴，如一线穿成也。”

“中气贯于心肾之中，上通头顶，下达会阴……中气充实于内，而后开合擒纵，自无窒碍。”

“中气必由胳膊中徐徐运行，不可慌张忽略，顺其当然之则，运其自然，勿令偏倚，而以心气行于两肱之中，是为中气。

“其形若止，其意不止，渐渐充其内劲，必使劲由骨缝中充至肌肤，以及指头，待内劲十分充足，则下势之机致自动。”

“一气运行，绝不停留，纯是浩气流转于周身，势不可遏。”

“但凭得周身空灵，一缕中气随势扬。”

“两人相敌，性命所关，外观诸人，内观诸己，知己知彼，百战百胜，而一以中气御之，不失大中至正之道。”

“以心中之中气运乎四肢之中，是人所不见己，我独知之地，须时时神而会之，久而自明。”

“顶劲领起来，顶劲何在？在百会穴，其意些须领住就算，不可太过，过则下掤上悬，立而不稳，此是一身关键，中气之所通者，不可不知。中气上通百会，下通二十椎，此处一通则上下皆通，全体之气脉胥通，自无倒倾之弊。脑后二股筋是佐中气之物，二筋之间其无筋处乃中气上下流通之路，下行脊骨之中至二十一椎止。即前后任督二脉亦皆是辅吾之中气。”

“中气最难名，即中气所行之路以最难名，无形无声，非用功夫久，不能知也。所以不偏不倚，非形迹之谓，乃神自然得中之谓也。即四肢中所运之中气亦即此中气之旁流，非另有一中气。此处不偏，而后四肢之中气皆不偏，虽四体形迹呈多偏势，而中气之流于肢体中者自是不偏，此意第可神而明之。”

“气非有二，其柔而劲者为中气，一味硬者为横气。其为用也，不偏不倚，无过不及，是中气之用，非中气之体。中气之体即吾心中阴阳之正气，即孟子所谓配道义浩然之气也。”

### 四、缠绕运动　舒畅经络

“凡经络皆有益于拳。”

“打太极拳须明缠丝劲，缠丝者，运中气之法门也，不明此，即不明拳。”

“太极拳缠丝法也。进缠退缠，左右缠，上下缠，里外缠，大小缠，顺逆缠。而要莫非即引即缠，即进即缠，不能各是各着；若各是各着，非阴阳互为其根也。”

“浑身俱是缠丝劲，大约里缠外缠，皆是随动而发，有左手前，右手后，右手前，左手后，而以一顺合者，亦有左里合，右背合者；亦有用反背劲而往背面合者，各因其势之如何而以自然者运之。其劲皆发于心内，人于骨缝，外达于肌肤，是一股劲，非有几股劲。即气发于心者，得其中正，则为中气，养之即为浩然之气。”

“此中意趣，莫割断神气，神气不断，血脉自然流通。”

“天地间未有一往而不反者，亦未尝有直而无曲者矣。”

“盖物有对待，势有回还，古今不易之理也。”

“卫生之本，还气妙诀。能善运气，始能卫其生命。”

“自当从良师，又宜访高朋，处处循规矩，一线启灵明；一层深一层，层层妙无穷，一开连一合，开合递相承。”

“五运六气司变化，武术得之自通神。”

“此劲皆由心中发，股肱表面似缠丝，斜缠顺逆原有定，最耐浅深细究研。研究功夫真积久，一旦豁然太极拳，人身处处皆太极，一动一静皆混然。”

“胳膊劲由心发，行于肩过肘，至指，此是顺缠法。由骨至肌肤，由肩至指，出劲也。由指至肩倒（逆）缠法，所谓入劲者，引之而来，使敌近于我也。”

“两腿之劲，皆由足大趾领起，过涌泉，上缠过外踝，向里缠，斜行而上，过三里，越膝，俞血海，至大腿根，两腿根间谓之裆，即会阴穴也。运动足后跟踏地，渐至趾通谷，大钟，外腓以及隐白，大敦，厉兑，实实在在踏于地上。”

“宫体之劲，各随各经络运行，无纤悉之惑差。”

“一往一来运一周，上下气机不停留，自古太极皆如此，何须身外妄营求。”

## 五、上下相随　内外相合

“一身必令上下相随，一气贯通。”

“内外上下必随，其劲不可拂逆。”

“发令者在心，传令者在手，观色者在目。此心、手、眼三到之说，缺一不可。”

“上下手足各相随，后往前转莫迟迟。”

“不先不后，迎送相当，前后左右，上下四旁，转接灵敏，缓急相将。”

“上面手如何运，下肢足如何运，上下相随，自然合拍。”

“要手全在手掌，手指领起周身运动，足随手尤其紧要。”

“足随手运，圆转如神。”

“中间胸腹手足运，上下一气贯通，说动一齐动，说止一起止。”

“击首尾动精神贯，击尾首动脉络通，当中一击首尾动，上下四旁扣如弓。”

“内外一气流转。”

“八体（顶、裆、心、眼、耳、手、足、腰）关紧君须记，人力运成夺天工。”

“太极拳千变万化，无往非劲，势虽不侔，而劲归一。夫所谓一者，自顶至足，内有脏腑筋骨，外有肌肤皮肉，四肢百骸相联而为一者也。破之而不开，撞之而不散。上欲动而下自随之，下欲动而上自领之，上下动而中部应之，中部动而上下和之，内外相连，前后相需，所谓一以贯知者，其斯之谓欤!”

“心与身不可使气，轻轻遵住规矩，顺其自然之势而运之，以手领肘，以肘领肩；下则以足领膝，以膝领大股。其要处全在以手足指头领住运行。或问：手足全不用气，何以运动？曰：手中之气，不过紧紧领住肩臂而已，不可过，过则不灵。至于足，较之手稍重而已。”

## 六、着着贯串　势势相承

“拳之一道，进退不已，神气贯串，绝不间断。”

“初学用功，先求伏应，来脉转关，一气相生。”

“上着下着，一气承接，勿令神气间断。”

“打拳全在起势，一起得势，以下无不得势。即无敌人徒手空运，亦觉承接得势，机势灵活，故吾谓每一势全在一起，于接骨斗榫处彼势如何落下，此势如何泛起，须要细心揣摩。又全在一落必思如何才算走得十分满足，无少欠缺。神气即足，此势似可停止，而下势之机已动，欲停而又不得停；盖其欲停将停之机，又已叫起下势矣。吾故曰：此时之境，似停不停（不停者，神未足也），不停而停（所停者只一线，下势即起）。”

“学太极拳着着当细心揣摩，一着不揣摩，则此势机致情理，终于茫昧。即承上启下处尤当留心，此处不留心，则来脉不真，转关亦不灵动，一着自成一着，不能自始至终，一气贯通矣。不能一气贯通，则与太和元气终难向津”。

“平素打拳，全在一起一转，所谓‘得势争来脉，出奇在转关’，本势手将起之时，必先使手如何承住上势，不令割断神气血脉；即承接之后，必思手如何得机得势。来脉真，机势得，转关自然灵动。能如此，他日与人交手，自能身先立于不败之地，指挥如意。”

“每势将成迹似停，气却不停，必待内劲徐徐运到十分充足，下势之机跃跃欲动，方能上势与下势打通，中无隔阂，一气流行，不但一势如是，拳自始至终，每势之末，皆如是。”

“接骨斗榫，细心揣摩。”

“理精法密，条理缕析。”

“层累曲折，胥致其极。”

### 七、虚领顶劲　气沉丹田

“问：打拳关键在何处？曰：在百会穴下，自脑后大椎通向长强，其动处在任督二脉。”

“百会穴领起全身。”

“顶劲者，是中气上冲于头顶者也。不领则气塌，领过不惟全身气皆在上，足底不稳，病失上悬，即顶亦失于硬，扭转不灵，亦露笨象，是在似有似无，折其中而已。”

“打拳全是顶劲，顶劲领好，全身精神为之一振。”

“提纲全在顶劲，故顶劲一领，而周身精神皆振。”

“顶劲中气是股正气，心中意思领起即行到头顶上，中气自然领起来，非有物以提之，是意思如此。”

“拳自始自终，顶劲决不可失，一失顶劲，四肢若无所附的，且无精神，故必领起，以为周身纲领。”

“顶劲上领，意思如上顶破天，不可用气太过。”

“顶劲领起斜寓正，裆间撑合半月圆。”

“中气上至百会穴，下贯长强穴，如一线穿成也。”

“顶劲领起来，领顶劲非硬蹬脑后二大筋之谓，乃是中气上提，若有意，若无意，不轻不重，似有似无，心中一点忽灵动，流注于后顶，不可提过，亦不可不及，提过则上悬，不及则气留胸中，难于下降，此顶劲式。”

“中气贯于心肾之中，上通头顶，下达会阴。”

“顶劲上领，浊气下降，中气蓄住入于丹田。”

“人之一身，以腰为中界，气往上下行，中间以腰为界。”

“孟子曰：志者气之帅，气者体之充。心如将军气如兵，将军一出令，则士卒皆听命。清气上升行于手，浊气下降行于足，气皆行列到指头乃止，丹田为全体气之归宿处，如兵马屯处，气之上行下行似两橛，其实一气贯通也。”

“百会穴领其全身，要使清气上升，浊气下降。清气如何上升？非平心静气不可，浊气必下降至足。一势即完，上体清气皆始归于丹田，盖心气一下，则全体之气无不俱下。”

“周身之劲往外发者，皆发于丹田；向里收者，皆收于丹田。然皆以心宰之，处处皆见太和元气气象。”

“气归丹田，上虚下实，中气存于中，虚灵含于内。”

“势既成，心平气和，中气归于丹田。”

“丹田气一分五处，其实一气贯通。上下不可倒塌，一也。心气一领，丹田气上行，六分至心，又一分两股，三分上行到左肩，三分上行到右肩，皆是由肩骨缝中贯到左右指头，其在骨缝中者为之中气，其行肌肤者为之缠丝劲；其余四分，亦分两股，二分行于左股，二分行于右股，皆是由骨缝中贯至左右足趾。”

“至于中气归丹田之说，不必拘泥，但使气降于脐下小腹而已。若细研之，丹田非气之源，何以独言归此？此不过略言大意而已，若究其原，周身元气皆出肾，肾水足则气自壮；养于胃，胃得其养则气亦壮；藏于肝，肝气一动，逆气横生，气不得其平；涵泳于心，心无妄念则心平者气自和；肺主声，实鸣之于心，心机何往，不必声出诸口而心先喻也；壮于胆，胆则无前，气亦随之；运于脾，是经多气少血，闻声则动，动则运化不已，心一动脾即动也。佐以大肠为多气少血，且为传道之官；又辅于小肠，小肠在前脐上，后附脊，滓秽不存，浊气去而清气来矣。以上经络，皆有益于拳，故及之。若专言肾，肾者，作强之官，技巧出焉，是经少血多气，藏经于志，精神之舍，性命之根。肾有两枚，枚各两条，一系于心，一上通于脑，气之所生，实始于此，归宿必归到此。至于命门，实两肾之间，气所出入之门户，故曰命门。”

“命脉者，肾也，中气之所由来也。动则出，静则入。有定而无定，言不时变易势，故阴阳二气变易亦不定。”

“出肾入肾是真诀。”

“跨虎势定势：腰以上背后魄户，膏肓向肋前合，胸前左右肋第一行渊液，大包属三焦，二行辄筋，日月亦属少阳经，三行云门、中府，胸乡属肺与脾，四行厥阴期门，天池属肝胆，五行阳明大肠缺盆，气户、梁门、关门属肠胃。第六行少阴腧府、神藏、幽门、通谷，属心肾，中一行华盖，紫宫、玉堂、膻中、中庭、鸠尾。”

“左右肋由渊液，大包以致幽门，通谷两边，皆向玉堂，膻中合住，左右各肋皆相呼应，此左右肋腰以上之式。”

“腰以下左右气冲，维道皆向气海、关元、中极合住，此左右软肋下式。”

## 八、含胸塌腰　沉肩坠肘

“胸要含住劲，又要虚。”

“胸要虚含如磬。”

“胸如鞠躬向前微弯，四面包含住。”

“中间腹胸白天突穴至脐阴交、气海、石门、关元，如磬折如鞠躬形，是谓含住胸，是为合住劲，要虚。”

“平心静气，勿使横气填塞胸中。”

“腰要含蓄，气降丹田，无留横气于以上。”

“胸隔横气卸到脚底，即不能，亦当卸到丹田。”

“胸间松开，胸一松，全体舒畅，不可有心，亦不可无心。自华盖至石门要虚虚含住，不可令横气横于胸中。”

“胸亦随手转圆。”

“（白鹤亮翅势）胸间劲亦若随住右手与左手先从右向下，而左而上至右，绕一大圈。”

“胸中内劲如太和气转圆。”

“太和元气运胸中，一动一静合轻重。”

“打拳运动全在于手领，转关全在松肩，功久则肩之骨缝自开，不能勉强，左右肩松不下，则转关不灵。且松肩不是軃肩，骨节开则肩自松下。”

“肩塌下，不可架起来。”

“转圈机关，全在于肩，故肩中骨缝，宜令开张。”

“胳膊如在肩上挂着一般。”

“肩颐、肩井、扶突，皆松下。”

“肩膊头骨缝要开，始则不开，不可使之强开，功夫未到自开时心说已开，究竟未开；必攻苦日久，自然能开，方得算开。此处一开，则全胳膊之往来曲伸，如风吹杨柳，天机动荡，活泼泼的毫无滞机，皆系于此。此肱之枢纽，灵动所关，不可不知。”

“两肩要常松下，见有泛起，即将松下；然不得已上泛，听其上泛，泛毕即松，不松则全肱转换不灵。故宜泛则泛，宜松则松。每势毕，胸向前合，两肩彼此相呼应。此两肩式。”

“俯肩一靠破铜墙。”

“两肘当沉下，不沉则肩上扬，不适于用。”

“肘尖向下……膝盖与肘尖上下相照。”

“肘在前后、左右、上下，要呼应合住劲。”

### 九、运柔成刚　刚柔相济

“打拳以鼻为中界，左手管左半身，右手管右半身，各足随各手动之。心身不可使气，轻轻运动，以手领肘，肘领臂，手中之气仅仅领起手与臂而已，不可过，过则失与硬。上体手如何运动，下肢亦随之，上下相随，中间自然皆随，此为一气贯通。裆劲要开要虚，裆开然后心气发动，肌肤骨节处处开张。”

“欲刚先柔，欲扬先抑。”

“世人不知，皆以太极拳为柔术，殊不知自用功亦来，千锤百炼，刚而归之于柔，柔而造至于刚，刚柔无迹可见。但就其外而观之，有似乎柔，故以柔名子耳，而岂然哉？且柔者，对乎刚而言之耳。是艺也，不可谓之柔，亦不可谓之刚，第可名之太极。太极者，刚柔兼至，而浑于无极之谓也，其为功也多，故其成也难。”

“阴阳互为其根，不可分为两橛。”

“克刚易，克柔难。”

“柔能克刚，以退为进者，坤道也；坤错乾，乾，刚也。坤至柔而动也刚。皮拳外面似柔，其实至刚。”

“故拳术以柔克刚，因而中也。”

“打拳何尚不用气。不用气则全体何有运动？但本其至大至刚之气，以直养无害焉已耳。”

“一阴一阳，要必以中峰运之，中峰者，不偏不倚，即为心之中气（不滞不息，不乖不离，不偏不倚即是中气），所谓浩然之气也。”

“此气行于手足中，不刚不柔自雍容。”

“浑灏流行，自然一气，轻如杨花，坚如金石，虎威比猛，鹰扬比疾，行同乎水流，止俟乎山立。”

“以虚灵之心，养刚中之气。”

“胸中一团太和元气，充周四体，至柔至刚，实备乾健坤顺之德。当其静也，阴阳所存，无迹可寻；及其动也，看似至柔，其实至刚，看似至刚，其实至柔，刚柔皆具，是谓：阴阳合德。”

“运动似柔而实刚，精神内藏而不露，此为上乘。”

“坤至柔，而动也刚。”

“柔顺济以刚直。”

“乾刚，坤柔，阴阳并用，不偏不倚，无过不及。”

“阴阳互用，天道所藏，动静无偏，乃尔之强。”

“久练纯熟，则起落进退，旋转自由，而轻重，虚实，刚柔齐发。”

“任人四面来侮，此身全仗虚灵，官骸无所不顾……任你奸巧丛生，自是刚柔素具。”

“拳以太极名，古人必有深明于太极之理，而后于全体之上下、左右、前后，以手足旋转运动，发明太极之蕴，立其名以为成宪，义至精也，法至严也……虽曰拳为小道，而太极之大道存焉……后之人，事不师古，不流于狂妄，即涉于偏倚，而求一不刚不柔，至当恰好者，以与太极之理相吻合者，盖亦戛戛呼其难矣。”

“虞廷执中，孔门一贯，此外无余温……神而明之，存乎其人。”

“然刚柔既分，而发用有别。四肢发动，气形诸外，而内持静重，刚势也；气屯于内而现轻和，柔势也。用刚不可无柔，无柔则环绕不速；用柔不可无刚，无刚则催逼不捷。刚柔相济，则粘、游、连、随、腾、闪、抖、空、掤、攦、挤、捺，无不得其自然矣。刚柔不可偏用，用武岂可忽耶。”

### 十、先慢后快　快而复慢

“由起至上，须慢慢运行，能慢尽管慢，慢到十分功夫，既能灵到十分，惟能灵到十分火候，斯敌人跟不上我，反以我术为奇异，是人之恒情也，殊不知是先难之功之效也。”

“每着之中，五官百骸顺其自然之势，而阴阳五行之气运乎其中，所谓：动则生阳，静则生阴，一动一静，互为其根。是所谓：阳中有阴，阴中有阳，此即太极拳之本然。”

“练太极拳之步骤有三层功夫，第一步，学时宜慢，慢不宜痴呆；第二步，习而后快，快不可错乱；第三步，快后复缓，是为柔，柔久刚自在其中，是为刚柔相济。”（此段为陈复元语录）

### 十一、窜奔跳跃　忽上忽下

“青龙出水是直进平纵法，左足随右足向前飞纵，裆中会阴、长强劲随顶劲上提，前纵如灵猫扑鼠，纯是精神，又虚又灵。”

“引蒙：指裆捶下接青龙出水，二势夹缝中先将右肩松下，右半个身随之俱下，下足再泛起来往前纵，未纵时右手捶如绳鞭穗欲往前击，先向后收，然后从后翻上向前绕一大圈击去，身亦随之前纵。其纵之诀，前面手向前领，后面右足则隐白、大敦、厉兑、窍阴、侠谿皆用劲。劲由足底过涌泉至足踵翻上去，逆行而上，俞委中、殷门、承扶、环跳，斜入扶边，上行过魂门、魄户，至附分，再斜上行，由曲垣俞小海，斜入支沟、阳池，沿路翻转。将手展开，束住五指，右手领身纵向前去，左脚用力往下一蹬，随右手皆至于前，左手也随身至前，脚落地后左手落于右乳前停住。”

“内劲：右半身皆用右转劲（右转即顺转，从里往外转），右手用缠丝劲由腋上行，从里向外斜缠于指肚，右足亦用缠丝劲，顺缠至大腿根，上行与扶边相会，一起上行附分，分行至腋，斜缠至指肚；左手左足须用倒缠劲，而后才能随着右手右足转圈前纵之，本全由于心，心劲一提，上边顶劲领住，中间丹田劲发，上行偏于右半身，下行两足，右足用跃法，右足掌用力后蹬；未纵以前，全是蓄劲，聚精会神，团结其气；方纵之时纯是向前扑劲，一往直前；右手带转带进，如鹞子扑鹌鹑，苍鹰捉狡兔一样，其志专，其神凝，其进速，其气稳。玉女穿梭平纵身法，此亦平纵法，愈远愈好，要皆本自己的力量为之，必得优游气象，勿露弩张之气方好。”

“其内劲发源最远，由仆参逆行而上，俞背后至附分，以至右指。”

“玉女穿梭是顺转平纵法……其进如风……手法，步法，转法，愈快愈好……上虽凭手，下尤凭足，足快尤显手快之能……至起势至势终，右手足虽是顺缠法，而周身皆是倒转劲，连三赶进，皆是进步。至于内劲，至顶劲至脚五趾，法皆与前同，始终以右手右脚为主，而以左手左脚佐之。右手顺转，左手必是倒转，缠丝劲即道也者，不可须臾离也。右手以转大圈为式，功久自然小方好。”

“此势是大转身法，上承野马分鬃下来，右手趁其在下之势，不容少停，即以右手用缠丝劲从下握上，沿路斜行飞风向东去，指如钢锥，亦全赖右脚在后随住右手，亦用顺缠丝劲就住上势，大铺前身，尽力向东连进三大步，方够一大圈，约八九尺许（约 3 米）。尤在顶劲提好，裆劲不得满足，身随右手如鸟疾飞而进，莫能遏抑，步落粘地即起。”

“玉女穿梭已成之式，似与揽擦衣大同小异，然其实大不相同，彼则身不转动，专心运其右手右足，其气恬，其神静；兹则连转身带运手足以防身御敌，且以快为事，故其气猛，其神忙，非平素实有功夫，临事以气贯其上下全体者，不能获万全。何也？盖以出入广众之中，以寡抵众，旁若无人，惟天生神勇，其胆正，其气刚，其练气纯熟，故披靡一切裕如也。”

“转引转击出重围，宛同织女弄织机，此身直进谁比速，一片神行自古稀。”

“二起腿是上跃法……何谓二起，左右二脚相继一齐离地四五尺（约 1.5 米）而跃起也，故名踢二起……然必左足先用力狠上踢，而后右脚始踢高，脚面要平，二起腿是用全体升提法，身法心劲上一提，全身精神振奋，皆往空中纵跃，右足能高头顶方合式。身随顶劲用力往上纵，愈高愈好，有纵过头顶者，非身轻力大不能……上身向上纵，下身愈得用力随之上纵，其纵之法，必左右足用力往下一蹬，足蹬愈重，则身起愈高。”

“心劲一领起来，而五官百骸皆随之而起。”

“二足连环起，全身跃半空。”

“中气提来臂力刚，连环二起上飞扬。”

“何谓跌岔？身从空中跌下，两腿岔开，方为跌岔，此势左腿展开，右腿屈住，此为单跌岔；以双跌岔非用纵法不能起来，不若单跌岔只用左脚踵往前一合，右膝往外一开，右足重用力一翻，即遂起遂落，较之稍易，故用之亦能制胜；且今之拳家皆如此，故从之。”

“跌岔与二起回顾照应，二起从下而上，飞向半空；此则由半空而下，两腿着地，天然照应，不做牵合，此古人造拳法律之严如此。”

“上惊下取君须记，左足擦地蹬自利。”

“不是肩肘能破敌，一足蹬倒凤凰台。”

“若非此身成铁汉，掷地何来金石声。”

“解围即在一蹬中，非有大功夫，不能以一足胜人也。”

“蹬一跟，吾以左脚踢敌，敌以右手搬住吾脚，欲扭转吾脚，令吾疼痛扑地，或上提吾脚欲吾全身离地而后颠起打之。吾即顺势倒转两手捺住地，而以右脚顺住左腿逆行而上，蹉敌人搬吾左脚之右手，难即解矣。或又以敌人搬吾左脚，吾即以右脚蹬敌人右肘尖或蹬其手节，皆可解之。此是蹬一跟之大略。”

“人来蹬吾，吾即以左脚往后退一步，以防蹬吾鸠尾与承浆以下至咽喉。”

“然慎之于蹬之时则已晚，不若慎之于上势将踢之时，视其可踢则踢之，不可踢则不踢，不可妄用其踢也。”

“即有隙可乘，踢贵神速，不贵迟缓，贵踢关紧穴俞，不贵踢宽髀厚肉不着痛痒处，此要诀也，踢者须知。”

“野马分鬃势：两手握地转如飞，中间一线贯无倚。两手擦地而上，上下全体皆能顾住；中气上至百会穴，下贯生强穴，如一线穿成。两手如两个圆环，互相上下，更迭而舞，其刚莫折，其锐无比，其转无间，故能御敌。”

“铺地锦势与跌岔相呼应，跌岔悬空直下，右脚跺地如金石声，以跺敌人之足，左足蹬人臁骨，可敌其勇，展开右胳膊握拳而上，左手前冲以推敌人之胸；此则以髀股后坐坐人之膝，右手拳屈有欲前击意，左腿展开如不得胜，两手右向捺地，用扫堂鞭以扫群敌下臁，则难自解。此以同类相呼应者如此。又与金鸡独立相呼应，金鸡独立左腿竖起，此则左腿横卧，金鸡右膝欺人，此势亦以右膝屈住，金鸡独立左手下垂，右肱向上伸，此则右手屈住，左手向上冲，故以上下相呼应，又与二起相呼应，二起身飞半空，此则身落地面，故亦以上下作呼应。”

“前后左右，上下四旁，转接灵敏，缓急相得，高擎低取，如愿相偿……上行下打，断不可偏，声东击西，左右威宣……横竖颠倒，坐立卧挺，前俯后仰，奇正相生，回旋倚侧，攒跃皆中。”

“足随手运，圆转如神，忽上（手足向上）忽下（手足向下），或顺（用顺缠法，其劲顺）或逆（用倒转法，其劲逆）。”

“倒卷肱是退行以避左右；白鹤亮翅是右引左击兼上引下击法；搂膝拗步是六封（上下，前后，左右皆封住门）、四避（东南西北四方令人无隙可攻）；闪通背是前闪（后往前闪）、后滑（是后面捺不住，强捺则滑而跌之）进击法；揽擦衣与单鞭皆是一引一进（此进字是进而击之）法；运手是左右一引一进的击法；高探马是左肱背折肘法；左右插脚是下体前攻裆法，中单鞭是左右上下足并击法；击地捶是攻下法，身后兼滑跌法，诀窍以上两腰之中两肾之间命门为上下体之关键枢纽，管键上下皆是倒转劲，身带侧棂住，右后肋向上，左后肋向下裆劲下好，足踏稳，人遭着背后，身即扭转，愈速愈好，能蹲足法，则人自一滑跌倒矣。踢二起与踢一脚、蹬一跟是倒转大转身法，兼以两足上攻法（手当足用，足当手用也）；演手捶、小擒打是前攻上下法；抱头推山是逆转（谓身也）进推法；单鞭是顺转（顺转也是谓身法）左右引击法。

以上数十势是以一人抵数十人大战也；至于避敌之法，不越上下两旁，哪面紧先解哪面围；一齐来者，中气一动，即令一起皆散，非有功夫不能。”

### 十二、刚柔俱泯　一片神行

“运动之功久，则化刚为柔，练柔为刚，刚柔得中，方见阴阳，故此举不可以刚名，亦不可以柔名，直以太极之无名名之。”

“当其静也，阴阳所存，无迹可见；及其动也，看似至柔，其实至刚，看似至刚，其实至柔。刚柔互运，无端可寻。”

“太极理循环，相传不计年，此中有精义，动静皆无偏……开合原无定（活泼泼地），屈伸势相连（却有一定）。太极分阴阳，神龙变无方，天地为父母，摩荡柔与刚，生生原不已，奇正不寻常。乾坤如豪仑，太极一大囊，盈虚消息故，皆在此中藏。至终复自始，一气运弛张，有形归无迹，物我两相忘。”

“阖辟刚柔顺自然，一扬一抑理循环。”

“终而复始，始而复终，惟始与终，循环不穷。”

“太极不过阴阳之浑沦耳……泯然声臭之俱无，织巧悉备者，化工也。浑乎雕刻之不作。”

“一来一往运一周，上下气机不停留。”

“天机活泼，浩气流行，动静缓急，运转随心……至疾至迅，缠绕回旋，离形得似，何非月圆。精练已极，极小亦圈。”

“纯乎天则打拳皆随天机动宕，莫非自然百然，活泼泼地，太极原象，皆从吾身流露。”

“人身处处皆太极，一动一静俱浑然。”

“至虚至灵，一举一动，俱是太极圆象。”

“圆转自如，浑浩流行，绝无滞机，每势完仍归到浑然一太极气象，绝无迹象可寻，端绪可指。”

“打拳熟而又熟，无形迹可拟，如神龙变化，提摸不住，随意举动，自成法度，莫可测度，技至此，真神品矣。太极之理，发于无端，成于无迹，无始无终，活盘托出，噫！观止矣！拳虽小道，所谓即小以见大者，盖以此拳岂易言哉!”

“故吾身之运行或高或低，或反或正，且忽迟忽速，忽隐忽现，或大开而大合，忽时行而时止，莫非一片灵气，呈于色象，真如鸟飞鱼跃，化机活泼，善观拳者必不在于耳目手足之鼓舞于迹象间者深嘉赏也。故学者必先研其理，理明则气自生动灵活，非气之自能生动灵活，实理使之生动灵活也。知此而后可与言内劲。如第以由内发外者为内劲，此其论犹浅焉者也。”

“诚于中，形于外，千变万化自无穷，火候到纯青，法密理精，浑身轻灵，左右拿出应应应。”

“神穆穆，貌皇皇，气象浑沦，虚灵具一心，万象藏五蕴，寂然不动若愚人，谁知道，阴阳结合在此身。任凭他四面八方人难进，纵有那勇猛过人，突然来侵，倾者倾，跌者跌，莫测其神；且更有去难去，进难进，如站在圆石头上立不稳，实在险峻，后悔难免陨。岂有别法门，只要功夫纯；全凭着，一开一合，一笔横扫千人军。”

“太极阴阳真造化，鸳鸯肃出从君看。”

“脚踢拳打下乘拳，妙手无处不浑然，任他四围都是敌，此身一动悉颠连。我身无处非太极，无心成化成珠圆，遭着何处何处击，我亦不知玄又玄。”

“一气旋转自无停，乾坤正气运鸿蒙，学到有形归无迹，方知玄妙在天工。”

### 十三、培养本元　勤学苦练

“心为一身之主，肾为性命之源，必清心寡欲，培其根本之地，无使伤损，根本固而后枝叶荣，万事可做，斯为至要。”

“任说千言万语，举莫若清心寡欲，培其本源，以养元气，身本强壮，打拳自胜人一等。”

“用功各因自己力量运动，其遍数一遍可，十遍亦可，不拘遍数；有力尽管运动，无力即止，不必强为运动，以致出乎规矩，惟顺其自然则得矣。”

“每一势拳，往往数千言不能罄其妙，一经现身说法，甚觉容易，所难者功夫，所尤难者长久功夫。谚语曰：拳打万遍、神理自现，信然。”

“空要拳势，原为定格……平居要拳，不可不守成规，亦不可拘泥成规，是在学者能善用其内劲。至于形迹，或为地势所限，随其地势斟酌运用可也。”

“自初势到末势，所图者皆有形之拳；惟自有形造至于无形，而心机入妙，终归于无心而后可以言拳，可见拳在我心；我心中天机流动，活泼泼地触处皆拳，非世之以拳为拳者比也。此是终身不尽之艺非知之艰，行之惟艰。所图之势皆太极中自然之机……千变万化错综无穷，故终身行之不能尽。学者勉之。”

“拳当功力既熟，端正恭肃，敬其所事，不敢自满。”

“孟子曰：大匠诲人，必以规矩。规矩者，方圆之至也。以之论人是则大匠所能也，至于巧，大匠不能使，惟在学者。苟至于巧，则是遵规矩而不拘泥规矩，脱规矩而自中规矩，而要志不可满。谚语有曰：天外还有天，一满即招损。”

“或者曰：此拳不能打人。不能打人只是功夫不到，若是功夫纯熟，由其大无外之圈，造到极小无内之境，不遇敌则已，如遇劲敌，则内劲猝发，如迅雷烈风摧枯拉朽，孰能当之。”

“今之学者未用功而先期效，稍用力而即期成，其如孔子所谓先难后获何，问：功夫何以用？必如孟子所谓必有事焉而勿正，心勿忘，勿助长也而后可。理不明，延明师，路不清，访良友。理明路清而犹未能，再加终日乾乾之功，进而不止，日久自到。问：得几时，小成则三年，大成则九年，至九年之后，可以观矣。抑到九年之后，自然欲罢不能，蒸蒸日上，终身无驻足之地矣。神手复起，不易吾言矣。躁心者其勉诸。”

“人言此艺别有诀，往往不肯对人表，吾谓此艺无甚奇，自幼难以打到老，打到老年自然悟，豁然一贯神理妙。回头试想懒惰时，不是先知未说到，说到未入我心中，我心反觉多烦恼。天天说来天天忘，有心不用何时晓？有能一日用力寻，阴阳消长自有真。每日细玩太极图，一开一合在吾身，循序渐进功夫长，日久自能闻真香。只要功夫能无间，太极随处见圆光，此是拳中真正诀，君试平心细思量。”

“人人各具一太极，但看用功不用功，只要日久能无懈，妙理循环自然通。”

# 第二十四章　陈正雷太极拳文论

## 21 世纪太极拳发展刍议

太极拳作为中国东方传统文化的杰出代表，在历经了三百余年的衍变发展后，终于在本世纪末，向全人类发出了它应有的璀璨光芒。而面对即将来临的21 世纪，太极拳将为人类作出怎样的贡献；太极拳在下个世纪里，有怎样的发展前景：在世纪之交，我们需要做些什么。

### 一、三百余年太极拳发展史，有力地证明太极拳不愧为中华民族最优秀的文化遗产

太极拳始创于明末清初河南温县陈家沟陈氏第九世人陈王廷（公元 1600—1680 年），正是这位武学泰斗，在家传拳术的基础上，依据中华民族数千年源远流长的文化内涵和东方哲理，勇于创新，将《河图》《洛书》之太极阴阳八卦学说，与导引、吐纳及中医经络学说相结合，熔众家拳术于一炉，创编了这种具有阴阳开合、虚实转换、刚柔相济、快慢相间的特点，以及符合人体生理规律和大自然运转规律的拳术运动。由于它是据太极之理，由无极至太极，由无相而有相，由静而动，每个招式都分阴阳，动作又以弧形曲线为基础，因此定名为太极拳。我们可以说，太极拳本身就是创立在中华民族传统文化基础上，并代表了东方文化深邃内涵的武林奇葩。

陈王廷创编太极拳后，太极拳成为温县陈家沟陈氏家族的“独得之秘”，陈姓老幼妇孺习拳之风世代相传，经久不衰，且名手辈出。直至百余年后，传至陈氏十四世陈长兴（1771—1853 年）又再树里程碑，他不但继承先祖创编太极拳的精髓，而且在原有的基础上由博归约，精炼归纳，又有了新的发展。也正是由于他敢于打破“门户之见”，将陈家“独得之秘”传于外姓人杨露禅（1799—1872 年），并与同辈分陈有本的共同努力，才使太极拳逐步走出陈家沟，为世人所认识。

在陈长兴之后的一百多年间，是太极拳各流派形成时期，也是太极拳震惊武林的时期。同时，太极拳的理论研究也登上了新的高峰，其中陈鑫的《陈氏太极拳图说》将陈氏历代名哲苦心研究的成果慨然笔之于书而无所隐，用一生的心血和结晶，对陈式太极拳作了最系统全面的总结，为太极拳的进一步发展奠定了雄厚的理论基础。而太极拳在经历了历代先哲们身体力行的辛勤耕耘传播后，才使那出神入化的太极功夫逐步被人们所认识热爱，有了广泛的发展，展示了太极拳无尽的迷人魅力。但由于这时期是清王朝由盛转衰的时期，以及其他历史原因，太极拳的传播仍囿于小圈之中，人们对太极拳的认识了解，还处在扑朔迷离的传说之中。

20 世纪 50 年代以来，太极拳受到了党和政府的高度重视，被提到了增强人民体质、为人民的健康服务的高度。国家体委为普及太极拳，先后整理创编了简化太极拳二十四式、四十八式等，组织编写出版了一大批有关太极拳方面的书籍，为太极拳的发展奠定了基础。特别是在改革开放后，随着人民生活水平的不断提高，太极拳成了深受群众喜爱、普及率最高的群众健身项目。国际太极拳交流活动也日益频繁，太极拳已在世界许多国家拥有了大批的爱好者，来国内学习太极拳的国外爱好者逐年递增，国内外纷纷成立太极拳组织研究推广太极拳。1990 年北京亚运会开幕式上，1400 名中日太极拳选手的精彩表演，标志着太极拳正式走向国际舞台。现在国家每年举行一次全国性的太极拳比赛，以及温县国际太极拳年会、永年国际太极拳联谊会等都吸引了大量的国内外太极拳爱好者，促进了太极拳运动水平的不断提高。1995 年，国家体委《全民健身计划纲要》颁布实施，使太极拳的作用、地位更加突出，以前所未有的速度在国内普及、在国外传播，出现了空前的繁荣景象，进入了全新的鼎盛时期。1978 年 11 月 16 日，世纪伟人邓小平为太极拳题词“太极拳好”，不仅为太极拳本身下了最好的定义，证明太极拳不愧为中华民族最优秀的文化遗产之一，同时也为太极拳普及、推广、发展、提高指明了方向。

## 二、21 世纪为太极拳发展展现了美好的前景

太极拳在经历了三百余年的历程后，这项古老的传统体育运动，终于焕发出无尽的青春魅力。有人预言，从人类健康角度来看，21 世纪将是人类自我保健的世纪，而人类自我保健手段中，最卓有成效的当首推融健身、防身、修身、养性、娱乐为一体，代表东方文化智慧结晶的太极拳。那么，太极拳在新的世纪将会有怎样的发展呢?

第一，太极拳的作用将会被全人类所认识。随着时间的推移，太极拳已从过去单纯以技击为主的拳术，逐步发展成为融技击、健身、养性、娱乐为主要功能的运动项目。随着科学技术的发展，太极拳也将接受新的实践。在新的世纪太极拳的诸多功能将进一步得到扩展加强，以适应和满足不同层次人的要求，为人类的健康事业服务。同时，太极拳的文化功能将在本世纪得到充分的挖掘和展示，太极文化将成为展示东方传统文化的一个突出代表，太极拳中蕴含的丰富哲理，充分运用到社会管理、企业管理以及人际关系等各个领域，将会出现以阴阳互变、刚柔相济、随曲就伸、以柔克刚等太极原理为主要内容的“太极管理学说”。太极文化现象，将是人们对太极拳重新认识的新视点。可以预言，21世纪的太极拳，将实现由传统的体育项目向代表人类文明智慧和具有浓郁文化特征的高雅艺术的方向转变。

第二，太极拳运动在21世纪将稳步推进，并在世纪末普及全球，成为人们生活中不可缺少的内容，同时形成巨大的太极拳产业市场。21世纪，将是东西方文化相互交融、相互渗透的大融合时期，作为东方文化代表之一的太极拳，将在这场文化融合中，扮演着不可替代的重要角色。文化交融的最重要特征，就是太极拳传播范围的扩大和太极拳拥有人口数量的剧增。根据目前发展的趋势来看，经过努力，预计在21世纪中叶，将形成以中国为核心，以日本、韩国、东南亚各国、澳大利亚、美国、英国、法国、墨西哥、瑞典、芬兰等国家为中心，并向非洲、中美洲、南美洲、中东、中亚等国家地区渗透辐射的太极拳传播网络，届时太极拳人口将达5亿左右。由于太极拳独特的文化内涵和防身、健身的完美结合，以及其广泛的适应性，再经过50年的努力，太极拳将在全球普及流行，并成功进入每一个家庭，成为人们生活的重要内容和良好生活习惯之一，并且成为名副其实、参与人数最多的“世界第一运动”。

由于太极拳在全球的普及，将形成巨大的太极拳市场，从而带动太极拳产业的形成。除大量的太极拳传播学校、中心、俱乐部出现外，与其相关的太极拳图书、音像、服装、器械、标识、食品保健品及服务旅游业都将形成产业化、专业化。同时，赢得国际著名企业集团的关注和投入。太极拳走向产业化、市场化是必然趋势，也只有太极拳产业化、市场化的形成，才能为太极拳国际化奠定雄厚的物质基础。

第三，太极拳是21世纪中国献给世界人民的宝贵财富。有人说：中国古代四大发明，为人类的科技进步做出了卓越贡献：中国古老的针灸、太极拳、气功，是21世纪中国献给世界的又一财富，将极大地促进人类健康事业的发展。21世纪，人类将进入高度发达的科技社会，人们的物质文化生活将达到一个全新的阶段，兴奋剂等阴影将危害竞技体育健康发展。当科学技术、物质生活、竞技体育等发展到极致时，必将激起人们对回归自然、回归自我的追求和渴望。而太极拳正是一项以“天人合一”“道法自然”为宗旨，完全遵循人体生理及大自然运转规律的运动，太极拳全方位的功能及其丰富的文化内涵，满足了新世纪人们对健康、对自然运动的要求，也代表了21世纪由竞技体育向回归自然运动的转变。我们认为，随着21世纪太极拳在全球的普及，太极拳将成为人类健康交流的语言和工具，成为人类维系感情的纽带。这一宝贵的财富，将为世界人民所共享。

## 三、太极拳走向21世纪需要解决的问题

1. 加强宣传，扩大影响，加快传播速度，是太极拳走向21世纪的当务之急。太极拳三百余年历史和近20多年的成功发展经验证明，任何事物离开了政府的重视，离开了媒体的宣传，将一事无成。世纪伟人邓小平“太极拳好”的题词已经20年了，至今尚有很多太极拳人士还不知有此事，这不能不说是一个遗憾。首先，要利用今年是“太极拳好”题词20周年之际，加大宣传力度，组织纪念活动，让世纪伟人意味深长的话妇孺皆知，把“太极拳好”好在哪里说清楚、讲明白，使人们对太极拳“由知到练，由练到爱，由爱生情”，将太极情结系在每个人的心中。其次，让太极拳进入邮政，2000年是太极拳创始人陈王廷诞辰400周年，要力争在2000年发行一套反映太极拳衍变、发展为主题的纪念邮票、邮册，同时争取国外邮政部门也能发行有关纪念太极拳方面的邮品，扩大太极拳的影响，使太极拳在国际上“邮路畅通”。三是充分利用信息高速公路，加快太极拳传播速度，将太极拳博大精深的内容全面系统地进行整理后，进入国际互联网，让太极拳通过电脑网络遍及全球。四是继续加强图书、音像、光盘的编辑翻译、出版工作，并在近几年内，拍出一批高质量的反映太极拳的影视作品，掀起新的太极拳热。

2. 提高太极拳师资队伍素质，是太极拳走向21世纪的关键。随着太极拳普及和范围的不断加快扩大，将出现太极拳师资匮乏现象。如何造就一支高素质、高水平的太极拳师资队伍，以适应21世纪太极拳发展的需要，是太极拳走向21世纪的关键，这个问题必须引起太极拳界的高度重视。从现在开始，太极拳界要精诚团结，相互支持，注意选拔、培养一批有较高文化水平和思想境界、全面掌握太极拳技术、具有组织教学能力和社会经验、能适应21世纪社会发展的高水平师资队伍，彻底改变过去人们对习武者的偏见，以高素质、高文化、高水平造

就太极拳传播者全新的社会形象。同时，要改革传授方式，筹建国际性的太极拳高等学府，将传统授徒模式与现代教学方法有机地结合起来，加快培养高素质太极拳人才速度，把一大批能适应国际太极拳发展需要的高素质人才推向国际舞台，为21世纪太极拳在全世界的稳步发展奠定坚实的人才基础。

3. 筹建太极拳国际组织，建立全球性的太极传播网络。现在在50多个国家和地区，拥有了数以千计的太极拳组织。许多国家的太极拳组织都呼吁，要求以中国为核心，成立国际太极拳联盟组织，使之成为世界太极拳运动发展的最高决策机构。通过国际太极拳联盟，建立全球性太极拳传播网络，使太极拳更加全面完整，更加系统化、规范化、理论化、科学化；加强纵向指导与横向联合，用点面结合的方式，将太极拳传播网络遍及世界各国。要有组织地做好太极拳专家、教练的国际交流工作，在太极拳普及的基础上，逐步提高国际太极拳运动水平。

4. 加强太极文化研究，挖掘太极拳丰富文化内涵。要实现太极拳由传统体育运动向高雅太极艺术的转变，就必须要加强对太极拳文化性的研究。太极拳是中华数千年传统文化的结晶，有着丰富的文化内涵。要成立太极文化研究机构，通过对太极拳的练习，来领悟中华传统文化博大精深的内容，并加强与知识界的合作，吸引大量的知识分子参加太极拳的研究工作，把太极拳与哲学、医学、易经、导引吐纳、力学、数学、美学、兵法、音乐、管理、调和人际关系等诸多学科的关系阐述清楚，将太极拳这一东方神秘文化中寓含的哲理，用现代科学的语言来表述清楚，让更多的人了解她、认识她、热爱她。使太极文化成为新世纪人们重新认识太极拳的全新视点。

如果说和平与发展是世界的两大主题，那么现代文明与传统文化高度结合，将是世界发展的一大趋势。我们相信，经过不懈努力，太极拳这一古老的传统文化，必将随着21世纪的脚步，走向世界，走向未来，为全人类的健康事业服务，成为具有高雅艺术特性、人类共同参与的“世界第一运动”。

（注：此文发表于1998年）

# 论陈式太极拳缠丝劲

陈正雷

拳谱云：“缠丝劲发源于肾，处处皆有，无时不然，衍溢于四体之内，浸润于百骸之中，达四梢，通九窍，增长内劲无穷，使内劲收敛入骨，伸筋壮骨，气血流通，消化饮食，祛病延年，皆缠丝劲之效力也。”

综上所述，可以看出缠丝劲在陈式太极拳练习过程与实践中的重要性。本人在先祖拳论的指导下，结合多年练拳与实践体会，对陈式太极拳缠丝劲的产生、运动方式及其作用有了几点心得体会与见解。恕余冒昧，借此机会宣读与众，不吝赐教。

## 一、缠丝劲的产生

陈式太极拳在练习时，要求虚领顶劲，立身中正，松肩沉肘，含胸塌腰，心气下降，呼吸自然；松胯屈膝，裆劲开圆，虚实分明，上下相随，刚柔相济，快慢相间，外形走弧线，内劲走螺旋；以身领手，以腰为轴，缠绕圆转。整套拳在练习过程中没有直线，没有平面，没有断续处，没有凸凹处，没有抽扯之形，没有提拔之意，浑然一圆，方为合格。

在这些规矩要求的指导下，通过旋踝转膝，旋胯转腰，旋腕转肩以及胸腰折叠运化之劲的引导，形成其根在足，形于腿，主宰于腰，贯串于手指的空间曲线螺旋运动，进而逐渐产生一种似柔非柔、似刚非刚、极为沉重而又极为灵活善变的内劲，如棉花裹铁，外柔内刚。这种内劲就叫缠丝劲。

子弹通过枪膛中的来福线后运行于空间时，既有螺旋形的自身旋转，又有弧线的运行路线。太极拳的缠丝劲就是要具备这种形式。这种形式的运动弧线叫“公转”，自身旋转叫“自转”，如同地球环绕太阳运转走弧线，同时地球还有自身旋转一样。所以，太极拳要求一动全动，周身相随，以腰为主，节节贯串，周身无处不是圆。

## 二、缠丝劲的运动方式

缠丝劲的运动方式是陈式太极拳的重要特点之一，也是陈式太极拳的精华所在，故在练习时比较强调与重视。缠丝劲的运动方式，陈照丕老师在理论十三篇中明确指出“缠丝劲分顺缠、逆缠、上缠、下缠、左缠、右缠、里缠、外缠、大缠、小缠、正缠、倒缠，以及百般缠法，都是结合中气运行的。”虽缠丝劲的方法很多，但在教人初练时，不必指出哪一部分是什么缠法，只分出正缠、倒缠即可，也就是顺缠、逆缠法。缠丝劲在手臂上的具体表现为：在运行过程中，掌心由内向外翻转为顺缠，由外向内翻转为逆缠。如云手一势，双手在胸前做正面缠丝时，手下沉走下弧向里合劲至小腹前为顺缠，然后穿掌向上外翻上掤拉开为逆缠。缠丝劲在腿上表现为：凡脚尖往里合为逆缠丝劲，往外摆为顺缠丝劲。其他缠法，在练拳时有什么身法，就有什么缠丝劲的表现。

顺、逆缠丝劲是陈式太极拳运动中相互矛盾、相互转化又互为其根的两种基本缠丝法，它们存在于太极拳整个套路运动过程中，并贯串始终。在这两种基本缠丝法之下，因方位不同和变换各异，又分出五对不同的方位缠丝，即左右缠丝、上下缠丝、里外缠丝、大小缠丝、进退缠丝。其中左右和上下的方位缠丝合成为一个整圆，同时结合里外，使平面圆变成立体圆，这正是太极式螺旋运动所具有的特色。其次，为了在练拳时能做到左右逢源、内外结合、周身一家，又有大小、进退两对方位缠丝配合，以满足健身和技击上的特殊需要。因此，太极拳的每一个拳式在顺逆基本缠丝的基础上，至少要有三对方位缠丝结合一起进行运动。只要掌握了这个规律，就可以使动作在划弧线运动时有了一定的依据，不论是学习还是纠正拳式，也就容易多了。

从陈式太极拳的整个套路来看，姿势繁多，动作各异，转换有别。但从它的基本缠丝来分析，所有拳式概不外乎“双顺缠”“双逆缠”“左逆右顺缠”“右逆左顺缠”等组合方式。可按此规律经常分析自己的拳势动作，并记录成册，分清劲别。如果感到某一动作别扭，不得势不得劲处，就可以按照各组合的缠丝劲的路线调整一下腰腿身法，以求得顺遂，使姿势正确，逐步达到内外结合，也就是百般缠法主宰于腰。

## 三、缠丝劲的作用

缠丝劲是陈式太极拳内气表现的一种形式。练习陈式太极拳能突破去僵求柔的阶段，疏通经络，引动内气，使内气与外形协调结合，内气逐渐充实壮大饱满。到此阶段，不但在健身方面能起到良好的作用，而且在技击自卫方面更能达到奥妙的境界。古人云：“培其根则枝叶自茂，润其源则流脉自长。”陈式太极拳正是“培根润源”的方法。

### 1. 缠丝劲在健身方面的作用

世人皆知，太极拳是良好的锻炼身体方法之一，经常练习，能使人身体强健，精力充沛，病者练好，弱者练强，强者更强，减少疾病，延长寿命。为什么呢？一个人每分每秒气血都在周流循环，如果血液有停滞现象，人就会生病。气血在人体走的不是直线，随血脉走的是曲线。练陈式太极拳的缠丝劲就是引导内气在体内循环经络沿曲线旋转，它能引导气血周流，促进气血循环，加速了人体的新陈代谢，从而达到避免或减少疾病，达到养生保健的目的。这也正是水流而不腐，户枢不蠹的意思。

以上所介绍的是练缠丝劲对人体循环系统的作用。陈式太极拳的缠绕螺旋运动，有助于肠胃有序的蠕动，加强消化系统的机能，改善肠胃的血液循环，消化酶分泌增多，这就使食物的消化和营养物质的吸收进行得更顺利。所以加强缠丝劲的练习，能使人增强食欲，提高消化能力，有助于消化不良、胃肠神经官能症及溃疡等疾病的预防和治疗。

另一方面，健身法以缠绕螺旋的运动方式产生合理的生理负荷，使骨骼、关节、肌肉得到系统全面的锻炼，使骨密质增厚，骨径变粗，骨面肌附着处凸起明显，骨小梁的排列更加整齐有规律。由于骨的新陈代谢加强，从而在形态结构上产生良好效果，随着形态结构的变化，骨变得更加强壮和坚固，在抗折、抗弯、抗压和抗扭转方面的性能都有了提高。

通过太极拳放松性的缠绕螺旋运动，可使肌腱和韧带增粗，在骨附着处直径增大，胶原含量增加，单位体积内细胞核数目增多，关节软骨增厚，加上肌肉力量的增强，这就加大了关节的稳固性，加大了关节囊周围肌腱、韧带和肌肉的延展性，从而使关节活动幅度加大。因而经常练拳的人柔韧性较好。

螺旋式的缠绕螺旋运动，通过反复拧转绞动，使全身各部肌纤维都参加活动，使肌纤维拉长到一般运动难以达到的长度。锻炼日久，肌纤维中线粒体数目增多，体积增大，肌肉中脂肪减少，结缔组织增多，毛细血管及参与活动的肌纤维数量都增加。因而经常练陈式太极拳的人皮肤会逐渐变得细腻光泽，肌肉弹性好，健美有力。过瘦、过胖的人练习陈式太极拳都有明显的矫正效果。

陈氏太极缠丝法对人体其他系统的功用就不再一一详解，正如本文开头拳论所讲：“……伸筋壮骨，气血流通，消化饮食，祛病延年，皆缠丝劲之效力也。”

### 2. 缠丝劲在技击自卫方面的作用

著名太极拳理论家陈鑫谈到：“浑身俱是缠劲，大约里缠外缠，皆是随动而发……其劲皆发于心内，入于骨缝，外达于肌肤，是一股劲，非有几股劲，即气之发于心者，得其中正，则为中气，养之即为浩然之气。”

“胳膊劲由心发，行于肩，过肘，至指，此时顺缠法。由骨至肌肤，由肩至指，出劲也。由指至肩倒（逆）缠法，所谓入劲者，引之而来，使敌近于我也。”

通过以上两段拳论，我认为太极拳通过刻苦认真练习得到中气阶段，养为浩然之气，内气充盈饱满，在太极圆转规律的前提下，任何外来侵力均难以侵入。如果没有旋转，力与力相碰，产生“顶抗”现象，则如现今比赛场上常出现的“顶牛”状况。为了解决这个问题，就必须运用太极拳的螺旋缠丝劲。因为螺旋的曲率半径是变化的；任何外力压在螺旋的曲牵半径都是变化的；任何外力压在螺旋体上，都会因旋转落空而被化去。这是科学的化劲方法。

陈式太极拳螺旋缠丝的运动方式，是我国古老、独特的体育运动方式，为世所罕有。也是力学的向心力、离心力的具体运用。我认为陈氏太极拳的螺旋缠丝劲在内气充盈的基础上，结合技击用法时有两种表现形式：一种是受到外来侵力的冲撞时，用不失化劲的旋贯力将力点化解，若有余力未尽，再加力相助，使其扑空栽倒。若对方感到力点被化而随即抽回时，就要马上转劲跟上加力，打其回劲，使对方跌出。这就是引进落空击出之法。另一种是进击时的旋转穿透力。就是借机发人时，将周身之力集中一点，快速旋转加力，如子弹离开枪膛的来福线，有穿透之威力。这两种劲力都产生于螺旋式的缠丝劲作用，因此在技击方面，缠丝劲是极其重要的。

缠丝劲是陈式太极拳的精华。无论在健身方面还是技击方面，缠丝劲都在发挥着关键作用。一般人误认为太极拳轻柔缓慢，不能打人，不能打人是因为功夫不纯，没有练到缠丝劲。对此陈鑫拳论云：“不能打人只是功夫不到，若是功夫纯熟，由其大无外之圈，造到其小无内之境。不遇敌则已，如遇劲敌，则内劲猝发，如迅雷烈风之摧枯拉朽，孰能当之。”陈鑫又论：“人言此艺别有诀，往往不肯对人表，吾谓此艺无甚奇，自幼难以打到老。打到老年自然悟，豁然一贯神理妙。回头试想懒惰时，不是先知未说到，说到未入我心中，我心反觉多烦恼。天天说来天天忘，有心不用何时晓？有能一日用力寻，阴阳消长自有真。每日细玩太极图，一开一合在我身，循序渐进功夫长，日久自然闻真香。只要功夫能无间，太极随处见圆光。此是拳中真正诀，君试平心细思量。”

（注：此文发表于 1994 年）

# 论陈式太极拳的放松与发劲

## 引　子

目前太极拳在全球的发展如雨后春笋，遍地开花。在对外开放的方针政策下，随着我国经济的高速发展，文化体育交流活动的日益频繁，尤其是北京申奥成功，给武术提供了快速发展的大好时机。而在众多的武术派别中，以独特的风格代表了中华民族优秀传统文化的太极拳，正以它丰富的文化内涵，以及修身养性、强身健体、防身自卫、陶冶情操、艺术享受于一体的良好作用，逐步被世界人民所喜欢。参与太极拳运动的人数日益增多，其中不少人对陈式太极拳的舒展大方、步法稳健、行如流水、连绵不断、刚柔相济、快慢相间、松活弹抖的独特风格情有独钟。但据我多年在国内外访问交流、传拳授艺的经验了解，很多人对陈式太极拳的放松与发劲了解不多，感受也不深。以下是我多年来在练功教学过程中的一点感受和体会，现介绍给大家，希望能对广大太极拳爱好者的练功起到些帮助和启迪作用。如有不到之处，请同好者指正。

## 一、陈式太极拳的特性

大家知道，陈式太极拳的风格特点是架势舒展大方，步法轻灵稳健，身法中正自然，内劲统领全身，以缠丝劲为核心，动作以腰为轴，节节贯串。一动则周身无有不动，一静则百骸皆静，运劲如行云流水，连绵不断，发劲时松活弹抖，完整一气。

练习时要求：虚领顶劲，立身中正，松肩沉肘，含胸塌腰，心气下降，呼吸自然，松胯屈膝，裆劲开圆，虚实分明，上下相随，刚柔相济，快慢相间；外形走弧线，内劲走螺旋，以身领手，以腰为轴，缠绕圆转，逐渐产生一种似柔非柔，似刚非刚，极为沉重而又极为灵活善变的内劲，如棉花裹铁，外柔内刚。整套拳没有平面，没有直线，没有断续处，没有凸凹处，没有抽扯之形，没有提拔之意，浑然一圆，方为合格。以旋腕转肩，旋腰转胯，旋踝转膝，以及胸腰折叠，形成一套从头到足连绵不断的空间曲线运动。

## 二、陈式太极拳对放松的理性与目的及放松状态下的发劲

练习太极拳时要求松、柔、慢，这是太极拳练功的独特方法与手段，而不是目的。目的是通过放松、柔和、缓慢的练习方法，突破去僵求柔的过程，达到疏通经络，引动内气，使内气与外形有机地结合起来，以意行气，以气运身。气到时，形是随气而动，气不到，形则亦然不动。逐步将内气充实、壮大、饱满，也就是丹田气充实，才会“大河有水小河满”，将内气渗透到四肢百骸，循环不已，才能起到强身健体，防身自卫的作用。太极拳追求的是先天自然之气，返璞归真；应放弃后天之气和僵劲拙力。

什么叫后天之气、僵劲拙力？就是人刚出生后，脱离母体，为了生存长大、劳动生产需要所吸收的水谷之气并产生的一种力量，叫后天之气，也叫僵劲拙力，这种力是学太极者必须舍弃而不取的。认识得越早，放弃得越快，才能及早

得到先天自然之气。

怎样才能放松，去掉僵劲拙力？就是在练习时要求松肩沉肘，松胯屈膝，肩部、背部、腹部、肋部肌肉均要松弛下沉。以单鞭为例：头顶的百会穴、右手腕顶部和左手中指端这三个部位向上领劲，其余部位全部松弛下坠，呼气放松，才能感到丹田饱满，四梢气充足。如在这种状态下练发劲，如掩手肱拳一势，旋裆转胯，缠腿转腰，一瞬间将丹田之内气贯到前拳后肘，真正体现出陈式太极发劲的松活弹抖，完整一气。

要求周身放松，是为了使内气顺利达到梢节，尽量在中途减少“气损”。就好比电学里的导电原理，用铁丝导电与用铜丝导电，其效果是截然不同的。

## 三、陈式太极拳的放松及在放松状态下发劲所产生的效果

如果掌握了陈式太极拳的松柔缠绵、稳健中舒、内气充盈，周身就会产生一种强大的生物电磁场，出现一种灵感，使人触觉灵敏，行动速度加快。如达到这个阶段，所产生的效果有三：

1. 从健身角度讲，周身放松，肌肉松弛，呼气下沉，可迅速恢复大脑的疲劳，振奋精神，使精力充沛；肌肉放松，可加强皮肤弹性，润肤美容；骨节可得到柔和圆转的锻炼，可增强骨质密度和柔韧性，延缓骨骼退化衰老。总之，通过放松柔和的运动练习，对身体的神经系统、消化系统、循环系统、肌肉骨骼均能起到良好的保护和加强机能的作用，从而实现真正意义上的强身健体。

2. 通过周身肌肉放松的太极拳运动，可增强灵感，提高速度，缩短肌肉紧张到恢复正常放松的时间。1986 年 12 月在四川成都举行的首届太极拳名家研讨会上，成都体育学院、四川省体育科研所、解放军驻川科研单位等共同在我的堂兄陈小旺和我的身上进行脑电图、心电图、肌电图测试，在正常运动和陈式太极拳二路爆发力练习过程中测试到：陈式太极的运动量、强度都较大，但恢复正常很快。尤其是肌电图测试，在陈式太极爆发一瞬间，全身肌肉紧张到放松恢复正常只有 0.015 秒钟！所以陈式太极拳的爆发力的速度和肌肉放松是非常快的，它所产生的是速度的力量，而不是僵劲拙力。

3. 通过陈式太极拳螺旋缠丝的放松练习，在应用过程中就自然表现出三种力：旋贯力、化解力和穿透力。这三种力，我在“论陈式太极拳缠丝劲”的文章里已详细讲解过，这里再简单介绍一下。

通过持久练功，使内气充盈，在此基础上，陈式太极拳螺旋缠丝劲在技击时就有三种表现：一种是受到外来侵力的冲撞时，用不失掤劲的“旋贯力”将力点

化解。若其余力未尽，再加力相助，使其扑空栽倒。若对方感到力点被化随即回抽时，就马上转劲跟上加力打回劲，使其跌出，此为引进落空合即出之法。另一种是进击时的旋转“穿透力”。就是借机发人时，将周身之力集中一点，快速旋转加力，如子弹离开枪膛的来福线，有穿透之威力。其三就是“化解力”。在被人擒拿控制时，顺其劲别螺旋缠绕，避实就虚，无孔不入，将对方劲力化解，并能顺劲制人。

通过以上介绍，相信大家对陈式太极拳的放松与发劲已经有了更深一步的认识，这样，在今后的练功过程中定能起到事半功倍的作用。

（注：此文发表于 2000 年）

## 谈谈如何练好太极拳

近年来，本人常在国内外传播太极拳，“如何练好太极拳”是中外学生提及最多的问题。现简单归纳几点个人见解。恳请同行明师指正。

明确认识太极拳和做其他事一样，首先要明确认识。对太极拳有一个全方位的了解，是练好太极拳的先决条件。很难想象，不清楚什么是太极拳的人怎能练好太极拳。

太极拳是河南温县陈家沟陈氏九世祖陈王廷在家传拳术的基础上，糅入了其他拳术精华，结合了古代导引术和吐纳术，吸取了《易经》阴阳学说和中医经络学说的一种内外俱练的拳术。拳架的编排和设计既符合人体生理规律，又符合大自然运行规律。它的特点是连绵不断、快慢相间、刚柔相济、松活弹抖。太极拳具有技击、健身和娱乐等功能，也是愈来愈受到中外人士青睐的魅力所在。太极拳有一整套成熟的理论指导整个修炼过程。可以这样说，太极拳是一项十分浩大的工程体系，练好太极拳确实是一件很不容易的事情。

根据前辈拳论和自己多年的实践体会，总结了“三练三不练”的练功法则，即练理不练力，练本不练标，练身不练招。

### 一、练理不练力

“理”就是太极拳的道理、原理。太极拳练的是大道，即太极阴阳转换中阳极生阴、阴极生阳的道理。太极拳刚中寓柔，柔中寓刚，刚柔相济；虚极生实，实极生虚，虚实转换。通过精神集中、以意导气，以气运身、意到气到形随的练习，做到一动全动，周身相随，内外相合。练功时循规蹈距，顺其自然，不能急于求成。练力指的是练习气力，这种练习虽然将局部力量练的很大，但这种力量是拙力、僵力，缺少灵性，为太极拳家所不取。

## 二、练本不练标

“本”是指本源、根本，即肾中元气和下盘功夫。肾藏元阴元阳，为先天根本、发气之源。肾气充足，则五脏得养，肝、心、脾、肺、肾各行其职，故能精力充沛、力量充足、反应灵敏、身体协调。内气充盈为本源之一。其二是指在周身放松的基础上气纳丹田，沉入涌泉，达到上盘灵、中盘活、下盘稳固，落地生根。“标”是指以练习身体各部位的力量和硬度为主要目的的局部练习方法。太极拳是内功拳，内外兼修，以练内培元为主，“培根润源”“培其根则枝叶并茂，润其源则流脉自长”。

## 三、练身不练招

练身就是练整体功力，招则是每一动作的功防含义。初练太极拳的人，往往最爱了解每招每势的用法。如果单从招势上去解释和理解太极拳的用法及内涵，不可能得到太极拳之精髓。练太极拳必须经过熟练套路、动作正确、去僵求柔的过程，使周身相遂，内外相合，内气充实饱满，把功力练上身。太极拳主要是练习自身整体功力，在临敌应用时则根据客观形势，舍己从人，随机应变，并不拘泥于一招一势。内气充实了，全身犹如充满气的球体，有感皆应，挨着何处何处能击。正如拳论所说：“到成时，敌人怎来怎应，不待思想，自然有法。”

## 树立五“心”

一曰敬心。培养良好的道德品质，敬养敬师。著名的太极拳家陈鑫在《陈氏太极拳图说》中首先讲到敬心：“学太极拳不可不敬，不敬则外慢师友，内慢身体，心不敛束，如何能学艺。”

二曰信心。信心包括两方面含义，一是自信心，坚信自己一定能练好太极拳，自信心乃练拳动力之源泉。二是待人接物真诚信义，信仰太极拳，信任授业之师。如此方能安定身心，一心一意，不致朝秦暮楚，见异思迁。

三曰决心。练习太极拳须决心下定，方能立志。孟子说：“志，气之师也。”

决心下定，才能不为外物所动，坚定不移，不达目的，誓不罢休。

四曰恒心。恒乃持久之意。树立恒心就是持之以恒练习太极拳。几年甚至几十年如一日地坚持不懈。三天打鱼两天晒网、浅尝辄止、不思进取的行为，都不能称之为恒心。陈氏十七世祖发科公日练拳三十遍，几十年如一日，功入化境，独步一时，足为持之以恒终于成功的明证。

五曰耐心。具备了以上四心，如果缺乏耐心，仍不可能练好太极拳。一是太极拳行功走架要求松静、柔和、缓慢，如果没有足够的认识和思想准备，就不可能耐下心来，心平气和地练拳，极易产生急躁情绪，结果适得其反。再者，太极拳是一个长期的身心修炼过程，不能急于求成。要求不急躁，不厌烦，心平气和，循规蹈矩，在行功走架上怡养浩然之气，达到身心双修，自然水到渠成。

### 具备三要素

三要素即师资、天资和苦练。

师资为学好太极拳的首要因素。古人云："师也，所以传道授业解惑也。"习文练武莫不如此，尤其是练习太极拳，老师的作用是先决条件，无师自通的例子至今尚未见到。如果仅以习拳为娱，玩玩而已，自不在此例。要想练好太极拳，必须有一位品德高尚、技术精湛、理论精通、教学有方的明师，才能引导学生步入正确途径，少走弯路，起到事半功倍的效果。如果没有明师指导，一旦步入歧途，太极拳殿堂终难问津。

天资是练好太极拳的关键因素。尤其是企盼有所建树者，必须天资聪颖，接受能力强，思路清晰，反应敏捷，能举一反三。太极拳精奥之处不仅要靠老师指导，还必须亲身体会，用心琢磨。所谓只可意会，不可言传，并非保守，实乃难以言传也。只有天资好、悟性高，加上其他条件，才有可能悟透拳理，达到较高境界。否则，虽有明师传道授业解惑，自己又肯下工夫苦练，可惜悟不透拳中精奥之处，也只能停留在二成功夫的水平上。比如上学，一样努力，成绩不同，乃天资有别也。

（注：此文发表于1996年）

## 论陈式太极拳的刚与柔

太极拳的刚柔，在陈长兴、陈鑫的拳论中，已有详尽精辟的论述。但有些太极拳习练者对它的内容把握不准，未能正确理解，致使在太极推手中出现如牛之相抵的现象，大多数人都以拙力相待，不知“己根欲固、彼攻愈烈，自然之理也”，与太极拳以柔克刚、刚柔相济之理相悖，背道而驰，失去太极拳不丢不顶，内外浑然一圆之根本。为此，下面就太极拳的刚与柔谈一点自己的看法与体会，供太极爱好者作为参考。

什么是太极拳的刚柔？简言之，“刚”就是以腰为轴，利用太极拳的缠丝劲，牵动丹田充溢之内气，在瞬间发出的爆发力，亦称弹簧劲。这种劲是通过长时间周身放松、拉长、用柔缓的动作，在去僵求柔中练出的先天自然之气（丹田之气）所产生的，并非后天之拙力。“柔”，《拳论》讲：“运动之功久，则化刚为柔、练柔为刚、刚柔得中、方见阴阳。”可见柔并不是松软，而是去一份拙力、蛮力、得一份柔劲后的缠丝劲，是太极拳的精髓，非千锤百炼、天长地久，不易轻得。

太极拳的初级阶段，动作讲究缓慢、姿势要求柔软，往往给不了解太极理论的人造成一种错觉——“太极软绵绵的，是老年人练的，只是花拳绣腿，根本不能运于击技”。要知道柔软只是练太极拳的手段而已，不是它的终极目标。这如同练“一指禅”“单掌击石”等功夫，一开始就让你静坐、站桩聚敛内气是一个道理，功成后的威力不言而喻，能说练“静坐”“站桩”不能技击吗？

太极拳的练习，第一步就要去僵求柔，彻底摧毁人体长期养成的拙劲、蛮力。例如每个人从小的时候，要拿起一个重物、重东西，就得用拙力。日久就养成了鼓劲拿重和举重的习惯，鼓劲实际上是努劲，在太极拳术语中叫它拙劲。在太极拳练习中，起步就要求身体放松，动作慢、缓、柔，因为只有这样才能使全身放长产生弹簧劲，才能引动体内之真气，使内气鼓荡于周身。但是，怎样才能达到这种程度呢？

陈鑫《拳谱》规定：“虚领顶劲、气沉丹田；含胸塌腰、沉肩坠肘；松腰圆裆、开胯屈膝；神聚气敛、身手放长。”

虚领顶劲、气沉丹田首先让人们在意识上通过向相反方向拉开，使身躯有放长的感觉；进而又让人们顶劲虚领，松胯塌腰，使背部得以拔长；沉肩坠肘、松腕实际上从肩与肘的放长、肘与腕的放长使整个手臂得以放长；开胯屈膝是腿部的放长。每个人都知道，前臂、上臂、小腿、大腿是骨骼组成的，没办法拉长，但连接它们的腕部、肘部、肩部、胯部、膝部等关节处都是以筋连接的，为何能拉长？通过有形的拳架动作套路，以一念代万念，达到心静如水、意气平和，放松的动作配合呼吸，意到气到，才使身体产生拉长的感觉。随着动作姿势的规范化，引得丹田之气愈来愈足，这种拉长、发胀、发麻、发沉、如贯水银的感觉越来越明显。劲为何物？劲是内气充足在外的表现，这种劲不是拙劲，而是外似非常缓和、柔绵的拳势引得的内气，散布于身体四肢的鼓荡。因此古人把通过规范的拳架加上意念，配合外呼吸，引得体内先天真气（丹田之气）在身体各部位鼓荡的过程，叫炼铁成钢的过程，拳谱说："运劲如百炼刚，何坚不摧。""极柔软，然后极坚钢。""外操柔软，内含坚钢，常求柔软之于外，久之自可得内之坚钢：非有心之坚钢，实有心之柔软也。"由此可以说专气致柔只是一个练拳的过程，不是太极拳的最终目地。

谈太极拳的刚与柔，实际上是谈太极拳的阴与阳。我们从太极图中可以看出：第一，太极图是一个圆，圆中的正余弦曲线（波浪线）把一个圆分成面积相等的两部分像鱼的形状，命其名为阴阳鱼。"五阴并五阳"的阴阳鱼组成了环环不已的太极图，阴鱼代表阴、柔；阳鱼代表阳、刚。从阴鱼的尾巴开始，随着柔的增加到极柔时，阳鱼的尾巴又出现了。柔极才产生刚，所以练太极拳第一步要求去僵求柔。第二，把循环无端的万物之理用圆圈表示，阴鱼的眼睛属阳；阳鱼的眼睛属阴，在拳中表示刚中有柔、柔中有刚。

陈鑫把刚与柔的划分运用于击技方面的攻击力大小，利用太极拳原理这样说："一阴九阳根头棍、二阴八阳是散手、三阴七阳犹觉硬、四阴六阳类好手、唯有五阴并五阳、阴阳不偏称妙手。"说明只有阴与阳相等，即五阴并五阳、刚与柔相济时，拳才合于太极，方可称太极拳，在此之前，实属软拳或硬拳。真正的太极拳功夫是经过练刚（硬）致柔、柔极生刚、刚极又生柔、刚柔成半、刚中有柔、柔中有刚的浑然太极境界。所以要真正弄清太极拳的刚与柔，就要弄清此拳为何称其太极拳，只有明白了太极拳的含义，就可以明白太极拳的刚与柔。

"之所以称其拳为太极拳者，在拳架的一招一势、一呼一吸、一开一合的动作中，都寓示着阴中有阳、阳中有阴；阴极生阳、阳极生阴，阴阳互为其根，不可分为两半的自然规律。"里往外开者皆属阳，外往里收者皆属阴，故凡外击者为阳、内引者为阴。拳势内，外开者蓄而不发，内收者引而不击，而击搏之劲自然藏于引进之中，惟其如此，故愈练而愈精密细巧。刚柔互运、虚实渗透、久练纯熟，无端绪之可寻，无迹象之可指，斯为得太极之真谛。"

太极拳每一势的定势，是柔到刚的终止点，从呼吸和发劲而言，此处一般都以音助外呼气、发劲；从动作形体而言，此处表现为六合状态；从速度而言，此处较快、属刚。由上势转下势的过程，是转关折迭柔运的过程。从呼吸和发劲而言，此处一般都以吸气为主，蓄劲；从动作形态而言，此处表现得较柔、较慢，是开的过程。从柔到刚、从刚复柔在螺旋式缠丝运动的辅助下，手法上遇到往复时，要嵌进折迭；步法上遇到进退时，要嵌以转换；在开合、收放时，要有收即是放和放即是收的意和劲，相连不断，往环无端，“如长江大河，滔滔不绝，一气呵成。”不只拳如此，其实世间万事万物都沿正余弦曲线呈波浪式涌动前进。

长兴公说：“夫拳术之内用，气与势而已矣。”以意行气，以气摧形，“然而气有强弱，势分刚柔，气强者取乎势之刚，气弱者取乎势之柔。”随有形的拳势、意念、呼吸开合有别，定势动作表现其刚，转换动作表现其柔。“刚者以千钧之力而扼百钧，柔者以百钧之力而破千钧”，定势至刚处主攻，转换复柔时主化，“尚力尚巧，刚柔之所以分也”。要懂得化劲、发劲，分清刚柔在每一招势中的运用。在具体招势中如何区分刚势、柔势呢？长兴公说：“四肢发动、气行诸外、而内持静重、刚势也；气囤于内而外现轻和，柔势也。”在谈到至刚发劲处，与续劲折迭行柔中如何掌握刚与柔的关系时说：“用刚不可无柔，无柔则环绕不速；用柔不可无刚，无刚则摧逼不捷。刚柔相济则粘、游、连、随、腾、闪、折、空、挤、按，无不得其自然矣。刚柔不可偏用。”

之所以称其太极拳者，太极拳十三势完全合乎太极八卦五行图。手法上的四正（属阳）掤、攌、挤、按与八卦图中的坎、离、震、兑四正方相合；四隅（属阴）采、挒、肘、靠与八卦图中的乾、坤、艮、巽四斜角方向相合。步法上的进步、退步、左顾、右盼、中定与金、木、水、火、土五行相合，一着一势、均不外乎阴阳，所以命名为太极拳。

刚柔相济的太极拳功夫反映在技击上，它完全是一种大将风范，“人不犯我，我不犯人；人若犯我，我必犯人”。到“五阴五阳”的功夫时，人完全像一个皮球，只要你推得轻，它就回得轻，如果你拼命狠推，它的反击力就越大，你打击得愈重，它把你弹得愈远。究其实质而言，皮球里面只是一气而已，外面是橡胶，人为何也能如此？长期的太极拳运动，引得内气鼓荡于四肢，柔极生刚所致。大家看到过满载几十吨货物的汽车，支撑它们的只是轮胎，轮胎是方还是圆？是圆。轮胎里面是钢筋还是水泥？不是，只是空气。是什么力量牵动如此重的货物运行呢？还是气——是发动机燃烧汽油而产生“内气”，通过它的运动，牵动机械运行。火车力量大不大？大。是什么力量？是蒸气。载的货物重不重？重。是方的还是圆的去支撑？是圆的铁轮。所以太极拳讲求“立身中正”圆活的自然身法，太极图用圆表示。足见圆符合运动力学，又符合于自然规律。太极拳似水，水极柔又极刚，水可使山岳成平地；水可使高楼大厦成泥沙。太极拳似风，风能说不温柔？但刚起来可以使一座城市霎那间成一堆废墟；也可使世间万物无影无踪。这就是柔中寓刚、柔极生阳之理。

太极拳的刚柔相济（五阴并五阳的太极功夫）阶段可以使身体蚊蝇不能落，滴水不能沾（此两句形容太极功夫的灵感、圆滑之意）。外不见其形，只通过

“哼”或“哈”的一声，可以使人跌于丈余之外。陈鑫老师说：“太极者，刚柔兼至，而浑于无迹之谓也。其为功也多，故帮其成也难。”难在什么地方？难在刚柔的准确把握上，此拳不可以柔名，日久恐流于滑拳也；亦不可以刚名，日久恐流于硬拳也，难在刚柔相济的“中和”上，“运动之功久，则化刚为柔，练柔为刚，刚柔得中，方见阴阳。故此拳不可以刚名，亦不可以柔名，直以太极之名名之。”

刚与柔是太极的阴与阳；刚与柔是太极拳的灵魂。刚与柔是太极拳的精髓，习练太极拳抓不住刚柔相济的特点，一切的一切都将是无本之木，无源之水，太极拳习练者不可不知。

（注：此文发表于 2002 年）

## 附录一

# 陈式太极拳家传略

据温县县志记载："明洪武初年，因元铁木耳守怀庆（怀庆即今沁阳）管辖八县（温县在内），明兵久攻不下，急于统一天下，太祖迁怒于民，大加屠戮，时温民死者甚多……"相传有三洗怀庆之言。人烟几绝，乃迁民填补，屯田垦荒，十有八九由山西洪洞迁来。当地至今尚有"问我祖先何处来，山西洪洞大槐树"的说法。

陈氏始祖陈卜，原籍山西泽州郡（今晋城），后由泽州搬居山西洪洞县。明洪武五年（1372年）迁居河南怀庆府东南30里一小乡村居住。因始祖陈卜为人宽厚，精通拳械，深为近邻乡民所敬重，故将其居住的村庄叫陈卜庄（新中国成立后陈卜庄划归温县，至今仍叫陈卜庄），后因陈卜庄地势低洼，常受涝灾，明洪武七年（1374年）又迁居温县城东十里的常阳村（常阳村是因村西头有一常阳古寺而得名）。

常阳村背伏一岭，名谓"青峰岭"，彼时岭内藏有土匪很多，打家劫舍，人不能安居乐业。始祖陈卜，为保卫桑梓，地方得安，在村中设武学社，教授子孙习拳舞械。为奠定家业基础，偏重于垦种兴建，先是六世同堂，七世分家，兴家立业，人繁家盛。随着陈氏人丁繁衍，村中又有一条南北走向的深沟，常阳村遂改名为陈家沟。

陈琳　陈氏第三世。始祖陈卜有五子：维、绶、纲、纮、綖。老三陈纲独子陈琳。现在陈家沟人是陈琳这一支的后裔，故有"卜爷子孙琳爷后"的说法。

据陈氏家谱记载：陈琳"当年好勤俭，尝积粟万石遇人患难，辄行解围。苦值荒岁，倾囊赈济，一里相赖以安。且又施舍寺庙，田粮无冥，乐善行仁，声闻遐迩焉"，在家境好转、人寿年丰之时，以不忘祖训，带领子弟儿孙，农忙时种田，家闲习武练拳。

陈王廷　字奏庭，陈氏第九世。明末清初人（1600—1680）。自幼勤奋好学，习文练武，不但深得家传武学奥秘，出类拔萃，且熟读诸子百家，学识渊博，可谓文武兼备。

据《温县志》中记载，明崇祯五年（公元1632年）陈王廷曾任"乡兵守备"，清乾隆十九年（公元1754年）谱序，道光二年（公元1882年）接修的

《陈氏家谱》在陈王廷名下记曰："王廷，又名奏庭。明末武庠生，清初文庠生。在山东称名手，扫荡群匪千余人。陈氏拳手、刀枪创始之人也。天生豪杰，有战大刀可考。"

明朝末年，陈王廷到开封考武举时，一马三箭，三马九箭，箭箭不离金钱眼。报靶人只擂一通鼓，看得滞呆了，以后射中的没有报靶，未报靶就等于未射中，就落选了。陈王廷一怒之下，策马上前，拔剑将鼓吏杀死，跑出考场，直向西奔，不知不觉来到登封境内。陈王廷人困马乏，饥饿难忍，在一山洞旁坐下休息，此时，一壮汉提刀闯来，要陈王廷留下买路钱。陈王廷好话相劝，大汉不但不听，举刀就抡，三招两式，因不是陈王廷对手，拔腿就跑。陈王廷拍马后追，大汉跑得飞快，直跑进一个山寨。陈王廷拍马进山，山上放下轮木滚石，王廷公用枪将轮木滚石一一挑进山沟。山上又放乱箭射身，王廷将乱箭躲过直奔山寨。有人早报寨主，寨主闻听甚喜："我现在正在招兵买马，如得此将，必有大用。"于是急忙离坐，下山迎接。二人相见，互通姓名，原来山上寨主是揭竿而起占据玉带山的农民起义领袖李际遇。二人均互闻大名，只恨相见太晚，寨主当即为陈王廷大摆宴席，接风洗尘。酒过三巡，开怀畅谈：明王朝政治腐败，内忧外患，横征暴敛，民不聊生，怨声载道。两人谈得十分投机，在李际遇的提议下，结为金兰之好。此时，在山下拦路的壮汉挑帘而入，"扑通"跪在陈王廷脚下说道："我蒋发自幼失去双亲，历遭磨难，多亏李头领重用，委我巡山官。今日见到陈师父，是我三生有幸，我愿拜您老为师，学习武艺，杀尽贪官污吏，为民除害。"说完伏地就拜，其情感人。李际遇也从中说合，陈王廷才答应了蒋发的要求。他们相约，陈王廷回陈家沟，暗中联络村民，待机协助闯王横渡黄河，杀向北京。

陈王廷回到家中，如约行事，一直未得消息。后来李际遇兵败被杀。蒋发隐居陈王廷府中，隐姓埋名，充当仆人（后陈家沟有王廷公年老画像，蒋发持刀侍立背后，以作纪念）。

陈王廷正值明末清初，改朝换代，社会动荡时期，他久不得志。晚年时期，干脆闭门不出，吟诗习拳，自娱自慰。因他文武兼备，结合他多年的练功体会，在家传拳术功法的基础上，依据《易经》阴阳之理、中医"经络"学说，导引、吐纳术以及力学的杠杆原理，综合性地创造了一套具有阴阳性质、刚柔相济、快慢相间、松活弹抖的特点，以及符合人体生理规律和大自然运转规律的拳术运动，故名"太极拳"。

特别是他创造的双人推手和双人粘杆，在徒手实战技击方面和拼刺上均起到了良好的作用。

此后，陈家沟练拳的风气更浓，世代沿袭，名手辈出，历久不衰。

陈王廷生平著作甚多，只是年代久远，几经战乱，多遭佚失。现存《拳经总歌》和词一首。

陈汝信、陈所乐，均为陈氏第十世孙。从陈王廷学拳，是陈王廷创定为“太极拳”之后的一代宗师。在陈王廷拳论与技术的熏陶下，功夫日臻精通，达到炉火纯青。

陈所乐，家境宽余，在陈家沟村南头有一所坐北朝南的深宅大院，上下客屋，亭台楼阁，雄伟的青石碑坊竖立大门前面（1967 年左右才拆掉），威武壮观。

俗话说：“穷习文，富练武。”陈所乐因家境富裕，不愁吃穿，故在家设馆授徒，有时也受朋友所托出去跑趟镖事，但不以保镖为业。他性情豪爽，善打抱不平。授徒很多，唯有他的孪生儿子申如、恂如，功夫精湛，名噪一时。

大鹍、大鹏、申如、恂如，为陈氏第十一世，均为一代太极名师。尤以申如、恂如青少年时的传奇故事在陈家沟一带传为佳话。

相传清乾隆年间，陈家沟村东八里北平皋村有一王姓员外。一天，一伙手持利器的响马要在北平皋过夜，硬逼王员外交出金银古玩，否则要血洗王府。王无奈，只好答应，一边安排食宿，设宴招待，一边让家人到陈家沟请陈所乐前来解围。

王员外家人急急忙忙，跑得满身大汗，来到所乐公府上，气喘嘘嘘，连声大喊：“所乐公救命!”陈家人同申如、恂如问明情况后说：“所乐公被县衙请去有要事相商，至今未回。”王家人闻言，像泄了气的皮球，软瘫在地。申如、恂如说：“别怕，俺兄弟二人愿往。”王府家人一看，他们都不过是十五六岁的孩子，怎能除暴安良？只瞪他二人一眼，没有吭气。这下可把小弟兄俩气坏了，看出他瞧不起自己，兄弟俩一眨眼，同时上前抓住他的肩头衣服向上一扔，将王府家人抛起一丈多高，眼看就要落地摔死，两人同时上前接住轻轻放在地上。王府家人吓得面如白纸，只听申如、恂如说道：“赶快回去告诉王员外，好酒招待响马贼，我们马上就到。”王府家人点头称是，拔腿就跑，返回报信去了。

申如、恂如兄弟二人商量后将家里安排好。眼看太阳落山，月挂树梢，二人直奔北平皋村而来。来到王府，大门不走，二门不进，单由后花园跃墙而过。见到王员外，行过宾主之礼，谈了情况。那伙儿响马正在客屋大厅猜拳行令，酒正喝到兴头上。申如、恂如吩咐王员外让家里人不要乱走动，免得误伤。

兄弟二人来到客厅门外，往里一瞧，见有二十几人正吆五喝六，推杯换盏，得意忘形。兄弟俩你推我搡，互相谦让，你让他进，他让你进，最后申如一靠，将恂如打进房内，随即掏出一把豌豆打出，将几支蜡烛打灭并射向众匪。恂如一纵身上到房梁上。顿时厅内大乱，有人大喊："不好！有强人偷袭，抄家伙！"顷刻间，有的喊，有的叫，有的抄器械乱砍乱碰，有的抱头外窜，申如在门外见一个杀一个。这时，恂如在梁上大喊："还不缴械投降，大天神、二天神在此。"为首的响马一听，心想：今日犯了咒神，气数已尽，必死无疑。于是赶快投降。因这帮强盗由山东出发时，自以为武艺高强，天下无敌，故对天发誓：走遍天下无敌手，除遇天兵天将能降服。所以，贼寇听到"大天神二天神在此"，马上投降。遂将一伙强盗交与县衙处治。

王员外为感谢小兄弟的英雄侠胆、见义勇为，特将此事编成戏剧《双英破敌》，在陈家沟唱了三天三夜。申如、恂如也有了"大天神二天神"之美称。

陈氏善通、善志、敬柏、继夏为十二世孙，均是一代宗师。传奇逸事颇多，现仅举敬柏、继夏为例。

陈敬柏，清乾隆年间，陈家沟流传有陈敬柏打死"黑狸虎"的故事。那天上午，在温县城东关泰山庙前集上，有一位绰号叫"黑狸虎"的武师拉开场子，舞刀弄棒。一些看热闹的人围拢过来。人越来越多，"黑狸虎"把三节棍抡得呼呼带风，然后由地上"嗖嗖"踢起两把单刀，伸臂接刀在手，"叭叭"将刀拍两下说道："诸位，闻贵方宝地素有拳乡之称，练拳习武之风世代相传，本人千里迢迢，慕名而来，拜师学艺，但是俺拜师有一条件。"他指着地上的一碗清水说道："兄弟这双刀要起来针插不进，水泼不进。哪位能将这碗水泼到我身上一点，我愿拜为师。"说着就缠头裹脑、缠腰捋背、呼呼带风地抡了起来。

在围观的人群中，有一位由陈家沟来的拾粪老头，叫陈敬柏。他背着粪筐，戴着烂草帽，站在外围。看到"黑狸虎"气势汹汹、趾高气扬，一副傲慢的神态，早就有点儿看不惯。在"黑狸虎"抡刀正热闹时，陈敬柏找个破绽，一个箭步，伸手将自己头上的草帽扣在"黑狸虎"的头上，转身就走。"黑狸虎"知道遇上了高手，抛掉双刀，追上陈敬柏口称："师父。"遂伏地磕头。陈敬柏忙将其搀起，开导说："成手不狂，狂手不成。练拳习武之人贵在诚实，切不可自吹自擂。""黑狸虎"口中称是，心里却不服，分手时对陈敬柏说"3 年后见"。

弹指 3 年已过。陈敬柏已是 80 老翁。殊不知这 3 年中，"黑狸虎"访遍名师，功夫大有长进。这天，"黑狸虎"为报当众受辱之仇，专程来到陈家沟。听说陈敬柏到邻村赶集拾粪去了，就向西迎去。到常阳古寺西边，看到陈敬柏背着粪筐走来，便拦住去路。陈敬柏早就把教训"黑狸虎"的事忘到九霄云外，以为是问路找人，忙说："你到哪去？找谁？""黑狸虎"说："别装糊涂，我到这儿就是找你！走吧，到庙里我告诉你。"两人进了庙里，"黑狸虎"把庙门插上栓，并抱了一块石碑把庙门顶得牢牢的。回头对陈敬柏说："你还记得 3 年前在县东关，你让我‘黑狸虎’当众出丑之事吗？我今日非和你比个高低不可，不然的话，别想出这庙门。”陈敬柏一听恍然大悟，拱手施礼道：“当初我苦口相劝，看在同是武林之人份上，绝无让你出丑之意。较量在于切磋技艺，以求上进，不可赌气伤身。我八十老朽，年迈体弱，你和我较量什么？”“黑狸虎”不等陈敬柏说完厉声喝道：“少废话，当众羞辱之仇不报，誓不为人！”说着便向陈敬柏扑去。饿虎扑食，猛虎掏心，黑虎钻裆，一连三招都被陈敬柏化过。“黑狸虎”第四招使出锁喉绝技欲置陈敬柏于死地。陈敬柏不由火起，怒不可遏地说道：“我让你三招，算你赢了，拾回面子还不行？不要欺人太甚！”“黑狸虎”这时哪儿能听得进劝阻，卡喉大手已到陈敬柏喉前，说时迟那时快，只见陈敬柏身子一侧，腰转身抖发了个迎门靠，肩头打在“黑狸虎”的胸脯上，将其打起两米多高向前飞去，只听一声惨叫，“黑狸虎”一头撞在顶门的石碑上，石碑被震断为两截，“黑狸虎”脑浆涂地，一命呜呼。

陈敬柏毕竟是八十老人，体力不支，回到家中就病倒了，几天后谢世。至今在陈家沟仍流传着“打死黑狸虎，累死陈敬柏”的故事。

陈继夏，字炳南，清乾隆末人，精太极拳。由于家境贫穷，每日以给人磨面粉为生。由于买不起牲口，大石磨只有用人力来推。陈继夏起初用手推磨，后递减为一指推磨，且奔而推之，从不间断。

陈继夏闲余时间不是绘画，就是练拳，日长月久，他不但绘画、雕塑技艺高超，更精于家传太极拳。赵堡镇、关帝庙等处壁画均出于陈继夏之手。他为人和善，弟子们都爱跟他开玩笑。这一天，他正在村西古圣寺绘佛像。有人轻轻走到背后，双手按住陈继夏两肩。陈公正忙，没顾上回头看是谁，只是肩头一抖，使出太极拳“周身无处不是拳”的功夫，把那人打了个双脚离地，在空中翻了个跟头。此人“哎呀”一声，心想今天摔不死也得受重伤。可他落地时稳稳当当，不由暗自称奇。原来此人是苌家拳创始人汜水县苌家村人苌乃周（公元1724—1783年）。此人少年时拜洛阳阎圣道为师，学习少林拳，力大无比，可惜只会用笨力，不会使巧劲，于是决定到陈家沟学拳。苌乃周从地上爬起来后，拜陈继夏为师。从此，苌乃周和陈继夏结为至交，兄弟相称。陈继夏教苌乃周以巧取胜的太极内劲；苌乃周将自己创编的子午鸳鸯钺套路传给了陈继夏。两人每日切磋技艺，相得益彰。

陈继夏的肘法极精，并与陈敬柏的靠法齐名。陈家沟有“陈继夏肘，陈敬柏靠”之称。

陈氏第十三世孙有秉奇、秉壬、秉旺、陈公兆、陈耀兆等，均为一代名师。

陈秉奇、陈秉壬、陈秉旺，是亲叔伯兄弟，他们从小同拜族叔陈继夏为师学拳，五年工夫过后，陈继夏便把他们分开，个别传授技击、点穴、卸骨等技艺。兄弟三人各得其真技后，个个技艺超群，被誉为“陈氏三雄”。

陈耀兆，字有光，性癖，陈氏第十三世孙，太极拳当时武士皆沐其教，然精妙未有出其右者。他生于乾隆，卒于道光，寿80岁。

陈公兆，陈氏第十三世孙。他功夫高超，寿高八旬还力斗疯牛。清乾隆六十年（1795年）中秋节，当时执政的高宗皇帝爱新觉罗·弘历为显示太平盛世，倡扬敬老之风，下诏全国80岁以上、有德有才、儿孙满堂之人到京皇宫太和殿参加“千叟宴”。千位老人中，陈家沟占两名：有十二世85岁的陈善和十三世88岁的陈毓英。两位老人离京返乡中，河南巡抚王大人和怀庆府刘知府亲自迎送，到陈家沟后举行了挂匾仪式。全村上下像过年一样庆贺一番。一年轻后生放鞭炮时，无意中把一个炸雷掷到正在村边吃草的老公牛身上，把牛炸惊了，牛发疯似地向家庙广场冲来，年轻人手拿家伙向牛身上打去。这一打不当紧，牛反而疯得更厉害。只见牛一转身，跷起蹄子，弓着头，两牛角像利剑一样，向王巡抚和刘知府坐的方向跑来。在这千钧一发之际，一位老人从人群中三步两步窜到牛的正面，扎一个骑马蹲裆势，用身子护住了二位大人，待牛冲来的一刹那抖动双臂，两手抓住牛角向下猛按。牛角被抓住，牛劲更大，前腿弓，后蹄蹬，把地蹬得陷下去多深，向老人胸部撞去。老人两手一松，撤步闪到一旁，接着屈臂拧腰，用肩头扛住牛的肋骨，大喊一声，猛地发力，竟把老公牛掀翻倒地。一场灾难避免了。王巡抚和刘知府得救了。当他们从惊吓中醒过来时，对老人佩服得五体投地，连连惊呼“真乃神人也”！此老人就是第十三世孙著名拳师陈公兆。当时他已是80高龄。至今陈家沟还流传着他的《养生歌诀》：

三十年不停拳（坚持锻炼）
三十年不饱饭（不暴饮暴食）
三十年独自乐（精神愉快乐观）
三十年独自眠（节欲）

陈有恒、陈有本，为陈氏第十四世孙，是一母同胞的亲兄弟。其父是“神力斗疯牛”的陈公兆。陈有恒，字绍基，道光初入庠。对太极拳极有揣摩，壮岁溺于洞庭湖。弟有本，字道生，36岁入庠。习太极拳，尤得骊珠，子侄之艺，皆其所成就，当时精太极拳者率出其门。兄友弟恭，始终如一。有本门人陈清萍、陈有纶、陈奏章、陈三德、陈运栋均有所得。

陈长兴（1771—1853），字云亭。其技由乃父秉旺所传。著有《太极拳十大要论》《太极拳战斗篇》《太极拳用武要言》。在祖传套路的基础上，他将太极拳套路由博归约，精炼归纳，形成太极拳一路、二路（炮捶），后人称为太极拳老架（大架），至今广为流传。长兴公以保镖为业，走镖山东，在武术界享有盛名。村中看戏，立于百人中，无论众人怎样推、揎、挤、拥，其脚步丝毫不动，几近其身者，如水触石，不抗自颓。其拳势立身端正，周身协调，不偏不倚，双脚落地生根，下盘稳如泰山。故时人赞美为“牌位大王”，在陈德瑚家设馆教拳，教有名弟子，如其子陈耕耘，还有陈花梅、陈怀远、杨福魁（露禅）等。

陈耕耘，字霞村，陈氏第十五世孙。艺冠当时，承父业保镖山东，威震一方，盗寇闻风丧胆。清光绪年间，山东莱州府城中立有碑曰：“数年来，莱州地界盗贼蜂起，打家劫舍，强抢民财，来往客商、黎民百姓深受其害，苦不堪言。虽官军屡次剿捕，收效甚微。幸有豫省温县陈家沟拳师陈公耕耘保镖到此，只身闯入贼巢，舍命拼杀，力战贼魁，一举全歼。解百姓于倒悬，救商贾出苦海，可谓英雄虎胆，武功盖世。莱州各界士农工商，三教九流，感其大恩，无以为报，特聚敛银两，立碑记之，永传后世。”咸丰三年，耕耘同仲甡战匪有功。教有名弟子延年、延熙等。

陈清萍（1795—1868），为陈氏批十五世孙，从师于陈有本，得太极拳理，19岁上到赘婿赵堡镇吴家。赵堡镇一系皆其所传。广平府武禹襄初学于杨福魁，然精微所在，秘不外传，武前往陈家沟拜长兴学艺，长兴因年岁已高，其子耕耘保镖在外，故介绍前往赵堡镇请益于清萍，其名之盛如是，弟子中以李景延为最。

陈花梅，字鹤齐，从学于长兴，功夫颇纯，其技亦能纵横一时，子五典、五常能继其业。

陈仲甡，字志熏，又字宜廣，号石厂。生于1809年，卒于1871年，享年62岁。兄弟三人（伯甡、仲甡、季甡）同乳而生，貌酷似，乡邻难辨。传说3岁误入于井，有白虎负之，水深丈余，衣未湿。熟经文，通兵法，文武皆备，韬略技艺无不精通，能运使铁枪重15公斤左右，尤称武勇，然循循儒雅，从不与人争，义声著于世。入武庠。

陈季甡，字仿随（1809—1865），陈家沟陈氏第十五世孙。父有恒以祖传太极拳擅名，叔父有本悟太极拳真传，不受其限，不断创新，自成一脉，被誉为一代太极高手，名震武林。季甡幼受父辈熏陶，少年有志，涉经史，读兵书，钻研武学。少年即与兄仲甡同入武庠。重礼仪，守孝道，广交友，与兄仲甡齐名。

咸丰三年，杨辅清率军入温，骚扰百姓，阖郡惶惶。邑令亲自登门，请御敌，仲甡、季甡念及桑梓，义不容辞，遂披坚执锐，倡议乡勇，率徒及众勇，冲锋陷阵，于柳林杀敌指挥数人，敌溃退。敌再犯，大肆焚杀，所过皆墟。仲甡、季甡督众搏战，以一当百，仲甡设伏数路，自率众诱敌，手刃骁将大头王，敌复败。创乡勇御强敌之首例，声名大振。六年，亳州之战，连获五胜。七年，匪踞六安州，仲甡、季甡率子淼及众人三日破城，旨封二人六品。八年，四方盗贼蜂起，张乐行犯汜水，二人奉谕招募乡勇沿河设防，贼畏其威，不战而逃，温境获宁。九年，蒙城、阜阳失守，二人率众连破数寨，收复二城。皆晋五品，坚辞不受，后皆改封为武节将军。终不为功名所动，乃归故里安心奉母。母病，仲甡亲伺汤药，衣不解带年余。母仙逝，吊客数郡毕至。自是一意授徒，弟子盈门。仲甡逝后，乡邻俱哀，感其恩德，合议尊称英义公。

陈氏十六世名拳师甚多，个个艺高超群，战绩累累，文能著书立说，武能定国安邦，如陈鑫、陈森、陈淼、陈焱、陈垚、陈延年、陈延熙、陈复元等。

陈淼（1840—1868），字淮三，清道光年间人，季甡长子。幼随父习文练武，敏而好学，熟读兵书，精于拳法，文韬武略，无一不精，在陈氏家族第十六世中出类拔萃，名声最著。咸丰三年，17 岁始随父辈仲甡、季甡上阵杀敌，即建奇功。六年，亳州之战，连获五胜，复克亳州。七年，匪踞六安州，随父昼夜环攻，3 日城破奏伟功。八年，四方盗贼蜂起，侵犯汜水，奉谕守城，贼无计逃遁，温境获安，乡民业乐。九年，蒙城、阜阳失守，率众驰救击贼，连破数寨，收复二城。同治六年十二月十四日，匪犯怀庆府，淼以数千人之众，对敌 10 万余人，自晨酣战至午，杀敌无数，身负重创，仍奋勇死斗，因马失前蹄不幸中炮阵亡，卒年 28 岁。

陈垚（1841—1926），字坤三，仲甡长子，排行为二，为陈氏家族第十六世孙。幼年随父习武，父寄厚望，倾其所学。陈垚潜心钻研苦练，不负所托，拳术精湛，无人能比，少年有成。19 岁入武庠，仍年练拳万遍，20 年不懈，武功上乘，达炉火纯青境地。冬穿单衣不冷，夏穿夹衣不热，蚊蝇不近身。一日，遇一卖炭青年将牲畜横饮于道，阻人行，陈垚见状不平，左手柱拐杖，右手托豆腐，上前理论，青年发横，惊马伤人，陈垚抛起豆腐，右手拳出，马腿折卧地不起，复接空中豆腐于手，世人称奇。咸丰三年，16 岁即随父辈上阵杀敌，征战 10 余年，参加大小战役不计其数，未曾受挫。

陈森（1846—1935），字槐三，季甡次子，排行为三，为陈氏家族十六世孙。幼随父兼习文武，聪慧好学，天赋极佳，精武术，擅文才，双手能书梅花篆字。因父兄英年早逝，母恐其不测，遂促森弃武从文，教书为生。陈森为使陈氏太极拳历史不致中断湮没，晚年续写家谱，以传后世。据武术史家唐豪考证，陈森所续陈氏家谱，为陈式太极拳源流当今最可考信之直接史料。

陈焱，1847 年出生，陈仲甡次子，排行为四，为陈氏家族十六世孙。自幼随父研文习武，虽武艺不及兄垚精，习文不及弟鑫高，但也是陈氏第十六世太极拳的佼佼者，焱与弟鑫同获岁贡生。陈焱为人忠厚，孝敬父老，宽厚待人，兄友弟恭，其德其拳皆受赞扬。

陈鑫（1849—1929），字品三，陈仲甡三子，排行为五，为陈氏家族十六世孙。自幼随父习武，深谙太极武功之精奥。后遵父命从文，获岁贡生，文武兼备有成。晚年，为使太极拳世代相传，发奋著书立说，著有《陈氏太极拳图说》四卷、《陈氏家乘》五卷、《太极拳引蒙入路》和《三三六拳谱》等著作。《陈氏太极拳图说》四易其稿，亲手抄写，历经严寒酷暑 12 载，方完其书，耗费陈鑫大量心血，是其代表作，也是首次对陈式太极拳历史的全面总结。陈鑫膝下无子，书成后，恐失真传，遂传于兄子椿元。并嘱椿元："能传则传之，不能传则焚之，勿与妄人"。陈鑫卒后三年，《陈氏太极拳图说》四卷方才问世。后人称其为一代太极拳理论大师，在国内外享有极高声誉。

陈延年、陈延熙为陈氏第十六世孙，同胞兄弟，陈耕耘之子。兄弟二人承父业，拳艺高超，耕读之余，教习子孙，代代相传，延继家风，名手辈出。光绪二十六年（1900 年）袁世凯督鲁，见耕耘公碑记，知太极拳为陈氏所专精，派人来访，聘延熙公前往教其子侄。各派拳师，凡遇其比较者，无不心服。延熙公随袁自鲁而津，教授 6 年，后以母老辞归，以行医终。

陈复元，字旭初，陈氏十六世孙。初学于耕耘，功成后复从仲甡习新架（现称小架），故发手能柔如绵、坚如刚。在理论方面造诣颇深，有拳论传于世，由其子子明阐发。复元功夫纯厚，往来在外数十年未遇敌手。

陈连科、陈登科为陈氏十七世孙，自幼承祖训，刻苦练习太极拳，拳艺精湛。登科多年在陕、甘一带经商授拳，其子照丕 15 岁就常随其左右，故后照丕阅历深厚。

陈发科（1887—1957），字福生，陈氏第十七世孙。陈发科秉承祖业，自幼习武，功夫纯厚，技艺超群，是近代陈氏太极拳的代表人物，曾任北京武术社社长。

陈发科幼年体弱多病，苦练太极拳 3 年由弱转强，百病尽除。此后日练拳数十遍，20 岁时功夫已达上乘，仍坚持不懈，以至功入化境。发科先是教授其子弟及村中青年，1926 年前后，地方治安混乱，土匪猖獗，应温县县政府之邀，率领陈德裕、陈照丕等数十名弟子组成陈家沟武术队，在温县一带赤手空拳突击捉拿持枪土匪，几年间为民除害不计其数。特别是与红枪会道徒一战，尤显神功，至今流传。当时红枪会已攻陷几座县城，数千名道徒自称刀枪不入，个个光膀持枪攻打温县城，胆小者闻风而逃。陈发科手持白蜡木杆站立桥头，敌酋冲前，以长矛刺陈发科胸部，陈发科以杆梢向外一拦，敌矛脱手而飞，随即合把直刺敌腹，杆头穿背而出。敌群见状，丧胆而逃。

1929年，陈发科应邀到北平。某次练拳，曾将铺地大方砖震碎，众皆惊异。当时北平众多名手前来较量，如北平国术馆副馆长许禹生、李剑华等。陈发科掷放跌打，威力惊人，独步一时。杨季子诗云："都门太极旧尊杨，迟缓柔和擅胜场，不意陈君标异帜，缠丝劲势特刚强。"

陈发科在北平授拳近30年，不为名利所动，讲信义，重武德，尊重他人，爱人才，京都武术界尊为拳术大师"太极一人"，并赠银盾纪念。其著名弟子有李剑华、许禹生、洪均生、冯志强等。

陈椿元（1877—1949），陈氏十七世孙。其父陈森文武双全。陈椿元幼年随父习文研武，文武兼备，身材魁梧，仪表堂堂。1929年前在湘设馆授拳，兼做生意。1929年后，其叔父陈鑫年迈，膝下无子，恐所著《陈氏太极拳图说》因分门别户，失其真传，即召椿元返乡，授椿元《陈氏太极拳图说》手稿，嘱其妥为保存，并希望尽快出版。陈椿元为不负重托，抛舍在湘生意和武馆，回到家乡，在焦作开设武馆。从此陈椿元不再经商，腾出精力，同其兄雪元，其女淑贞，其侄金鳌、绍栋等人，对《陈氏太极拳图说》手稿整理补遗。历经3年，于1933年由开封开明书局出版。方使陈式太极拳真传得以留传至今。

陈宝璩，陈氏十七世孙，自幼随堂伯父延年、延熙学拳，后从堂兄发科练习。拳艺精湛，尤以轻功绝顶而著称，八九尺高墙一纵而过。后经照丕介绍，在西安、郑州、南京、江西等地教拳，与众多名师较量，无不叹服。

陈子明，陈氏十七世孙，复元之子。幼年随乃父习拳，功夫纯厚，且备明拳理，以教拳为业。授拳之余，捉笔构思，著有《陈氏世传太极拳术》一书，旧南京国术馆馆长张之江、教务处朱国福、河南国术馆刘丕显、沧州名手姜容樵等为之作序。该书1932年由上海出版，对陈式太极拳的传播起了积极作用。

陈省三（1880—1942），陈氏十七世孙，先从延熙学拳15年，后从陈鑫，拳、理兼修，拳艺精湛。

陈照丕（1893—1972），字绩甫，登科之子，陈氏十八世孙。照丕幼承家训，学习太极拳，勤学苦练，拳艺高超。1914年尝游秦、陇、直隶等地传拳。1927年返籍，在温县国术社任教。1928年受聘到北京传拳，应约在宣武楼立擂，17天未遇敌手，名声大振，北平市政府，朝阳大学、中国大学等17个单位慕艺延聘，陈式太极拳之精奥始为人知。南京市长魏道明慕名邀请，于1930年到南京市政府、全国民营联合会等处授拳，并兼任中央国术馆名誉教授。1933年，任全国运动会国术裁判和第二届国术国考评判委员。1937年抗日战争爆发，南京沦陷，陈照丕不愿在敌占区教拳，毅然返温，在抗日将领范廷兰部教部队大刀，直接抗战。1940年赴洛阳，在第一战区长官司令部、河南省教育厅、直接税务局等处教拳。1942年应黄委会委员长张含英之请去西安教拳。抗战胜利后，随黄委会迁回开封，1948年参加革命。1958年由黄委会退休返温，同年3月参加省武术赛，获太极拳第一名。1962年全国武术大会，被授予“太极拳名家”称号。1964年当选全国武术协会委员。

陈照丕晚年家居，在家自办武校培养一代新人，当今享誉中外的陈式太极拳诸名手，均受益于公之教培。照丕学识渊博，深以拳理，著作有《陈氏太极拳汇宗》《太极拳入门》《陈氏太极拳理论十三篇》等；照丕武德高尚，耿直无私，“文革”逆境，仍矢志不移，实乃陈式太极拳发展史上承上启下、继往开来的一代宗师。

陈照奎（1928—1981），陈氏十八世孙，陈发科幼子。照奎自幼随父学拳，精通陈式太极拳理论和擒拿术及各种技击方法，善于精巧细腻的攻防技术，对推广、普及和提高陈式太极拳贡献巨大。

陈照奎先在北京协助父亲教拳，1960年应邀到上海体育宫介绍表演陈式太极拳，当时轰动上海武术界。后于1963年在上海公开办学习班多期，深受人们喜爱。陈照奎先后在南京、北京、郑州、焦作、石家庄等全国各地巡回教拳20年，踏遍祖国大地，呕心沥血，为普及陈式太极拳贡献了毕生精力。照奎的授拳教案和自编的教材，已由其弟子们整理成书出版。70年代他几次返乡，在陈家沟一住数月，教授村中青年，为太极拳的普及和提高立下不朽功勋。

陈照旭（1909—1960），陈氏第十八世孙，发科次子。照旭自幼随父习拳，勤学苦练，20岁时，功夫已达很高水平，与人交手，能轻易制服对手。照旭同时学书画并爱拉二胡。某次与父亲陈发科推手，被父亲一个抖劲发放，身子腾空数尺高，后感自己功夫相差很远，乃将笔墨乐器焚毁，发奋深造太极拳，日练大身法架30遍。苦练3年，内气充盈，精神饱满，功夫已达高级境界。

陈照池，陈氏十八世孙，连科三子。自幼随父辈习家传拳艺，功夫纯厚，臂力过人，尤以蜡木杆为最，能将丈余长大杆抖得呼呼带风。与人比试，能将对方帽缨打掉而人不知。

陈照海（1899—1950），陈氏十八世孙，登科四子。照海幼承家训，习练拳械，因其天资聪颖，胆识过人，加之吃苦耐劳，肯下工夫，故拳艺达相当高水平。抗战时期，随抗日将领范廷兰、范思勤部常孤身捣毁敌巢，屡立战功，有“孤胆英雄”之称。

陈金鳌（1899—1971）。陈氏十八世孙，生于拳术世家。自幼随祖父和父亲上元学文习武，为人少言耿直，刚正不阿，拳术精湛，为陈氏家族十八世小架代表人物，也是陈鑫著《陈氏太极拳图说》四卷参订人之一。

1921 年金鳌参加温县西乡土匪平乱，数捷有功。1928 年被开封河南大学聘为武术教师。后因社会动荡，先后在武汉、宝鸡、西安谋生。凡到一处都设馆授拳，教徒数百人之众。他授拳重德，深受晚辈尊敬，虽膝下无子，但侄儿及门徒关怀备至，过世后为其树碑立传。

陈克忠，陈氏十八世孙，自幼随陈鑫学拳，刻苦练功，拳艺精湛，现今陈家沟所练小架的一代新人均随其学拳。

## 附录二

# 作者履历

1949年5月，出生于河南省郑州市，10月返回陈家沟。

1950年10月，父亲陈照海去世，随母亲居住在陈家沟。

1957年，在陈家沟小学上学，学习成绩始终名列前茅。历任班长。

1958年，伯父陈照丕由河南省黄河水利委员会退休返乡，开始随其学习太极拳老架一路、二路、推手、刀、枪、剑、棍等以及理论知识。

1973年后，连续三年春节在陈家沟随堂叔陈照奎老师研习新架一路、二路、推手、擒拿等技艺。

1974年9月，代表新乡地区参加河南省第3届全运会，获表演优秀奖。

1976年9月，参加河南省武术运动会，获表演优秀奖。

1977年9月，参加河南省武术运动会，获表演优秀奖。

1978年7—9月，在河南省体校集训3个月后，参加在湖南湘潭举行的全国武术运动会，或特邀表演奖。10月，参加河南省第4届运动会，获表演优秀奖。

1979年10月，首次在河南平顶山市举办两期太极拳培训班。在其后的几年里，在全国各地举办了多期培训班，培养学生上千人。一些学生在省级比赛和全国比赛中获得好成绩。

1981年3月，接待来访和学习的全日本太极拳协会理事长三浦英夫先生一行30余人。其后几年里，接待日本、韩国、英国、法国、瑞士、马来西亚、澳大利亚、意大利、美国、香港、台湾等国家和地区来访和学习的团队逾百批。

1981年10月，参加河南电视台电视片《拳乡行》的拍摄录制工作。

1982年9月，与堂兄陈小旺一起参加南京国际武术友好表演赛。10月，被河南平顶山太极拳协会聘为顾问。

1983年1月，正式调往河南省体委武术馆任教练，兼任温县体委陈家沟体校教练。7月，作为陈家沟的第一次出访人员赴日访问、交流，先后造访了东京、大阪等8个城市。日本天皇御弟三笠宫殿下两次观看表演，并受邀到皇宫做客。10月，参加天津的武林精英表演会。

1984年6—10月，在河南省体委举办了两期“全国陈式太极拳培训班”各省市体委共派出150余人参加。与陈小旺一起作为培训班主讲。

1985年5月，先后被湖南湘潭大学、株洲大学分别聘为武术协会名誉会长；被日本太极拳协会正式聘为全日本太极拳协会顾问；当选河南省陈式太极拳协会秘书长，7月，被河南安阳市陈式太极拳协会聘为名誉主席。再次受全日本太极拳协会三浦英夫先生邀请，同陈小旺、陈桂珍一起到东京、福岛等地访问讲学。天皇御弟三笠宫殿下观看表演后第二次邀请到皇宫做客并合影留念。访日期间，还受到新加坡驻日本大使李炯才先生和夫人的盛情款待。

1986年5月，被河南省体委批转为省武术馆正式教练。出席全国武术观摩交流大会，获国家体委颁发的“金狮奖”。会议期间，还参加了上海电视台摄制的电视片《剑与剑的传说》。当选为河南省焦作市政协第七届常委。

7月，在《少林武术》上发表论文“陈式太极拳对周身各部位的要求”。

10月，以领队、教练员兼运动员身份参加在山西太原举行的全国首届太极拳、剑比赛，获陈式太极拳第一名。

12月，在四川成都参加“全国太极拳名家研讨会”，发表论文“陈式太极拳时段功法论”。被选为《武林》杂志太极拳学术研究会常务理事。被日本陈式太极拳研究会聘为名誉会长。

1987年3月，河南省体委授予国家武术一级裁判员。

5月，任陈家沟太极拳学校校长。

6月，任温县代表队教练，参加河南省太极拳、剑、推手比赛，获8枚金牌、3枚银牌。

7月，成立“中国陈家沟太极拳推广中心”，任总教练。

9月，担任河南省队教练，参加全国散打、推手赛，获金牌2枚、银牌1枚。《中国体育报》发表专题报道“太极传人的心愿”。

10月，任河南队领队、教练员兼运动员，参加全国太极拳、剑比赛，获金牌2枚、银牌2枚，个人获陈式太极拳第一名。

12月，聘为湖南大学武术协会名誉会长。

1988年1月，当选为河南省第七届人大代表。

3月，受聘为江西省陈式太极拳社顾问。

6月，取得河南大学体育系函授毕业文凭；参加高等教育出版社录制的电视教学片《世传陈氏太极拳》；被评为温县优秀专业技术人员。

7月，调往平顶山体委担任“太极、少林武术研习院”副院长兼总教练；被江西省陈式太极拳研究会聘为顾问；河南省体委评选并颁发中级武术教练员资格证书。

10月，聘为河南省武术馆教练员。

1989年1月，应日本武术太极拳联盟专务理事、亚洲武术联合会副主席村冈久平先生邀请，同陈小旺一同到日本东京、千叶、横滨、名古屋、京都、大阪等地访问教学，受教者500余人。

3月26日，当选为焦作第七届政协常务委员。

12月，《陈氏太极拳械汇宗》第一册由高教出版社出版发行。

1990年4月，被美国旧金山陈式太极拳研究会聘为顾问。

8月，任河南省武术队领队兼教练，参加在安徽黄山举行的全国太极拳、剑、推手比赛，获金牌2枚、银牌3枚；日本日中武道研究会会长江口允章先生带团来郑州学习，并受聘为该会顾问。

11月，与王西安、高艳春受邀到瑞士、法国进行访问教学。

12月23日，受聘为凤台县太极拳协会顾问。

1991年1月1日，受聘担任少林弟子国际武术院太极拳总教练。应意大利武术联合会邀请，在意大利米兰、罗马等地进行为期一个月的访问教学，被米兰市政府授予银质奖牌，并被聘为意大利陈式太极拳联合会顾问。

3月，当选为焦作市武术协会副主席、陈式太极拳协会副主席；应日中武道研究会邀请，到日本京都访问讲学。

6月，被列入香港经济出版社出版的《中国当代技术人才荟萃》。

7月，率队参加在北京体育学院举行的全国太极拳、剑、推手比赛，获金牌2枚、银牌4枚。

8月，被法国陈式太极拳研究会聘为该会顾问；聘为河北邯郸太极拳研究会顾问。

10月28日，论文“浅谈太极拳内气与经络学说”在河北永年国际太极拳联谊会上交流。

1992年1月1日，受聘担任《武术健身》杂志“太极拳苑”专栏顾问；被列入《1992年中国人物年鉴》；聘任为祁东县武术馆顾问。

3月，应日中武道研究会邀请，到京都、大阪、滋贺县进行访问教学。

7月，率队在辽宁锦州参加全国太极拳、剑、推手比赛，获金牌2枚、银牌4枚。

8月，列入辽宁人民出版社出版的《中国当代教育名人词典》；应邀到日本参加由日本《棒球》杂志社出版的日文版《陈氏太极拳》教科书发行仪式；获得河南省人民政府颁发的武术高级教练员资格证书。

9月，在温县举办的“中国温县国际太极拳年会及太极武术馆开典仪式”上被选为年会副秘书长，并被任命为太极武术馆副馆长兼总教练，并记大功一次；获年会表演奖；参加了韩国 KBS 电视台张明海先生一行来温县拍摄的《中原文化》纪录片。

1993 年 1 月，被选为温县陈式太极拳研究会会长。

4 月，被日本陈式太极拳学会聘为顾问。

5 月，应邀到法国波利尼西亚进行访问讲学；当选为第二届中国永年国际太极拳联谊会名誉理事长。

7 月，应邀到马来西亚访问讲学。

10 月 30 日，受聘担任华南师范大学武术学会顾问。

12 月，被载入中国人事出版社出版的《当代改革英才》；受聘担任福建省寿宁县自然传统康复医学研究会顾问、南京陈式太极拳研究会高级顾问。

1994 年 6 月，带队参加全国武术（太极拳、剑、推手）锦标赛，所带学生共获 4 枚金牌、2 枚银牌；《陈氏太极拳》第二、第三册由高等教育出版社出版。

7 月，撰著的《太极神功》大型画册由人民体育出版社出版发行。

9 月，调到河南省武术馆工作；被选为第三届国际太极拳年会副秘书长，所写的“论陈氏太极拳的缠丝劲”被评为优秀论文，并被评为国际太极拳大师；受聘担任深圳市太极拳研究会顾问；受聘为河南温县太极拳学校顾问；应台湾“中国佛武协进会”理事长吉岳先生的邀请，赴台湾进行为期 50 天的首次海峡两岸太极拳学术交流活动。

1995 年 1 月 4 日，聘任为国际武术学院鲁南分院顾问；聘为香港陈式太极拳研究会总会高级总教练。

3 月，聘任为西安市陈式太极拳研究会名誉会长。

7 月，带队参加全国武术（太极拳、剑、推手）锦标赛，获 3 枚银牌。

11—12 月，应邀偕夫人路丽丽到马来西亚、香港、广州等地进行太极拳讲学，历时五十余天；12 月，被评为中国当代十大武术名师，国家体委在山东莱州颁发证书。

1996 年 1 月，应中国武术协会、人民体育出版社、《中华武术》杂志社邀请，参加“中华武术系列展现工程”活动，拍摄了陈式太极拳老架一路、二路、太极剑、推手、养生功等系列套路教学片。

3 月，在孟州全国武术精英邀请赛中，获“武术精英”称号。

5 月，聘任为安徽省肥西县陈式太极拳辅导站名誉顾问。

6 月，应日本三重县日中友协邀请，参加三重县与河南省缔结友好省县 10

周年纪念活动，并在此期间进行了太极拳讲学。

8 月，应美国武术院裴康凯先生邀请，由中国武术协会派遣到美国华盛顿讲学；被聘为马来西亚太极拳总顾问；《谈如何练好太极拳》一文在中国温县第四届国际太极拳年会理论研讨会上被评为优秀论文。

10 月，参加在南京举办的中日太极拳赛和国际武术邀请赛，做仲裁委员会的工作。

11 月，带队参加在江西吉安举行的全国武术（太极拳、剑、推手）锦标赛，获 3 枚金牌、1 枚银牌；增选为中国武术协会委员；被任命为河南省武术馆馆长。

12 月，在陈家沟举行收徒仪式和纪念陈照丕老师逝世 25 周年活动。

1997 年 1—3 月，在河南省检查验收河南省一级武术学校。

2 月，编写推手教材。

3—4 月，韩国朴一哲、金泽千、李用男三名学生来郑州学习。

4 月 28—30 日，在河南漯河组织召开全省武术馆校长会议。

5 月 6—9 日，与河南省体委祖德昭副主任去北京香山卧佛寺参加全国气功管理工作会，并同伍绍祖等领导合影留念。

5 月 30 日，为迎接香港回归，组织举办河南省武术、气功、太极拳咨询辅导活动，有 4000 余人参加；被评为国家以及社会体育指导员。

6 月 20—22 日，组织召开河南省武术气功管理工作会议。

7 月 18—24 日，英国岳黎明先生带队一行 15 人来郑州学习；主编的《陈氏太极拳志书》由中州古籍出版社出版。

7 月 30 日—8 月 13 日，应邀赴美国华盛顿、纽约进行太极拳讲学，由美国、加拿大、秘鲁等国的学生参加；美国《太极》杂志总编马文先生进行专访并提出 30 个相关问题，在该刊 1997 年第 10 期刊出。

8 月，聘任为南阳市陈式太极拳研究会顾问；13—25 日，日本学员柱石等 6 人来郑州学习；新著《中国陈氏太极》首版由世界图书出版公司西安分公司出版发行。

9 月，参加郑州国际少林武术节工作；18—22 日，日本横滨三代一美团体来学习太极拳、大刀等。

10 月 1 日，入选《中国民间武术家名典》；9—23 日，应日本千叶县丽太极协会及川真邀请，赴东京松户市、辅导等地进行太极拳及器械讲学。

11 月，韩国朴一哲来学陈式太极拳一路、推手和枪；1—8 日，带队参加在江苏高邮举行的全国太极拳、剑、推手锦标赛，学生王海军等 4 人获 6 枚金牌。

11—12 月，在河南省党校参加高级干部培训学习。

12月，日本大阪学员柱石一行前来学习；被评为国家级社会体育指导员；27日，被聘为河南省体育系列高级职称评定委员会评委，参加了高级职称审评工作；在河南省直机关党校第七期处级干部进修班被评为优秀学员。

1998年2月2—23日，应法国波利西尼亚武术协会邀请，同路丽丽前往教学；聘为河南省体育运动委员会高级教练。

3月26—28日，日本三重县与河南省缔结友好省县12周年，组织举办体育交流活动，包括武术、太极拳等5个项目。

4月17日，在北京人民大会堂湖南厅举行“中国首批武术高段位授段仪式”，伍绍祖、李梦华、徐才、张耀庭、李杰等领导颁发证书。

5月28日—7月10日，赴美国西雅图、旧金山、得克萨斯、佛罗里达、ALBM、华盛顿等地讲学。

6月30日—7月30日，韩国学员李东初前来学习。

7月16日，英国学员岳黎明带团前来学习；25日，赴北京国家体委武术管理中心拍摄《武林风范》演示片。

8月5—10日，在沈阳参加《中国太极推手》教程审定会；9—21日，日本学员柱石、坂野、秘鲁学员巴斯等15人前来学习；22—26日，参加中国温县国际太极拳年会，负责秘书长会议、论文研讨、级别评定及竞赛工作；被美国国家武术总会聘为顾问；日文版《陈氏太极拳》第二册在日本出版发行。

9月24日—10月12日，应邀同路丽丽赴英国讲学。

10月26日，在河南省财贸宾馆会见日本河南会一行30余人。

12月，日本大阪陈式太极拳研究会会长住石寿美惠一行前来学习。

1999年3月，70余万字的《中国陈家沟陈氏太极拳术》一书由陕西科技出版社出版发行。

3—4月，韩国学员金泽千、方基汉、林惺云、全无何等前来学习陈式太极拳；3月27日，参加青岛全国武术竞赛工作会议。

4月10日—5月4日，赴意大利、英国讲学。

6月25日，去辽宁锦州参加陈式太极拳研究会成立大会，表演大刀时将刀把抖断。

7月14日—8月9日，赴美国洛杉矶、德拉斯、阿拉巴马、华盛顿、马里兰等地讲学，并到巴尔的摩参加全美洲武术交流大会的名家表演。

8月18—28日，举办首届国际陈式太极拳培训班，百余人参加。

9月，赴日本讲学。

10月15日，聘为江西鹰潭陈式太极拳研究会名誉顾问。

12月，日本学员柱石等前来学习。

2000年1月27—29日，参加河南省体育工作会议。

3月，参加在青岛召开的全国武术工作会议。

4月初，韩国忠清大学跆拳道代表团来郑州，组织10名太极拳选手表演交流：11日，河南省举办“精英杯太极拳、剑、推手比赛”，任组委会副主任、仲裁委员会主任。

5月13—16日，出席河南省第9届运动会武术套路比赛和散打比赛，任竞赛委员会副主任、仲裁委员；5月24日—6月6日赴日本大阪、京都等地进行太极拳交流。

6月，聘为北京南北内外家武术文化发展中心顾问。

7月6—30日，同路丽丽、王海军、李柏军赴美国麻省、康斯坦星、纽约、华盛顿等地讲学。

8月，日本学员柱石一行16人来郑州学习；举办第二届国际陈式太极拳培训班，百余人参加；参加焦作国际太极拳年会，在组委会任仲裁委员会主任。

9月5—9日，赴福州观摩全国武术冠军赛，看望河南队教练、运动员；20—24日，参加河南省青少年武术套路锦标赛，任组委会副主任、仲裁委员会副主任。

9月28日—10月27日，赴美国加利福尼亚、麻省、纽约、华盛顿、莫比尔讲学，带学生王海军同往。

11月12日，赴西宁参加青海省太极拳协会成立大会并被聘为顾问；22日，当选为中国武术协会委员；24日，率路丽丽、王海军、张东武、李中华、付能斌、陈慧贤、贾玲、王丽敏赴香港参加体育节活动；27日，接纳河南大学体育学院校友基金会为会员；29日，聘任为香港气功太极社名誉会长。

12月8—15日，赴韩国参加济州岛精武馆建馆10周年暨中、日、韩武术交流大会活动；16日，聘任为义乌市陈式太极拳研究会名誉会长；16—18日，参加义乌市陈式太极拳成立大会被聘为顾问；23日，赴开封参加河南大学体育学院建院40周年，并成立校友会；12月24日—2001年1月8日，接待日本柱石等人前来学习。

2001年3月21—26日，参加在海南三亚举行的首届太极拳世界健康大会，参加开幕式大型表演和名家演示。

4月18—20日，参加河南省太极拳、剑、推手赛，担任组委会副主任和仲裁委员。

5月8日，《陈式太极拳剑刀》由中州古籍出版社出版发行；20日，受聘为香港（中华）内家拳研究总会名誉顾问；25—28日，参加全国女子套路锦标赛，担任组委会委员、竞赛处副处长、竞赛监督委员；29日，赴日本参加东亚运动会。

6月，众弟子给老师拜寿，并拍下全家福。

8月10日，当选为河南省武术协会副主席。

9月，在北京拍摄太极拳系列VCD，共17碟。

11月，赴江西讲学；23日，参加河北邯郸国际太极拳交流大会；29—30日，在珠海体育馆参加国际太极拳交流活动和首届太极拳名家联谊会，并举办培训班。

12月2日，参加香港万人太极拳表演，破吉尼斯纪录。

2002年2月11日，河南陈正雷太极文化有限公司成立，携全家和父母去广州、深圳、珠海等地旅游过年，并在广州看望女儿陈娟；聘为《当代中华武术大典》（卷二）《中华太极人物志》编辑工作委员会顾问；28日，在深圳讲学。

3月，世界华人协会主席程万琦组织五大门派太极拳传人汇聚北京研讨太极发展大计；赴徐州参加太极拳协会成立大会。

6月15—18日，参加徐州全民健身周活动；19—21日，在南阳讲学；22日，赴湖北襄樊讲学；24日，携夫人路丽丽游三峡，受到宜昌市体委和数百名爱好者迎送。

7月，在深圳高职院举办太极拳培训班。

8月6日，赴广州汕头讲学；广东电视台拍摄40集电视纪录片《武林探秘》；8月24日—9月1日，参加焦作国际太极拳年会，担任论文评定主任，发表论文“陈式太极拳的放松与发劲”。

9月，出版《太极神韵》；9月16日—12月8日，携夫人路丽丽在美国讲学。

12月19—23日，在香港教学。

2003年1月8日，接待日本柱石一行来郑州学习；春节期间，携全家到云南旅游。

2月，与韩国李昌珠商谈在韩国开分馆事宜。

3月，应世界华人协会主席程万琦邀请，太极拳五大门派传人去香港共商太极拳发展大业；21日，赴珠海讲学。

4月，携夫人路丽丽去伦敦、巴黎、曼切斯特等地讲学。

6月，参加广州太极拳国际论坛；18日，聘为河南职业技术师范学院名誉教授。

7月，与吴永健、金成男赴日本讲学；在上海松江讲学；为德国弟子陈善德、买爱娟在陈家沟太极拳馆举行婚礼。

8月，参加中国武术协会段位考评，被评为中国武术八段；英文版《陈氏太极拳剑刀》由中州古籍出版社出版发行；16日，郑州陈家沟太极拳馆开馆；举办第五期高级培训班。

9月4日，与韩国大田崔镇锡商谈在韩国开设分馆事宜；带领陈家沟弟子去北京参加陈家沟和奥运村结成友好村仪式；应河南电视台之邀，全家畅谈申奥成功的感受；9月28日—12月3日，赴美国巡回讲学。

10月26日，返回郑州参加世界客属大会；26—28日，携子陈斌参加在华南师范大学举办的“太极拳国际论坛”。

2004年2月20—23日，赴香港参加第6届世界功夫节；22日，被聘为烟台市莱山区武术协会名誉主席；25日，在洛阳举办迎奥运庆花会推手培训班。

3月4日，在辽宁葫芦岛分馆主持开馆仪式，市委书记张东升剪彩；太极传人与新筝创始人对接太极与古筝传统文化；11日，应韩国武术协会邀请，携弟子高东祥在韩国巡回讲学；27日，主持天津分馆揭牌仪式。

4月10日，参加洛阳第22届牡丹花会，举办3万人太极拳大汇演，破吉尼斯纪录，主席台五大传人带领120名学生表演陈式太极拳；4月13日，聘为中国南京陈式太极拳研究会高级顾问；18—22日，应香港太极拳总会邀请，举办太极拳推手高级培训班；25日—5月15日，赴英国、法国、西班牙诸国讲学。

5月23日—6月6日，赴日本大阪讲学。

6月9—12日，在北京参加中华武术战线工程名家论坛；13—14日，接待北美洲旅游团一行和21世纪集团主席刘向阳；16—26日，去江西南昌、抚州等地讲学；25—26日，接受《世界名人》杂志记者华炜的采访；29—30日，在焦作山水节上，代表焦作太极拳界讲话并给联合国官员表演。

7月5—15日，赴江西鹰潭、浙江台州、慈溪等地讲学。

8月15—25日，举办首届太极功夫精英赛和第6届国际太极拳高级培训班。

9月1—10日，赴乌鲁木齐市讲学。

10月1—8日，举办十一黄金周老架一路、推手高级培训班；9日，河南电视台举办“武林风”专场，与太极拳五大流派代表同台演艺；13日，在河南电视台《华豫之门》录制节目；16日上午，在登封台《沟通无限》录制节目；16—20日，参加首届世界传统武术节开幕式，带领500多人共舞太极代表中国队参赛，获太极拳、剑两枚金牌，其儿女及弟子均获金牌；19日，接受《民生大参考》专访；21—23 日，参加国际段位评审培训，任主考核辅导老师；河南卫视、《河南与世界》栏目跟踪 10 天拍摄专辑；被中国体育科学学会武术分会聘为第四届委员会委员。

10 月 26 日—12 月 23 日，去美国的十几个州府巡回讲学。

2005 年 1 月 15 日，应邀到吉林松原分馆指导工作；19 日，河南省武术管理中心张跃敏主任莅临陈家沟太极馆检查指导工作；22 日，参加郑州·陈家沟太极拳馆 2005 年拳友联谊会。

2 月 18 日，师徒在郑州同庆新春；23 日，接待中加国际青年文化交流团。

3 月 7 日，应邀参加香港陈氏太极拳总会成立庆典活动，并与世界华人协会主席程万琦博士共商太极发展大计；18 日，应邀到湖北随州市指导太极拳发展，指导的学员达 3000 余人，其间，参观了曾侯乙墓址，拜谒了中华民族的始祖——炎帝；23 日，应邀参加由南京市举办的“与十运同行——迎十运倒计时 200 天”万人太极吉尼斯大型展演活动，随行的陈家沟太极拳馆表演队在大会上做了精彩表演。

4 月 1 日，应邀到西班牙进行为期三周的太极拳巡回讲学。

5 月 1 日，主持“五一黄金周”培训班；4 日，主持河南陈正雷太极文化有限公司、郑州·陈家沟太极拳馆开馆庆典仪式，省体育局、省武馆中心的相关领导也出席了庆典仪式；26 日，应日本大阪日中友好协会的邀请，进行为期两周的陈式太极拳交流活动，其间与该协会理事长进行了友好交谈。

6 月 11 日，应河南理工大学之邀，率领拳馆教练张东武、徐小明以及部分表演队人员与该校师生进行太极文化的交流；19 日，应人民体育音像出版社的邀请，在北京通州“天下第一城”进行一部以太极拳为主要题材和内容的艺术片的外景拍摄，该片特为 2008 年北京奥运会献礼而制作，其间与家人和部分学生度过了 56 岁的生日；30 日，应西班牙数家武术组织的邀请，携夫人路丽丽和拳馆副馆长、主教练陈斌一行三人前往西班牙进行为期三周的交流活动。

7 月 24 日，赴山西太原参加杨式太极拳传人杨振铎先生八十大寿庆典活动；30 日，和温县太极拳研究会宣传部部长崔春冬先生在陈家沟太极拳馆给学员们讲授题为《拳外说拳》的讲座。

8 月 3 日，在郑州接待美国朋友，并带他们到太极拳的发祥地——陈家沟拜谒太极先师；12 日，主持第七届国际陈式太极拳高级培训班开幕式，来自世界 15 个国家和地区及国内的 200 多名陈式太极拳学生弟子参加了开幕仪式；14 日，在第七届国际陈式太极拳高级培训班上，接受了 40 余名弟子的拜师请求并举行隆重拜师仪式；18 日，应邀参加第三届焦作国际太极拳交流大赛，担任大赛仲裁；22 日，向焦作市捐赠了倾 15 年心血编撰的太极拳资料，捐赠仪式与陈正雷英文版《太极养生功》《中国太极拳》杂志首发式同时在市会议中心举行，国家体育总局武术运动管理中心主任王筱麟、市政协主席赵功佩、省体育局副局长王鹏应邀出席捐赠仪式；25—26 日，在郑州参加国家武术运动管理中心举办的国际武术段位培训及考评，任辅导教练及主考。

9 月 1 日—12 月 15 日，应美国武术总会吴廷贵会长的邀请，携夫人路丽丽进行全美 15 个城市巡回讲学，历时三个多月。

12 月 24 日，在郑州接待日本大阪陈式太极协会会长杜石寿美惠一行。

2006 年 1 月 6 日，同路丽丽总经理一同接待新世纪房产董事长刘向阳先生的拜访；9—10 日，应河南项城市太极拳协会的邀请，与总经理路丽丽率主教练张东武及拳馆表演队一行十数人，赴项城参加项城市太极拳协会的成立仪式活动。

2 月 25 日，应河南卫视的邀请做客“武林风”。

3 月 8 日—4 月 18 日，应邀与拳馆副馆长陈斌出访法国、德国、西班牙、英国等国家。

3 月在日本设陈式太极拳日本静冈支部，派陈娟主持工作。

4 月 25 日，在郑州紫金山公园，接受英国 BBC 电视台的拍摄和采访。

5 月 1 日，主持太极拳祖师陈王廷揭像仪式、五一黄金周开学典礼及新馆乔迁一周年之庆，杨振铎大师、省体育局办公室主任吴永健先生、省武管中心主任张跃敏、省药监局局长王应锋先生参加了这一活动；2—6 日，应邀坐镇名家讲堂，参加在北京举行的由人民体育出版社、《中华武术》联合推出的“中国武术大学堂”太极拳名家讲堂；20 日，应邀到徐州参加中国陈家沟太极拳馆徐州分馆揭牌仪式，徐州市体育局局长、市武术协会主席南建平，原徐州矿务局局长、九州大学副校长陈引亮等出席了揭牌仪式；22 日，同河南省武术运动管理中心副主任李惠赴日本，进行为期两周的太极拳讲学活动。

7 月 17—21 日，应邀与拳馆副馆长陈斌参加在加拿大举行的“2006 年第二届国际太极拳论坛”“第六届泛美武术锦标赛。

8 月 12—27 日，主持第八届陈式太极拳高级培训班和第二届陈家沟太极功夫精英赛。

8 月 30 日—9 月 10 日，应新加坡武术团体的邀请,与总经理路丽丽，主教练张东武、陈斌及江苏泰州夏平武校校长夏平等人，进行为期十多天的友好交流访问。

9 月 18 日，弟子王海军率英国学生一行 11 人来到拳馆拜访恩师。

9月18日，率弟子、学生200余人在郑州绿城广场参加了由郑州市委宣传部举办的第二届世界传统武术节倒计时30天演出活动；26—30日，应邀参加全国纪念简化太极拳推广50周年及2006年国际太极拳交流大会。

10月1—7日，主持“十一”黄金周培训班；12日，参加河南陈式太极拳协会第一届代表大会，河南省人大常委会科教文卫委员会副主任，中国武术协会副主席、河南省武术协会主席张振河，国家武术运动管理中心副主任王玉龙，河北省体育局副局长李爱民出席大会，民政厅副厅长孟超宣读成立河南省陈式太极拳协会的批复，大会一致通过陈正雷担任协会常务副主席；15—19日，应邀在第二届世界传统武术节中担任仲裁；20—23日，应邀参加了2006年中国武术段位海外人员的评审工作，任辅导老师及评委；23日，对全馆的教练进行集中培训，为时三天；25日，接受河南电视台法制频道关于武术节目的专访。

10月26日—11月24日，应邀与拳馆副馆长陈斌到美国讲学。

11月25日，被命名为河南省首批民间文化杰出传承人。

12月20日，与夫人路丽丽由美国返回郑州，在美期间得到国际武术联盟华裔联盟、世界中药联合会、美亚协会共同授予的“贡献社会杰出成就奖”；24日，接待日本柱石一行来郑州学习；29—30日，率领众弟子到陈家沟祭奠照丕公仙逝34周年暨陈正雷收徒十周年纪念活动；31日，观摩众弟子汇报表演并讲学。

2007年1月1日，为儿子陈斌举办婚礼，接待四方的600多位宾朋；6—11日重新拍摄新架一路、新架二路、老架二路；17日，主持河南陈正雷太极文化公司全体员工会议，实行公司改革。

2月3—6日，赴太原参加全国武术管理中心主任会议及武术科学委员会会议；8日，参加公司、拳馆的拳友新春联谊会；14—15日，参加焦作市太极拳研究会、温县政府太极拳座谈会；22—24日，主持全馆在职教练、兼职教练的培训；26—28日，应香港武联组织国际交流大会的邀请，同太极拳五大流派代表人物共同演绎太极拳的和谐。

3月2日，与陈斌、陈娟在河南省广播电视学院拍摄规定套路。

3月7日—4月17日，携夫人路丽丽赴欧洲，先后在西班牙、法国、摩纳哥、瑞士、比利时、德国等国进行巡回教学，在法国期间参加第22届国际武术博览会，同中国武协代表队一起参加表演。

4月18日，主持炎、黄二帝塑像落成大典360人的表演活动；19—20日，接受中央电视台十频道《人物》栏目的采访并拍摄专题片，该片6月14日播出；

24日，在山东郓城参加由国家体育总局武术管理中心召开的传统武术委员会会议并担任全国传统武术比赛仲裁。

5月1—7日，主持在深圳举办的“首届华南地区陈式太极拳高级培训班”；10—12日，在山东郓城参加《武林会盟》，中央电视台四频道《走遍中国》栏目拍摄《武林传奇》中16集《大道太极》并于9月2日播出。

5月14日—6月18日，同夫人路丽丽和教练张东武、陈娟等一起赴英国的十多个城市巡回讲学表演，并参加全英武术博览会，与吴彬一同被作为特邀代表。

6月20日—7月4日，在日本同金成男、贺伏泉一起参加第七次太极拳交流活动。

6月被评为首批国家级民间文化杰出传承人。

6月25—26日，安排陈斌、高东祥代表陈正雷和陈家沟太极拳馆，参加上海吴式太极拳的活动。

7月4日，由大阪—上海—西安，在西安探望亲戚并游览华山胜景；13—15日，同陈斌、佟昌亚去山西太原参加杨振铎老师举办的山西杨式太极拳协会成立25周年及国际太极拳交流大会。

8月2—3日，同高东祥一起到宁夏石嘴山参加国际武术活动；4—8日，在乌鲁木齐参加国际武术论坛，参加者有蔡龙云、马贤达、马明达、邱丕相、康戈武等，并举办西北地区陈式太极拳高级培训班，同时参加了新疆陈式太极拳研究会成立仪式；12—18日，在郑州举办“第九届陈式太极拳高级培训班”，其间同国家武术运动管理中心科研部联合进行国际海外段位考评；19—24日，在焦作市参加第四届焦作国际太极拳年会；21日，参加国家体育总局、文化部同时命名“陈家沟为中国太极拳发源地”的挂牌仪式，当日小孙女出生。

8月8日—9月5日，在美国俄勒冈、尤金举办为期5天的太极夏令营活动。

9月5—11日，在美国西雅图讲学；14—20日，应山东武术管理中心的邀请，与主教练张东武、空军大校陈彪到寿光市参加山东省武术太极拳教练员培训班，主持陈式太极拳教练员的培训；22—27日，主持由河南省陈式太极拳协会和陈家沟太极拳馆主办的河南省陈式太极拳教练员培训班。

9月28日—10月2日，陈、杨、吴、武、孙五大流派的代表人应邀参加香港政府庆回归十周年庆祝活动，两万余人在启德机场演练太极拳，声势浩大。

10月2—7日，主持在浙江台州举办的“首届华东陈式太极拳高级培训班；1—14日，在郑州为庆贺河南省陈式太极拳协会成立一周年举办太极拳邀请赛。

10月18日—12月18日，同夫人路丽丽、小女陈媛媛到美国讲学，并同州大学尔湾分校校长林欣教授共同研究太极拳与人体科学的分析研究工作，这一合作已经历时五年。

12月19—25日，接待来自美国尤金的梁永祥一行五人。

12月25日—2008年1月3日，接待日本柱石、高草木一行。

2008年3—4月，带女儿媛媛赴西班牙、法国、德国等地讲学。

4月26日，在紫金山公园举办"太极与奥运同行"系列活动启动仪式，主办单位省文化厅、体育局、报业集团领导参加，中国武术协会秘书长康戈武话。

6月14—19日，举办第10届陈式太极拳国际培训班。

6月20日，300余名弟子举行拜师仪式。徐才主任，太极拳五大门派传人杨振择、孙永田、马海龙、吴光宇，八极拳掌门人吴连枝等众位老师及领导应邀作见证人和嘉宾。中午举行生日宴会。

6月20—24日，在河南博物院举办"太极人生"展览。

6月20—3日，在郑州华北水利学院举行第三届"陈家沟太极功夫"比赛。

6月21日晚，在河南博物院音乐厅与河大教授、央视"百家讲坛"主讲人王立群同台"文武握手"论太极。

6月25日—7月11日，同夫人路丽丽、金城男翻译赴日本、韩国讲学。

7月20日，同省武术协会主席张振河、空军大校陈标一起参加驻马店市陈式太极拳协会成立仪式。

同月，被评为省级非物质文化遗产传承人。

7月22—23日，在香港参加"人文奥运香港行"活动，亚洲电视台与世界华人协会主办，陈正雷与成龙为特邀嘉宾。

7月25日，在郑东新区参加"奥运圣火传递"河南站的传递仪式。

8月6—9日，在江苏徐州连云港带领几百学生"打太极庆奥运"。

8月22日—9月15日，同夫人路丽丽由香港到美国旧金山、尤金、亚特兰大参加"太极夏令营"活动。

9月22—27日，在北京参加《中华武术》杂志社主办的第三届"太极名家讲堂"，任主讲导师，陈斌、张东武做助教。

同月，同时被省文化厅、文化部审报为国家级、世界级"世界非物质文化遗产"传承人。

9月29日—10月4日，在广东奥体中心举办第二节华南地区陈式太极拳培训班。

10月9日—10月18日，在美国、加拿大六个城市进行太极拳讲学。

11月26日，送小女媛媛到山东菏泽举行婚礼，受到武术界同仁范长宾、崔朝阳及有关领导的热情款待。

11月29日—12月15日，同夫人路丽丽应台湾陈式太极拳发展协会邀请，在全台湾进行友好访问交流，得到台湾国术总会、台湾太极拳总会，台南、台北陈式太极拳协会的大力支持与热情款待。

12月20日，在郑州举行小女媛媛的答谢婚宴，近300名亲朋好友、学生、弟子参加。

12月23日—2009年1月2日，日本大阪陈式太极拳研究会会长住石寿美惠一行来郑州学习。

# 编后记

《陈氏太极拳械汇宗》自1989年由高等教育社出版以来，先后由山西科技出版社、中州古籍出版社、世界图书出版社公司陆续将部分内容出版，并从1990年开始逐步将书中部分内容翻译成日、英、法、韩、西班牙等国文字，在海内外出版发行。尤其是从1996年开始，人民体育出版社将《太极神功》《太极神韵》大型画册和《陈式太极养生功》《陈式太极十三式》出版后，台湾的出版社以繁体字刊印发行并走俏东南亚。为方便爱好者学习又先后将陈式太极拳械套路系统拍摄成教学片，以录像VCD、DVD等形式参与《中华武术系列展现工程》，展现于世人面前，让广大爱好者耳目一新，对陈式太极拳本来面貌、独特的风格更加认识和了解。

这次由人民体育出版社张建林先生为责任编辑，将陈式太极拳的太极文化、太极理论、太极拳械套路、传人故事、古典拳论、中医经络与内气关系、太极养生学及防身自卫实用法等内容融为一体，编为《陈式太极拳全书》一书，有洋洋洒洒百万言之巨。该书推出之后更有参考、学习、珍藏的实用价值，是每位武术爱好者必不可少的太极资料，它的出版定会对推动民族文化在国内外的发展和宣传起到一定贡献与作用。由此我也想和大家谈谈我的思想，共同探讨几个问题。

2008年是好日子，是中华民族最喜庆的日子，百年不遇的奥运圣火在中华大地上燃起，在奥运会开幕式前近50天之际，就是6月20日（农历五月十七日）是我的60岁生日，国内外众弟子策划要给我过一个隆重的六十大寿，题为“太极与奥运同行”——陈正雷大师太极人生六十年系列活动。我非常感谢多年来追随我真实为太极事业做贡献的弟子们，感谢各级领导对我的栽培，感谢新闻媒体、社会各界及武术界朋友的大力支持！看到今天祖国的强大、经济的繁荣、太极事业的蓬勃发展，真让我激动得热泪盈眶。

回顾我六十年的里程，更让我心潮澎湃、思绪万千。六十年来，我将我的太极人生归纳为五个阶段。第一，农民阶段（1949—1974年）。这个阶段我在陈家沟生活，上学、学拳、务农，也就是在这个阶段，跟随伯父照丕公、叔父照奎公学家传太极技艺、理论。第二，工人阶段（1974—1982 年）。这个阶段我在温县通用机械厂担任采购员，利用这个机会广交全国武术界的朋友，每年参加新乡地区、河南省、全国各种武术比赛表演活动。第三，运动员、教练员阶段（1982—1994 年）。1982 年河南省成立省体委武术处、武术馆、武术协会，我正式调省武术馆工作，1985 年转为教练。此阶段，每年都以领队、教练兼运动员身份参加各种比赛，培养了一大批优秀人才，并开始参与武术挖掘整理工作，写文章著书立说，又到河南大学进修，提高文化素养。第四，行政管理干部阶段（1994—2003 年）。1994 年起我担任河南省武术馆副馆长、河南省武术管理中心副主任、河南省武术协会副主席，主抓四年社会武术、气功，四年竞赛训练工作；并参与外事接待与出访任务。第五，正式进入发展太极事业阶段（2003 年至今）。2003 年我申请享受国家离职退养政策，成立了河南陈正雷太极文化有限公司、陈家沟太极拳馆，正式面向社会推广普及陈式太极拳、太极文化，参与各种重大武术活动。五个阶段勾勒出了我这 60 年的状况。

我这一生注定与太极结缘。自己生于武术世家，半个多世纪来太极拳伴我一路走来，太极拳已经成为我生命中不可缺少的一部分。推广普及太极文化我有种使命感和责任感，并且随着年龄的增长，这种使命感和责任感更浓。自上世纪 70 年代起，我就在全国各地传播陈式太极拳，80 年代又开始接触外事活动，20 余年来在家乡接待国内外武术、太极拳团体到太极拳发源地——河南温县陈家沟——参观旅游、寻根问祖、拜师学艺，访问交流的团队有数百批上万人次。并出访了亚洲、美洲、欧洲、澳洲三十多个国家和地区，受到了众多太极拳爱好者和当地政府的欢迎和爱戴。看到他们对中国文化的喜爱，对太极拳的执著追求，深被他们这种精神所感动，也深为自己国家、民族有这么优秀的文化感到自豪。在交流的同时也发现，中国武术、太极拳与印度的瑜伽、韩国跆拳道、日本空手道的推广模式存在很大的差距。经过仔细考察发现：第一，他们有一个崇高的信仰，比如在细节上其场地均敬设师祖塑像或牌位，他们将练功场视为神圣的地方，出入均要参拜，让人有一种威严感。这样初学者有一种约束、尊严、礼仪、礼节的感觉。第二，有一套规范的模式。如场地装修模式、服装器材模式、教学教材、晋级模式等形成一个完善的体系，显得非常规范。第三，体现一种民族文化的精神，无论韩国跆拳道还是日本空手道，他们把其民族意识、民族精神融入其中，使其文化品位上升到一个高度，现在跆拳道风靡全球就是很好的明证。

与之相比，我们的武术推广模式就显得滞后、随意、没有章法，不能很好体现武术文化精神的实质，大都流于地摊文化的境地，不能不说是中国武术发展的一个遗憾。好在现在很多武术家和有识之士已经认识到这一点，并且在力图改变这一现状。所以我认为，作为一个真正的武术爱好者和武术工作者，为使中华民族优秀的传统文化太极拳发扬光大、传播下来，我们还应该有以下共识：

一、要遵循市场运作的规则。现在是市场经济，所以要从市场经济的角度来看待发展。俗话说“酒香不怕巷子深，”但现在是“酒香也怕巷子深”，这就要求我们要善于宣传、包装我们的太极文化，让其国粹的魅力真正体现出来。为此我和我的公司又注册成立了陈家沟太极拳馆，并且推出了加盟连锁的模式向全国进行推广，虽然现在只是雏形阶段，但在国内已经走在了最前列且取得了不错的效果。

二、要建立培养太极拳人才的基地。要想把太极文化更好地加以推广，人才是必需的，不仅要求有较好的技术，还要有过硬的理论和敏锐的市场拓展眼光，也就是说要培养出文武双全的综合性人才，因为我们的太极文化要走向世界，彰显中国传统文化的魅力。为此我的公司在陈家沟购置近万平方米的土地，欲建立陈式太极拳培训基地来系统培训太极人才，为陈式太极拳的弘扬奠定基础。

三、整理挖掘太极文化，建立太极研究机构。在整理挖掘方面很多太极拳老师都在积极地努力着；我也从多个方面进行探索和整理。为了更好地推广普及，便于初学者掌握学习，我创编了《精要十八势》《陈式太极益寿功法》（即轮椅太极，坐着站着都可以练，尤其为残疾人提供了健身便利）。理论方面，近几年又陆续发表了《二十一世纪太极拳发展刍议》《论陈式太极拳缠丝劲》《论陈式太极拳刚与柔》《如何练好陈式太极拳》《陈式太极拳的放松与发劲》等论文，将自己对陈式太极拳的理解与广大太极拳爱好者分享！著述方面，先后著写《陈氏太极拳术》《陈氏太极》《陈氏太极拳械汇宗》等系列书籍，其中一部分且以多种文字发行，以及陈式太极拳械套路光碟，为太极拳的普及提供了资料上的帮助！

四、在传播层面上再上一个高度。技术的传播是重要的，但更应重视太极拳文化层面上的开发与传播。太极拳承载着中国传统文化的精髓，囊括了儒、释、道的哲学思想，形成了自己特有的养生健身理论体系，但是我们没有专门的研究机构来整理、挖掘、探讨太极文化衍生出的文化。所以我们公司已经策划筹备成立太极研究院，来进一步挖掘太极文化的深度。并且我已经和美国的加州大学尔湾分校校长林欣教授进行了五年多的合作，林教授通过五年的时间用科学测试用数据来体现太极拳在健身养生方面的巨大效果，该项研究不久将与世人见面。

太极拳是中华民族的宝贵文化，它为世界人们的健康做出的贡献是有目共睹的，它的弘扬与普及当然也需要几代人的共同努力。我坚信，只要我们这些武术爱好者和有识之士共同携手并认清发展方向，相信我们中华民族的武术文化会在世界各地生根发芽，茁壮成长！以上一些观点只是自己的浅薄之见，以飨读者，同时还需要武术界同行的指正和帮助！

图书在版编目（CIP）数据

陈式太极拳全书. 下卷 / 陈正雷著. -- 北京：人民体育出版社, 2008（2021.12重印）
ISBN 978-7-5009-3505-6

Ⅰ. ①陈… Ⅱ. ①陈… Ⅲ. ①太极拳－基本知识 Ⅳ. ①G852.11

中国版本图书馆CIP数据核字(2008)第110599号

*

人民体育出版社出版发行
北京盛通印刷股份有限公司印刷
新华书店经销

*

787×960　16开本　32.5印张　597千字
2009年6月第1版　2021年12月第8次印刷
印数：26,501—29,000册

*

ISBN 978-7-5009-3505-6
定价：90.00元

社址：北京市东城区体育馆路8号（天坛公园东门）
电话：67151482（发行部）　邮编：100061
传真：67151483　邮购：67118491
网址：www.sportspublish.cn
（购买本社图书，如遇有缺损页可与邮购部联系）